CODE-PRATIQUE

DE

LA JUSTICE DE PAIX

OU

TRAITÉ DES ATTRIBUTIONS DES JUSTICES DE PAIX

Avec un formulaire complet et méthodique de tous les actes qui dépendent de leur juridiction,

PAR

ALPHONSE SÉGÉRAL,

Greffier de la Justice de paix du 1er arrondissement de Bordeaux,
Fondateur et Directeur du JOURNAL DES GREFFIERS DES JUSTICES DE PAIX ET DES TRIBUNAUX DE SIMPLE POLICE.

PREMIÈRE ÉDITION

BORDEAUX
CHEZ L'AUTEUR, 19, RUE DE LA COURSE

1875

CODE-PRATIQUE

DE

LA JUSTICE DE PAIX

CODE-PRATIQUE

DE

LA JUSTICE DE PAIX

OU

TRAITÉ DES ATTRIBUTIONS DES JUSTICES DE PAIX

Avec un formulaire complet et méthodique de tous les actes qui dépendent de leur juridiction,

PAR

ALPHONSE SÉGÉRAL,

Greffier de la Justice de paix du 1er arrondissement de Bordeaux,
Fondateur et Directeur du JOURNAL DES GREFFIERS DES JUSTICES DE PAIX ET DES TRIBUNAUX DE SIMPLE POLICE.

PREMIÈRE ÉDITION.

BORDEAUX

IMPRIMERIE BORDELAISE, RUE PORTE-DIJEAUX 43

1875

AVIS DE L'AUTEUR

A Messieurs les Juges de paix et à mes Collègues les Greffiers des Justices de paix.

MESSIEURS,

Vingt-deux années de fonctions comme Greffier d'une des Justices de paix les plus importantes de province, et les nombreuses consultations qui m'ont été demandées, m'ont permis de constater qu'un ouvrage pratique nous manquait.

Cet ouvrage, j'ai tenté de le faire, et j'ai consacré tous mes efforts à lui donner la forme dont je supposais qu'il avait besoin pour le rendre utile.

Que mes Collègues et MM. les Juges de paix veuillent bien l'accueillir avec indulgence, car il n'a d'autre prétention que de combler une lacune.

Je suis d'autant plus encouragé à le recommander à MM. les Juges de paix, que ce qui y sera trouvé bon, est, en grande partie, le produit de connaissances acquises sous un magistrat aussi modeste que distingué, M. Douaud, Juge de paix.

J'ai divisé mon ouvrage en deux livres formant un seul volume de six cents pages :

Le premier livre est consacré à la JURIDICTION CONTENTIEUSE, et le second à la JURIDICTION GRACIEUSE OU EXTRA-JUDICIAIRE du Juge de paix en matière civile.

Les matières qui y sont traitées sont précédées d'observations et accompagnées de formules de tous les actes qui se font en Justice de paix.

Je dois déclarer que je n'ai pas la prétention d'offrir un livre de science, — mais simplement un livre élémentaire, dans lequel se trouvent réunies et traitées, avec simplicité, toutes les matières civiles dont sont chargés les Tribunaux de paix.

Essentiellement pratique et méthodique, cet ouvrage sera, je l'espère, consulté avec fruit, et fournira des renseignements que l'isolement ne permet pas toujours de se procurer.

L'avenir me dira si j'ai atteint le but que je me suis proposé.

Alphonse SÉGÉRAL,

Greffier de la Justice de paix du premier arrondissement de Bordeaux, fondateur et directeur du Journal des Greffiers des Justices de paix et des Tribunaux de simple police.

ANALYSE DU CODE-PRATIQUE

ET

APPRÉCIATION SUR LA VALEUR DE CET OUVRAGE

Par les Jurisconsultes soussignés.

Le Comité consultatif du *Journal des Greffiers* a pris connaissance de l'ouvrage de M. Ségéral, « *Code-Pratique de la Justice de paix* ». Les membres du Comité croient rendre un véritable service aux lecteurs du journal et au public en leur donnant ici, avec une analyse sommaire de l'ouvrage, leur appréciation sur sa valeur.

Le *Code-Pratique* de M. Ségéral débute par un chapitre préliminaire consacré aux *généralités*.

Après avoir rappelé l'origine de la Justice de paix et ses transformations successives, l'auteur y expose l'organisation actuelle de cette juridiction.

C'est ainsi qu'il traite du Juge de paix, de ses suppléants, du Greffier, du Commis-Greffier. Il termine par des définitions générales sur les Tribunaux ordinaires et les Tribunaux d'exception, la juridiction contentieuse et la juridiction gracieuse, etc.

Le corps de l'ouvrage est ensuite partagé en deux livres consacrés, le premier à la *juridiction contentieuse*, et le second à la *juridiction gracieuse* ou *extra-judiciaire* du Juge de paix en matière civile. C'était bien là, en effet, la grande division du sujet.

LIVRE Ier. — De la juridiction contentieuse.

Dans une première section, M. Ségéral relate d'abord le texte des lois qui ont établi cette juridiction contentieuse (lois du 25 mai 1838, du 20 mai 1854, du 2 mai 1855). — Dans la deuxième, il reprend en détail chacune des attributions du Juge de paix. C'est un véritable traité abrégé de la compétence des Juges de paix. Il s'occupe successivement des diverses actions personnelles et mobilières dont ce magistrat connaît, avec ou sans appel, jusques à un taux variant suivant leur nature. Il examine ensuite la matière si importante des actions possessoires : complainte, réintégrande, dénonciation de nouvel œuvre ; enfin celle des bornages, plantations d'arbres et de haies, pensions alimentaires, listes électorales, demandes reconventionnelles, etc. — La troisième section est consacrée aux formalités générales de la procédure, depuis l'avertissement et la citation jusqu'au jugement et à l'exécution.

Enfin, les sections IV, V, VI, VII et VIII contiennent tous les modèles de formules pour les avertissements et citations; pour les jugements préparatoires et interlocutoires ; pour les jugements par défaut ; pour les jugements sur opposition, et pour les jugements contradictoires (1).

Tel est l'ensemble des matières dont se compose le livre Ier.

LIVRE IIe. — De la juridiction gracieuse ou extra-judiciaire.

Le second livre, consacré à la juridiction gracieuse, se divise en trois chapitres : Le premier traite des *conseils*

(1) Pour la facilité des recherches, l'auteur a fait une légère modification dans la distribution de cette partie de son ouvrage, mais quant au fond, rien n'est changé.

de famille; le second des *scellés;* et le troisième des *actes divers.*

La présidence des *conseils de famille* est une des attributions les plus importantes du Juge de paix. La multiplicité des questions délicates qui se présentent, le caractère particulièrement intéressant des droits qu'il s'agit de sauvegarder, tout justifie les amples développements donnés par l'auteur à cette partie de son œuvre. Il n'a pas énuméré moins de soixante-quinze cas, dans lesquels il peut y avoir lieu à convocation du conseil de famille.

Le deuxième chapitre du second livre traite des *scellés.* Il se subdivise tout naturellement en deux titres : l'un relatif à leur apposition et l'autre à leur levée. Au titre de l'apposition des scellés, M. Ségéral examine les divers cas où cette nécessité se présente : après décès, après faillite, après séparation de corps ou de biens, etc.; il décrit ensuite les diverses règles et les formalités de l'apposition. — Au titre de la levée des scellés, il reprend toutes les mêmes hypothèses. Il traite donc de la levée des scellés après décès, qu'il y ait eu ou non inventaire ; de leur levée au cas de faillite, au cas de séparation de corps ou de biens, etc.; il examine enfin ce qui concerne leur levée partielle, le cas où les meubles mis sous scellés auraient été transportés dans un autre canton, etc.

Dans un troisième chapitre, enfin, M. Ségéral a réuni sous cette rubrique « *Actes divers,* » toute la série des actes extra-judiciaires, moins importants que la présidence des conseils de famille, et que l'apposition ou la levée des scellés. Tels sont, pour nous borner aux principaux, les procès-verbaux de conciliation, les dépôts d'actes de société (loi du 24 juillet 1867), les actes de notoriété, ceux d'adoption ou d'émancipation, les autorisations de faire le commerce, les certificats de propriété, les francisations de navires, les ventes publiques de meubles, et autres opérations si nombreuses qui rentrent dans la compétence des Juges de paix. Cette longue nomenclature a été dressée avec un soin et une exactitude qui témoignent de la longue expérience de l'auteur.

Tels sont les sujets variés qu'il a étudiés dans son second livre.

Cette analyse, si sèche et si aride qu'elle soit (car ce n'est qu'une table des matières), n'en suffira pas moins, nous l'espérons, pour faire comprendre aux jurisconsultes, aux abonnés du *Journal des Greffiers*, à tous les hommes versés dans ces questions si pratiques et souvent si épineuses, quelle est l'importance de l'ouvrage de leur collègue. « Je dois déclarer, dit modestement M. Ségé» ral dans sa préface, que je n'ai pas la prétention d'offrir » un livre de science, mais seulement un livre élémen» taire, dans lequel se trouvent réunies et traitées avec » simplicité, toutes les matières civiles dont sont chargés » les Juges de paix. » L'auteur a tenu tout ce qu'il promettait, et bien au-delà. Sans doute, son ouvrage, éminemment pratique, ne pouvait avoir la prétention de remplacer les écrits des maîtres de la science. Mais sous une forme simple et facile, il en résume heureusement la substance.

M. Ségéral a su condenser, dans un volume de cinq cents à six cents pages, toutes les difficultés si nombreuses et si diverses qui peuvent surgir à chaque instant pour les Greffiers de Justice de paix. Son plan, clair et méthodique, facilite les recherches; l'exactitude et l'abondance des renseignements qu'il fournit, dispenseront le plus souvent de compulser les auteurs ou les arrêts. Aussi, croyons-nous être utiles aux praticiens, en leur signalant et en leur recommandant tout particulièrement cet ouvrage. Il est surtout un point sur lequel nous appellerons l'attention : ce sont les modèles de formules fournis dans le

Code-Pratique. A côté de chaque espèce d'acte qu'il décrit, M. Ségéral a pris soin de donner en regard un modèle de rédaction. Ces formules constituent peut-être la partie la plus intéressante du travail. Elaborées avec un soin minutieux, remaniées souvent par l'auteur dans le cours de sa longue pratique, elles témoignent d'une habile expérience et d'une étude patiente des faits juridiques. Elles comblent une véritable lacune dans cette partie de la science du droit. Elles allégeront chaque jour le travail des Greffiers de Justice de paix, en leur épargnant, en toute occurrence, des hésitations, des doutes et des recherches pénibles. C'est un service de tous les instants que M. Ségéral va rendre à ses Collègues.

L'on ne saurait trop encourager ces études, en apparence modestes, mais si profitables aux officiers publics, aux plaideurs et à la science. Ce n'est pas seulement en exposant les théories ardues du droit, c'est aussi en descendant dans les menus détails de l'application, c'est en résolvant les difficultés pratiques de la vie de chaque jour, que l'on peut bien mériter de la science juridique et gagner les suffrages reconnaissants de ceux qui s'y consacrent. A ce point de vue, M. Ségéral a fait une œuvre bonne et utile, et le Comité consultatif du journal est heureux de lui exprimer son approbation et ses remercîments.

Paul-Émile VIGNEAUX,
Professeur à la Faculté de Droit de Bordeaux.

Henry BROCHON fils,
Bâtonnier de l'ordre des avocats à la Cour d'appel de Bordeaux.

A. PEYRELONGUE,
Ancien Président à la Chambre des Avoués de Bordeaux.

COSTE,
Docteur en droit, Avocat à la Cour d'appel de Paris.

ÉBERT,
Licencié en Droit, Juge de paix du canton ouest de Moulins (Allier).

EXPLICATION

DES RENVOIS ET ABRÉVIATIONS.

S. désigne l'ancien recueil de Sirey. — Ainsi, S. 18. 1. 121, signifie *Recueil général des Lois et des Arrêts*, par Sirey, tome XVIII, première partie, page 121.

S. V. désigne la continuation périodique du Recueil de Sirey depuis 1831. — Ainsi, S. V. 63. 2. 368, signifie *Recueil général des Lois et des Arrêts*, volume de 1863, deuxième partie, page 368.

P. désigne le *Journal du Palais*. — Ainsi, P. 56. 2. 532, signifie *Journal du Palais*, année 1856, deuxième volume, page 532.

Depuis 1857, ce Recueil ne forme qu'un volume par an.

D. P. désigne *Recueil périodique de Dalloz*. — Ainsi, D. P. 63. 1. 289, signifie *Dalloz périodique*, volume 1863, première partie, page 289.

D. A. désigne la *Jurisprudence générale du royaume*, ou la collection alphabétique de M. Dalloz jusqu'en 1824. — Ainsi, D. A. 3. 566, signifie *Dalloz alphabétique*, tome III, page 566.

Cass. signifie *Cour de Cassation*.

C. signifie *Cour d'appel*.

C. C. signifie *Code civil*.

C. proc. signifie *Code de procédure*.

CODE-PRATIQUE

DE

LA JUSTICE DE PAIX

INSTITUTION DES JUSTICES DE PAIX

—

SOMMAIRE :

INSTITUTION DES JUSTICES DE PAIX.

1. La Justice de paix a été créée par la loi des 16-24 août 1790.

2. Elle se composait à l'origine d'un Juge de paix et de deux assesseurs; mais la loi du 29 Ventôse an IX a supprimé les assesseurs et statué que le Juge de paix doit remplir seul les fontions soit de justice, soit de conciliation, ou autres qui sont conférées au Juge de paix.

3. En cas de maladie, absence, ou autre empêchement du Juge de paix, ses fonctions sont exercées par un suppléant; et, à cet effet, chaque Juge de paix doit avoir deux suppléants.

(Art. 3, 9 Ventôse, an IX).

4. Un Greffier est attaché à chaque Justice de paix : il tient la plume dans tous les actes du ministère du Juge.

(C. proc. art. 1040).

5. Si le Greffier est empêché, il est suppléé par un commis-greffier, et, à défaut de celui-ci, par un citoyen ayant les qualités requises pour être Greffier, et qui prête préalablement serment;

(Voir notre *Journal des Greffiers*, année 1874, nº 7).

Le Juge de paix ne peut être ni parent, ni allié du Greffier jusqu'au degré d'oncle et de neveu inclusivement.

(Arg. L. 20 avr. 1810, art. 63).

La même prohibition existe entre le Juge de paix et le commis assermenté.

(Arg. L. 6 mars 1791, art. 31. Bioche, vº *Juge de paix*, nº 22).

6. Il n'y a point d'huissier en titre auprès de la Justice de paix : chaque Juge de paix commet, pour être attaché particulièrement à son Tribunal, un ou deux des huissiers résidant dans le ressort de sa justice.

(28 floréal, an 10, art. 5 et 6).

La parenté du Juge de paix avec l'huissier n'est prohibée par acune loi.

Juridiction ordinaire et juridiction extraordinaire ou d'exception.

7. Les tribunaux qui ont la juridiction ordinaire sont ceux qui connaissent de *toutes les matières*, à *l'exception* de celles qui ont été formellement attribuées à d'autres juges.

Les Tribunaux extraordinaires ou d'exception sont ceux

qui ne connaissent que des affaires qui leur sont *spécialement attribuées*.

8. En matière civile, les Tribunaux ordinaires sont les Tribunaux de première instance et les Cours d'appel.

Les Justices de paix, les Conseils de prud'hommes, les Tribunaux de commerce, les Conseils de préfecture, la Cour des comptes, le Conseil d'état, sont *des Tribunaux d'exception*.

9. La juridiction est le pouvoir de juger, c'est-à-dire d'appliquer les lois.

La compétence est la mesure de la juridiction du Juge.

10. La juridiction civile du Juge de paix est contentieuse ou gracieuse.

11. Le Juge exerce la juridiction contentieuse toutes les fois qu'il prononce sur des intérêts opposés entre deux parties, dont l'une a cité l'autre à son Tribunal.

12. Tout ce qui se fait sur la demande d'une seule personne, ou sur celle de plusieurs, d'accord entr'elles, et sans contradiction, appartient à la juridiction volontaire dite *gracieuse*.

Les actes de la juridiction volontaire ou gracieuse sont la réunion des conseils de famille, l'apposition des scellés, la délivrance des actes de notoriété, des certificats de propriété, la réception des serments, l'audition des parties en conciliation au moment où un débat va s'engager devant le Tribunal de première instance.

13. Notre ouvrage se divise naturellement en deux livres :

Le premier est consacré à la **Juridiction contentieuse**,

Et le second, à la **Juridiction gracieuse ou extra-judiciaire** du Juge de paix.

LIVRE PREMIER

JURIDICTION CONTENTIEUSE

SECTION I.

LOIS SUR LES JUSTICES DE PAIX

ET LEURS ATTRIBUTIONS

—

SOMMAIRE

LOI DU 25 MAI 1838.

14. ARTICLE PREMIER.— Les Juges de paix connaissent de toutes actions purement personnelles ou mobilières, en dernier ressort, jusqu'à la valeur de 100 fr., et, à charge d'appel, jusqu'à la valeur de 200 fr.

ART. 2. — Les Juges de paix prononcent sans appel, jusqu'à

la valeur de 100 fr., et, à charge d'appel, jusqu'au taux de la compétence en dernier ressort des Tribunaux de première instance :

Sur les contestations entre les hôteliers, aubergistes ou logeurs, et les voyageurs ou locataires en garni, pour dépense d'hôtellerie et perte ou avarie d'effets déposés dans l'auberge ou dans l'hôtel ;

Entre les voyageurs et les voituriers ou bateliers, pour retards, frais de route et perte ou avarie d'effets accompagnant les voyageurs ;

Entre les voyageurs et les carrossiers ou autres ouvriers, pour fournitures, salaires et réparations faites aux voitures de voyages.

Art. 3. — Les Juges de paix connaissent, sans appel, jusqu'à la valeur de 100 fr., et, à charge d'appel, à quelque valeur que la demande puisse s'élever :

Des actions en payement de loyers ou fermages, des congés, des demandes en résiliation de baux, fondées sur le seul défaut de payement des loyers ou fermages; des expulsions de lieux et des demandes en validité de saisie-gagerie ; le tout lorsque les locations verbales ou par écrit n'excèdent pas annuellement, à Paris, 400 fr., et 200 fr. partout ailleurs.

Si le prix principal du bail consiste en denrées ou prestations en nature, appréciables d'après les mercuriales, l'évaluation sera faite sur celles du jour de l'échéance, lorsqu'il s'agira du payement des fermages. Dans tous les autres cas, elle aura lieu suivant les mercuriales du mois qui aura précédé la demande. Si le prix principal du bail consiste en prestations non appréciables d'après les mercuriales, ou s'il s'agit de baux à colons partiaires, le Juge de paix déterminera la compétence, en prenant pour base du revenu de la propriété le principal de la contribution foncière de l'année courante, multiplié par cinq.

Art. 4. — Les Juges de paix connaissent, sans appel, jusqu'à la valeur de 100 fr., et, à charge d'appel, jusqu'au taux de la compétence en dernier ressort des Tribunaux de première instance :

1° Des indemnités réclamées par le locataire ou fermier

pour non-jouissance provenant du fait du propriétaire, lorsque le droit à une indemnité n'est pas contesté;

2° Des dégradations et pertes, dans les cas prévus par les articles 1732 et 1735 du Code civil.

Néanmoins, le Juge de paix ne connaît des pertes causées par incendie ou par inondation, que dans les limites posées par l'article 1er de la présente loi.

ART. 5. — Les Juges de paix connaissent également, sans appel, jusqu'à la valeur de 100 fr., et, à charge d'appel, à quelque valeur que la demande puisse s'élever :

1° Des actions pour dommages faits aux champs, fruits et récoltes soit par l'homme, soit par les animaux, et de celles relatives à l'élagage des arbres ou haies, et au curage, soit des fossés, soit des canaux servant à l'irrigation des propriétés ou au mouvement des usines, lorsque les droits de propriété ou de servitude ne sont pas contestés;

2° Des réparations locatives des maisons ou fermes, mises par la loi à la charge du locataire;

3° Des contestations relatives aux engagements respectifs des gens de travail au jour, au mois et à l'année, et de ceux qui les emploient ; des maîtres et des domestiques ou gens de services à gages ; des maîtres et de leurs ouvriers ou apprentis, sans néanmoins qu'il soit dérogé aux lois et règlements relatifs à la juridiction des prud'hommes ;

4° Des contestations relatives au payement des nourrices, sauf ce qui est prescrit par les lois et règlements d'administration publique à l'égard des bureaux de nourrices de la ville de Paris et de toutes les autres villes;

5° Des actions civiles pour diffamation verbale et pour injures publiques ou non publiques, verbales ou par écrit, autrement que par la voie de la presse; des mêmes actions pour rixes ou voies de fait; le tout lorsque les parties ne se sont pas pourvues par la voie criminelle.

ART. 6. — Les Juges de paix connaissent, en outre, à charge d'appel :

1° Des entreprises commises, dans l'année, sur les cours d'eau servant à l'irrigation des propriétés et au mouvement des usines et moulins, sans préjudice des attributions de l'autorité administrative dans les cas déterminés par les lois et par les règlements; des dénonciations de nouvelle œuvre, complaintes, actions en réintégrande et autres actions possessoires fondées sur des faits également commis dans l'année;

2° Des actions en bornage et de celles relatives à la distance prescrite par la loi, les règlements particuliers et l'usage des lieux, pour les plantations d'arbres ou de haies, lorsque la propriété ou les titres qui l'établissent ne sont pas contestés;

3° Des actions relatives aux constructions et travaux énoncés dans l'article 674 du Code civil, lorsque la propriété ou la mitoyenneté du mur ne sont pas contestées;

4° Des demandes en pension alimentaire n'excédant pas 150 fr. par an, et seulement lorsqu'elles seront formées en vertu des articles 205, 206 et 207 du Code civil.

Art. 7. — Les Juges de paix connaissent de toutes les demandes reconventionnelles ou en compensation qui, par leur nature ou leur valeur, sont dans les limites de leur compétence alors même que, dans les cas prévus par l'article 1er, ces demandes, réunies à la demande principale, s'élèveraient au-dessus de 200 fr. Ils connaissent, en outre, à quelques sommes qu'elles puissent monter, des demandes reconventionnelles en dommages-intérêts fondées exclusivement sur la demande principale elle-même.

Art. 8. — Lorsque chacune des demandes principales, reconventionnelles ou en compensation, sera dans les limites de la compétence du Juge de paix en dernier ressort, il prononcera sans qu'il y ait lieu à appel.

Si l'une de ces demandes n'est susceptible d'être jugée qu'à charge d'appel, le Juge de paix ne prononcera sur toutes qu'en premier ressort.

Si la demande reconventionnelle ou en compensation excède les limites de la compétence, il pourra, soit retenir le jugement de la demande principale, soit renvoyer, sur le tout, les parties à se pourvoir devant le Tribunal de première instance, sans préliminaire de conciliation.

Art. 9. — Lorsque plusieurs demandes formées par la même partie seront réunies dans une même instance, le Juge de paix ne prononcera qu'en premier ressort, si leur valeur totale s'élève au-dessus de 100 fr., lors même que quelqu'une de ces demandes serait inférieure à cette somme. Il sera incompétent sur le tout, si ces demandes excèdent, par leur réunion, les limites de sa juridiction.

ART. 10. — Dans les cas où la saisie-gagerie ne peut avoir lieu qu'en vertu de permission de justice, cette permission sera accordée par le Juge de paix du lieu où la saisie devra être faite, toutes les fois que les causes rentreront dans sa compétence.

S'il y a opposition de la part des tiers, pour des causes et pour des sommes qui, réunies, excèderaient cette compétence, le jugement en sera déféré aux Tribunaux de première instance.

ART. 11. — L'exécution provisoire des jugements sera ordonnée dans tous les cas où il y a titre authentique, promesse reconnue ou condamnation précédente dont il n'y a point eu appel.

Dans tous les autres cas, le Juge pourra ordonner l'exécution provisoire, nonobstant appel, sans caution, lorsqu'il s'agira de pension alimentaire, ou lorsque la somme n'excèdera pas 300 fr., et avec caution, au-dessus de cette somme.

La caution sera reçue par le Juge de paix.

ART. 12. — S'il y a péril en la demeure, l'exécution provisoire pourra être ordonnée sur la minute du jugement avec ou sans caution, conformément aux dispositions de l'article précédent.

ART. 13. — L'appel des jugements des Juges de paix ne sera recevable ni avant les trois jours qui suivront celui de la prononciation des jugements, à moins qu'il n'y ait lieu à exécution provisoire, ni après les trente jours qui suivront la signification à l'égard des personnes domiciliées dans le canton.

Les personnes domiciliées hors du canton, auront, pour interjeter appel, outre le délai de trente jours, le délai réglé par les articles 73 et 1033 du Code de procédure civile (1).

---

(1) Ce dernier article a été modifié par la loi du 3 mai 1862.

Voici le nouveau texte :

« Le jour de la signification et celui de l'échéance ne sont point comptés

ART. 14. — Ne sera pas recevable, l'appel des jugements mal à propos qualifiés en premier ressort, ou qui, étant en dernier ressort, n'auraient point été qualifiés.

Seront sujets à l'appel, les jugements qualifiés en dernier ressort, s'ils ont statué, soit sur des questions de compétence, soit sur des matières dont le Juge de paix ne pouvait connaître qu'en premier ressort.

Néanmoins, si le Juge de paix s'est déclaré compétent, l'appel ne pourra être interjeté qu'après le jugement définitif.

ART. 15. — Les jugements rendus par les Juges de paix ne pourront être attaqués par la voie du recours en cassation que pour excès de pouvoir.

ART. 16. — Tous les huissiers d'un même canton auront le droit de donner toutes les citations ou de faire tous les actes devant la Justice de paix. Dans les villes où il y a plusieurs Justices de paix, les huissiers exploitent concurremment dans le ressort de la juridiction assignée à leur résidence. Tous les huissiers du même canton seront tenus de faire le service des audiences et d'assister le Juge de paix toutes les fois qu'ils en seront requis; les Juges de paix choisiront leurs huissiers-audienciers.

ART. 17. — Dans toutes les causes, excepté celles où il y aurait péril en la demeure et celles dans lesquelles le défendeur serait domicilié hors du canton ou des cantons de la même ville, le Juge de paix pourra interdire aux huissiers de sa résidence de donner aucune citation en justice, sans

---

dans le délai général fixé pour les ajournements, les citations, sommations et autres actes faits à personne ou domicile.

» Ce délai sera augmenté d'un jour, à raison de cinq myriamètres de distance.

» Il en sera de même dans tous les cas prévus, en matière civile et commerciale, lorsqu'en vertu des lois, décrets ou ordonnances, il y a lieu d'augmenter un délai à raison des distances.

» Les fractions de moins de quatre myriamètres ne seront pas comptées ; les fractions de quatre myriamètres et au-dessus augmenteront le délai d'un jour entier.

» Si le dernier jour du délai est un jour férié, le délai sera prorogé au lendemain. »

qu'au préalable il n'ait appelé, sans frais, les parties devant lui.

ART. 18. — Dans les causes portées devant la Justice de paix, aucun huissier ne pourra assister comme conseil, ni représenter les parties en qualité de procureur fondé, à peine d'une amende de 25 à 50 fr., qui sera prononcée sans appel par le Juge de paix.

Ces dispositions ne seront pas applicables aux huissiers qui se trouveront dans l'un des cas prévus par l'article 86 du Code de procédure civile.

ART. 19. — En cas d'infraction aux dispositions des articles 16, 17 et 18, le Juge de paix pourra défendre aux huissiers du canton de citer devant lui, pendant un délai de quinze jours à trois mois, sans appel et sans préjudice de l'action disciplinaire des Tribunaux et des dommages-intérêts des parties, s'il y a lieu.

ART. 20. — Les actions concernant les brevets d'invention seront portées, s'il s'agit de nullité ou de déchéance des brevets, devant les Tribunaux civils de première instance; s'il s'agit de contrefaçon, devant les Tribunaux correctionnels.

ART. 21. — Toutes les dispositions des lois antérieures contraires à la présente loi sont abrogées.

ART. 22. — Les dispositions de la présente loi ne s'appliqueront pas aux demandes introduites avant sa promulgation.

Signé : LOUIS-PHILIPPE.

Par le Roi :

Le Garde des Sceaux de France, Ministre Secrétaire d'État au département de la Justice et des Cultes,

Signé : BARTHE.

LOI DU 20 MAI 1854

qui modifie l'article 3 de la loi du 25 mai 1838.

15. ARTICLE UNIQUE. — L'article 3 de la loi du 25 mai 1838 est modifié ainsi qu'il suit :

« ART. 3. — Les Juges de paix connaissent, sans appel, jusqu'à la valeur de 100 fr., et, à charge d'appel, à quelque valeur que la demande puisse s'élever : des actions en payement de loyers ou fermages, des congés, des demandes en résiliation de baux, fondées sur le seul défaut de payement des loyers ou fermages, des expulsions des lieux et des demandes en validité de saisie-gagerie ; le tout, lorsque les locations verbales ou par écrit n'excèdent pas annuellement, dans les circonscriptions des Justices de paix de Paris, Lyon, Marseille, Bordeaux, Rouen, Nantes, Lille, Saint-Etienne, Nîmes, Reims et Saint-Quentin, 400 fr., et 200 fr. partout ailleurs. — Si le prix principal du bail consiste en denrées ou prestations en nature appréciables d'après les mercuriales, l'évaluation sera faite sur celle du jour de l'échéance, lorsqu'il s'agira du payement des fermages. Dans tous les autres cas, elle aura lieu suivant les mercuriales du mois qui aura précédé la demande. Si le prix principal du bail consiste en prestations non appréciables d'après les mercuriales, ou s'il s'agit de baux à colons partiaires, le Juge de paix déterminera la compétence, en prenant pour base du revenu de la propriété le principal de la contribution foncière de l'année courante multiplié par cinq. »

LOI DES 2-5 MAI 1855

qui modifie celles des 25 mai 1838 et 20 mai 1854, sur les Justices de paix.

16. ARTICLE PREMIER. — L'article 3 de la loi du 25 mai 1838, modifié par la loi du 20 mai 1854, est remplacé par la disposition suivante :

« ART. 3. — Les Juges de paix connaissent, sans appel, jusqu'à la valeur de 100 fr., et, à charge d'appel, à quelque valeur que la demande puisse s'élever, des actions en payement de loyers ou fermages, des congés, des demandes en résiliation de baux, fondées sur le seul défaut de payement des loyers ou fermages, des expulsions de lieux et des demandes en validité de saisie-gagerie, le tout lorsque les locations verbales ou par écrit n'excèdent pas annuellement 400 fr. — Si le prix principal du bail consiste en denrées ou prestations en nature, appréciables d'après les mercuriales, l'évaluation sera faite sur celle du jour de l'échéance, lorsqu'il s'agira du payement des fermages. Dans tous les autres cas, elle aura lieu suivant les mercuriales du mois qui aura précédé la demande. — Si le prix du bail consiste en prestations non appréciables d'après les mercuriales, ou s'il s'agit de colons partiaires, le Juge de paix déterminera la compétence, en prenant pour base du revenu de la propriété le principal de la contribution foncière de l'année courante multiplié par cinq. »

L'article 17 de la loi du 25 mai 1838 est modifié ainsi qu'il suit :

« *Art. 17.* — Dans toutes les causes, excepté celles qui requièrent célérité, et celles dans lesquelles le défendeur serait domicilié hors du canton ou des cantons de la même ville, il est interdit aux huissiers de donner aucune citation en Justice, sans qu'au préalable le Juge de paix ait appelé les parties devant lui, au moyen d'un avertissement sur papier non timbré, rédigé et délivré par le Greffier, au nom et sous la surveillance du Juge de paix, et expédié par la poste, sous bande simple, scellée du sceau de la Justice de paix, avec affranchissement. — A cet effet, il sera tenu par le Greffier un registre sur papier non timbré, constatant l'envoi et le résultat des avertissements; ce registre sera coté et paraphé par le Juge de paix. Le Greffier recevra pour tout droit et par chaque avertissement, une rétribution de 25 c.

y compris l'affranchissement qui sera, dans tous les cas, de 10 c. — S'il y a conciliation, le Juge de paix, sur la demande de l'une des parties, peut dresser procès-verbal des conditions de l'arrangement; ce procès-verbal aura force d'obligation privée. — Dans les cas qui requièrent célérité, il ne sera remis de citation non précédée d'avertissement qu'en vertu d'une permission donnée, sans frais, par le Juge de paix, sur l'original de l'exploit. En cas d'infraction aux dispositions ci-dessus de la part de l'huissier, il supportera sans répétition, les frais de l'exploit. »

NOMENCLATURE

des attributions du Juge de paix en matière contentieuse.

17. Article premier. — Le Juge de paix connaît, en dernier ressort, jusqu'à 100 fr., et, à charge d'appel, jusqu'à 200 fr., des actions personnelles ou mobilières (nos 18-24).

Art. 2. — Le Juge de paix connaît, en dernier ressort, jusqu'à 100 fr., et, à charge d'appel, jusqu'à 1,500 fr. des actions ci-après (nos 25-26) :

1° Des contestations entre les hôteliers, aubergistes ou logeurs, et les voyageurs ou locataires en garni, pour dépense d'hôtellerie et perte ou avarie d'effets déposés dans l'auberge ou dans l'hôtel (n° 27) ;

2° Des contestations entre les voyageurs, les voituriers ou bateliers pour retards, frais de route et pertes ou avaries d'effets accompagnant les voyageurs (nos 28-32) ;

3° Des contestations entre les voyageurs et les carrossiers ou autres ouvriers, pour fournitures, salaires et réparations faites aux voitures de voyages (n° 33) ;

4° Des indemnités réclamées par le fermier ou locataire pour non-jouissance et actions du bailleur pour dégradations et pertes (nos 34-39).

Art. 3. — Le Juge de paix connaît, en dernier ressort, jusqu'à 100 fr., et, à charge d'appel, à quelque somme que s'élève la demande :

1° Des actions en payement de loyers ou fermages, des congés, des demandes en résiliation de baux, fondées sur le seul défaut de payement des loyers ou fermages, des expulsions de lieux et des demandes en validité de saisie-gagerie, le tout lorsque la location annuelle n'excède pas 400 fr. (nos 40-48);

2° Des actions pour réparations locatives (nos 49-50);

3° Des actions pour dommages aux champs, fruits et récoltes (nos 51-57);

4° Des actions relatives à l'élagage des arbres (nos 58-66),

Au curage des fossés et canaux servant à l'irrigation des propriétés et au mouvement des usines (nos 67-70);

5° Des actions relatives aux engagements respectifs des maîtres, des domestiques, ouvriers et apprentis (nos 71-83);

6° Des actions relatives au payement des nourrices (nos 84-89);

7° Des actions civiles pour diffamation verbale et pour injures publiques ou non publiques, verbales ou par écrit, autrement que par la voie de la presse; — des mêmes actions pour rixes ou voies de fait, le tout, lorsque les parties ne se sont pas pourvues par la voie criminelle (nos 90-98).

Art. 4. — Le Juge de paix ne connaît qu'en premier ressort des actions ci-après :

1° Des actions possessoires (nos 99-149);

2° Des actions en bornage et de celles relatives à la distance voulue pour les plantations d'arbres ou de haies (nos 150-177);

3° Des actions relatives aux travaux énoncés dans l'article 674 du Code civil, et qui sont les suivantes : établissement des puits ou fosses d'aisance près des murs mitoyens ou non, construction de cheminées, âtres, forges, fours ou fourneaux, étables et magasins de sel ou amas de matière corrosives près de ces murs; — et de l'obligation de laisser la distance prescrite par les règlements et usages particuliers sur ces objets, ou à faire les ouvrages prescrits par les mêmes règlements et usages pour éviter de nuire au voisin, — le tout, lorsque la propriété et la mitoyenneté ne sont pas contestées (n° 178);

4° Des demandes en pension alimentaire n'excédant pas annuellement 150 fr. (nos 179-184).

Art. 5. — Le Juge de paix connaît, en dernier ressort, des demandes formées par la même partie et réunies dans une même instance, lorsque la valeur totale ne s'élève pas au-dessus de 100 fr.

Si, au contraire, cette valeur excède 100 fr., le Juge de paix n'en connaît qu'en premier ressort, et il devient incompétent sur le tout, si ces demandes excèdent par leur réunion, les limites de sa juridiction (n° 185).

Le Juge de paix connaît, en outre, de toutes les demandes reconventionnelles ou en compensation, qui, par leur nature ou leur valeur, sont dans les limites de leur compétence, alors même que ces demandes, réunies à la demande principale, s'élèveraient au-dessus de 200 fr. Il connaît de plus, *à quelques sommes qu'elles puissent monter,* des demandes reconventionnelles en dommages-intérêts fondées exclusivement sur la demande principale elle-même (n° 185).

Art 6. — *Prorogation de compétence.* — Le Juge de paix est compétent pour statuer, en premier ou en dernier ressort, suivant la volonté des parties, sur les actions en prorogation de compétence (nos 186-194).

Art. 7. — Listes électorales : révision (nos 195-213).

Section II.

ATTRIBUTIONS DU JUGE DE PAIX

EN MATIÈRE CONTENTIEUSE

SOMMAIRE.

OBSERVATIONS GÉNÉRALES & FORMULES.

ARTICLE PREMIER.

Actions personnelles et mobilières.

Actions dont le Juge de paix connaît, en dernier ressort, jusqu'à cent francs; et, à charge d'appel, jusqu'à deux cents francs.

18. Cette compétence est réglée par l'article 1er de la loi du 25 mai 1838, dont voici les termes :

« Les Juges de paix connaissent de toutes actions purement

personnelles ou mobilières, en dernier ressort, jusqu'à la valeur de 100 fr., et, à charge d'appel, jusqu'à la valeur de 200 fr. »

19. On appelle action *personnelle,* celle qui prend sa source soit dans une convention (expresse ou tacite), soit dans un fait qui nous oblige. Elle se dirige contre un individu personnellement obligé à donner, à faire ou à ne pas faire quelque chose, et a pour but de le forcer à remplir son obligation. Une pareille action peut être exercée contre ses héritiers ou représentants à titre universel.

20. On appelle action *mobilière,* celle qui se rapporte à une demande dont l'objet est *mobilier.*

(Voy. art. 517 et suiv. C. c., sur la distinction des biens en meubles et immeubles.)

21. En thèse, c'est le taux de la demande tel qu'il est énoncé dans la citation, ou restreint (contradictoirement) dans le cours de l'instance, et non celui de la condamnation qui fixe la compétence du Juge de paix, comme elle détermine le taux du premier et du dernier ressort. C'est là un point consacré par une jurisprudence constante.

22. Le Juge de paix est compétent pour connaître en dernier ressort de la demande en payement d'une somme inférieure à 100 fr., ou, à charge d'appel, de la demande en payement d'une somme supérieure à ce taux, mais inférieure à 200 fr., alors même qu'elle est le reliquat d'une somme plus forte.

Cass., 29 nov. 1848. — (S. V. 49. 1. 312. — P. 49. 1. 82. — D. p. 48. 5. 63.)

23. *Incendie, inondation.* — Le Juge de paix connaît des pertes causées par incendie ou par inondation dans les limites posées par l'article 1er ci-dessus.

(Art. 1, § 3. L. du 25 mai 1838.)

24. Le Juge de paix, compétent pour connaître de ces actions, est celui du canton où est situé l'objet litigieux.

Art. 2.

Actions dont le Juge de paix connaît, en dernier ressort, jusqu'à cent francs, et, à charge d'appel, jusqu'à quinze cents francs.

25. « Les Juges de paix prononcent, sans appel, jusqu'à la valeur de 100 fr., et, à charge d'appel, jusqu'au taux de la compétence, en dernier ressort, des Tribunaux de première instance :

» 1° Sur les contestations entre les hôteliers, aubergistes ou logeurs, et les voyageurs ou locataires en garni, pour dépense d'hôtellerie et perte ou avarie d'effets déposés dans l'auberge ou dans l'hôtel ;

» 2° Entre les voyageurs et les voituriers ou bateliers, pour retards, frais de route et pertes ou avaries d'effets accompagnant les voyageurs ;

» 3° Entre les voyageurs et les carrossiers ou autres ouvriers, pour fournitures, salaires et réparations faites aux voitures de voyage ;

(L. du 25 mai 1838, art. 2.)

» 4° Sur les indemnités réclamées par le fermier ou locataire, pour non-jouissance, et sur les actions du bailleur pour dégradations et pertes. »

(L. du 25 mai 1838, art. 4.)

Le taux de la compétence des Tribunaux de première instance en ces matières, est fixé à 1,500 fr. par la loi des 11-13 avril 1838.

26. Le Juge de paix compétent pour connaître de ces actions, est celui de la situation de l'objet litigieux.

Les contestations que cet article a pour but de soumettre à la juridiction des Justices de paix ont presque toujours besoin d'une justice prompte et locale; c'est ce qui a motivé cette nouvelle attribution donnée aux Juges de paix.

Nous allons dire quelques mots sur chacune de ces diverses contestations.

§ Ier. — Hôteliers, aubergistes ou logeurs; voyageurs et locataires en garni.

27. Les hôteliers, aubergistes et logeurs sont responsables des effets apportés dans leur établissement, alors même que ces effets ne leur ont pas été déclarés;

Rouen, 4 février 1847. — (S. V. 48. 2. 452.)

Alors surtout que ces effets ont été volés par leurs domestiques.

Bordeaux, 27 avril 1854. — (S. V. 55. 2. 95. — P. 55. 1. 468.

Mais l'absence de déclaration restreint la responsabilité des industriels dont nous parlons, aux sommes et valeurs jugées nécessaires aux voyageurs, et qui peuvent être considérées comme faisant partie de leurs bagages.

Rouen, 4 février 1847. — (S. V. 48. 2. 452 — P. 47. 1. 450. — D. p. 47. 2. 74.)

Les hôteliers, aubergistes et logeurs cessent d'être responsables, si le voyageur a négligé de fermer la porte de sa chambre, ou de renfermer les effets précieux qui lui ont été dérobés.

(Même arrêt.)

La responsabilité de l'hôtelier, etc., a lieu également lorsque le dommage provient d'incendie. — La présomption légale est que l'accident a eu lieu par la faute de l'hôtelier; c'est à lui, pour être déchargé de la responsabilité, à prouver qu'aucun fait d'imprudence ou de négligence ne lui est imputable, et que le dommage est le résultat d'une force majeure.

Paris, 17 janvier 1850. — S. V. 50. 2. 267. — P 50. 2. 46. — D p. 512. 122).

§ II. — Voyageurs, voituriers et bateliers.

28. Aux termes des articles 1782 et 1785 du Code civil, les entrepreneurs de voitures publiques, les voituriers par terre et par eau sont soumis aux mêmes obligations et à la même responsabilité que les hôteliers, aubergistes et logeurs, quant aux choses confiées à leur garde, sous la condition toutefois pour les voyageurs de faire une déclaration spéciale pour l'argent qu'ils contient dans leurs malles auxdits entrepreneurs ou voituriers.

Ils sont responsables de la perte des effets et paquets des voyageurs, bien que ces objets n'aient pas été enregistrés, surtout lorsque les entrepreneurs sont dans l'usage de négliger cette formalité. C'est aux entrepreneurs qu'incombe l'obligation de provoquer l'enregistrement des effets des voyageurs. Et cette responsabilité existe, alors même que les bulletins délivrés aux voyageurs porteraient la mention que les entrepreneurs ne répondent pas des effets.

Alger, 16 décembre 1846. — (S. V. 47, 2. 88. — P. 47.2. 300. — D. P. 47.) 2. 1). — En ce sens, Aubry Rau, t. III, § 373, p. 377.

La responsabilité des entrepreneurs s'étend à la valeur, dûment justifiée, des objets perdus; ils ne peuvent se prévaloir de la disposition de l'article 62 de la loi du 23 juillet 1793, qui, dans le temps où les entreprises des messageries étaient exploitées pour le compte du gouvernement, restreignait à 150 fr. l'indemnité due pour les effets non évalués.

Alger, 16 décembre 1846. — (S. V. 47. 2. 88. — P. 47. 2. 300. — D. p. 47. 2. 1.)

29. Les Compagnies de chemins de fer sont responsables, en cas de perte de malles ou bagages d'un voyageur, non-seulement des effets que contenaient les malles perdues, mais encore des sommes d'argent qui y étaient renfermées, alors même que le voyageur n'a fait aucune déclaration de l'existence de ces valeurs, si d'ailleurs elles n'étaient qu'en proportion avec les besoins présumés du voyage.

(Angers, 20 janvier 1858. — (S. V. 58. 2. 13. — P. 54. 491. — D p. 58. 2. 132.) — Bordeaux, 21 mai 1858. — (S. V. 59. 2. 219. — P. 59. 906. — D. p. 58 2. 132) — Cassation, 16 mars 1859. — (S. V. 59. 1. 463. — P. 59. 906. — D. P. 59. 1. 316.)

30. Les entrepreneurs de voitures-omnibus d'un chemin de fer, destinées à transporter de la gare à domicile, et réciproquement, les voyageurs et leurs bagages, sont, comme tous les entrepreneurs de transport, responsables de la perte des choses à eux confiées; et cette responsabilité s'étend à l'argent ou l'or que renferme une malle, bien que le voyageur n'ait fait aucune déclaration du contenu de la malle.

(Paris, 21 novembre 1857. — S. V. 57. 2. 759. — P. 58. 213.)

31. Les voitures de place, fiacres, citadines, etc., sont des voitures publiques dont les entrepreneurs et cochers sont soumis, quant aux bagages ou effets des voyageurs, à la même responsabilité que les entrepreneurs de voitures publiques proprement dites.

Cassation, 1er mai 1855. — (S. V. 55. 1. 433. — P. 55. 2. 596. — D. p. 5'. '. 157.) — Rouen, 27 février 1856. — (S. V 57. 2. 118. — P. 57. 816. — D. p. 59. 5. 334.)

32. Le voiturier ne peut échapper à la responsabilité de la perte de la chose à lui confiée qu'en prouvant que cette chose a péri par un cas fortuit impossible à prévenir, et qu'il n'a à se reprocher aucun fait d'imprudence ou de négligence. On prétendrait à tort qu'il lui suffit de prouver la perte de la chose, et que c'est à l'expéditeur à établir que cette perte a été causée par la faute du voiturier. Il en est ainsi, spécialement, au cas d'incendie de la voiture et du chargement survenu en cours de voyage et sans cause connue.

Cassation, 23 août 1858. — (S. V. 60. 1. 984. — P. 60. 442. — D. p. 58. 1. 359.)

§ III. - Voyageurs et carrossiers.

33. Aux termes du § 3 de l'article 2 de la loi du 25 mai 1838, le Juge de paix n'est compétent pour connaître des difficultés pouvant s'élever à 1,500 fr., survenues entre les voyageurs, les ouvriers et les carrossiers, qu'autant que les fournitures et réparations aux voitures de voyage ont été faites pendant le cours du voyage. Il en serait autrement si les fournitures et réparations étaient faites lorsque le voyageur est rentré chez lui, et par des ouvriers de sa localité.

—

§ IV. — Contestations relatives aux indemnités réclamées par le fermier ou locataire pour non-jouissance, et actions du bailleur pour dégradations et pertes.

(Loi du 25 mai 1838, article 4.)

34. Les Juges de paix connaissent, sans appel, jusqu'à la valeur de 100 fr., et, à charge d'appel, jusqu'au taux de la compétence, en dernier ressort, des Tribunaux de première instance (1,500 fr.) :

1° Des indemnités réclamées par le locataire ou fermier, pour non-jouissance *provenant du fait du propriétaire, lorsque le droit à une indemnité n'est pas contesté;*

2° Des dégradations et pertes, dans les cas prévus par les articles 1732 et 1735 du Code civil.

(Loi 1838, art. 4.)

35. *Indemnités.* — Par droit non contesté à une indemnité, il faut entendre, non une simple allégation dans le but de se soustraire à la compétence du Juge de paix, mais une contestation sérieuse : par exemple, il faut que le propriétaire soutienne que, quand même le fermier aurait éprouvé quelques troubles dans sa jouissance, il n'aurait pas droit à une indemnité, en raison de la nature de leurs engagements et des clauses du bail.

Dans ce cas, il y a lieu à interprétation d'acte, ce qui sort des attributions du Juge de paix.

36. Le Juge de paix compétent pour statuer sur les actions dont le droit à l'indemnité n'est pas contesté, est celui de la situation des biens loués ou affermés.

37. — Le Juge de paix est compétent pour connaître des actions en indemnité, quand bien même le prix annuel de la location dépasserait 400 fr.; mais si le fermier ou locataire demande l'indemnité pour non-jouissance et la résiliation du bail dont le prix excéderait annuellement 400 fr., le Juge de paix devient incompétent, et l'affaire doit être renvoyée devant le Tribunal de première instance.

38. Le Juge de paix n'est pas compétent pour connaître d'une action en indemnité pour non-jouissance causée par des réparations urgentes ayant duré plus de quarante jours, ces réparations n'étant pas considérées comme étant le fait du propriétaire.

39. La demande en payement de loyers et la demande en réparation de dégradations commises dans les biens loués, ne sont pas indivisiblement liées, ni l'accessoire l'une de l'autre; si donc le prix annuel du bail excède 400 fr., la première demande doit être portée devant le Tribunal de première instance; tandis que la seconde doit être portée devant le Juge de paix, seul compétent pour connaître des actions pour dégradations, quand le chiffre demandé ne dépasse pas 1,500 fr.

(Bastia, 28 janvier 1856. — Carré et Chauveau, Q. 6. — Pigeau, t. I, p. 7. — Bourbeau, no 188.)

Art. 3.

Actions dont le Juge de paix connaît, en dernier ressort, jusqu'à cent francs, et, à charge d'appel, à quelque somme que s'élève la demande

§ Ier.

40. Les Juges de paix connaissent, sans appel, jusqu'à la valeur de 100 fr., et, à charge d'appel, à quelque valeur que la demande puisse s'élever :

Des actions en payement de loyers ou fermages, des congés, des demandes en résiliation de baux, fondées sur le défaut de payement des loyers ou fermages; des expulsions de lieux et des demandes en validité de saisie-gagerie; le tout lorsque les locations verbales ou par écrit n'excèdent pas annuellement, à Paris, 400 fr., et 200 fr. partout ailleurs.

(L. 25 mai 1838, art. 3.)

41. Si le prix principal du bail consiste en denrées ou prestations en nature, appréciables d'après les mercuriales, l'évaluation sera faite sur celles du jour de l'échéance, lorsqu'il s'agira du payement des fermages; dans tous les autres cas, elle aura lieu suivant les mercuriales du mois qui aura précédé la demande. Si le prix principal du bail consiste en prestations non appréciables d'après les mercuriales, ou s'il s'agit de baux à colons partiaires, le Juge de paix déterminera la compétence, en prenant pour base du revenu de la propriété le principal de la contribution foncière de l'année courante, multiplié par cinq.

(L. 25 mai 1838, art. 3.)

42. Une loi du 20 mai 1854 a modifié cet article et a élevé le taux de la compétence du Juge de paix à 400 fr., dans les villes de Lyon, Marseille, Bordeaux, Rouen, Nantes, Lille, St.-Etienne, Nîmes, Reims et Saint-Quentin, de même qu'à Paris.

Depuis, une nouvelle loi, du 2 mai 1855, a supprimé complètement la limite de 200 fr., et porté le taux de la compétence à 400 fr. pour tous les Juges de paix indistinctement.

43. L'incompétence du Juge de paix, relativement aux actions en payement de loyer, dans le cas où le prix annuel excède 200 fr. (aujourd'hui 400 fr.), est absolue, en ce sens que cette incompétence existe, alors même que la demande n'aurait pour objet que le payement d'une partie seulement des termes d'une année, dont la somme ne s'élèverait pas à 400 fr.

Bordeaux, 12 décembre 1851. — (S. V. 52. 2. 47. — P. 52. 2. 150. — D., p. 52. 5. 121.)

44. La compétence du Juge de paix en premier ressort est réglée par le prix annuel de la location. Ainsi le Juge de paix statue en dernier ressort lorsque la demande repose sur un loyer annuel n'excédant pas 100 fr., et statue en premier ressort lorsque le loyer annuel est supérieur à cette somme.

45. *Congés.* — La compétence du Juge de paix, en matière de congés pour les baux de 400 fr. et au-dessous, est générale et doit recevoir son application, quelle que soit la cause du congé; la disposition qui restreint la compétence de ce juge, en matière de résiliation de baux, au seul cas où la demande est fondée sur le défaut du payement des loyers, n'est pas susceptible d'être étendue à la matière des congés.

Colmar, 13 mars 1856. — (S. V. 57. 2. 122. — P. 57. 770.). — En ce sens, Bourbeau, n° 167.

46. *Résiliation de baux.* — Le Juge de paix ne doit s'occuper de la résiliation des baux que dans le cas où il y a défaut de payement de loyer.

Dès qu'il s'agit d'interpréter un bail ou un contrat, le Juge de paix cesse d'être compétent, quelque modique que soit le prix de la location.

(Rapport de M. Gasparin à la Chambre des pairs.)

Le Juge de paix ne peut, pour défaut de mobilier suffisant dans les lieux loués, prononcer la résiliation du bail. — Cette action, étant indéterminée, est de la compétence du Tribunal civil.

Cependant, s'il est constaté par la vente du mobilier, en suite de saisie ou par un procès-verbal de carence, que l'immeuble est entièrement dégarni, le bail doit être alors considéré comme résilié de plein droit, et le Juge de paix peut ordonner l'expulsion du locataire ou fermier, et même l'exécution de sa sentence sur la minute.

(Curasson, 1301. — Dalloz, n° 65 — Bioche, 1, p. 323.)

47. *Expulsion de lieux.* — Le Juge de paix doit, chaque fois qu'il y a défaut de payement des loyers, prononcer l'expulsion des lieux loués, mais il peut, suivant les circonstances, accorder des délais pour le payement.

48. *Validité de saisie-gagerie.* — Le Juge de paix, dans les causes de sa compétence, peut accorder la permission de pratiquer une saisie-gagerie, et il connait de même de la validité de cette saisie-gagerie, quelle que soit la valeur du mobilier saisi.

Le Juge de paix ne peut prononcer qu'en premier ressort

sur les congés, résiliation de baux et expulsion de lieux, la demande étant alors indéterminée.

§ II. — Réparations locatives.

49. Les Juges de paix connaissent, sans appel, jusqu'à la valeur de 100 fr., et, à charge d'appel, à quelque valeur que la demande puisse s'élever, des réparations locatives des maisons ou fermes mises par la loi à charge du locataire.

(L. 1838, art. 5, § 2. — Les réparations locatives sont énumérées dans l'art. 1754, C. civ.)

50. L'action des propriétaires contre les locataires est de la compétence du Juge de paix, mais celle des locataires contre le propriétaire est de la compétence du Tribunal civil

§ III. — Dommage aux champs, fruits et récoltes.

51. Le Juge de paix connait, sans appel, jusqu'à la valeur de 100 fr., et, à charge d'appel, à quelque valeur que la demande puisse s'élever, des actions pour dommages faits aux champs, fruits et récoltes, soit par l'homme, soit par les animaux, lorsque les droits de propriété ou de servitude ne sont pas contestés.

(L 1838, art. 5, no 1.)

52. Le Juge compétent pour connaître de ces sortes d'actions, est celui de la situation de l'objet litigieux.

53. *Champs.* — Cette expression signifie terres labourables, prés, bois, vignes, etc.

54. *Par l'homme.* — Les dommages peuvent résulter de contraventions, de délits et de crimes.

(C. p., 471, 444 et suivants, et 434.)

55. Le Juge de paix connait au civil de toutes ces actions, quelle que soit la gravité des dégâts.

56. *Par les animaux.* — Les dégâts que les animaux de toutes espèces feront sur la propriété d'autrui devront être réparés par les propriétaires de ces animaux, ou par ceux qui en ont la jouissance. Le propriétaire, qui éprouve des dommages, aura droit de saisir les animaux, sous l'obligation de les faire conduire, dans les vingt-quatre heures, au lieu du dépôt qui sera désigné à cet effet par la municipalité. Il sera satisfait aux dégâts par la vente des animaux, s'ils ne sont pas réclamés, ou si le dommage n'a point été payé dans la huitaine, du jour du délit. Si ce sont des volailles, de quelque espèce que ce soit, qui causent le dommage, le propriétaire, le détenteur ou le fermier qui l'éprouvera pourra les tuer, mais seulement sur le lieu, au moment du dégât.

(L. 6 octobre 1791. T. 2, 12.)

57. Les dommages causés aux récoltes par les lapins d'une garenne, doivent être réparés par le propriétaire de cette garenne s'il n'a pas fait tous ses efforts pour détruire ces animaux.

(Voir Sorel, *Dommages aux champs causés par le gibier*, page 23 et suivantes. — N.-A.-Carré, Juge de paix, p. 18.)

§ IV. — Des actions relatives à l'élagage des arbres et au curage des fossés.

Loi 1838, art. 5, § I.

58. *Élagage des arbres.* — Celui sur la propriété duquel avancent les branches des arbres du voisin, peut contraindre celui-ci à couper ces branches.

Si ce sont les racines qui avancent sur son héritage, il a droit de les y couper lui-même.

(C. c. 672.)

59. L'action en élagage peut être exercée en tous temps par le propriétaire du fonds voisin, sans que la prescription puisse lui être opposée, alors même qu'il serait établi que les branches avancent depuis plus de trente ans.

(16 février 1821, Paris. — 4 juin 1845, Bourges. — 3 juillet 1853, Douai.)

60. Le droit qu'aurait acquis, par destination du père de famille, le propriétaire des arbres de conserver les arbres plantés à une distance moindre que celle fixée par la loi, ne saurait avoir pour effet de lui donner celui de conserver les branches avançant sur le fonds voisin.

(Bastia, 3 mars 1855. — Sic Perrin et Rendu, *dictionnaire des constructions*, no 215. Ve aussi Demolombe, t. I, nos 507 et 508.)

61. De même le droit acquis en vertu de la prescription de conserver des arbres plantés à une distance moindre que la distance légale, n'enlève pas au voisin le droit de couper les racines qui pénètrent dans son fonds.

(Limoges, 2 avril 1846.)

62. Le propriétaire d'arbres joignant le fonds voisin n'a pas le droit d'exiger passage sur ce fonds pour y aller ramasser ou cueillir les fruits qui ne pourraient être récoltés autrement.

63. De ce qu'un propriétaire peut contraindre son voisin à ébrancher ses arbres, il ne s'ensuit pas qu'il puisse les ébrancher lui-même.

64. Le Juge de paix est incompétent pour connaître de l'élagage des arbres ou haies bordant les routes.

65. Mais il est compétent pour connaître de l'élagage des arbres et des haies bordant les chemins vicinaux.

66. Lorsqu'une haie est parvenue à la hauteur que déterminent les règlements et les usages locaux, elle doit être taillée aux époques déterminées par les usages et d'une manière uniforme.

67. *Curage des fossés.* — Le fossé mitoyen doit être entretenu à frais communs.

(C. c., 669.)

68. Les articles 666, 667 et 668 C. c. indiquent les marques de mitoyenneté ou de non-mitoyenneté.

69. Le Juge de paix n'est compétent pour connaître de l'action en curage d'un fossé qu'autant que la mitoyenneté n'est pas contestée.

70. Le propriétaire d'un fossé mitoyen peut, en abandonnant la mitoyenneté, refuser de concourir à l'entretien du fossé; — mais si ce fossé reçoit les eaux de son héritage, il ne peut user de la faculté d'abandonner la mitoyenneté et se soustraire à l'obligation de concourir au curage de ce fossé.

§ V. — Des actions relatives aux engagements des gens de travail, domestiques, ouvriers et apprentis.

(Loi 1838, art. 5, § 3.)

71. Les Juges de paix connaissent, sans appel, jusqu'à la valeur de 100 fr., et, à charge d'appel, à quelque valeur que la demande puisse s'élever, des contestations relatives aux engagements respectifs des gens de travail au jour, au mois et à l'année, et de ceux qui les emploient, des maîtres et des domestiques ou gens de service à gages; des maîtres et de leurs ouvriers ou apprentis, sans néanmoins qu'il soit dérogé aux lois et règlements relatifs à la juridiction des Prud'hommes.

GENS DE TRAVAIL, DOMESTIQUES OU GENS DE SERVICE.

72. Les auteurs s'expliquent assez longuement, sans toujours s'accorder entre eux, sur les personnes comprises dans ces expressions; *mais on entend généralement par domestiques :* les valets, portiers, cuisiniers, jardiniers, en un mot, toutes les personnes attachées à la maison, à quelque titre que ce soit. Cependant, on doit en excepter les précepteurs, les secrétaires, les bibliothécaires, les aumôniers, les régisseurs, les gardes particuliers et les clercs.

73. *On entend par ouvriers* tous les gens qui travaillent à la journée, non au prix fait.

74. *On appelle apprentis* ceux qui sont placés chez un patron pour y apprendre un métier.

75. Les contestations relatives entre les maîtres et les domestiques sont toujours de la compétence du Juge de paix;

mais celles relatives aux engagements des apprentis et des ouvriers ne sont de la compétence du Juge de paix qu'autant qu'il n'y a pas dans les lieux de conseil de Prud'hommes.

76. Les jugements rendus et autres actes de procédure faits entre patrons et ouvriers ou apprentis, sont visés pour timbre et enregistrés en débet.

(Loi du 22 janvier 1851, art. 27.)

77. L'art. 1780 du Code civil, qui porte que le maître est cru sur son affirmation sur la quotité des gages, pour le payement du salaire de l'année échue et pour les à-comptes donnés pour l'année courante, a été abrogé par la loi des 2-10 août 1868. Il incombe, par suite, au maître de prouver les payements par lui faits.

78. L'arrêté du 9 frimaire an XII, relatif au livret, a été également abrogé par les lois des 21 mai 1851 et 22 juin 1854.

79. Une loi du 4 mars 1851 règle toutes les questions relatives au contrat d'apprentissage.

80. Voici les dispositions de cette loi qui intéressent les Juges de paix :

« ARTICLE PREMIER. — Le contrat d'apprentissage est celui par lequel un fabricant, un chef d'atelier ou un ouvrier s'oblige à enseigner la pratique de sa profession à une autre personne, qui s'oblige, en retour, à travailler avec lui ; le tout à des conditions et pendant un temps voulu.

» ART. 2. — Le contrat d'apprentissage est fait par acte public ou par acte sous-seing privé. — Il peut aussi être fait verbalement ; mais la preuve testimoniale n'en est reçue que conformément au titre du Code civil : *Des Contrats ou des obligations conventionnelles en général.* — Les notaires, les secrétaires des conseils de Prud'hommes et les greffiers de Justice de paix peuvent recevoir l'acte d'apprentissage. — Cet acte est soumis pour l'enregistrement au droit fixe d'un franc, lors même qu'il contiendrait des obligations de sommes ou valeurs mobilières ou des quittances. — Les honoraires dus aux officiers publics sont fixés à deux francs.

» ART. 3. — L'acte d'apprentissage contiendra : 1° les nom,

prénoms, âge, profession et domicile du maître; 2° les nom, prénoms, âge et domicile de l'apprenti; 3° les nom, prénoms, profession et domicile de ses père et mère, de son tuteur ou de la personne autorisée par les parents, et, à leur défaut, par le Juge de paix; 4° la date et la durée du contrat; 5° les conditions de logement, de nourriture, de prix, et toutes autres arrêtées entre les parties. — Il devra être signé par le maître et par les représentants de l'apprenti. »

81. L'action des maîtres pour le prix d'apprentissage se prescrit par un an.

(2272 C. C.)

82. Celle des domestiques se prescrit également par un an.

(*Ibid.*)

83. Le salaire des ouvriers se prescrit par six mois.

(2271 C. C.)

§VI. — Des actions relatives au payement des nourrices.

(Loi 1838, art. 5, § 4.)

84. Les Juges connaissent, sans appel, jusqu'à la valeur de 100 fr., et, à charge d'appel, à quelque valeur que la demande puisse s'élever, des contestations relatives au payement des nourrices, sauf ce qui est prescrit par les lois et règlements d'administration publique à l'égard des Bureaux de nourrices de Paris et de toutes les autres villes.

La disposition de cet article est applicable alors même que la nourrice demeure chez les parents de l'enfant.

(Carou, n° 305.)

85. Le Juge de paix ne pourrait connaître d'une demande en dommages-intérêts supérieure à 200 fr. pour défaut de soins ou pour cessation d'allaitement de l'enfant sans motifs légitimes.

86. Mais il est compétent, à quelque chiffre que la demande puisse s'élever, de l'action qui aurait pour objet le payement de dépenses faites par la nourrice pour soigner l'enfant.

(Curasson, § Ier, p. 584; Carou, no 364.)

87. Le Juge de paix est incompétent pour connaître de l'action en payement des nourrices dans les lieux où il a été pourvu à leur payement par voie administrative.

88. Les actes de procédure relatifs aux contestations des nourrices sont visés pour timbre et enregistrés en débet.

(Loi 22 janvier 1851, art. 27.)

89. La demande des nourrices en payement de salaire se prescrit par un an.

(Arg. art. 2272, C. c.)

§ VII. — Des actions civiles pour diffamation verbale, injures et voies de fait.

(L. 1838, art. 5, § V.)

90. Les Juges de paix connaissent, sans appel, jusqu'à la valeur de 100 fr., et, à charge d'appel, à quelque valeur que la demande puisse s'élever :

Des actions civiles pour diffamation verbale et pour injures publiques ou non publiques, verbales ou par écrit, autrement que par la voie de la presse; des mêmes actions pour rixes ou voies de fait; le tout lorsque les parties ne se seront pas pourvues par la voie criminelle.

91. *Il y a diffamation verbale*, dans le sens de la loi de 1838, lorsqu'on impute à une personne un fait précis et déshonorant; ainsi dire : *tel a volé une barrique de vin à son patron*, constitue une véritable diffamation.

Mais traiter quelqu'un de *mouchard*, de *menteur*, de *voleur*, *d'assassin*, de *lâche* ne constituent pas une diffamation, parce que ces expressions n'offrent à l'esprit qu'un sens indéterminé.

Le fait par une personne, victime d'un vol, d'avoir signalé à l'autorité une tierce personne comme l'auteur de ce vol, ne constitue pas une diffamation; mais il en serait différemment si cette personne répétait publiquement que la personne par elle désignée était réellement l'auteur du vol.

Celui qui a reproché un témoin en mettant à sa charge un fait déshonorant est admis à prouver son allégation, s'il est poursuivi en diffamation. — S'il fait la preuve du fait par lui articulé, il doit être renvoyé de l'action dirigée contre lui.

Le fait d'avoir fourni des renseignements défavorables sur le compte d'un individu, à raison d'un projet de mariage, ou sur celui d'un domestique, ne constituent pas une diffamation, si ces renseignements ont été demandés et s'ils ont été fournis confidentiellement et sans intention de nuire.

92. Le Juge de paix n'est compétent pour connaître d'une action civile pour diffamation *écrite*, qu'autant que la valeur de la demande se renferme dans les limites de la compétence générale attribuée aux Juges de paix par l'article 1er de la loi du 25 mai 1838.

Cass., 11 janvier 1861, — (S. V. 62. 1. 57. — P. 62. 863. — D. p. 61. 1. 372.) — en ce sens Bourbeau, n° 214.

INJURES.

93. La loi du 17 mai 1819, art. 13, définit ainsi l'injure : *Toute expression outrageante, terme de mépris ou invective, qui ne renferme l'imputation d'aucun fait.*

Les expressions à sens indéterminé de *mouchard*, *menteur*, etc., rapportées ci-dessus, sont des injures.

94. *Par la voie de la presse.*— Le Juge de paix n'est compétent pour connaître des actions civiles pour injures commises par la voie de la presse qu'autant que ces demandes n'excèdent pas 200 fr.

RIXES ET VOIES DE FAIT.

95. *Par rixes* on entend une querelle pouvant conduire à des excès ou violences.

96. *Par voies de fait ou violences légères*, on entend tout acte exercé sur la personne, et qui tend à gêner sa liberté, à contraindre sa volonté, en l'obligeant à faire ou à souffrir ce qui ne lui convient pas, quoiqu'il n'y ait ni coups ni blessures.

(Curasson, 1, p. 641. — C. pén, 475, n° 8. — Vº Carré, p. 312, t. 1er.)

97. Mais le Juge de paix ne connaît de ces actions que lorsque le fait allégué est de sa nature de la compétence du Tribunal de simple police; dans le cas de voies de fait graves, le Tribunal correctionnel est seul compétent.

98. La voie civile et la voie criminelle sont ouvertes au plaignant pour obtenir la réparation des divers faits énumérés dans le paragraphe précédent.

Mais celui qui a déjà saisi le parquet, ou directement le Tribunal correctionnel, ne peut revenir au civil devant le Juge de paix qu'en rapportant la preuve que le procès n'est pas jugé, qu'il renonce à la voie criminelle et que le ministère public a abandonné les poursuites.

Art. 4.

Des actions dont le Juge de paix ne connait jamais qu'à charge d'appel, quelques minimes qu'elles soient.

99. Les contestations dont il est ici question sont ainsi définies par l'article 6 de la loi du 25 Mai 1838 :

Les Juges de paix connaissent à la charge d'appel :

1° Des entreprises commises dans l'année sur les cours d'eau servant à l'irrigation des propriétés et au mouvement des usines et moulins, sans préjudice des attributions de l'autorité administrative dans les cas déterminés par les lois et par les règlements; — des dénonciations de nouvel œuvre, complaintes, actions en réintégrande et autres actions possessoires fondées sur des faits également commis dans l'année;

2° Des actions en bornage et de celles relatives à la distance prescrite par la loi et les règlements particuliers et l'usage des lieux pour les plantations d'arbres ou de haies, lorsque la propriété ou les titres qui l'établissent ne sont pas contestés;

3° Des actions relatives aux constructions et travaux énoncés dans l'article 674 du Code civil, lorsque la propriété ou la mitoyenneté du mur ne sont pas contestées;

4° Des demandes en pension alimentaire n'excédant pas cent cinquante francs par an, et seulement lorsqu'elles sont formées en vertu des articles 205, 206 et 207 du Code civil.

§ Ier. — Des actions possessoires.

100. Les Juges de paix connaissent à charge d'appel :

Des entreprises commises dans l'année sur les cours d'eau servant à l'irrigation des propriétés et au mouvement des usines et moulins, sans préjudice des attributions de l'autorité administrative dans les cas déterminés par les lois et par les règlements; des dénonciations de nouvel œuvre, complaintes, actions en réintégrande et autres actions possessoires fondées sur des faits également commis dans l'année.

101. Cet article réserve expressément ce qui appartient aux attributions administratives, au sujet des difficultés qui peuvent survenir relativement aux cours d'eau.

Mais comme il est souvent difficile de saisir la ligne de démarcation qui sépare les matières judiciaires des matières administratives, nous devons nous borner à rappeler que les Tribunaux de paix ne doivent pas perdre de vue :

1° Qu'il leur est interdit de prononcer sur toutes contestations ou sur tout point de contestation précédemment réglé par des actes ou arrêtés administratifs, alors même que ces arrêtés auraient été incompétemment rendus. Les Tribunaux doivent même, d'office, par respect du principe de la séparation des pouvoirs, se dessaisir ou surseoir jusqu'à ce que les arrêtés aient été réformés par l'autorité administrative supérieure;

2° Que lorsque la décision sur litige est subordonnée à la détermination du sens d'un acte administratif, les Tribunaux doivent renvoyer devant cette autorité pour faire interpréter l'acte;

3° Qu'il suffit que des actes aient les caractères extérieurs d'actes administratifs de la compétence de l'autorité administrative, pour que leur connaissance soit attribuée à cette autorité.

(Vo Dalloz, *Compét. admin.* — Giraudeau, *Cons. Just. de P.*, p. 83.)

Ces réserves faites au sujet des attributions de l'autorité administrative, nous arrivons à l'examen des actions possessoires.

102. Les *actions possessoires* sont des actions *réelles*, seulement elles sont uniquement relatives à la possession.

103. Celles qui ont trait à la propriété s'appellent *pétitoires*.

104. Toutes les actions possessoires sont de la compétence exclusive du Juge de paix.

105. Il ne faut pas confondre la *non-recevabilité* d'une action avec l'*incompétence*.

106. La *non-recevabilité* s'applique à une demande qui ne peut pas être jugée par le Juge de paix, parce qu'elle n'a pas, ou parce qu'elle a perdu un des caractères essentiels qui la faisaient dépendre du domaine de la Justice de paix. Ainsi, lorsque le trouble remonte à plus d'une année, le Juge de paix doit déclarer la demande non recevable, et non prononcer l'incompétence.

(C. proc. c., art. 23.)

L'incompétence résulte, au contraire, de la nature de l'action.

Il n'entre pas dans notre pensée de traiter à fond les questions possessoires, les développements qu'elles comportent dépasseraient les limites que nous nous sommes tracées. Nous devons nous borner à indiquer ici les caractères principaux, et aussi exacts que possible, de ces sortes d'actions.

107. L'*action possessoire* a pour but, soit de faire réprimer le trouble apporté à la possession du demandeur, soit de le faire rétablir dans la possession dont le défendeur s'est emparé.

108. On reconnaît généralement trois espèces d'actions

possessoires, qu'on désigne sous les noms de : *Complainte, réintégrande* et *dénonciation de nouvel œuvre.*

109. La *complainte* est une action par laquelle on demande à être *maintenu* dans la possession *annale* d'un immeuble ou d'un droit réel ou immobilier, lorsqu'on y est troublé.

Elle est l'action possessoire proprement dite.

Il y a lieu à complainte toutes les fois que l'on est troublé dans une possession réunissant les caractères exigés par la loi.

Celui qui l'intente peut être encore possesseur de fait et de droit.

Pour qu'il y ait lieu à complainte, il n'est pas nécessaire que le trouble cause un préjudice actuel; il suffit qu'il annonce, de la part de son adversaire, l'intention d'acquérir la possession ou de la rendre équivoque dans la personne du demandeur.

Il y a lieu à complainte, lorsqu'un individu, pour faire acte de possession, s'est emparé des fruits et récoltes du champ de son voisin; lorsqu'il a arraché des bornes séparant les deux héritages; lorsqu'il a planté des arbres en deçà de la distance voulue; lorsqu'il a creusé un fossé mitoyen ou taillé une haie séparant les deux propriétés.

110. La *réintégrande* est l'action par laquelle on conclut à être réintégré dans la possession d'un héritage dont on a été *dépouillé* par *violence* ou *voie de fait.*

111. Les expressions *par violence* ou *voie de fait* ne veulent pas dire qu'il soit nécessaire qu'il y ait eu combat ou sang répandu, mais que les voies de fait, ayant amené la dépossession, aient été de nature à produire ce résultat, s'il y avait eu résistance de la part de celui qui en est victime.

La voie de fait existe par cela seul que l'agresseur s'est emparé d'un héritage qu'il savait ne devoir pas lui être abandonné sans contestation.

112. La réintégrande diffère de la complainte :

1o En ce que, dans le cas de réintégrande, le demandeur a le choix entre la voie civile et la voie criminelle;

2° En ce qu'il n'est pas nécessaire que la possession soit annale, il suffit au demandeur de prouver qu'il avait la détention matérielle de la chose au moment où a eu lieu la voie de fait. Le motif de cette différence se trouve dans ce principe d'ordre public qu'il n'est permis à personne d'employer la *violence* ou *les voies de fait*.

113. Le demandeur n'a rien à prouver que le fait de sa possession au moment où il a été dépouillé.

114. Celui qui succombe dans la réintégrande peut, à son tour, intenter la complainte, s'il avait auparavant le droit de la possession; mais son action ne peut être formée reconventionnellement pendant l'instruction de la demande en réintégrande, et n'est admissible qu'après l'exécution de la décision sur cette dernière action. *Spoliatus ante omnia restituendus.*

(Cass. 19 août 1839; 5 août 1845; 22 novembre 1846; 10 août 1847. — (Article 3913 J. pr. — Vo Bioche, *Action possessoire*, p. 57 et s.)

115. Si la partie lésée a laissé passer plus d'une année sans réclamer contre la spoliation dont il a été victime, l'action en réintégrande n'est plus admissible; l'action en complainte est seule recevable.

116. La *dénonciation de nouvel œuvre* est une espèce de complainte que l'on intente contre celui qui a fait ou commencé *sur son fonds un nouvel ouvrage contre l'ancienne disposition des lieux*, et qui porte ou doit porter préjudice au plaignant, en le *troublant* dans sa propriété ou dans un droit réel qu'il prétend avoir droit d'exercer sur l'héritage voisin.

117. Ces actions ont deux caractères évidemment communs; étrangères à toute question de propriété, elles ont pour objet la possession.

Il y a une quatrième action possessoire que nous devons mentionner ici : elle se nomme *Récréance*.

118. La *Récréance* est une action qui a pour objet d'obtenir la possession provisionnelle d'une chose litigieuse entre deux parties.

Lorsque les deux parties, plaidant au possessoire, justifient qu'elles sont simultanément en possession de l'objet litigieux, le Juge de paix peut accorder la récréance ou jouissance provisoire à l'une ou à l'autre des parties.

(Cass., 14 novembre 1832.)

Mais, si le Juge ne peut reconnaître, après enquête et vue des lieux, à laquelle des deux parties appartient la possession annale du terrain litigieux, il a la faculté de renvoyer celles-ci à se pourvoir au pétitoire, soit purement et simplement, soit en ordonnant le séquestre, ou en accordant la récréance ou jouissance provisoire à l'une d'elles, jusqu'après le jugement sur le pétitoire.

(Cass., 5 novembre 1861. S. V. 61. 1. 17. — P. 61. 214. — D. p. 61. 1. 42.)

119. *Quelle est la nature des actions possessoires ?*

Quelles sont les choses qui peuvent être l'objet de ces actions ?

Quelles sont les conditions requises pour leur exercice ?

Quelles sont les personnes qui peuvent les intenter ou y défendre ?

C'est ce que nous allons indiquer sommairement.

120. *Nature des actions possessoires.* — Les conclusions du demandeur déterminent la nature de l'action possessoire. On comprend dès lors combien il importe que le libellé de la citation soit fait avec soin; car, suivant qu'une même demande est formée en des termes différents, elle tombe dans la juridiction des Tribunaux de paix ou de première instance.

Les moyens employés par le défendeur pour la repousser ne peuvent aucunement la modifier.

Toutefois, si une fausse qualification avait été donnée à l'action, par exemple, si on l'avait appelée *réintégrande*, au lieu de *complainte* et *réciproquement*, le Juge de paix n'en serait pas moins compétent.

121. *Choses qui peuvent être l'objet des actions possessoires.* — Les actions possessoires ne peuvent être intentées que pour immeubles et droits réels et immobiliers.

La loi désigne spécialement, comme susceptibles de donner lieu à l'action possessoire, les déplacements de bornes, les usurpations de terres, arbres, haies, fossés et autres clôtures; les entreprises sur les cours d'eau servant à l'irrigation des propriétés et au mouvement des usines et moulins.

(C. proc. c. art., 3. — Loi 25 mars 1838, art. 6.)

122. L'action possessoire pour déplacement de bornes ne doit pas être confondue avec l'action en bornage, qui est pétitoire.

123. Les servitudes discontinues et non apparentes, qui ne peuvent être prescrites (691 C. c.), ne peuvent donner lieu à la complainte.

124. Mais lorsque la jouissance du possesseur est appuyée sur titre, sur une destination du père de famille, ou sur une servitude établie par la loi, il y a lieu à l'action en complainte.

125. Il en est de même lorsqu'il s'agit de se faire maintenir par voie possessoire dans la jouissance annale qu'on a d'un passage en cas d'enclave.

(682, C. c.; 23 C. proc. c.)

126. Les eaux qui bordent ou traversent les héritages peuvent aussi être l'objet des actions possessoires.

127. Il en est de même des eaux mortes ou stagnantes.

128. Les rivières et les fleuves sont considérés comme des dépendances du domaine public (C. c., art. 538); comme tels ils sont imprescriptibles et inaliénables (Art. 2226, C. c.) ils ne peuvent, par suite, donner ouverture à l'action possessoire.

129. Le droit de puiser de l'eau à la fontaine ou au puits d'un voisin constitue une servitude discontinue qui n'est pas prescriptible, et ne peut conséquemment donner lieu à une action possessoire.

130. Celui dont la propriété borde une eau courante autre que celle qui est déclarée dépendance du domaine public, par l'article 538 du Code civil, peut s'en servir à son passage pour l'irrigation de ses propriétés.

Celui dont cette eau traverse l'héritage peut même en user

dans l'intervalle qu'elle y parcourt, mais à la charge de la rendre, à la sortie de ses fonds, à son cours ordinaire.

(C. c., 641.)

131. La propriété d'une source appartient à celui dans le fonds duquel les eaux *prennent naissance.*

Ainsi, les propriétaires inférieurs n'ont pas d'action possessoire pour se faire maintenir dans la jouissance des eaux d'une source à l'encontre du propriétaire du fonds où naît la source, par cela seul que, pendant un temps suffisant pour prescrire, celui-ci a laissé couler les eaux, au sortir de son fonds, par des ouvertures à ce destinées, sur les fonds inférieurs, où elles étaient recueillies pour l'usage des riverains.

(Cass., 18 mars 1857. — S. V. 51. 1. 513. — P. 51. 2. 100. — D., p. 51. 1. 296.)

132. L'exercice par un propriétaire riverain d'un cours d'eau du droit qui lui est accordé par l'article 644 C. c., de se servir de l'eau à son passage pour l'irrigation de ses propriétés, peut donner lieu contre lui à une action en complainte, si l'exercice de ce droit a eu pour effet de priver, en tout ou en partie, le propriétaire inférieur de la jouissance de ces mêmes eaux dont il a la possession annale.

(Cass., 24 avril 1850; 18 juin 1850; 2 août 1853.)

Et cette possession annale peut résulter de travaux faits par le propriétaire inférieur sur son propre terrain; il n'est pas nécesaire que ces travaux aient été faits sur le terrain du propriétaire supérieur auquel la possession est opposée.

Cass., 4 mars 1846. — (S. V. 46. 1. 401. — 46. 1. 387. — D. p. 46. 1. 97.)

133. Les eaux pluviales coulant sur la voie publique ne sont pas susceptibles d'une possession utile, quels que soient les actes qui aient été exercés, à l'occasion de ces eaux, par les propriétaires riverains.

(Cass., 22 avril 1863. — S. V. 63. 1. 479. — *Sic* Marcadet, sur l'art. 641, n° 4. — Demolombe, *Servit.*, t. I, n° 115. — Troplong, *Prescript.*, t. I, n° 147.)

134. Les fonds inférieurs sont assujettis envers ceux qui sont plus élevés à recevoir les eaux qui en découlent naturellement, sans que la main de l'homme y ait contribué.

Le propriétaire inférieur ne peut point élever de digue qui empêche cet écoulement.

Le propriétaire supérieur ne peut rien faire qui aggrave la servitude du fonds inférieur.

(Art. 640 C. c.)

135. Le propriétaire supérieur n'est pas tenu de faire des travaux pour empêcher les éboulements que peuvent entraîner la nature du terrain, le travail intérieur qu'il subit et ses vices cachés.

(Poitiers, 6 mai 1856. — S. V. 56. 2. 470 — P. 57. 205. — D. p. 56, 2, 112. — *Sic*. Demolombe, t. I, n° 56.)

Il n'existe pas de servitude naturelle, du fonds supérieur sur le fonds inférieur, pour les eaux ménagères et l'égout des toits.

(Cass., 15 mars 1830. — S. 30. 1. 271.)

136. Une propriété appartenant à l'État ou à une commune, peut être l'objet d'une action possessoire.

Les actions possessoires doivent être portées devant le Juge de paix de la situation de l'objet litigieux.

CONDITIONS REQUISES POUR L'EXERCICE DES ACTIONS POSSESSOIRES.

137. Les actions possessoires, à l'exception du cas de réintégrande, ne sont recevables qu'autant que le demandeur est en possession *paisible, publique, non équivoque et à titre de propriétaire*, par lui ou les siens, *depuis une année au moins* avant le trouble, et que son action est intentée dans l'année depuis le trouble.

(23, C. proc. c.)

S'il s'est écoulé une année depuis le fait qui a causé le trouble, l'action possessoire n'est plus recevable. Il ne reste plus que l'action pétitoire.

138. *Par possession annale*, il faut entendre une possession *d'an et jour*.

139. *Des personnes qui peuvent intenter les actions possessoires ou y défendre.* — Les actions possessoires peuvent être intentées par le propriétaire, le copropriétaire, le cohéritier, l'usufruitier, le fermier, l'usager, l'antichrésiste et l'emphytéote.

Le tuteur d'un mineur ou d'un interdit peut, sans l'autorisation du conseil de famille, intenter une action possessoire ou y défendre.

Le mineur émancipé peut, sans l'assistance de son curateur, exercer l'action possessoire.

Le Maire d'une commune, pour intenter une action possessoire ou y défendre, n'a pas besoin de l'autorisation du Conseil de préfecture; mais il est indispensable qu'il ait celle du Conseil municipal.

(Justice de paix de Cysoing, 27 juin 1871. — N. A. Carré, Juge de paix, p. 36.)

JUGEMENT EN MATIÈRE D'ACTIONS POSSESSOIRES.

140. Le possessoire et le pétitoire ne seront jamais cumulés.

(Art. 25. C. proc. c.)

141. Le Juge de paix est complètement incompétent pour statuer sur des questions de propriété.

Cependant, sur une action possessoire, le Juge de paix peut examiner les titres et s'occuper de la question de propriété, moyennant qu'il n'en tire de conséquence que relativement aux caractères de la possession.

Mais il ne peut, sans cumuler le possessoire avec le pétitoire, interpréter les dispositions des titres au point de vue de la propriété.

La Cour de cassation, par arrêt à la date du 6 février 1872, a décidé que le Juge de paix ne cumule pas le possessoire et le pétitoire, lorsqu'il ne statue, dans le dispositif, que sur le possessoire, encore bien que les motifs toucheraient à la question de propriété.

Par un autre arrêt, à la date du 3 décembre 1872, la même Cour a décidé qu'il n'y a pas cumul du pétitoire avec le possessoire lorsque le Juge de paix, statuant sur la question possessoire seulement, s'est borné à interroger le titre pour apprécier les caractères de la possession, alors que l'exception soulevée par les défendeurs n'est pas de nature à changer le caractère de l'action en maintenue possessoire.

Il y a cumul du pétitoire et du possessoire, et, par conséquent, violation de l'article 25 du Code de procédure civile, lorsque le Juge de paix base sa décision sur des motifs tirés exclusivement du fond du droit et de l'interprétation du contrat.

(Cass., 3 janvier 1872. Vo N. A. Carré. *Code des Juges de paix*, p. 76.)

EXÉCUTION DES JUGEMENTS SUR ACTIONS POSSESSOIRES.

142. Le défendeur au possessoire qui a succombé ne peut se pourvoir au pétitoire qu'après avoir pleinement satisfait aux condamnations prononcées contre lui.

(C. proc., 27.)

La partie qui triomphe au possessoire, doit, pendant l'action pétitoire, se borner aux actes ordinaires de jouissance; — le demandeur au pétitoire peut demander l'interdiction de toutes démolitions, abattages d'arbres, etc.

(Arg., C. c., 1961.)

Modèle de citation en complainte possessoire.

143. L'an mil..............

A la requête..................

Nous........................, huissier...........

Certifions avoir donné citation au sieur..............

A comparaître...............; le........

Pour entendre dire qu'il est en possession depuis plus d'un an et un jour d'une pièce de terre en nature de bois taillis, située commune de.......... au lieu dit de.........; confrontant : du levant, au cité; du couchant, à,........; du nord, à........, et du midi, à............;

Que les propriétés des parties sont séparées par un fossé bordé d'un talus appartenant au requérant ;

Qu'il y a environ un mois, ledit cité a usurpé le talus dudit fossé en coupant les herbes et les plantes qui y étaient accrues ;

Qu'en agissant ainsi, ledit sieur............. a troublé le requérant dans la possession dudit talus ;

En conséquence, voir ordonner qu'il sera fait défense audit sieur....... de ne plus troubler à l'avenir le requérant dans la possession qu'il a depuis plus d'une année du susdit talus bordant le fossé existant entre sa propriété et celle dudit cité ;

Et attendu le préjudice causé au requérant, s'entendre condamner à payer à ce dernier la somme de dix francs à titre de dommages-intérêts;

S'entendre, en outre, condamner aux dépens, sous toutes réserves.

Fait au domicile du sieur... ....., où, pour lui, nous avons laissé copie des présentes, en parlant à..............

Modèle de citation en réintégrande.

144. L'an..................

A la requête de...............

Nous........................, huissier.........

Certifions avoir donné citation au sieur............

A comparaître................. le........

Pour entendre dire qu'il possède, commune de........, au lieu de........, une pièce de terre en nature de vignes; confrontant, notamment du nord, au cité ;

Qu'entre les propriétés des parties il existait une palissade que le requérant avait lui-même fait établir, et dont il était en possession, lorsque, le 25 mai dernier, ledit cité s'est permis d'enlever ladite palissade ;

En conséquence, s'entendre, ledit sieur.............. condamner à maintenir le requérant dans la possession de la palissade dont s'agit ; — voir, par suite, ordonner que ledit cité sera tenu de la remettre en place dans les huit jours de la signification du jugement à intervenir, et que, faute par lui de ce faire dans le susdit délai, le requérant sera autorisé à le faire faire à ses frais, dont il sera remboursé au vu des quittances des ouvriers, ou sur l'exécutoire qui en sera délivré par le Greffier de la Justice de paix ;

Se voir faire défense de troubler à l'avenir le demandeur dans sa possession;

Et attendu le préjudice causé au requérant, s'entendre, ledit cité, condamner à cent cinquante francs de dommages-intérêts, avec dépens, sous toutes réserves.

Fait.........

Modèle de citation en dénonciation de nouvel œuvre.

145. L'an.................

A la requête.................

Nous.......................

Certifions avoir donné citation au sieur.......... ..

A comparaître............. le..... ......

Pour entendre dire que le requérant possède, commune de.......... au lieu de,............ un domaine séparé de celui que ledit cité possède, au même lieu, par un cours d'eau servant à l'irrigation des deux propriétés, et dont ledit requérant était en possession depuis plus d'an et jour au moment du trouble, objet de la présente action;

Que, le 20 avril dernier, ledit cité s'est permis d'établir, sur le cours d'eau, un barrage qui arrête la plus grande partie des eaux pour les conduire dans la propriété dudit cité, au préjudice de celle du requérant;

Que cette entreprise cause un véritable préjudice à ce dernier, et qu'il est fondé à demander le rétablissement des lieux dans leur état primitif, et des dommages-intérêts pour le dommage souffert;

En conséquence, s'entendre condamner, ledit sieur.............., à enlever le barrage en question, et à rétablir les lieux dans leur état primitif; et, faute par lui de ce faire dans le délai de vingt-quatre heures après la prononciation du jugement à intervenir, voir autoriser le requérant à le faire faire aux frais de celui-ci, qui sera alors condamné à rembourser au requérant la somme de trente francs, à quoi il évalue le prix des travaux faits;

Enfin, s'entendre condamner à payer cent francs, à titre de dommages-intérêts, aux intérêts de droit et aux dépens, sous toutes réserves.

Fait.........

Modèle de jugement interlocutoire en complainte possessoire.

146. Entre (Voir le modèle de citation n° 143)...........

....

Le demandeur a conclu à ce qu'il plût au Tribunal lui allouer le bénéfice des conclusions par lui prises, dans sondit exploit ci-avant relaté, sous l'offre qu'il fait, si besoin est, de justifier sa demande au vu des lieux contentieux, tant par titres que par témoins.

Le défendeur, de son côté, a reconnu les faits qui lui sont reprochés, en niant au demandeur la possession qu'il prétend avoir du susdit talus.

Point de droit : Le Tribunal, avant dire droit au fond, ne doit-il pas ordonner la vérification des lieux contentieux et la preuve de la possession annale que le demandeur prétend avoir du talus en question ?

Attendu que les parties sont contraires en faits, et que la preuve offerte par le demandeur est nécessaire pour éclairer la religion du Tribunal,

Par ces motifs, le Tribunal, faisant droit aux parties et jugeant en premier ressort, tous droits, moyens et exceptions des parties leur demeurant expressément réservés, ordonne que le............ à........... heures de relevée, il sera, par le Tribunal, fait transport sur les lieux contentieux, situés à...... à l'effet d'en constater l'état; autorise le demandeur à faire la preuve par lui offerte, à savoir qu'il est en possession depuis plus d'an et jour du talus bordant le fossé dont il est question dans l'exploit introductif d'instance ci-avant relaté; réserve, en fin de cause, les dépens.

OBSERVATIONS. — Cette formule peut servir de modèle pour les jugements interlocutoires en réintégrande et en dénonciation de nouvel œuvre, en observant toutefois que, pour la réintégrande, il n'est pas nécessaire que la possession soit annale.

Modèle de jugement définitif en complainte possessoire.

147. Entre (Voir les modèles de citation, n° 143, et de jugement interlocutoire, n° 146.)

POINT DE FAIT : (Conclusions de la citation.)

Ledit jour,......... il a été rendu par le présent Tribunal, etc............. (Comme à la formule suivante, n° 148).

POINT DE DROIT, etc. :

Attendu que de la visite des lieux il résulte que le talus, bordant le fossé séparant les propriétés des parties, porte du côté du défendeur les traces d'une récente culture; qu'il est notamment dépouillé des herbes et des plantes qui existent actuellement sur le talus opposé dudit fossé ;

Attendu que de l'enquête à laquelle il a été procédé, il résulte que le demandeur était en possession depuis plus d'une année du talus objet du procès ;

Que, dans cette situation, il y a lieu de faire droit aux conclusions prises par le demandeur;

Attendu que la partie qui succombe doit être condamnée aux dépens ;

Par ces motifs, le Tribunal, faisant droit aux parties et jugeant en premier ressort, autorise le sieur............., demandeur, à reprendre la possession du talus dont le défendeur s'est indûment emparé; fait défense au sieur................ défendeur, de l'y troubler à l'avenir, et le condamne à payer au demandeur la somme de dix francs à titre de dommages-intérêts; le condamne, en outre, aux intérêts et aux dépens, etc.

Modèle de jugement définitif en réintégrande.

148. Entre, etc..................

Et, etc.....................

....

Point de fait : (Conclusions de la citation.)

Ledit jour............ il a été rendu, par le présent Tribunal, un jugement interlocutoire qui a ordonné la visite des lieux contentieux et la preuve des faits allégués par........... (Ledit jugement enregistré.)

En conformité de ce jugement, et le..........., il a été procédé à la visite desdits lieux contentieux, à une enquête et à une contre-enquête, ainsi que cela est constaté par le.........., ou les procès-verbaux que nous en avons dressés le même jour, lesquels ne sont pas encore enregistrés, mais qui le seront avant ou en même temps que le présent..

La cause en cet état appelée à l'audience de ce jour, à laquelle elle a été renvoyée, les parties ont comparu en personne, et lecture faite des pièces du procès, elles ont fait valoir leurs moyens respectifs de défense et pris les conclusions suivantes :

(Conclusions nouvelles des parties.)

Point de droit, etc. :

Attendu que, de la visite des lieux, il résulte que le défendeur a enlevé la clôture qui le séparait d'avec le demandeur; — attendu qu'il résulte de l'enquête à laquelle il a été procédé que le demandeur était en possession de la palissade dont s'agit au moment où il en a été dépouillé, et que, dans cette situation, il y a lieu de faire droit des conclusions par lui prises;

Par ces motifs, le Tribunal, faisant droit aux parties et jugeant en premier ressort, vidant l'interlocutoire porté par son précédent jugement, en date du............, maintient le demandeur en la possession de la palissade dont il s'agit; — ordonne que le défendeur sera tenu de la remettre, dans les huit jours de la signification du présent jugement, au lieu et place où elle se trouvait avant le trouble, et faute par lui de ce faire dans ledit délai, autorise le demandeur à le faire faire aux frais du défendeur, dont il sera remboursé au vu des quittances des ouvriers, ou sur l'exécutoire qui en sera délivré par le Greffier de notre Tribunal;

Fait défense au défendeur de troubler à l'avenir le demandeur dans sa possession (statuer sur les dommages-intérêts, s'il y a lieu);

Condamne, en outre, le défendeur aux intérêts et aux dépens, ces derniers taxés et liquidés à la somme de.............., dans lesquels ne sont pas compris les frais de timbre et d'enregistrement du présent jugement, non plus que les frais d'expédition et de signification, tant du jugement interlocutoire, des procès-verbaux d'enquête et de contre-enquête que du présent jugement, lesquels demeurent également à sa charge.

Ainsi jugé..........

Modèle de jugement définitif sur dénonciation de nouvel œuvre.

149. Entre (Voir les modèles de citation n° 145, et de jugement interlocutoire n° 146.)

POINT DE FAIT : (Conclusions de la citation.)

Ledit jour................
il a été rendu par le présent Tribunal, etc....... (Comme à la formule précédente n° 147.)

POINT DE DROIT, etc. :

Attendu que de la visite des lieux à laquelle il a été procédé, il résulte que le barrage dont se plaint le demandeur existe réellement dans le trajet du cours d'eau dont ce dernier avait la jouissance depuis plus d'an et jour;

Attendu que ce barrage retient la presque totalité des eaux du susdit cours d'eau, pour les conduire dans la propriété du défendeur ;

Attendu qu'il résulte de l'enquête à laquelle il a été procédé que le barrage dont se plaint le demandeur n'avait jamais existé dans ledit cours d'eau;

Attendu qu'il est également établi que le demandeur était depuis longues années, et notamment depuis plus d'an et jour, en possession du susdit cours d'eau, libre de tout barrage;

Attendu que le défendeur ne rapporte pas la preuve qu'il ait eu le droit d'établir le barrage, objet du procès;

Attendu que la partie qui succombe doit être condamnée aux dépens;

Par ces motifs, le Tribunal, faisant droit aux parties et jugeant en premier ressort, condamne le défendeur à enlever, dans les huit jours de la signification du présent jugement, le barrage qu'il a établi dans le cours d'eau séparant les propriétés des parties, au lieu de........... commune de............., et faute par lui de ce faire dans le susdit délai, autorise le demandeur à le faire enlever lui-même aux frais du défendeur, frais qui sont évalués à trente francs et auxquels est, d'ores et déjà, condamné le défendeur;

Condamne, en outre, ce dernier à payer au demandeur, à titre de dommages-intérêts, la somme de cinquante francs;

Le condamne, en outre, aux intérêts et aux dépens, etc..........

---

§ II. – Bornage.

(Art. 646 C. c. — L. 25 mai 1838, art. 6, § 2.)

150. *Définition.* — Le bornage est une opération qui a pour objet de fixer, à l'aide de grosses pierres, appelées bornes, la ligne séparative de deux fonds de terre contigus.

Pour prévenir autant que possible le déplacement des bornes, on place au fond des trous creusés pour les recevoir une portion de tuiles brisées en plusieurs morceaux qu'on appelle *témoins.*

L'arpentage est un accessoire du bornage.

L'action en bornage n'est pas une action possessoire, et n'est pas dès lors soumise aux conditions exigées pour la recevabilité de cette espèce d'action. C'est une véritable action pétitoire.

(Carou, no 494. — Augier, journal le *Juge-de-Paix*, t. II, p. 274. — Meller, *bornage*, p. 118 et suiv. — Galisset, *Journal des Justices de paix*, année 1846, p. 14.)

151. *Compétence du Juge de paix.* — Le Juge de paix compétent pour faire le bornage, est celui de la situation de l'objet litigieux.

(Art. 3, § 2 C. pro. c.)

Aux termes de l'article 6 de la loi du 25 mai 1838, le Juge de paix doit procéder au bornage, d'après l'examen des titres de propriété, ou à défaut de titres, d'après la jouissance actuelle des parties, et il est chargé de juger toutes les difficultés qui peuvent survenir à cette occasion.

Le Juge de paix connaît en premier ressort des actions en bornage.

152. *Droit au bornage.* — Tout propriétaire peut obliger son voisin au bornage de leurs propriétés contiguës.

Le bornage se fait à frais communs.

(Art. 646 C. C.)

153. *Moment où le bornage peut être demandé.* — L'action en bornage est imprescriptible, et l'on est toujours fondé à demander à son voisin la plantation de bornes.

(Delvincourt, t. Ier, p. 514. — Duranton, t. V, p. 245. — Troplong, *Prescription*, t. Ier, n° 119.)

154. *Des personnes qui peuvent requérir le bornage.* — L'action en bornage peut être intentée par le propriétaire, le copropriétaire, le cohéritier, l'usufruitier, le fermier, l'usager et l'antichrésiste; mais, dans ces quatre derniers cas, le propriétaire doit être mis en cause.

L'action en bornage peut être exercée par le tuteur sans autorisation du conseil de famille, par l'envoyé en possession provisoire sans autorisation de justice, et par le mari sans l'autorisation de la femme, *pourvu toutefois qu'il n'y ait contestation ni sur la propriété ni sur les titres.*

(Demolombe, n° 260. — Perrin et Rendu, n° 452.)

Dans le cas, au contraire, où il y aurait contestation de propriété ou de titres, les autorisations dont il est ci-avant mention seraient utiles.

L'autorisation du conseil de famille est également utile au mineur émancipé dans le cas de contestation de propriété et de titres.

155. *Mise en cause des propriétaires de fonds non contigus.* — En matière de mesurage et de bornage, on peut mettre en cause les propriétaires de fonds non contigus à celui des demandeurs.

Cass., 20 juin 1855. — (S. V. 57. 1. 733; — P. 57. 19. — D., p. 58. 1. 312.)

Si donc le Juge de paix reconnaît que l'opération de mesurage et de bornage ne peut se faire isolément, et qu'il est nécessaire de l'étendre à tous les terrains compris dans le même tènement, dans ce cas, ce magistrat peut ordonner d'office la mise en cause de tous les propriétaires de ces terrains.

Cass., 9 novembre 1857. — (S. V. 58. 1. 229. — P. 56. 1111. — D., p. 58. 154.)

156. *Contestation de la propriété ou des titres.* — Lorsque la propriété ou les titres sont contestés, c'est au Tribunal de première instance seul qu'il appartient de procéder au bornage.

Lorsque la propriété et les titres qui l'établissent ne sont pas contestés, le Juge de paix connaît des actions en bornage.

157. *Contestation de propriété.* — Il y a contestation de propriété :

1° Lorsque le défendeur prétend avoir acquis, par la prescription trentenaire, une portion de terrain au delà de la contenance énoncée dans les titres;

Douai, 19 janvier 1848. (S. V. 49. 2. 151.) — Cass., 18 mai 1859. (S. V. 60. 1. 49; — P. 59. 961. — D., p. 59. 1. 193.)

2° Lorsque le défendeur soutient avoir acquis par prescription une partie déterminée du terrain objet de l'action en bornage;

Cass., 8 août 1859. (S. V. 60. 149. — P. 59. 961. — D., p. 59. 1. 344.)

3° Lorsque le défendeur oppose que le demandeur n'est pas propriétaire du terrain contigu, et que ce terrain appartient à d'autres personnes;

(Pardessus, *Servit.*, nos 118 et 331; — Allain, t. II, n° 1518, — Contrà Toullier, t. III, n° 181; Rolland de Villargues, v° *Bornage*, n° 11.)

4° Lorsque, pour obtenir la reprise du terrain, il faut outre-passer un mur, une haie, un fossé;

5° Lorsque les parties ne sont pas d'accord sur l'étendue de leurs propriétés et sur la ligne divisoire des deux héritages.

Mais il n'y a pas contestation de propriété, par cela seul que les parties sont en désaccord sur la ligne divisoire

(Curasson, p. 450 et 451. — Millet, p. 430. — Carou, n° 500. — Bénech, p. 275.)

Il n'y a pas non plus contestation de propriété lorsque l'une des parties invoque seulement la possession annale pour obtenir une étendue de terrain plus grande que celle énoncée dans son titre.

(Demolombe, *loc. cit.*, n° 251; — Bourbeau, n° 251; — Aubry et Rau, t. II, 199, p. 215. — Contrà Curasson, t. II, p. 452; — Duranton, t. V., n° 261.)

158. *Contestation des titres.* — Il y a contestation des titres lorsque le défendeur attaque au fond ou dans la forme la validité des titres produits par le demandeur.

Mais il n'y a pas contestation sur les titres : 1° lorsque

l'une des parties se borne à prétendre que le titre représenté ne s'adapte pas au fonds à délimiter; 2° lorsqu'une des parties veut borner avec les titres respectifs et l'autre seulement avec un titre désigné; 3° lorsqu'il s'agit de décider entre deux titres attribuant au même fonds une contenance différente; 4° lorsque des difficultés sont élevées sur le plus ou le moins de contenance résultant des titres.

Du reste, pour dessaisir le Juge de paix d'une action en bornage, il faut que la contestation de propriété ou des titres soit sérieuse et présente quelque apparence de fondement, et qu'elle ne repose pas sur une simple dénégation pouvant être dictée par un esprit de chicane et de mauvaise foi.

Cass., 28 mars 1855. — (P. 56, 1, 613.)

Quand la propriété ou les titres sont contestés, le Juge de paix est par là même légalement dessaisi de la connaissance du litige, non-seulement en ce qui touche les titres et la propriété, mais encore en ce qui touche l'action en bornage elle-même. Il doit donc se déclarer incompétent, mais non pas prononcer un simple sursis jusqu'au jugement sur l'exception proposée.

Cass., 24 juillet 1860. (S. V. 60. 1. 897; — P. 61. 52; — D., p. 60. 1. 320.)

159. La preuve testimoniale n'est pas admise pour prouver qu'un bornage a été fait à l'*amiable sans écrit*.

160. La Cour de Cassation, par un arrêt à la date du 5 mars 1855, a décidé que la transaction consentie devant le Juge de paix, sur une action en bornage, qui a été suivie d'exécution sur les lieux, en présence de ce Juge, est obligatoire, et lie même la partie qui s'est ensuite refusée à signer le procès-verbal des opérations, dressé par ce même Juge.

161. *Formalités pour arriver au bornage.* — La demande en bornage peut avoir lieu *sur comparution après billet d'invitation,* ou *par comparution volontaire* devant le Juge de paix (art. 7 du Code de procédure civile), ou *par citation.* Dans le premier cas, d'après l'usage, le Juge de paix rend seulement une ordonnance mise à la suite de la demande en bornage, fixant son transport à un jour indiqué pour procéder au bornage; et l'opération terminée, s'il y a accord, le Juge de paix se borne à donner acte aux parties de ce qu'elles approuvent le bornage effectué.

Dans le second cas, c'est-à-dire lorsqu'il y a citation, le Juge de paix rend un jugement ordonnant le bornage, et l'opération se termine par un second jugement homologuant le bornage.

162. *Frais de bornage.* — Aux termes de l'article 646, § 2 du Code civil, le bornage doit être fait à frais communs; mais la question sur laquelle la doctrine n'est pas unanime, est de savoir si les frais doivent être partagés par moitié, ou d'après la part d'intérêt que chaque propriétaire a dans le bornage. Pour nous, nous pensons que lorsqu'il y a eu arpentage et plantation de bornes, les frais d'arpentage doivent être répartis proportionnellement à l'étendue, et ceux de plantation de bornes doivent être partagés par moitié entre les deux propriétaires en cause, parce que, des deux côtés, il y a une égale étendue de terrain borné.

Lorsqu'il y a plusieurs propriétaires agissant chacun dans un intérêt particulier, les frais doivent être répartis suivant l'étendue de la propriété de chacun et sa part d'intérêt dans le bornage.

FORMULES.

Procès-verbal de bornage sur comparution volontaire des parties.

163. L'an.................

Par devant..................

Se sont présentés en notre prétoire :

1° Le sieur A. Dumont,..............

2° Le sieur Perrot,..............

3° Le sieur Brun,.............

Lesquels comparants nous ont exposé :

Qu'ils sont propriétaires limitrophes de diverses parcelles de terrain situées commune de............au lieu dit de...........

Que, désirant faire procéder au bornage de leursdites parcelles de terrain, ils comparaissent devant nous sur billet d'invitation (*ou* volontairement, en conformité de l'article 7 du Code de procédure civile), et nous requièrent de leur donner acte de leur comparution et de leur réquisition.

Ils nous requièrent, en outre, de fixer les jour et heure où il nous plaira procéder à cette opération.

Et, après lecture, les comparants ont signé.

(Signatures.)

Vu la réquisition ci-dessus et les dispositions de l'article 646 du Code civil,

Nous, Juge de paix, susdit et soussigné,

Donnons aux parties acte de leurs comparution et réquisition, disons que nous nous transporterons le............ à.......... heure ....sur les propriétés des parties, situées commune de............pour procéder au bornage dont s'agit, et désignons pour nous assister à cette opération le sieur........géomètre, demeurant à...........

Fait à..........en notre prétoire, les jour, mois et an que dessus.

(Signatures du Juge et du Greffier.)

Avenant ce jour, le.... ....

Nous, Juge de paix, susdit et soussigné,

En conformité de l'ordonnance par nous rendue ci-dessus,

Nous sommes transporté commune de.........au lieu dit de. .... sur les propriétés des parties, pour procéder au bornage requis par ces dernières.

Arrivé sur les lieux, nous y avons rencontré lesdites parties, et en leur présence et avec le concours dudit sieur......... géomètre, qui a également comparu, nous avons procédé comme suit :

Nous avons d'abord levé le croquis des terrains à borner, afin de faciliter l'intelligence de l'opération.

(*Voir le croquis d'autre part*).

CROQUIS

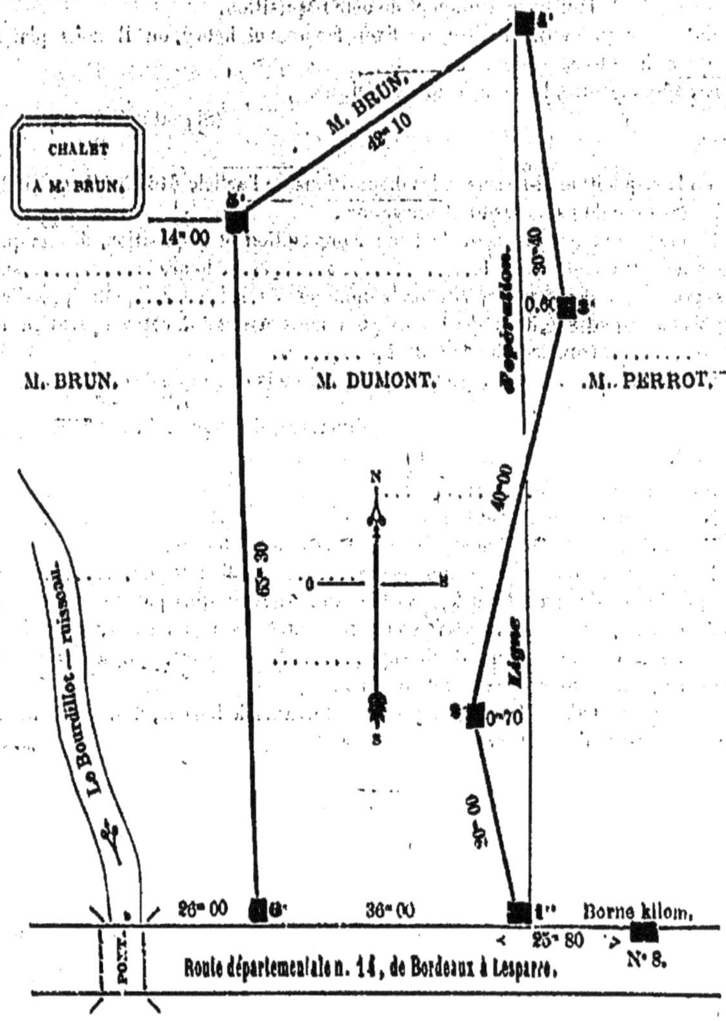

Nous avons ensuite constaté que les propriétés des parties consistent :

1° Celle du sieur Dumont : en un vaste jardin, confrontant du Nord et de l'Ouest à Brun, du Sud à la route départementale n° 14, de Bordeaux à Lesparre, et de l'Est à Perrot ;

2° Celle du sieur Perrot : en une pièce de terre en nature de vigne, confrontant, à l'Ouest audit sieur Dumont. C'est dans cette partie et dans la direction du sud au nord qu'il y a lieu de procéder au bornage de ces deux propriétés ;

3° Et celle de Brun : en jardin et terre actuellement en nature de prairie artificielle ; elle confronte, de l'Est et du Nord-Est à Dumont. C'est dans ces parties qu'il s'agit de procéder au bornage desdites propriétés.

Bornage Dumont et Perrot. — Nous avons d'abord commencé notre opération par délimiter la propriété Dumont et Perrot. Pour arriver à ce résultat, nous avons planté quatre bornes :

La première borne a été plantée à la limite nord de la route départementale n° 11 de Bordeaux à Lesparre, à vingt-cinq mètres quatre-vingts centimètres à l'ouest d'une borne kilométrique portant le n° 8, que nous avons prise pour point de repère ;

La deuxième borne a été plantée à vingt mètres de la première, en allant vers le nord, elle forme, avec la première borne, un premier alignement ;

La troisième borne a été plantée à quarante mètres de la deuxième borne, en allant aussi vers le nord ; elle forme, avec cette deuxième borne, un deuxième alignement ;

La quatrième borne a été plantée à trente mètres quarante centimètres de la troisième borne, toujours dans la même direction, en allant vers le nord ; elle forme, avec la troisième borne, un troisième alignement....

Les quatre bornes ci-dessus plantées forment une ligne brisée composée de trois alignements droits. Cette ligne brisée a été repérée de la manière suivante : En menant une ligne d'opération de la première à la quatrième borne, la deuxième borne se trouve placée à soixante-dix centimètres à l'ouest de cette ligne d'opération, et la troisième borne, à soixante centimètres à l'est de la même ligne.

Les lignes droites qui passent par l'axe des susdites quatre bornes indiquent la ligne séparative des propriétés Dumont et Perrot.

Description des bornes. — La première borne, qui est une pierre dure de démolition, a en hauteur trente centimètres, en largeur vingt centimètres, et en épaisseur dix centimètres ;

La deuxième, etc., etc.

Sous chacune de ces quatre bornes, nous avons placé comme témoins quatre morceaux de tuile creuse qui, réunis, s'adaptent parfaitement.

Bornage Dumont et Brun. — La quatrième borne figurant au bornage ci-dessus a été acceptée comme point de départ pour délimiter les propriétés Brun et Dumont.

A quarante-deux mètres dix centimètres de cette quatrième borne, en allant vers le sud-ouest, nous avons planté une nouvelle borne, qui est la cinquième du bornage général ; cette borne se trouve placée à quatorze mètres à l'est de l'angle sud-est d'un chalet appartenant au sieur Brun, et sur le prolongement de la façade sud dudit bâtiment ;

Enfin, une dernière borne, qui est la sixième du bornage général, a été plantée à soixante-cinq mètres trente centimètres de la cinquième borne, en allant vers le midi, à la limite nord de la route départementale déjà citée ; à trente-six mètres à l'ouest de la première borne et à vingt-six mètres à l'est de l'axe de la clef de voûte de la tête amont du pont en pierre établi sur le ruisseau dit le Bourdillot.

Description de ces deux dernières bornes (comme ci-dessus, bornage Perrot).

Quatre témoins, etc., etc. (comme ci-dessus, bornage Perrot).

Les parties présentes ont déclaré approuver le présent bornage, renoncer à l'attaquer, et s'engager à payer les frais occasionnés par le présent bornage dans les proportions ci-après établies, suivant l'importance de leur intérêt dans ce bornage, savoir : le sieur Dumont, une moitié, et les sieurs Perrot et Brun l'autre moitié, ou un quart chacun.

Il a été vaqué jusqu'à..................

De tout quoi, nous avons fait et dressé le présent procès-verbal, etc.

Jugement interlocutoire qui ordonne le bornage avec arpentage.

164. Entre le sieur Bertrand,..... demandeur, comparant en personne, *d'une part ;*

Le sieur Durand..... défendeur.........., *d'autre part ;*

Et le sieur Michel, autre défendeur.........., encore *d'autre part ;*

Faits. Par exploit de........... huissier à...........en date...........

(Analyser la citation.)

. . . .

La cause, en cet état, appelée à l'audience de ce jour, les parties ont comparu en personne, et lecture faite de l'exploit introductif d'instance, elles ont fait valoir leurs moyens respectifs de défense et pris les conclusions suivantes :

Le demandeur a conclu à ce qu'il plût au Tribunal lui allouer le bénéfice des conclusions par lui prises dans sondit exploit ci-avant relaté.

Les défendeurs, de leur côté, ont déclaré, sous la réserve de tous leurs droits, consentir aux opérations requises par le demandeur.

Point de droit : Le Tribunal doit-il ordonner le bornage demandé ?

Quid quant aux dépens ?

Attendu qu'aux termes de l'article 646 du Code civil, tout propriétaire peut obliger son voisin au bornage de leurs propriétés contiguës ;

Attendu que les propriétés des parties dont le bornage est réclamé, sont dans le cas ci-dessus prévu ;

Attendu que le bornage de ces propriétés ne peut être fait que sur les lieux,

Par ces motifs : le Tribunal, faisant droit aux parties et jugeant en premier ressort, ordonne qu'il sera procédé à l'arpentage et au bornage des propriétés dont s'agit ;

Dit que cette opération aura lieu le............à...........heures ;

Nomme pour procéder à l'arpentage desdites propriétés et pour nous aider dans ledit bornage, le sieur.............géomètre, demeurant à...........

que les parties déclarent dispenser de prêter serment (si l'expert n'est pas dispensé de prêter serment, on dira : lequel prêtera préalablement, en nos mains, serment de bien et fidèlement remplir la mission qui lui est confiée);

Réserve, en fin de cause, les dépens.

Ainsi jugé, les jour, mois et an que dessus,...... ....

Procès-verbal de bornage et de mesurage en exécution d'un jugement.

165. L'an..................

Nous..................

En conformité du jugement interlocutoire par nous rendu, le........... (enregistré), entre le sieur Bertrand, demandeur en bornage, *d'une part;*

Et 1° le sieur Durand........, et 2° le sieur Michel..........., défendeurs, *d'autre part*,

Nous sommes transporté sur les propriétés que les parties possèdent au lieu de...........commune de...........à l'effet de procéder au bornage desdites propriétés, ainsi que cela a été ordonné par notre jugement sus-relaté.

Arrivé sur les lieux, nous avons rencontré lesdites parties; nous y avons également trouvé le sieur M..........géomètre, que nous avons désigné pour nous aider dans la présente opération de bornage, lequel nous a, en présence des parties, juré par serment qu'il s'engageait à remplir en son âme et conscience, avec zèle et fidélite, la mission à lui confiée.

(Si l'expert est dispensé de prêter serment, on supprimera cette dernière mention.)

Nous avons ensuite procédé comme suit :

Nous avons d'abord constaté que les propriétés des parties consistent :

1° Celle du sieur Bertrand : en maison d'habitation, jardin et terre en nature de vigne confrontant, à l'Est au sieur Durand, au Nord et à l'Ouest au sieur Michel, et au Sud au chemin du Pinfranc;

2° Celle du sieur Durand, qui est une terre en nature de prairie, confronte, à l'Ouest à la propriété Bertrand ; c'est dans cette partie, dans la direction du Sud au Nord, qu'il s'agit de délimiter les deux propriétés Bertrand et Durand;

Et 3° celle du sieur Michel : en maison d'habitation, jardin potager et agréments, confrontant, des Sud et Est à la propriété Bertrand. C'est dans ces deux parties, dans la direction du Sud au Nord et du Nord à l'Est qu'il s'agit de délimiter les deux propriétés Bertrand et Michel.

Le sieur Bertrand, alléguant que sa propriété n'a pas la contenance voulue, la première vérification à faire est celle de la contenance que doit avoir la propriété de ce dernier.

Les parties nous ont remis les titres suivants :

Le sieur Bertrand nous a remis un acte passé devant Me...........

le............portant vente à ce dernier du domaine objet du présent bornage; — ce titre constate que le domaine est d'une étendue totale de quatre-vingt-dix ares cinquante centiares.

Le sieur Durand nous a remis l'expédition d'un acte de partage retenu par Me..........notaire à...........le...........portant que la prairie, objet du bornage est d'une étendue totale de trente ares vingt-cinq centiares;

Et le titre que nous a remis le sieur Michel, et qui est un acte de vente en date du............retenu par Me.......... porte que sa propriété est d'une étendue totale de trente-cinq ares trente centiares.

L'examen des titres étant terminé, le sieur..........expert-arpenteur, a fait le mesurage des propriétés des parties.

L'opération de l'expert terminée, il en résulte que les propriétés des parties, telles qu'elles sont actuellement possédées par ces dernières, ont les contenances suivantes :

Celle du sieur Bertrand a.......................... 89 ares 50 centiares.
Celle du sieur Durand a.......................... 30 ares 75 centiares.
Et celle du sieur Michel a.......................... 35 ares 80 centiares.

D'où il suit que chacune des propriétés Durand et Michel a une contenance de cinquante centiares de plus que ne leur donnent les titres de propriété sus-relatés, qui ne sont point contestés, contenance qui est précisément celle qui manque à la propriété Bertrand.

Dans cette situation, et afin que la propriété du sieur Bertrand soit rétablie à la contenance qu'elle doit avoir, nous avons procédé comme suit :

Afin de faciliter l'intelligence de l'opération, nous avons relevé le croquis explicatif suivant :

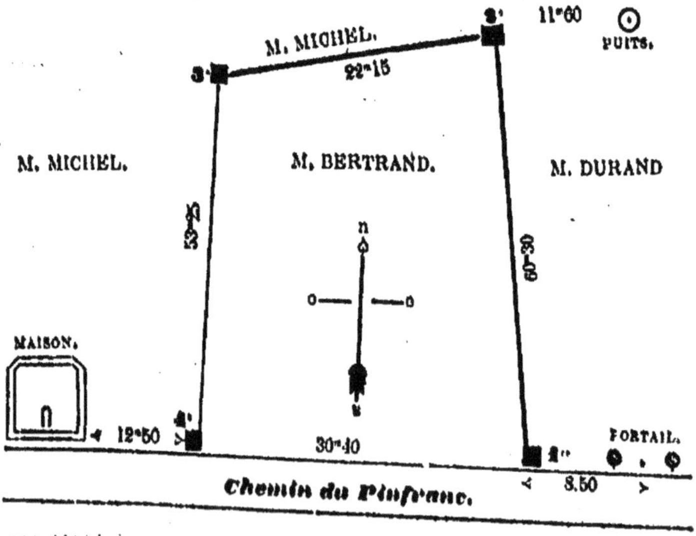

Nous avons aussitôt, en présence des parties, avec le concours de l'expert et en faisant l'application des titres, procédé au bornage ordonné de la manière suivante :

1° Bornage de la propriété Bertrand et Durand.

Pour procéder à la délimitation de ces propriétés, nous avons planté deux bornes, ainsi qu'il suit :

La première borne a été plantée vers la limite nord du chemin vicinal du Pinfranc et à huit mètres cinquante centimètres à l'ouest de l'axe du portail appartenant audit sieur Durand, que nous avons pris pour point de repère ;

La deuxième borne a été plantée à soixante mètres trente centimètres de la première borne en allant vers le Nord, et à onze mètres soixante centimètres à l'ouest de l'axe d'un puits appartenant aussi audit sieur Durand, que nous avons pris pour point de repère ;

La ligne droite qui passe par l'axe de ces deux bornes indiquera dorénavant la ligne séparative des propriétés des parties.

Ces deux bornes sont en pierre dure de démolition et elles ont les dimensions suivantes :

La première, etc., etc.

Quatre témoins, etc., etc.

(Voir bornage n° 103.)

2° Bornage des propriétés Bertrand et Michel.

La deuxième borne du bornage ci-dessus a été prise comme point de départ pour délimiter les propriétés Bertrand et Michel.

A vingt-deux mètres quinze centimètres de cette deuxième borne, dans la direction de l'Est à l'Ouest, nous avons planté une nouvelle borne, qui est la troisième du bornage général ;

Enfin, une dernière borne, qui est la quatrième du bornage général, a été plantée à cinquante-trois mètres vingt-cinq centimètres de la troisième borne, en allant vers le midi, près de la limite nord dudit chemin du Pinfranc, à trente mètres quarante centimètres à l'ouest de la première borne ; et à douze mètres cinquante centimètres de l'angle sud-est de la maison d'habitation appartenant audit sieur Michel, que nous avons prise pour point de repère.

Les lignes existant entre les deuxième et troisième bornes, cette dernière et la quatrième borne, sont deux lignes droites, et en passant par l'axe de ces trois bornes, elles indiquent les points de séparation des propriétés Bertrand et Michel.

Nature et dimension des bornes. — Les deux dernières bornes ci-dessus plantées sont des pierres neuves taillées ; — elles ont les dimensions suivantes :

La première, etc.

La deuxième, etc.

La troisième, etc.

La quatrième, etc.

(Comme au bornage n° 104.)

Sous chacune des deux dernières bornes ont été placés, comme témoins, quatre morceaux de tuiles creuses, qui, réunis, s'adaptent parfaitement.

Il résulte du bornage qui précède, que la contenance d'un are prise : cinquante centiares sur chacune des propriétés Durand et Michel, a été attribuée à la propriété Bertrand, qui devient, ainsi que le porte son titre, d'une étendue totale de quatre-vingt-neuf ares cinquante centiares, et celles des sieurs Durand et Michel restent ce qu'elles doivent être d'après leurs titres, c'est-à-dire diminuées, chacune d'elles, de cinquante centiares.

Et à l'effet de statuer sur la validité dudit bornage, nous avons renvoyé au vingt du courant, à midi, en notre prétoire, sis à..........rue............ les parties intimées de s'y trouver présentes.

Il a été vaqué jusqu'à..................

De tout quoi, nous avons fait et dressé le présent procès-verbal, etc., etc....

....

....

Jugement définitif sur le bornage.

166. Entre le sieur Bertrand..........demandeur, *d'une part;*

Et 1° le sieur Durand..........et 2° le sieur Michel ....défendeurs, *d'autre part;*

Faits. Par exploit de.............huissier, etc.

(Copier la citation.)

Ledit jour............il a été rendu un jugement ordonnant qu'il serait fait transport sur les propriétés des parties pour en faire le mesurage et le bornage.

En conformité de ce jugement, qui a été dûment enregistré, nous avons fait notre transport sur lesdites propriétés, dont le mesurage et le bornage ont été opérés, ainsi que cela est constaté par le procès-verbal que nous en avons dressé, le.......... (lequel n'est pas encore enregistré, mais qui le sera avant ou en même temps que le présent).

La cause, appelée à l'audience de ce jour, à laquelle elle a été renvoyée, les parties ont comparu en personne et elles ont pris les conclusions suivantes :

Le demandeur a conclu à ce qu'il plût au Tribunal déclarer bien et fidèlement faits le mesurage et le bornage constatés par notre procès-verbal, en date du.........., et décider que les dépens seront supportés en commun par les parties.

Les défendeurs, de leur côté, ont déclaré s'en référer à la sagesse du Tribunal au sujet de la décision à prendre relativement aux opérations de mesurage et de bornage dont s'agit.

POINT DE DROIT : Le Tribunal doit-il homologuer le procès-verbal de mesurage et de bornage dressé, le.......... ?

Quid quant aux dépens ?

Attendu qu'il résulte des titres produits par les parties que leurs propriétés ont les contenances suivantes :

Celle du sieur Bertrand... .... 89 ares 50 centiares.
Celle du sieur Durand.......... .... 30 ares 75 centiares.
Et celle du sieur Michel.............................. 35 ares 80 centiares.

Attendu qu'il résulte de l'arpentage fait par l'expert que la propriété Bertrand a un are de moins que ne porte son titre, et celles des sieurs Durand et Michel, chacune d'elles cinquante centiares de plus que ne portent les titres;

Attendu que la contenance d'un are, qui est en plus aux propriétés Durand et Michel, est précisément celle qui manque à la propriété Bertrand;

Attendu que les titres et la propriété n'étant point contestés, il est juste de reprendre sur les propriétés Durand et Michel l'excédant de mesure ci-dessus constaté et de le donner à la propriété Bertrand, afin qu'elle soit rétablie à la contenance qu'elle doit avoir;

Attendu que le bornage dont il s'agit a été opéré dans les conditions ci-dessus indiquées;

Qu'il y a, par suite, lieu de déclarer que les lignes qu'il établit indiqueront dorénavant les limites des propriétés des parties;

Attendu, quant aux dépens, qu'ils doivent être supportés en commun par les parties et dans les proportions d'intérêt que ces dernières ont dans ledit bornage;

Par ces motifs : le Tribunal, statuant en premier ressort, vidant l'interlocutoire porté par son précédent jugement, en date du........., dit et ordonne que les bornes décrites dans le procès-verbal, en date du............seront maintenues telles qu'elles ont été plantées, et que les lignes qu'elles établissent délimiteront dorénavant les propriétés des parties;

Condamne lesdites parties aux dépens : le sieur Bertrand à une moitié, et les défendeurs à l'autre moitié, ou un quart chacun; lesdits dépens liquidés à ....dans lesquels ne sont pas compris les frais de timbre et d'enregistrement du présent jugement, non plus que les frais d'arpentage et de bornes, lesquels demeurent également à leur charge dans les mêmes proportions,

Ainsi jugé en audience publique, les jour, mois et an que dessus.

NOTA : Si le jugement est rendu *sur les lieux*, il peut être mis à la suite du procès-verbal de bornage.

PLANTATIONS D'ARBRES ET DE HAIES.

107. Le Juge de paix est compétent pour connaître de toutes les actions résultant des articles 671, 672, 673 du Code civil, dont voici les termes :

« ART. 671. — Il n'est permis de planter des arbres de

haute tige qu'à la distance prescrite par les règlements particuliers actuellement existants, ou par les usages constants et reconnus, et à défaut de règlements et usages, qu'à la distance de deux mètres de la ligne séparative des deux héritages pour les arbres à haute tige, et à la distance d'un demi-mètre pour les autres arbres et haies vives.

» ART. 672. — Le voisin peut exiger que les arbres et haies plantés à une moindre distance soient arrachés.

» Celui sur la propriété duquel avancent les branches des arbres du voisin peut contraindre celui-ci à couper ces branches.

» Si ce sont les racines qui avancent sur son héritage, il a droit de les couper lui-même.

» ART. 673. — Les arbres qui se trouvent dans la haie mitoyenne sont mitoyens comme la haie, et chacun des deux propriétaires a droit de requérir qu'ils soient abattus. »

168. — On entend par arbres à haute tige ceux qui s'élèvent à une hauteur assez considérable, et dont le tronc ne projette de branches qu'à une certaine distance du sol.

Tels sont, par exemple, les chênes, les platanes, les ormeaux, etc.; c'est l'essence de l'arbre qu'il faut considérer et non la hauteur pour savoir s'il est à haute tige.

169. Les actions relatives aux plantations d'arbres et de haies ne sont pas des actions possessoires; elles peuvent être intentées alors même qu'elles reposeraient sur un fait remontant à plus d'une année, à moins toutefois que la propriété ou les titres qui l'établissent ne soient contestés.

170. Il en est de même des actions en déplacement de bornes.

171. Le Juge de paix est incompétent pour connaître des actions relatives aux plantations d'arbres ou de haies, si le défendeur oppose la prescription trentenaire ou la destination du père de famille (Masson, n° 136. — Beline, *Possession*, n° 213. — Rodière, p. 84), ou s'il oppose que le demandeur n'est pas propriétaire du terrain voisin.

172. Les distances prescrites par l'article 671 du Code civil ne sont pas applicables aux plantations près des fonds communaux.

(Proudhon, *Dr. d'usage*, t. III, n° 787.)

Il y a toutefois à se conformer aux règlements de l'autorité administrative.

173. La distance pour plantations se mesure du milieu du tronc ou de la tige de l'arbre, en ligne droite, jusqu'au point séparatif des héritages.

(Rendu, C. Perrin, v° *Arbres*, n° 220, et N. A. Carré, *Juge de paix*, p. 45.)

174. Celui qui a acquis, par prescription ou par suite de destination du père de famille, le droit de conserver des arbres à une distance du fonds voisin moindre que la distance légale, n'a pas acquis par là le droit de les remplacer par d'autres, sans observer la distance légale.

Paris, 23 août 1825. (S. 25. 2. 20; — C., n. 8.) — Rennes, 19 juin 1838. (S. V. 38. 2. 526; — D., p. 39. 2. 9.) — Douai, 14 avril 1845. (S. V. 45. 2. 305.)

175. Les arbres ayant moins de trente ans, provenant de repousses de vieilles souches, ne peuvent être conservés en deçà de la distance légale.

Le Juge de paix saisi de l'action doit ordonner l'arrachage des vieilles souches et des repousses.

176. Lorsque deux propriétés sont séparées par un cours d'eau, la distance doit se calculer du milieu du ruisseau et non du bord de la propriété opposée.

(Duranton, t. V, n° 387. — Garnier, p. 228. — Solon, n° 212.) — Contrà Pardessus, n° 194.

177. Aucune distance n'est à observer pour la plantation des haies *sèches*.

(Pardessus, 187. — Roland de Villargues, v° *Haie*.)

§ III. — Constructions.

178. Le Juge de paix est compétent pour connaître des actions résultant de l'article 674 du Code civil, dont voici le texte :

« Celui qui fait creuser un puits ou une fosse d'aisance près d'un mur mitoyen ou non ;

» Celui qui veut y construire cheminée ou âtre, forge, four ou fourneau, y adosser une étable, ou établir contre ce mur un magasin de sel ou amas de matières corrosives,

» Est obligé à laisser la distance prescrite par les règlements et usages particuliers sur ces objets, ou à faire des ouvrages prescrits par les mêmes règlements et usages, pour éviter de nuire au voisin. »

§ IV. — Des demandes en pension alimentaire n'excédant pas annuellement 150 fr.

(Art. 6, § 4. L. 25 mai 1838.)

179. Les enfants doivent des aliments à leurs père et mère et autres ascendants qui sont dans le besoin.

(C. c., 205.)

Les gendres et belles-filles doivent également, et dans les mêmes circonstances, des aliments à leurs beau-père et belle-mère; mais cette obligation cesse : 1° lorsque la belle-mère a convolé en secondes noces; 2° lorsque celui qui produisait l'affinité et les enfants issus de son mariage avec l'autre époux sont décédés.

(C. 207.)

Les obligations résultant de ces dispositions sont réciproques.

180. Le Juge de paix est compétent pour connaître de ces diverses actions, lorsque le chiffre de la demande n'est pas supérieur à 150 fr.

La plupart des auteurs prétendent que, pour déterminer la compétence, il faut avoir égard au chiffre de la demande et non à la part pour laquelle chacun des défendeurs doit contribuer à la pension.

Le Tribunal de Bordeaux a, par une pratique remontant à plusieurs années, admis une jurisprudence contraire. Suivant lui, c'est la part prise isolément de la demande qui détermine la compétence; ainsi, un père de famille réclame à ses quatre enfants, et *à chacun,* une pension alimentaire de 150 fr. par an; le Tribunal divise cette demande en quatre actions distinctes, qui, jugées séparément, sont de la compétence du Juge de paix.

Cette manière de procéder, en même temps qu'elle a l'avantage de mettre rapidement un terme à des réclamations presque toujours urgentes, nous paraît conforme à l'esprit de la loi, qui a voulu que l'obligation de fournir des aliments ne soit pas une obligation indivisible ni solidaire.

181. Les enfants doivent des aliments à leur père et à leur mère, encore que le père et la mère aient convolé en secondes noces.

(Colmar, 5 janvier 1810. — Poitiers, 25 novembre 1821.)

Des aliments sont dus à l'ascendant, par cela seul que ses revenus sont insuffisants. Ses enfants ne peuvent l'obliger, au préalable, ni à manger ses capitaux, ni à leur en faire l'abandon.

(16 février 1828, Bordeaux.)

Celui qui demande des aliments n'est pas obligé de prouver qu'il est dans le besoin; c'est au défendeur à donner la preuve qu'il a des moyens suffisants d'existence.

(23 février 1813, Colmar.)

182. Les père et mère peuvent demander des aliments à leur enfant naturel, légalement reconnu, et *réciproquement.*

183. La mère d'un enfant naturel peut intenter, tant en son nom personnel qu'au nom de ce dernier, contre le père qui l'a reconnu, une action en pension alimentaire.

(C. Grenoble, 1er avril 1870.)

184. La demande en réduction ou en décharge d'une pension alimentaire peut avoir lieu lorsque le bénéficiaire de la pension alimentaire cesse d'être dans le besoin, ou que celui qui doit cette pension est tombé dans l'impossibilité de pouvoir la fournir.

ART. 5.

Demandes réunies dans la même instance, — Demandes reconventionnelles.

(L. 1838, art. 7 et 9.)

185. Les Juges de paix connaissent de toutes les demandes reconventionnelles ou en compensation qui, par leur nature ou leur valeur, sont dans les limites de leur compétence, alors même que ces demandes, réunies à la demande principale, s'élèveraient au-dessus de 200 fr. Ils connaissent, en outre, à quelque somme qu'elles puissent monter, des demandes reconventionnelles en dommages-intérêts fondées exclusivement sur la demande principale elle-même.

(L. 1838, art. 7.)

Lorsque chacune des demandes principales, reconventionnelles ou en compensation sera dans les limites de la compétence du Juge de paix, en dernier ressort, il prononcera sans qu'il y ait lieu à appel.

Si l'une de ces demandes n'est susceptible d'être jugée qu'à charge d'appel, le Juge de paix ne prononcera sur toutes qu'en premier ressort.

Si la demande reconventionnelle ou en compensation excède les limites de sa compétence, il pourra, soit retenir le jugement de la demande principale, soit renvoyer sur le tout les parties à se pourvoir devant le Tribunal de première instance, sans préliminaire de conciliation.

(L. 1838, art. 8.)

Lorsque plusieurs demandes formées par la même partie seront réunies dans une même instance, le Juge de paix ne prononcera qu'en premier ressort, si leur valeur totale s'élève au-dessus de 100 fr., lors même que quelqu'une de ces demandes serait inférieure à cette somme. Il sera incompétent sur le tout, si ces demandes excèdent, par leur réunion, les limites de sa juridiction.

(L. 1838, art. 9.)

Pour que la demande reconventionnelle en dommages-intérêts, à quelque somme qu'elle puisse s'élever, soit admissible, il faut qu'elle soit fondée exclusivement sur la demande principale et sur le tort que le défendeur éprouve de la demande; — il faut donc qu'elle n'ait pas de cause antérieure à l'introduction d'instance.

Art. 6.

Prorogation de juridiction.

(Art. 7, C. proc. c.)

186. Par *prorogation de juridiction*, on entend, non l'extension des attributions du Juge de paix, mais l'extension de sa compétence, en ce qui concerne les matières personnelles et mobilières, c'est-à-dire celles qui ont trait à la valeur de la chose en litige, au domicile du défendeur, et à la situation de l'objet litigieux; en d'autres termes, pour que la convention d'extension puisse régulièrement avoir lieu, il faut que le Juge de paix soit compétent sur l'*objet en soi*, qui fait la matière de la difficulté; il faut que cet objet se renferme dans le cercle de ses attributions;

Ainsi, le Juge de paix ne pourrait connaître d'action se rapportant au pétitoire, ni d'affaires commerciales, ni d'une demande relative à des injures consignées dans un écrit rendu public.

(MM. Favard, *Rép.*, vo *Just. de paix*, sect. 1re, no 4. — Henrion de Pansey, *Aut. Jud.*, ch. XIV, et *Compétence des Juges de paix*, ch. VII.)

187. La *prorogation de juridiction* a lieu à la demande des parties, qui peuvent toujours se présenter volontairement devant un Juge de paix.

(Art. 7, C. proc. c.);

Ou sur une citation en conciliation.

(Art. 48, C. proc. c.)

188. La *prorogation de juridiction* étant une espèce de transaction, ne peut être consentie par les tuteurs et administrateurs dans les affaires qui intéressent leurs pupilles ou administrés.

(Carré, *Compét.*, art. 211, et *Lois de la proc.*, q. 30.)

189. La *prorogation de juridiction* ne peut avoir lieu que quand il y a contestation réelle; le Juge de paix ne peut recevoir les conventions des parties qui tombent dans les attributions des notaires.

Il y a cependant un arrêt de la Cour de cassation, du 13 novembre 1843, qui semble décider le contraire.

190. Le Juge de paix ne peut se refuser de juger les parties qui se présentent devant lui.

(Carré, *Lois de la proc.*, q. 33, et *Just. de paix*, t. Ier, n° 220.)

191. Le procès-verbal de prorogation de compétence doit être signé par les parties. — Il peut être dressé séparément du jugement ou faire corps avec lui.

192. Le consentement des parties à être jugée en dernier ressort dans les causes sujettes à appel, donné dans le cours d'une instance dont un Juge de paix est saisi dans les formes ordinaires, est valablement constaté par le Juge, sans procès-verbal signé des parties, lequel n'est nécessaire que dans le cas de comparution volontaire.

C. de cass. 27 mars 1832 (S. 32. 1, 598).

FORMULES.

Prorogation de Juridiction sur comparution volontaire.

193. L'an............

Par-devant...........

Se sont présentés...........

Les sieurs...........

Lesquels comparants nous ont exposé :

Qu'ils comparaissent volontairement devant nous, en conformité de l'article 7 C. proc. c., pour se concilier, s'il est possible, sur la contestation qui les divise, et dont voici les faits :

Le sieur T.......... a fait pour le compte du sieur B........, divers travaux sur la propriété que ce dernier possède à....... .....rue,...... .....

Le prix de ces travaux s'élève à la somme de treize cent cinquante francs.

Le sieur T..........prétend que le sieur B..........devait lui payer cette somme en espèces aussitôt les travaux achevés.

De son côté, le sieur B.......... répond que le payement des susdits travaux doit avoir lieu en échange de travail, ainsi qu'il est prêt à en justfier.

Le sieur T..........a repoussé, comme contraire à la vérité, l'allégation de son débiteur.

Dans ces conditions, les parties sont convenues de soumettre à notre décision le différend qui les divise. Elles déclarent, en conséquence, proroger notre juridiction, voulant et entendant que la décision que nous allons rendre soit souveraine et en dernier ressort (ou à charge d'appel);

Et après lecture de la présente réquisition, les comparants ont signé.

(Signatures.)

Vu la réquisition ci-dessus et les dispositions de l'article 7 du Code de Procédure civile,

Nous, Juge de paix susdit et soussigné, donnons aux comparants acte de leurs déclarations,

Et, après lecture, nous avons signé avec le Greffier.

(Signatures.)

Si la prorogation de juridiction a lieu par acte séparé, on clôturera ainsi :

De tout quoi nous avons fait et dressé le présent procès-verbal, qui, après lecture faite, a été signé par les parties, Nous et le Greffier.

Fait à............

(Signatures.)

Si, au contraire, la prorogation de juridiction fait corps avec le jugement, on continuera ainsi :

La cause appelée à l'audience de ce jour, les parties, ont comparu en personne, et lecture faite des pièces du procès, elles ont fait valoir leurs moyens respectifs de défense et pris les conclusions suivantes :

Le demandeur a conclu à ce qu'il plût au Tribunal condamner le sieur B.... à lui payer la somme de 450 fr., qu'il lui doit pour............, avec intérêts et dépens.

Le défendeur, de son côté a conclu...........

(Le reste comme à la formule *infrà* n° 314.)

Autre Formule de prorogation de Juridiction sur une citation en conciliation.

104. L'an............

Par-devant nous.......... .. Juge de paix.........

S'est présenté............

Le sieur............

Lequel comparant nous a exposé :

Que, par exploit de............huissier à............en date du..........
enregistré, le comparant a fait citer en conciliation le sieur B. ...., pour l'audience de ce jour et devant le présent Tribunal, pour, est-il dit dans cet exploit........... (Copier la citation.)

S'est également présenté le sieur B.........., défendeur, aux fins de ladite citation, lequel a répondu............ (Comme à la formule précédente.)

ART. 7.

Listes électorales.

(Décret organique du 2 février 1852. — Loi du 7 juillet 1874, relative à l'électorat municipal.)

OBSERVATIONS.

195. Tout électeur qui aura été rayé des listes électorales, ou dont l'inscription aura été refusée, pourra, dans les *cinq jours* de la notification qui lui sera faite de la décision de la Commission municipale, interjeter appel de cette décision.

196. L'appel est porté devant le Juge de paix du canton du domicile de l'électeur; il sera formé par simple déclaration au greffe; le Juge de paix statuera dans les *dix jours*, sans frais ni forme de procédure, et sur simple avertissement donné *trois jours* à l'avance par le Juge de paix à *toutes les parties intéressées*.

Par *parties intéressées*, on entend les électeurs dont l'inscription est contestée.

(C. de cass., 23 mars et 3 juin 1867.)

197. Toutefois, si la demande portée devant le Juge de paix implique la solution préjudicielle d'une question d'État, il renverra préalablement les parties à se pourvoir devant les Juges compétents, et fixera un bref délai dans lequel la partie qui aura élevé la question préjudicielle devra justifier de ses diligences;

Ainsi, lorsque la décision municipale conteste à un individu sa qualité de Français, le Juge de paix est incompétent pour statuer sur cette question. La Commission municipale ni le Maire ne peuvent intervenir devant le Juge de paix.

198. Le Juge de paix doit avoir recours à tous les moyens d'instruction, tels que l'enquête, etc.

199. La décision doit, à peine de nullité, être rendue en audience publique, et doit mentionner l'envoi de l'avertissement.

200. Le Juge de paix donnera, dans les trois jours de la décision, avis des jugements infirmatifs au Préfet et au Maire.

(D. régl., 2 février 1852, art. 6.)

201. Le Juge de paix ne peut statuer que comme juge d'appel, et, par suite, qu'à la condition qu'il existe une décision de première instance, c'est-à-dire une décision de la Commission municipale.

202. Les jugements par défaut sont susceptibles d'opposition.

203. La décision du Juge de paix est en dernier ressort; mais elle peut être déférée à la Cour de cassation. Le pourvoi n'est recevable que s'il est formé *dans les dix jours* de la notification de la décision. Les pièces et mémoires fournis par les parties sont transmis, *sans frais*, par le Greffier de la justice de paix au Greffier de la Cour de cassation.

204. Il suffira au Greffier de mettre sur l'enveloppe de la lettre d'envoi ces mots : *Exécution du Décret organique du 2 février 1852, sur les listes électorales*, et sa signature; — l'envoi arrivera ainsi, franc de port, au Greffier de la Cour suprême.

205. Les actes de procédure en matière électorale sont dispensés du timbre et enregistrés gratis; ils doivent être portés sur le répertoire du Greffe.

206. *Pourvoi en cassation.* — Aux termes d'une décision ministérielle, en date du 26 avril 1849, les Greffiers de paix sont tenus de recevoir la déclaration du pourvoi en cassation formé par l'électeur évincé.

207. Si tous les jugements sont contradictoires, et même par défaut (l'électeur ayant obtenu raison), et s'il n'y a pas de pourvoi de la part de l'Administration, le Maire, au vu de l'avis du Juge de paix, inscrit les électeurs en question sur la liste électorale municipale.

208. Si le Juge de paix a confirmé la décision de la Commission municipale, son jugement est notifié à l'électeur par voie administrative, par les mêmes moyens et dans la forme des notifications des décisions de la Commission municipale, et non par le Juge de paix, parce qu'il est de principe que le Juge ne connait pas de l'exécution de ses jugements.

209. Mais, dira-t-on, comment le Maire et le Préfet sauront-ils que le Juge de paix a confirmé la décision de la Commission municipale, puisqu'il ne leur est donné connaissance, aux termes de la loi, que des jugements infirmatifs?

La réponse est celle-ci :

Le Maire possède la liste des électeurs dont l'inscription a été refusée, et, en recevant du Juge de paix avis des infirmations, les confirmations s'appliquent, par ce fait, aux électeurs dont il n'est pas question dans l'avis du Juge de paix.

C'est de là, sans nul doute, que vient le silence de la loi au sujet des notifications à faire, en cas de confirmation, des décisions de la Commission municipale.

210. Dans ces divers cas, le Greffier n'a aucune expédition à délivrer. Il en serait autrement dans le cas de pourvoi en cassation; ici, aux pièces envoyées à la Cour de Cassation, doit se trouver jointe l'expédition entière du jugement.

(Ve notre *Journal des Greffiers*, année 1874, p. 243, 247, 260 et 265).

FORMULES

Modèle de déclaration d'appel en matière électorale.

211. L'an 1874, et le............

Par-devant nous........Greffier de la Justice de paix du canton de........

S'est présenté au Greffe de ladite Justice de paix, sis à... ......

Le sieur............

Lequel comparant nous a exposé :

Que, par décision, en date du.........la Commission municipale de la commune de............a refusé d'inscrire son nom sur la liste électorale des électeurs de cette commune;

Que le comparant déclare, par ces présentes, interjeter appel de ladite décision, et nous requiert de lui en donner acte.

Nous avons donné au susdit comparant acte de sa déclaration.

De tout quoi, nous avons fait et dressé le présent procès-verbal, qui, après lecture faite, a été signé par le comparant ainsi que par nous, Greffier.

Fait à............les jour, mois et an que dessus,

(Signatures.)

Modèle d'avertissement en matière électorale.

212. Au nom de M. le Juge de paix du canton de. ....

Le Greffier,

Vu la déclaration faite au Greffe de la Justice de paix, le........par laquelle le sieur B........déclare interjeter appel de la décision, aux termes de laquelle la Commission municipale de la commune de............ a repoussé l'inscription de son nom sur la liste électorale de ladite commune,

Invite ledit sieur B...... à se présenter, le...........à..........heures de relevée, devant M. le Juge de paix, en son prétoire, sis à...........pour voir statuer sur son appel.

Fait au prétoire, le..........,

(Signature du Greffier)

Modèle de jugement en matière électorale.

213. Le Tribunal de la Justice de paix du canton de............, dans son audience publique, en date du.............,tenue à l'heure de...........

sous la présidence de M..........Juge de paix, assisté de Me.......... Greffier de ladite Justice de paix, a rendu le jugement suivant :

Pour le sieur............

FAITS : Par déclaration faite, le..........au Greffe de notre Justice de paix, ledit sieur..........a interjeté appel d'une décision rendue, le.........., par la Commission municipale de la commune de............, par laquelle cette Commission refuse l'inscription sur la liste électorale de cette commune du nom dudit sieur............

Sur l'avertissement qui lui a été adressé, ledit sieur............a comparu à l'audience de ce jour, et a fait connaître qu'il est né dans la commune de ....où il a satisfait à la loi du recrutement;

Qu'il a, il est vrai, quitté cette commune pendant une dizaine d'années, mais qu'il est venu s'y établir de nouveau depuis quatre mois;

Que, dans cette situation, il nous requiert, faisant droit de son appel, invalider la décision de la Commission municipale, en date du............ et ordonner l'inscription de son nom sur la liste électorale de la commune de............

POINT DE DROIT : Le Tribunal doit-il confirmer ou invalider la décision municipale dont est appel ?

Attendu qu'aux termes de l'article 5, n° 1 de la loi du 7 juillet 1874, ne peuvent être portés sur la liste électorale d'une commune les citoyens qui, après avoir quitté cette commune, n'y ont pas une résidence nouvelle de six mois au moins;

Attendu, dans l'espèce, que le sieur............reconnaît, qu'après avoir quitté la commune de ...., depuis dix ans environ, il n'est venu s'y établir de nouveau que depuis quatre mois;

Que, dès lors, sa réclamation ne saurait être admise;

Par ces motifs : le Tribunal, jugeant en dernier ressort, déclare l'appel du sieur..........mal fondé, et confirme par suite la décision de la Commission municipale de la commune de............en date du............, laquelle rejette la demande du sieur............tendant à être inscrit sur la liste électorale de la susdite commune de............

Fait et prononcé en audience publique, les jour, mois et an que dessus.

(Signatures du Juge et du Greffier.)

NOTA : *Cette formule peut servir pour un jugement d'invalidation.*

(Ve notre *Journal des Greffiers*, année 1874, p. 217 : — Loi relative à l'électorat municipal du 7 juillet 1874.)

SECTION III.

PROCÉDURE — GÉNÉRALITÉS

OBSERVATIONS - FORMULES.

SOMMAIRE.

OBSERVATIONS.

CÉDULE.

214. Ce mot est synonyme d'*obligation,* et c'est dans ce sens qu'il est employé dans l'article 2274 du C. c.

Il signifie aussi la permission par laquelle le Juge de paix, dans les cas urgents, abrége le délai ordinaire de la citation, et autorise le demandeur à citer, même dans le jour et à l'heure indiqués.

(Art. 6, C. proc. c.)

La loi du 2 mai 1855, article 17, a implicitement supprimé la cédule dont il est question dans l'article 6 ci-dessus, en décidant que la permission du Juge de paix, pour citer à bref délai, serait donnée sans frais sur l'original de l'exploit.

Lorsque le Juge de paix rend un jugement qui ordonne une opération par des gens de l'art, il doit délivrer à la partie requérante cédule de citation pour appeler les experts. Cette cédule contient le fait, les motifs et les dispositions du jugement relatifs à l'opération ordonnée, et indique le lieu, le jour et l'heure où elle aura lieu.

Si le jugement ordonne une enquête, la cédule de citation pour les témoins fait mention de la date du jugement, du jour, du lieu et de l'heure où les dépositions seront reçues.

(C. proc., art. 29.)

FORMULES.

Modèles de Cédule.

1er MODÈLE :

215. Nous, Juge de paix du canton de............

Ouï le sieur B....., qui nous a exposé :

Qu'il lui est dû par le sieur C....., ouvrier verrier, demeurant à.......... une somme de quatre-vingt-dix francs pour nourriture ;

Que ce dernier étant à la veille de s'embarquer pour l'Amérique, il a grand intérêt à citer à bref délai ce dernier pour obtenir contre lui condamnation de la somme qu'il lui doit ;

Attendu l'urgence, et vu l'article 6 C. proc. c.,

Autorisons le sieur B...... à faire citer C....., devant nous, ce jour, à midi, pour le faire condamner, s'il y a lieu, au payement de ladite somme.

Commettons.............huissier-audiencier de notre Justice de paix, pour citer le sieur C.....

Fait et délivré en notre prétoire, le...........

Nota : La cédule est exempte de la formalité d'enregistrement.

L. 22 frimaire, an VII, art. 70, § 5, n° 10. — v° n° 846.

Permis de citer sur l'original de l'exploit.

2e MODÈLE.

216. Nous, Juge de paix, etc.............

Vu le cas dont s'agit en la citation ci-contre,

Attendu l'urgence, dispensons le sieur..............du préliminaire de l'avertissement, et l'autorisons à faire citer le sieur............pour notre audience du............

Fait à............le............

(Signature du Juge de paix.)

Nota : Cette mention est exempte de la formalité de l'enregistrement.

Arg. L. 22 frimaire, an VII, art. 70, § 3, n° 10. — v° n° 846.

AVERTISSEMENT.

217. On entend par *Billet d'avertissement* la lettre d'invitation qui est envoyée en matière civile, avant toute citation, dans le but de concilier les parties sur leurs différends.

Dans toutes les causes, excepté celles qui requièrent célérité et celles dans lesquelles le défendeur serait domicilié hors du canton ou des cantons de la même ville, il est interdit aux huissiers de donner aucune citation en justice sans qu'au préalable le Juge de paix ait appelé ces parties devant lui, au moyen d'un avertissement.

En cas d'infraction aux dispositions ci-dessus de la part de l'huissier, il supportera, sans répétition, les frais de l'exploit.

(L. 2 mai 1855.)

218. Le Tribunal civil de Dieppe, par un jugement à la date du 20 mars 1872, a décidé que toute citation qui n'avait pas été précédée d'un avertissement devait être annulée.

219. Le Tribunal de première instance de Bordeaux a, de son côté, par jugement à la date du 17 juillet 1874, décidé que la citation qui a été irrégulièrement donnée sans avertissement préalable, n'est point nulle, et qu'elle ne peut point être annulée; la nullité n'en étant point prononcée par la loi, et l'article 1030 du Code de procédure civile disposant que nul exploit ou acte de procédure ne peut être annulé, si la nullité n'en est pas formellement prononcée par la loi.

(Vo notre *Journal des Greffiers*, année 1874, p. 250.)

---

220. **Modèle d'avertissement en matière civile.**

JUSTICE DE PAIX

DU CANTON

d

N°

AU NOM DE M. LE JUGE DE PAIX

DU CANTON DE

Le Greffier invite M
demeurant à
à se rendre en personne au siége de la Justice de paix,
rue
prochain, 187 ,
à , pour être entendu contradictoirement
avec M
demeurant à
sur le différend qui les divise.

Fait en Justice de paix, le 187 .

Le Greffier,

Rapporter ce billet.

CITATION.

221. Dans le Code civil (art. 2244, 2245 et 2246), le mot *citation* est employé pour exprimer l'acte par lequel quelqu'un est assigné devant un Tribunal quelconque, et même devant le Bureau de conciliation.

Mais, suivant le Code de procédure civile, l'assignation devant un Tribunal de première instance se nomme *ajournement* (Liv. II, tit. II); et la *citation* est l'assignation donnée pour comparaître devant le Juge de paix, considéré comme *Juge* ou comme conciliateur.

(Art. 1er, 51 et 52.)

Action. — Le droit de poursuivre devant les Tribunaux ce que nous croyons nous être dû ou nous appartenir, se nomme *action*, et l'exercice de ce droit, *demande*.

C'est par la citation que les actions sont formées devant les Justices de paix.

222. Toute citation devant le Juge de paix doit contenir la date des jour, mois et an; les noms, profession et domicile du demandeur; les noms et demeure du défendeur; elle doit énoncer sommairement l'objet et les moyens de la demande, et indiquer le Juge de paix qui doit en connaître, le jour et l'heure de la comparution.

223. En matière purement personnelle ou mobilière, la citation sera donnée devant le Juge du domicile du défendeur; s'il n'a pas de domicile, devant le Juge de sa résidence.

224. La citation sera donnée devant le Juge de la situation de l'objet litigieux, lorsqu'il s'agira : 1° des actions pour dommages aux champs, fruits et récoltes; 2° des plantations et des déplacements de bornes, des usurpations de terre, arbres, haies, fossés et autres clôtures commises dans l'année; des entreprises sur les cours d'eau commises pareillement dans l'année, et de toutes autres actions possessoires; 3° des réparations locatives; 4° des indemnités prétendues par le fermier ou locataire pour non-jouissance lorsque le droit ne sera pas contesté, et des dégradations alléguées par le propriétaire.

(Art. 1er, 2 et 3 C. proc. c. — L. 25 mai 1838, art. 6, § 2.)

225. On peut citer devant le Juge de paix du lieu où un domicile a été élu, conformément à l'article 111 C. c.

226. Au cas de demande formée contre des héritiers avant le partage, c'est le Juge de paix du lieu de l'ouverture de la succession, et non celui du domicile des héritiers, qui est compétent pour en connaître.

L'article 59 C. proc. est applicable en Justice de paix.

(15 décembre 1837, Castelnaudary.)

227. Aucune action judiciaire, autre que les actions possessoires, ne peut, à peine de nullité, être intentée contre un département qu'autant que le demandeur a préalablement adressé au Préfet un mémoire exposant l'objet et les motifs de sa réclamation. Il lui en est donné récépissé. L'action ne peut être portée devant les Tribunaux que deux mois après la date du récépissé, sans préjudice des actes conservatoires.

(L. 10 août 1871, art. 55.)

228. Quiconque voudra intenter une action contre une commune ou section de commune, sera tenu d'adresser préalablement au Préfet un mémoire exposant les motifs de sa réclamation. Il lui en sera donné récépissé. — La présentation du mémoire interrompra la prescription et toutes déchéances. — Le Préfet transmettra le mémoire au Maire, avec l'autorisation de convoquer immédiatement le Conseil muni- pour en délibérer.

(L. 18 juillet 1837, art. 51.)

La délibération du Conseil municipal sera, dans tous les cas, transmise au Conseil de préfecture, qui décidera si la commune doit être autorisée à ester en jugement. — La décision du Conseil de préfecture devra être rendue dans le délai de deux mois, à partir de la date du récépissé énoncé en l'article précédent.

(L. 18 juillet 1837, art. 52.)

229. La loi exige qu'il y ait au moins un jour entre celui de la citation et le jour indiqué pour la comparution.

Le jour de la signification et celui de l'échéance ne sont pas comptés dans le délai général fixé pour les ajournements, les citations, sommations et autres actes faits à personne ou domicile. Ce délai sera augmenté d'un jour à raison de cinq myriamètres de distance.

Les fractions de moins de quatre myriamètres ne sont pas comptées; les fractions de quatre myriamètres et au-dessus augmentent le délai d'un jour entier. — Si le dernier jour du délai est un jour férié, le délai sera prorogé au lendemain.

(L. 3 mai et 3 juin 1862, art. 4, modifiant l'art. 1033 C. proc. c.)

Si ces délais n'avaient point été observés, et si le défendeur ne comparaissait pas, le Juge devrait ordonner la réassignation, et les frais de la première citation seraient à la charge du demandeur; mais celui-ci pourrait exercer son recours contre l'huissier par la faute duquel une nouvelle assignation serait devenue nécessaire.

230. Les huissiers sont tenus de mettre au bas de l'original et de chaque copie des exploits qu'ils délivrent : 1° le *parlant à*, parce que c'est la preuve que le défendeur a été touché par la citation ; et 2° le *coût* de chacun d'eux.

231. L'omission de la mention du coût entraîne pour l'huissier une amende de 5 fr., non compris les 2 décimes et demi; et, en cas de récidive, l'interdiction de ses fonctions sur la réquisition d'office des procureurs généraux et des procureurs de la République.

232. *Tarif.* — Il est dû à l'huissier, pour chaque citation contenant demande en Justice de paix : *à Paris* et villes qui lui sont assimilées, 1 fr. 50 cent.; — dans les villes où il y a une Cour d'appel et dans celles dont la population excède trente mille habitants, 1 fr. 35 cent. ; —*ailleurs*, 1 fr. 25 cent.; et pour chaque copie, le quart de l'original.

Il est, en outre, dû à l'huissier, pour la copie des pièces par chaque rôle d'expédition : à Paris et villes qui lui sont assimilées, 0 fr. 25 cent.; — dans les villes où il y a une Cour d'appel et dans celles où la population excède trente mille âmes, 0 fr. 22 cent. 3/4; — ailleurs, 0 fr. 20 cent.

Il n'est dû à l'huissier un droit de transport qu'autant qu'il y aura plus de cinq kilomètres de distance entre la demeure de cet officier ministériel et le lieu où l'exploit sera signifié.

Après cinq kilomètres, il sera alloué à l'huissier, aller et retour compris, 2 fr. par myriamètre.

(Tarif 7 février 1807, art. 23, § 1er.)

Il ne sera rien alloué aux huissiers des Justices de paix pour les visas qu'ils obtiendront des Greffiers de la Justice de paix ou des maires ou adjoints des communes des cantons.

233. Tous les huissiers d'un même canton ont le droit de donner toutes les citations et de faire tous les actes devant Justice de paix. Dans les villes où il y a plusieurs Justices de paix, les huissiers exploitent, concurremment, dans le ressort de la juridiction assignée à leur résidence.

234. Sont exceptées les significations des jugements par défaut, qui sont faites par l'huissier commis par le Juge.

(Art. 20, C. proc. c.)

235. Le délai de la citation en conciliation, prescrit par l'article 48 C. proc. c., doit être de trois jours francs au moins.

(Ibid., art. 51.)

236. Une citation portant demande en payement interrompt la prescription.

(Art. 2244 C. c.)

237. D'après l'article 2245 C. c., la citation en conciliation devant le juge de paix interrompt la prescription du jour de sa date, lorsqu'elle est suivie d'une assignation en Justice donnée dans les délais de droit.

(C. c. 318; C. p., 57 et suiv.)

FORMULE.

—

Modèle de citation.

(ACTION PERSONNELLE ET MOBILIÈRE. — L. 25 mai 1838, art. 1er.)

238. L'an mil huit cent............

Nous, D. C......, huissier (Immatricule)

Certifions avoir cité le sieur Bernard........, demeurant à............,

A comparaître le........ ...devant le Tribunal de la Justice de paix de ....

Pour entendre dire qu'il a fait au cité diverses fournitures de pain, s'élevant à la somme de........... et qu'il n'a pu obtenir le payement de cette somme, malgré ses nombreuses démarches ;

En conséquence, s'entendre, ledit cité, condamner à payer au requérant la somme de cent cinquante francs pour payement des fournitures dont s'agit ;

S'entendre, en outre, condamner aux intérêts et aux dépens, sous toutes réserves,

Dont acte.

Fait au domicile du sieur Bernard, où pour lui nous avons laissé copie des présentes, en parlant à............

Coût............

(Signature.)

JUGEMENTS.

239. On appelle *jugement*, la décision d'un Tribunal sur une contestation ou sur une demande qui lui est soumise.

Les jugements sont rendus par le Juge de paix, en matière civile ou de simple police.

Nous ne nous occuperons ici que des jugements en matière civile.

240. *Feuille d'audience.*— Tous jugements rendus seront portés par le Greffier sur la feuille d'audience, et signés par le Juge et le Greffier.

(Art. 18. C. proc. c.)

241. *De la rédaction des jugements.* — Aussitôt qu'un jugement est prononcé, il est écrit par le Greffier, qui garde cette rédaction dans les minutes dont il est dépositaire, et qui en délivre des expéditions.

Tout jugement doit contenir cinq parties essentielles : la première doit énoncer les noms et qualités des parties; la seconde rappelle les prétentions du demandeur et les réponses du défendeur; par la troisième, le point de fait et le point de droit sont établis; dans la quatrième, le Juge donne les motifs qui le déterminent; enfin, la cinquième contient la décision; c'est ce qu'on nomme le *dispositif*. Telle est la forme de la rédaction qui s'écrit sur la feuille d'audience.

Néanmoins, il est admis en jurisprudence, que les jugements du Juge de paix ne sont pas nuls, quoiqu'ils ne contiennent pas séparément et formellement ces cinq parties, pourvu qu'elles s'y trouvent implicitement et suffisamment renfermées.

242. *Délai pour la signature des jugements.*— Aucun délai n'est fixé pour la signature des jugements; mais il faut se reporter à l'article 138 du C. proc. c., et à l'article 36 du Décret du 30 mars 1808, qui exigent que tout jugement soit signé dans les vingt-quatre heures de sa prononciation.

(Voir dans le même sens Circ. Min. Just., 19 janvier 1792).

243. *Obstacles à la signature des jugements.*— Dans le cas où le Juge de paix qui a rendu un jugement, vient à se trouver dans l'impossibilité de le signer, le Tribunal de première instance doit ordonner que le jugement sera signé, soit par un des suppléants, soit par le Juge de paix du canton le plus voisin.

Dans le cas où le Greffier qui a tenu l'audience serait dans l'impossibilité de signer la minute d'un jugement, le commis assermenté suppléerait la signature du Greffier; mais, dans le cas où ce dernier n'aurait pas de commis, la signature du Juge de paix suffira; seulement, ce magistrat devra faire mention de l'impossibilité où se trouve le Greffier de signer.

(Carré, *Quest.* 85 *ter.*; Thomine-Desmazures, t. I, § 78,; Million. *Rép. Justices de paix*, p. 18·.

244. *Péremption.* — Une instance en Justice de paix ne

périme que par trente ans, sauf l'exception établie par l'article 15, C. proc. c.

(Voir n° 298, jugement interlocutoire.)

Certains auteurs ont prétendu que l'article 397 C. proc. c., qui décide que les instances devant les Tribunaux supérieurs périment après trois ans de discontinuation de poursuites, était applicable aux instances en Justice de paix. Mais cette opinion est généralement repoussée; la péremption est de droit étroit, et ne saurait être appliquée par analogie.

245. *Mandataire des parties, — procuration.* — Les parties peuvent se faire représenter par un mandataire.

(Art. 9, C. proc. c.)

Mais, dans ce cas, le fondé de pouvoirs justifiera d'une procuration timbrée et enregistrée, qui restera annexée à la minute du jugement, si elle est sous signature privée, ou passée en brevet devant notaire. Dans le cas où cette procuration aurait été expédiée, il suffira de mentionner la production de l'expédition.

246. *Comparution personnelle des parties.* — Le Juge de paix a toujours le droit d'ordonner la comparution personnelle des parties, si le mandataire ne paraît pas digne de la mission qui lui a été confiée.

(Circ. Min., 6 juin 1838.)

Cette question est très controversée. Carré, Demiau, Boncenne sont d'un avis contraire, et soutiennent que le Juge de paix ne peut ordonner la comparution personnelle d'une partie.

(Voir notre *Journal des Greffiers*, année 1874, p. 310.)

247. *Commis-Greffier.* — Les Greffiers de Justice de paix ont le droit d'avoir un commis assermenté, révocable, suivant leur bon plaisir, pour tenir la plume aux audiences, signer les expéditions, et généralement pour remplir toutes les fonctions de leur charge.

(24 Pluv. an XII, Lettre du Grand-Juge. — vº notre *Journal des Greffiers*, 1874, p. 21.)

248. *Classification des jugements.* — Il y a trois espèces principales de jugements dans les Justices de paix, mais dont les variations se multiplient, suivant les circonstances, les incidents et les opérations qui s'y rattachent.

Ces trois espèces principales de jugements qui fournissent matières à quatre sections, sont les suivantes : jugements préparatoires et interlocutoires; jugements par défaut et sur opposition, et jugements contradictoires.

Sur chacune de ces trois sortes de jugements, et en tête de chacune d'elles, nous donnons quelques notions spéciales destinées à être le complément de nos formules.

(Voir pour les jugements préparatoires et interlocutoires, nos 292 et suiv.; pour les jugements par défaut nos 310 et suiv.; pour les jugements sur opposition, nos 335 et suiv.; pour les jugements contradictoires, nos 343 et suiv.)

Tout jugement qui termine une contestation est appelé *définitif.*

Ainsi, le jugement qui prononce sur le sort d'une demande provisoire est appelé *définitif;* on le nomme *définitif provisoire*, et plus simplement *provisoire.*

Un jugement qui termine tout ce qui concerne une contestation s'appelle *définitif sur le fond*, ou, plus simplement, *définitif.*

249. Les jugements et actes, à l'exception des délibérations des conseils de famille, appartiennent à la publicité. Les Greffiers de Justice de paix sont obligés d'en délivrer, sans ordonnance de Justice, expédition, copie ou extrait à tous requérants.

(Art. 853, C. proc. c.)

250. Toutes les parties en cause dans un jugement sont en droit d'exiger une expédition exécutoire de ce jugement.

(Vo notre *Journal des Greffiers*, année 1874, p. 198.)

Mais la même partie ne peut obtenir une deuxième grosse qu'en vertu d'ordonnance du président du Tribunal.

(Art. 854, C. proc. c.)

251. *Appel.* — L'appel des jugements des Juges de paix ne sera recevable ni avant les trois jours qui suivront celui de la prononciation du jugement, à moins qu'il n'y ait lieu à exécution provisoire, ni après les trente jours qui suivront la signification à l'égard des personnes domiciliées dans le canton. Les personnes domiciliées hors du canton auront, pour interjeter appel, outre le délai de trente jours, le délai fixé par la loi du 3 mai 1862, qui a modifié les articles 73 et 1033 C. proc. c., et dont voici les termes :

« Art. 73 C. proc. civ., *remplacé par celui-ci :* « Si celui qui » est assigné demeure hors de la France continentale, le dé- » lai sera :

» 1° Pour ceux qui demeurent en Corse, en Algérie, dans » les Iles Britanniques, en Italie, dans le royaume des Pays- » Bas et dans les États ou Confédérations limitrophes de la » France, d'*un mois;*

2° Pour ceux qui demeurent dans les autres États, soit de » l'Europe, soit du littoral de la Méditerranée et de celui de » la mer Noire, de *deux mois;*

» 3° Pour ceux qui demeurent hors de l'Europe, en deçà des » détroits de Malacca et de la Sonde, et en deçà du Cap-Horn, » de *cinq mois;*

» 4° Pour ceux qui demeurent au delà des détroits de Ma- » lacca et de la Sonde, et au delà du Cap-Horn, de *huit mois.*

» Les délais ci-dessus seront doublés pour les pays d'outre- » mer en cas de guerre maritime.

» Lorsqu'une assignation à une partie domiciliée hors de la » France sera donnée à sa personne en France, elle n'empor- » tera que les délais ordinaires, sauf au Tribunal à les pro- » longer, *s'il y a lieu.*

« Art. 1033, *remplacé par celui-ci :* « Le jour de la significa- » tion et celui de l'échéance ne sont point comptés dans » le délai général fixé pour les ajournements, les citations, » sommations, et autres actes faits à personne ou domi- » cile. — Ce délai sera augmenté d'un jour à raison de cinq » myriamètres de distance. — Il en sera de même de tous les » cas prévus, en matière civile et commerciale, lorsqu'en » vertu des lois, décrets ou ordonnances, il y a lieu d'aug- » menter un délai à raison des distances. — Les fractions de » moins de quatre myriamètres ne seront pas comptées; les

» fractions de quatre myriamètres et au-dessus auront le délai
» d'un jour entier. — Si le dernier jour du délai est un jour
» férié, le délai sera prolongé au lendemain. »

252. Les jours fériés sont, outre les dimanches : Noël, l'Ascension, l'Assomption et la Toussaint. — Le 1er janvier est considéré, par un avis du Conseil d'État du 20 mars 1810, comme fête légale, relativement aux effets de commerce qui échoient le 31 décembre.

253. Ne sera pas recevable l'appel des jugements mal à propos qualifiés en premier ressort, ou qui, étant en dernier ressort, n'auraient point été qualifiés.

254. Seront sujets à l'appel les jugements qualifiés en dernier ressort, s'ils ont statué, soit sur des questions de compétence, soit sur des matières dont le Juge de paix ne pouvait connaître qu'en premier ressort.

Néanmoins, si le Juge de paix s'est déclaré compétent, l'appel ne pourra être interjeté qu'après le jugement définitif.

(Art. 14, L. 25 mai 1838.)

255. *Pourvoi en Cassation.* — Les jugements rendus par les Juges de paix ne pourront être attaqués par la voie du recours en Cassation, que pour excès de pouvoir.

(L. 25 mai 1838, art. 5.)

Pourront être seuls attaqués, les jugements du Juge de paix rendus en dernier ressort.

256. *Excès de pouvoir.* — L'excès de pouvoir, c'est la transgression, de la part du Juge de paix, des limites dans lesquelles la loi a circonscrit son pouvoir. Ainsi, un Juge de paix excède ses pouvoirs lorsqu'il fait un acte non compris dans les attributions déléguées par la loi au pouvoir judiciaire.

M. Barthe, lors de la discussion de la loi du 25 mai 1838, disait :

« Les excès de pouvoirs consistent, non dans les actes par
» lesquels un Juge de paix aurait empiété sur les attributions
» d'une autre juridiction, mais dans ceux par lesquels il au-

» rait fait ce qui n'est permis à aucune juridiction établie; » par exemple, s'il avait disposé par voie réglementaire, fait » un règlement de police, taxé des denrées, défendu l'exécu- » tion d'une loi, d'un jugement, contrarié des mesures prises » par l'Administration. »

257. Le Juge de paix commet un excès de pouvoir, lorsqu'en matière possessoire il cumule le possessoire et le pétitoire; — lorsqu'en dehors de ses attributions, il condamne un huissier à l'amende.

258. Le délai pour se pourvoir en Cassation est de deux mois, à compter du jour où la signification de la décision, objet du pourvoi, aura été faite à personne ou à domicile.

259. A l'égard des jugements par défaut, ce délai ne courra qu'à compter du jour où l'opposition ne sera plus recevable.

(L. 2 mai et 3 juin 1862, art 1er.)

ENQUÊTE.

(C. proc. c. 34 et suiv.)

OBSERVATIONS.

260. L'enquête est la preuve par témoins des faits avancés par une partie et déniés par l'autre.

261. *Preuve testimoniale.* — D'après les articles 1343 et 1345, C. c., la preuve testimoniale n'est jamais admise pour un intérêt supérieur à 150 fr., et d'après l'article 1341, même au-dessous de ce chiffre, elle n'est jamais admissible contre et outre le contenu aux actes.

La crainte de la subornation des témoins d'une part, et d'un autre côté le désir d'empêcher la multiplicité des procès, tel est le double motif qui a fait admettre les règles que nous venons d'indiquer.

Toutefois, ces règles reçoivent exception dans trois cas :

1° Quand il existe un commencement de preuve par écrit.

(1347 C. c.)

2° Quand il a été impossible au réclamant de se procurer une preuve écrite;

(1348, C. c.)

3° Enfin, quand il s'agit de matières commerciales.

262. Dans les affaires en dernier ressort, les dépositions des témoins sont consignées dans le jugement.

(Art. 40, C. pro. c.)

Et dans les causes sujettes à l'appel, le Greffier dresse procès-verbal de l'audition des témoins.

(Art. 39, C. proc. c.)

Dans ce dernier cas, chaque témoin signe sa déposition, où mention est faite qu'il ne sait ou ne peut signer; le Juge et le Greffier signent également chaque déposition de témoins.

263. La clôture du procès-verbal est, en outre, signée par le Juge de paix et le Greffier seuls. Elle n'a pas besoin d'être signée par les parties en cause.

264. L'omission du procès-verbal pour les affaires en premier ressort constitue une nullité substantielle, que les Juges d'appel ne peuvent se dispenser de déclarer; les notes d'audience prises par le Greffier sur le plumitif ne peuvent y suppléer.

(Cass., 3 juin 1845. — V° *Journal du Palais*, t. II, de 1845, p. 51. — V° notre *Journal des Greffiers*, année 1874, p. 252.)

265. Les causes pour lesquelles un témoin peut être reproché en Justice de paix (art. 36, C. proc. c.) sont les mêmes que celles exprimées dans l'article 283, même Code.

(Carré et Chauveau, q. 160, Pigeau, p. 97, Biret, n° 510.)

Tout témoin reproché peut être entendu dans sa déposition, si le Juge de paix ne croit pas le reproche fondé, sauf à avoir ensuite, envers sa déposition, tel égard que de droit.

Les reproches, la réponse de la partie adverse et les explications du témoin doivent être signés par les parties et le témoin reproché dans les affaires en premier ressort; ces signatures ne sont pas utiles dans les affaires en dernier ressort.

266. L'enquête est faite à l'audience ou sur les lieux contentieux, soit en vertu d'un jugement du Juge de paix, soit en vertu d'une commission rogatoire;

(V° pour Commission rogatoire, n° 272.)

267. Dans le premier cas il n'est dû aucune indemnité au Greffier, si ce n'est le remboursement du papier timbré et de l'enregistrement ;

268. Dans le second, c'est-à-dire lorsque l'enquête est faite sur les lieux contentieux, il est dû au Juge un droit de transport calculé à raison de la distance (Ord. 6 décembre 1845), et au Greffier des vacations calculées d'après le tarif.

FORMULES.

Modèle d'une enquête en premier ressort.

269. L'an............

Nous, Juge de paix............

Dans l'instance introduite par le sieur...........demeurant à.......... contre le sieur..........demeurant à..........suivant exploit de.......... huissier, en date du............(enregistré), il a été rendu, ce jour, par nous, un jugement interlocutoire (non encore enregistré, mais qui le sera avant ou en même temps que les présentes), lequel permet au demandeur de prouver les faits articulés dans sa citation; la preuve contraire étant réservée au défendeur;

En conformité de ce jugement, nous avons, à la requête du sieur........... demandeur, et du consentement du sieur..... .....défendeur, procédé à l'audition de...........témoins amenés à l'amiable par le demandeur (ou cités suivant exploit de...........huissier, en date du............)

Le premier témoin interpellé a dit se nommer Jean Luc, âgé de vingt-six ans, demeurant à........rue........qu'il n'est ni parent, ni allié, ni serviteur, ni domestique d'aucune des parties. Aucun reproche n'ayant été fait contre ce témoin, il a fait le serment de dire la vérité, toute la vérité et rien que la vérité, et lecture faite des pièces du procès il a déposé en présence des parties et hors celle des autres témoins:

Que...........(transcrire la déposition du témoin).

C'est tout ce que le témoin a dit savoir, et lecture faite de sa déposition, il a déclaré y persister, n'avoir rien à y ajouter, ni à y retrancher, de ce enquis.

Sur l'interpellation faite au témoin s'il voulait être taxé, il a répondu affirmativement, et nous lui avons alloué trois francs,

Et il a signé sa déposition avec nous et le Greffier.

(Signatures.)

Le deuxième témoin interpellé a dit se nommer, etc. (comme au précédent témoin).

L'enquête étant terminée, nous l'avons close.

(Si le défendeur n'a pas de témoins à faire entendre, on clôturera le procès-verbal.) — Si au contraire, il y a une contre-enquête à faire, on continuera ainsi :

L'enquête étant terminée,

Nous avons, à la requête du sieur............ défendeur, et du consentement du sieur......... ..demandeur, procédé à l'audition de............. témoins amenés à l'amiable ou cités.......(le reste comme l'enquête ci dessus.)

Le défendeur ayant déclaré n'avoir pas d'autres témoins à faire entendre, nous avons clos ladite contre-enquête ;

Et, à l'effet d'entendre les parties dans leurs conclusions, nous les avons renvoyées à l'audience du............., où elles demeurent intimées de se trouver présentes.

De tout quoi, etc............

Si l'enquête se fait sur les lieux contentieux, le Greffier doit avoir soin d'indiquer les heures d'ouverture et de clôture du procès-verbal; mais cette mention n'est pas utile lorsque l'enquête a lieu à l'audience.

NOTA : Pour l'enquête faite dans les affaires en dernier ressort, voir *infrà*, n° 331.

Formule de reproches contre un témoin.

270. Avant la déposition du témoin qu'on veut reprocher, dire : Le défendeur a déclaré qu'il est en procès avec le sieur C......, (témoin) ; que dès lors il le reproche et s'oppose à son audition.

Et il a signé, (Signature.)

Le demandeur a répondu que............., et a signé.

(Signature.)

Le témoin interrogé a dit que..........., et a signé.

(Signature.)

Sur quoi, nous, Juge de paix, attendu que les faits allégués par le défendeur sont *ou* ne sont pas suffisamment établis, rejetons *ou* retenons le reproche, et ordonnons que le témoin sera *ou* ne sera pas entendu.

TAXE DES TÉMOINS.

271. Le témoin a droit : 1° à une indemnité pour le temps consacré à faire sa déposition ; et 2° à une indemnité de voyage dans certains cas.

Il y a à distinguer entre la taxe du témoin qui n'a pas de profession et celui qui en a une.

Le témoin qui n'a pas de profession a droit, indépendamment de l'indemnité de voyage, à une somme de 2 fr. quelle que soit la localité.

(T., art. 24, § 2)

Lorsque le témoin a une profession, le Juge de paix peut évaluer le prix de la journée de travail du témoin à une somme supérieure à celle de 2 fr.; mais, dans aucun cas, le *maximum* de 10 fr. par journée, fixé par l'article 167 du tarif, ne peut être dépassé.

(Conf. Dalloz, n° 314. — Bonnesœur, p. 15. — V° Chauveau et Godoffre, t. Ier, p. 214 et 215 : Commentaire sur les tarifs.)

Lorsque le témoin a été obligé de se faire remplacer dans sa profession pour venir déposer, le Juge de paix peut lui accorder une journée double.

(T., 16 février 1807, art. 24, § Ier)

L'indemnité de voyage que peut obtenir le témoin est calculée suivant la distance de son domicile au lieu de sa déposition.

Ainsi, lorsque le témoin est domicilié dans le canton où il est entendu, il ne lui est rien dû pour frais de transport.

(T., art. 24, § 3.)

Et lorsqu'il habite hors du canton et à une distance de plus de deux myriamètres et demi du lieu où il fait sa déposition, il lui est alloué autant de fois une somme double de la journée de travail, ou une somme de 4 fr., qu'il y a de fois cinq myriamètres de distance entre son domicile et le lieu où il fait sa déposition.

(T., art. 24, § 4.)

Ainsi, lorsque la distance est de vingt-cinq kilomètres, l'indemnité de transport est due, et elle augmente proportionnellement toutes les fois qu'il y a plus de cinquante ou de cent kilomètres.

(Ve Chauveau et Godoffre, p. 215, t. Ier : Commentaire des tarifs.)

La partie qui aura fait entendre plus de cinq témoins sur un même fait, ne pourra répéter les frais des autres dépositions.

(C. proc. c., art. 281.)

FORMULE.

Procès-verbal de constatation des lieux, par suite d'une commission rogatoire, et incident.

Ce procès-verbal pourra servir de modèle pour les divers cas qui pourront se présenter.

272. L'an..........

Par-devant............

S'est présenté sur les lieux contentieux, situés à............

Le sieur B.....

Lequel comparant nous a exposé :

Que, dans une instance par lui introduite contre le sieur C....., devant le Tribunal de première instance de............ce Tribunal a, le.............., rendu un jugement contradictoire, enregistré, dont voici le dispositif :

Le Tribunal, en réservant aux parties tous leurs droits, moyens et exceptions, ordonne que, par M. le Juge de paix du canton de............assisté d'un expert, qu'il nommera d'office, et dont il recevra le serment, il sera fait transport sur le domaine de............, à l'effet d'en constater l'état, etc.;

Que les dégradations que ledit sieur............, son fermier, a commises audit domaine et dont il se plaint, sont consignées dans la requête par lui présentée à M. le Président du Tribunal de............et consistent dans les faits suivants :

1°................; 2°......................; 3°.................

Que ledit jugement a été signifié à Me............ avoué, suivant exploit de............, en date du............(enregistré);

Que, par ordonnance par nous rendue le............, nous avons nommé le sieur............, en qualité d'expert dans lesdites opérations, serment par lui préalablement prêté en nos mains, et avons ordonné que nous nous transporterons le............, sur les lieux contentieux, sis à............, pour procéder, ainsi qu'il est dit audit jugement;

Que, par exploit, en date du............du ministère de............(enregistré), assignation a été donnée à M^e.........., avoué dudit sieur.......... et à ce dernier, ainsi qu'au sieur...........expert, d'avoir à se trouver et être présents à ces lieu, jour et heure, aux opérations ordonnées;

Que, dans ces circonstances, le comparant nous requiert de procéder aux opérations prescrites par ledit jugement;

Et, après lecture faite de la présente réquisition, le comparant a signé.

(Signature.)

S'est aussi présenté le sieur............défendeur, lequel nous a dit : qu'il consent à assister aux opérations dont il s'agit, sous toutes réserves de fait et de droit généralement quelconques, notamment de faire pendant le cours de ces opérations tous dires et réquisitions,

Et après lecture faite, il a signé.

(Signature)

S'est également présenté le sieur............expert, lequel nous ayant déclaré qu'il acceptait la mission que nous lui avons confiée par notre ordonnance du............, nous a juré par serment, en présence des parties, la main droite levée à Dieu, qu'il s'engageait à la remplir, en son âme et conscience, avec zèle et fidélité; et il a signé, après lecture.

(Signature.)

Ce fait, après avoir fait donner lecture des jugement, ordonnance, requête mentionnés dans la réquisition ci-dessus, et de cette réquisition, nous avons, en présence des parties et avec l'assistance du sieur....... ... expert, procédé aux opérations qui nous ont été confiées, ainsi qu'il suit :

Nous avons d'abord constaté que la propriété, objet du procès, est située au lieu de.. ...., commune de............; qu'elle consiste en........... et qu'elle confronte : du Levant à, etc.

Le sieur B..... nous a conduit le long d'une haie vive qui sépare une prairie du chemin qui la borde, au Nord. Il a appelé notre attention sur l'état de dégradation et le manque d'entretien de cette haie en plusieurs endroits, ainsi que sur des piquets plantés tant perpendiculairement qu'horizontalement dans plusieurs endroits de cette haie, où elle était ouverte, piquets et traverses qu'il prétend avoir été enfoncés et attachés depuis hier matin.

Le sieur B..... nous a ensuite amené le long d'un fossé qui sépare une pièce d'acacias du chemin de............., au-devant de la propriété; nous l'avons parcouru dans ce sens jusqu'à l'angle qu'il fait en tournant au Nord. Le sieur B..... a appelé notre attention, ainsi que celle de l'expert, sur les dégradations qu'il prétend exister dans le parcours dudit fossé et sur le manque d'entretien dont il se plaint.

Le sieur C.... a répondu que ce fossé a été récemment recuré et que les éboulements de terre qui se sont produits ne sont pas de son fait, mais bien de celui du bétail du sieur....... ...voisin;

Puis nous avons été conduits, etc............

L'expert a reconnu avec nous que la haie dont il est ci-avant mention, depuis son extrémité Levant jusque près des bâtiments, est dans un état convenable; que seulement il y a un certain nombre d'ouvertures qui s'y font remarquer et qui ont été évidemment faites par le passage du bétail; qu'il est vrai que ces ouvertures ont été interceptées par des piquets et des lattes mis en travers, mais que cette réparation paraît, pour la majeure partie, avoir été faite récemment, les osiers qui servent à lier les piquets et les lattes étant encore verts.

Cette haie paraît, d'ailleurs, avoir été taillée dans le courant de l'année, et quant à la sconde taille que le sieur B.....reproche au sieur C.....de n'avoir point encore faite, l'expert est de l'avis du sieur C....., qui prétend qu'il vaut mieux la faire à la fin du mois d'octobre, parce que la haie cesse de pousser à cette époque.

Nous avons ensuite demandé à l'expert son avis relativement à l'état du fossé. — Celui-ci nous a fait remarquer, et nous avons reconnu, qu'il y a négligence de la part du sieur C.....dans l'entretien dudit fossé, et que le recurage n'en a pas été fait cette année.

En cet endroit, le sieur C.....a déclaré qu'il se retirait, et après avoir donné défaut contre lui, nous avons procédé, en son absence, ainsi qu'il suit :

Le sieur B..... a appelé notre attention et celle de l'expert sur........ etc.

Quant à l'évaluation des frais auxquels pourrait s'élever la réparation des dégradations que nous venons de constater, nous l'avons portée, de l'avis de l'expert, à la somme de............

Tel est le résultat des opérations qui nous ont été confiées.

Il a été vaqué à ce qui précède jusqu'à..........

De tout quoi, etc.

Nota : Le Greffier doit *envoyer* la minute même de l'acte, fait sur commission rogatoire, et non pas une expédition de cet acte, au greffier du Tribunal qui a fait la délégation et qui doit juger l'affaire.

La loi ne s'expliquant pas sur le mode *d'envoi* de la minute, le Greffier doit employer la voie qui lui paraît la plus sûre et la moins coûteuse; la poste, par exemple, par lettre chargée, est un des moyens les plus sûrs; mais il ne doit pas se transporter lui-même au greffe du Tribunal pour en faire le dépôt. Les frais de ce transport sont considérés comme frustratoires et n'entrent pas en taxe.

Les Greffiers de paix ne peuvent pas percevoir, pour les actes en question, les droits accordés pour les mêmes actes aux Greffiers des Tribunaux desquels émanent les commissions rogatoires.

(Circ. minist. fin., 24 mars 1809.)

Et il ne leur est dû d'autres honoraires que ceux fixés par le tarif des Justices de paix.

Dans tous les cas, le Greffier doit être remboursé de ses avances par la partie requérante.

EXPERTISES.

OBSERVATIONS.

273. Lorsqu'il y aura lieu à rapport d'experts, il sera ordonné par un jugement, lequel énoncera clairement les motifs de l'expertise.

(302 C. proc. c.)

274. Dans les affaires en dernier ressort, il n'y a pas de rapport écrit : les experts font leur rapport à l'audience et prêtent serment avant ce rapport.

275. Dans les affaires en premier ressort, il doit y avoir un rapport écrit; ce rapport est fait sur timbre, enregistré et déposé au greffe de la Justice de paix. Mais avant de procéder à l'expertise, les experts doivent prêter serment, à moins qu'ils en aient été dispensés, devant le Juge de paix; et il en est dressé procès-verbal.

276. Ce procès-verbal de prestation de serment doit, aux termes de l'article 315 du C. de proc. c., contenir l'indication par les experts, du lieu et des jour et heure de leur opération. En cas de présence des parties à l'audience, cette indication vaudra sommation.

En cas d'absence, il sera fait sommation aux parties de se trouver aux jour et heure que les experts auront indiqués.

277. Il doit être remis aux experts expédition du jugement qui les a nommés, ainsi que les diverses pièces se rapportant à l'affaire.

278. Si un des experts ne sait écrire, ni signer, la rédaction du rapport doit être confiée au Greffier de la Justice de paix, qui doit, en même temps, signer le procès-verbal.

(Art. 317 C. proc. c.)

279. Les fonctions d'expert ne sont pas obligatoires; mais l'expert qui, après avoir prêté serment, ne remplira pas sa mission, pourra être condamné à tous les frais frustratoires, et même à des dommages-intérêts.

(Art. 316 C. proc. c.)

280. Les experts peuvent se présenter volontairement devant le Juge de paix pour prêter serment.

Dans le cas contraire, il est délivré cédule de citation pour les appeler.

281. L'expertise ne peut se faire que par trois experts, à moins que les parties ne consentent qu'il y soit procédé par un seul.

(Art. 303 C. proc. c.)

282. Dans le cas d'une expertise ordonnée *d'office* par les juges pour se procurer des renseignements, les Tribunaux peuvent ne nommer qu'un seul expert au lieu de trois, sans qu'il soit besoin, à cet égard, du consentement des parties; l'article 303 n'est applicable que lorsqu'il s'agit d'une expertise impérativement prescrite par la loi ou formellement demandée par les parties.

Cass., 16 avril 1855 (S. V. 57, 1, 100.) — 25 mai 1859 (D. p. 59, 1, 463.) — 15 juillet 1861 (P. 62, 1022).

Si les experts ne sont pas convenus par les parties, le jugement ordonnera qu'elles seront tenues d'en nommer dans les trois jours de la signification du jugement; si non, qu'il sera procédé à l'opération par les experts qui seront nommés d'office par le même jugement.

(Art. 305 C. proc. c.)

283. Dans le délai ci-dessus, les parties qui se seront accordées pour la nomination des experts en feront leur déclaration au greffe.

(Art. 306 C. proc. c.)

284. Il doit être, par le Greffier, dressé procès-verbal de cette déclaration de nomination d'experts.

285. Les greffiers peuvent se charger d'arpentages ou d'expertises volontaires *de la part des intéressés*, pourvu que le service du greffe n'en souffre pas; mais ces fonctionnaires ne peuvent être désignés par *le Tribunal* auquel ils appartiennent, comme arpenteurs ou experts, dans les affaires litigieuses qui lui sont soumises.

(Décis. minist. just., 12 août 1817.)

FORMULES.

Serment d'un expert.

286. L'an............

Par-devant............

S'est présenté :

Le sieur.....

Lequel comparant nous a exposé :

Que, par jugement rendu par nous le............(enregistré), entre le sieur B...... et le sieur D....., il a été nommé expert à l'effet de vérifier si les travaux exécutés par le sieur B....., sur la propriété du sieur D....., sont conformes aux règles de l'art, et si les prix par lui réclamés ne sont pas exagérés;

Que ce jugement a été signifié au comparant, suivant exploit (enregistré), de ....huissier, et qu'il a été, par le même exploit, sommé à se trouver à l'audience de ce jour, pour prêter serment avant l'expertise;

Que, le comparant, acceptant la mission qui lui a été confiée, se présente devant nous, à l'effet de prêter ledit serment; et il nous requiert de lui en donner acte;

Et après lecture, il a signé.

(Signature.)

Ont également comparu les sieurs B..... et D....., parties en cause;

Sur quoi, nous, Juge de paix susdit et soussigné,

Vu la réquisition ci-dessus et le jugement y mentionné,

Avons reçu du sieur......expert, le serment qu'il nous a fait en ces termes, la main droite levée à Dieu :

« Je jure de bien et fidèlement remplir la mission qui m'est confiée par le jugement sus-visé. » Dont acte.

Et aussitôt ledit expert a déclaré qu'il se transporterait sur les lieux le..... ....à......heures, pour commencer son opération.

De tout quoi, etc.............

Nota : S'il y avait trois experts, — après avoir mentionné

leur comparution et leurs dires, — arrivé au serment, on dirait :

Avons reçu desdits F....., G....., H....., le serment qu'ils nous ont individuellement fait en ces termes, la main droite levée à Dieu :

« Je jure......... » etc...........

Rapport d'experts.

287. Nous, 1° B. B........

2° J. L........

3° E. M........,

Nommés experts par M. le Juge de paix du canton de............, dans le différent existant entre M. P.......... et son prixfaiteur G........, à l'effet d'expertiser l'arrachage de deux pièces de vignes : l'une ayant contenu deux cents pieds et l'autre six cents, et, par suite, les guérets, pour y planter des barbots, en remplacement des pieds arrachés ;

Déclarons nous être rendus le jeudi dix-huit avril courant, sur la propriété du sieur P............., où, après nous être fait désigner par les parties les deux pièces objet du procès-verbal, nous avons procédé à divers sondages des guérets, alternativement sur les sillons et sur les rouilles ; ces sondages ont donné des variantes de vingt-deux centimètres à quarante centimètres pour la grande pièce, et, pour moyen guéret, trente-deux centimètres. — Pour la petite, nous avons constaté des variantes de huit centimètres à trente-sept centimètres, et pour moyen guéret, vingt-cinq centimètres.

Nous déclarons, en outre, que ce travail est impropre à y planter de nouvelles vignes, par la variété des guérets, lesquels n'ayant pas été suffisamment profonds, les pieds de vigne arrachés n'ont pu être extraits avec toutes leurs racines.

De tout quoi, nous avons dressé procès-verbal, que nous avons signé après avoir employé trois vacations à l'opération.

Fait à..........., le...........

(Signatures.)

Modèle d'intitulé et de clôture de jugement.

288. L'intitulé se met en tête de la feuille d'audience et sert à tous les jugements qui y sont portés ; il peut être conçu en ces termes :

« Le Tribunal de la Justice de paix du canton de............, dans son audience publique, en date du..........., tenue à l'heure de..........., en son prétoire, sis à..........., sous la présidence de M........, Juge de paix, assisté de Me........ , Greffier de ladite Justice de paix, a rendu le jugement suivant : »

Et la clôture est celle-ci :

« Ainsi jugé et prononcé, à............., en audience publique, les jour, mois et an que dessus. »

(Signatures du Juge et du Greffier.)

Modèle d'annexe et de mention de procuration.

289. Lorsque les parties sont représentées par des mandataires, on dit :

Entre A.... demandeur, comparant par X......, aux termes d'une procuration sous-signature privée, en date à ....du........... (enregistrée à..........., le..........., f°............, par............., qui a perçu pour droits...........); laquelle procuration est demeurée ci-annexée après avoir été contre-signée pour ne varier, par X......, ainsi que par nous et le Greffier.

Ou si la procuration a été passée devant notaire, on dit :

Aux termes d'une procuration passée devant Me......, notaire à.........., le...........(enregistrée), dont l'expédition nous a été représentée ou dont le brevet original est demeuré ci-annexé, après avoir été contre-signé, pour ne varier, par X......, ainsi que par nous et le Greffier, *d'une part*,

Et le sieur B.,......, défendeur, comparant par Z......., aux termes d'une procuration (le reste comme ci-dessus),..........*d'autre part*.

Formule exécutoire de grosse de jugement.

290. RÉPUBLIQUE FRANÇAISE

AU NOM DU PEUPLE FRANÇAIS,

....

En conséquence, le Président de la République française mande et ordonne à tous Huissiers, sur ce requis, de mettre ledit jugement à exécution ;

Aux Procureurs généraux et aux Procureurs de la République près les Tribunaux de première instance, d'y tenir la main ;

A tous Commandants et Officiers de la force publique, de prêter main forte lorsqu'ils en seront légalement requis.

En foi de quoi, le présent jugement a été signé à la minute par le Juge de paix et par le Greffier.

EXÉCUTOIRE

Pour le remboursement des avances de timbre et d'enregistrement faites par le Greffier.

OBSERVATIONS ET FORMULE.

291. Les Greffiers qui auront fait, pour les parties, l'avance des droits de timbre et d'enregistrement, pourront prendre exécutoire du Juge de paix de leur canton pour leur remboursement. — L'opposition qui serait formée contre cet exécutoire, ainsi que toutes les contestations qui s'élèveraient à cet égard, seront jugées conformément aux dispositions relatives aux instances poursuivies au nom de la nation.

(L. 22 frim. an VII, art. 30.)

L'introduction et l'instruction des instances ont lieu devant les Tribunaux civils de l'arrondissement. L'instruction se fait par simples mémoires respectivement signifiés. — Il n'y a d'autres frais à supporter par la partie qui succombe que ceux du papier timbré, des significations et du droit d'enregistrement des jugements.

(L. 22 frim. an VII, art. 65.)

FORMULE.

Modèle d'exécutoire.

État des frais de timbre et d'enregistrement faits devant la Justice de paix du canton de............., à la requête du sieur............., contre le sieur............

Jugement rendu le............

Timbre...............F.	»	»
Enregistrement..........	»	»
Répertoire..............	»	»
Total......F.	»	»

Nous,............Juge de paix du canton de............, taxons les déboursés qui sont dus à Me............, Greffier de notre Justice de paix, dans l'instance introduite par............, contre............, à la somme de............, et avons, en exécution de l'article 30 de la loi du 22 frimaire, an VII, délivré audit Me..........contre les sieurs............, exécutoire à fin de paiement de ladite somme de............, montant des avances des droits de timbre et d'enregistrement, dont le détail est ci-dessus ; à faire lequel paiement lesdits sieurs............seront contraints par toutes les voies de droit.

Fait en notre cabinet, à............, le............

(Signatures du Juge de paix et du commis-greffier.)

SECTION IV.

JUGEMENTS PRÉPARATOIRES & INTERLOCUTOIRES

OBSERVATIONS - FORMULES.

SOMMAIRE.

OBSERVATIONS.

292. Sont réputés *préparatoires*, les jugements qui ont pour objet de régler la marche de l'instruction, et qui tendent à mettre le procès en état de recevoir jugement définitif.
(Art. 452 C. proc. c.)

Ainsi, sont *préparatoires* les jugements qui ordonnent un sursis, la mise en cause d'un garant, la comparution personnelle des parties, la communication de pièces, etc.

293. Sont réputés *interlocutoires*, les jugements qui ordonnent une opération pour obtenir des éclaircissements sur le fond de la cause, opération qui préjuge le fond.

(Art. 452, § 2 C. proc. c.)

Ainsi, sont *interlocutoires* les jugements qui ordonnent une expertise, une visite de lieux, un serment, une enquête, une vérification de papiers, mémoires, quittances, etc.

294. L'appel d'un jugement préparatoire ne pourra être interjeté qu'après le jugement définitif.

(Art. 451 C. proc. c.)

295. Il ne pourra, par suite, être expédié qu'à fin d'instance.

296. L'appel d'un jugement interlocutoire pourra être interjeté avant le jugement définitif.

(Art. 451, § 2 C. proc. c.)

297. L'expédition de ce jugement devra avoir lieu lorsqu'elle sera requise.

298. *Péremption.* — Une instance en Justice de paix, dans laquelle est intervenu un jugement interlocutoire, est périmée de droit si, dans les quatre mois du jour du jugement interlocutoire, la cause n'a pas été jugée définitivement.

(Art. 15 C. proc. c.)

A moins que l'instance ne soit suspendue jusqu'après jugement prononcé par un autre Tribunal.

Il n'en est pas de même pour les jugements préparatoires : l'instance n'est point périmée par le laps de quatre mois écoulés depuis un jugement qui a ordonné une mesure préparatoire, sans préjuger le fond.

Cass., 31 août 1813. (S. 14, 1, 61).

D'où l'importance de bien distinguer le jugement interlocutoire du jugement préparatoire.

299. Tout jugement en dernier ressort, rendu par le Juge de paix, en vertu d'un jugement interlocutoire périmé, *est susceptible d'appel.*

FORMULES
DE JUGEMENTS PRÉPARATOIRES ET INTERLOCUTOIRES.

1° Jugements préparatoires.

Jugement de simple remise.

300. Entre le sieur (nom, prénoms, profession et demeure), demandeur, comparant en personne, *d'une part ;*

Et le sieur (mêmes indications), défendeur, comparant aussi en personne, *d'autre part,*

Le Tribunal continue la cause à l'audience du.........., intime les parties de s'y trouver présentes.

Ainsi jugé, etc.

Jugement préparatoire qui ordonne, avant faire droit, que les pièces seront timbrées et enregistrées.

301. Entre le sieur A. B..... propriétaire, sans profession, demeurant à........, rue......., n°......., demandeur, comparant en personne, *d'une part ;*

Et le sieur C. D....., maçon, demeurant à......., rue........, n°........, défendeur, comparant aussi en personne, *d'autre part.*

Faits : Par exploit de........, huissier à........., en date du........, enregistré, le demandeur a fait citer le défendeur pour l'audience du......., et devant le présent Tribunal pour, est-il dit dans cet exploit (transcrire les conclusions de la citation) (1).

La cause, en cet état, appelée à l'audience de ce jour, les parties ont comparu en personne, et lecture faite de l'exploit introductif d'instance, elles ont fait valoir leurs moyens respectifs de défense et pris les conclusions suivantes :

---

(1) Dans certaines justices de paix on se contente de relater le chiffre de la demande en ces termes : S'entendre condamner à payer : *tant pour tel motif*, avec dépens ; — et lorsqu'il y a lieu à expédition, à la place de cette mention sommaire, le Greffier transcrit littéralement dans l'expédition les conclusions de la citation.

Le demandeur a conclu à ce qu'il plut au Tribunal lui allouer le bénéfice des conclusions par lui prises dans son dit exploit ci-avant relaté ;

Le défendeur, de son côté, a répondu qu'il a payé au demandeur la somme que ce dernier lui réclame, ainsi que cela résulte de (indiquer les pièces produites par le défendeur, *lesquelles ne sont pas enregistrées*).

En conséquence, il a conclu à ce qu'il plut au Tribunal le relaxer sans dépens de la demande formée contre lui.

POINT DE DROIT : Le Tribunal, avant de statuer au fond, ne doit-il pas ordonner que les pièces produites par le défendeur seront timbrées et enregistrées ?

Ouï les parties dans leurs conclusions ;

Attendu que le défendeur produit un acte sous seing privé ou un mémoire ou une lettre qui ne sont ni timbrés ni enregistrés ;

Considérant que de telles pièces ne sauraient être visées dans un jugement sans avoir été, au préalable, soumises aux formalités de timbre et d'enregistrement ;

Considérant, cependant, que c'est de leur examen que doit résulter la décision de la cause,

Par ces motifs : Le Tribunal, avant faire droit et sans rien préjuger, ordonne que le dit sieur C. D..... sera tenu de faire timbrer et enregistrer les pièces dont il s'agit ; et afin de remplir ces formalités, renvoie la cause à l'audience du......., pour, sur la production desdites pièces, revêtues des formes légales, ou, en cas de non production, être requis par les parties et statué par le Tribunal ce qu'il appartiendra ;

Réserve, en fin de cause, les dépens.

Ainsi jugé, etc.

OBSERVATIONS : Si, au contraire, le jugement ordonne que les pièces seront timbrées et enregistrées par les soins du Greffier, dépôt des pièces est fait entre les mains de cet officier ministériel, qui dresse acte de ce dépôt.

(L. 22 frimaire an VII, art. 43, v° *infrà*, n° 824.)

Jugement préparatoire qui ordonne de mettre garant en cause.

(Art. 32 C. proc. c.)

302. Entre....... etc., etc.....

POINT DE FAIT : (Conclusions de la citation.)

La cause, en cet état...... Le demandeur a conclu......... (Comme à la formule *suprà* n° 301.)

Le défendeur a répondu qu'il a, il est vrai, garanti au demandeur le paiement de la somme de........, que lui doit le sieur X...., pour prix de........, mais qu'ayant intérêt à mettre ce dernier en cause, afin de le faire condamner à le garantir et le relever indemne des condamnations qui pourront être prononcées contre lui, il conclut à ce qu'il plaise au Tribunal renvoyer la cause à quinzaine, pour lui permettre de faire ladite mise en cause.

Le demandeur, de son côté, a ajouté qu'il ne s'opposait nullement à ce que ledit sieur X..... soit mis en cause par le défendeur.

POINT DE DROIT, etc.....

....

Attendu qu'aux termes de l'article 32 du Code de procédure civile, le défendeur peut, au jour de la première comparution, demander de mettre son garant en cause ;

Attendu que le Tribunal ne saurait dans ce cas, lui refuser ce moyen que la loi met à sa disposition, soit pour faire rejeter la demande principale, soit pour obtenir son recours contre ledit sieur X....., son garant,

Par ces motifs : le Tribunal, avant faire droit sur la demande principale, tous droits étant réservés, autorise le défendeur à mettre en cause le sieur X....., qu'il dit être son garant; et afin de faire ladite mise en cause, renvoie l'affaire à l'audience du....., à laquelle les parties sont intimées de se trouver présentes ;

Réserve, en fin de cause, les dépens.

Ainsi jugé, etc.

Jugement préparatoire ordonnant la comparution personnelle du demandeur.

303. Entre le sieur A....., demandeur, comparant par le sieur X....., aux termes d'une procuration........., etc. (vo n. 289, annexe de procuration) ;

Et le sieur............

POINT DE FAIT : (Conclusions de la citation).

....

La cause, en cet état,........ le demandeur a conclu (Comme à la formule *suprà* no 301).

Le défendeur a répondu qu'il a payé au demandeur la somme qui lui est réclamée, et qu'il est persuadé que ce dernier ne déniera pas, en sa présence, le paiement qui lui a été fait.

En conséquence, il demande à ce qu'il plaise au Tribunal ordonner la comparution personnelle du demandeur.

POINT DE DROIT, etc........

Attendu que le défendeur ne possède aucune preuve établissant sa prétendue libération, et qu'il s'en réfère à la parole du demandeur;

Attendu, dans l'espèce, que ce moyen de justification ne saurait être refusé au défendeur;

Par ces motifs : Le Tribunal, avant de statuer au fond, tous droits et moyens des parties demeurant expressément réservés, ordonne que le demandeur comparaîtra en personne à notre audience du............ pour fournir des explications sur les faits qui ont motivé sa demande; pour, sur son affirmation, être statué ce que de droit; dépens réservés en fin de cause.

Ainsi jugé, etc.

2° *Jugements interlocutoires.*

Jugement interlocutoire qui rejette une exception de nullité et ordonne de défendre au fond.

304. Entre..........., etc. (v° *suprà* formule 303);

Et............, etc.

....

Faits. (Conclusions de la citation.)

....

La cause, en cet état, etc.

....

Le demandeur a conclu, etc.

Le défendeur a répondu que la citation qui lui a été donnée est nulle, parce que (établir la cause de la nullité).

Point de droit :

Parties ouïes;

Attendu que les nullités de forme sont de rigueur; qu'elles ne peuvent se suppléer, et que pour être admises il faut que la loi les prononce textuellement (art. 1029, 1030, C. proc. civ.,) ce qui ne se rencontre pas dans l'espèce;

Attendu, en effet, que.........(Indiquer le motif particulier à l'affaire).

Par ces motifs : Le Tribunal, sans s'arrêter à l'exception de nullité soulevée par le défendeur, et dont il est débouté, ordonne qu'il défendra au fond, à l'audience d'aujourd'hui (ou à l'audience du..........), et faute par lui de ce faire, il sera statué ce qu'il appartiendra; dépens réservés en fin de cause.

Ainsi jugé, etc.

Jugement interlocutoire sur une délation de serment décisoire.

(Art. 1358 C. c.)

305. Entre ...., etc.....

Point de fait : (Conclusions de la citation.)

La cause, en cet état, etc.,

Le demandeur a conclu, etc.

Le défendeur a répondu avoir payé, en présence de témoins, au demandeur la somme que ce dernier lui réclame, mais, attendu qu'aux termes de la loi, la preuve n'est pas admissible lorsque le chiffre de la demande est supérieur à cent cinquante francs, il a déclaré qu'il entend déférer le serment *litis* décisoire au demandeur.

POINT DE DROIT, etc.. ...

....

Attendu que le défendeur affirme avoir payé, le........., en présence de témoins, au demandeur la somme de cent quatre-vingts francs qu'il devait à ce dernier;

Attendu que les témoins du paiement d'une somme supérieure à cent cinquante francs ne peuvent, aux termes de la loi, être entendus en justice et servir à établir la preuve d'un paiement de cette importance;

Que, dans cette situation, il y a lieu, aux termes de l'article 1360 du Code civil, d'accorder au défendeur, comme dernier moyen de prouver sa libération, de déférer le serment au demandeur sur cette prétendue libération;

Par ces motifs : le Tribunal, avant de statuer au fond, tous droits étant réservés, ordonne que le demandeur sera tenu de prêter serment sur le point de savoir s'il a, le........, reçu du défendeur la somme de cent quatre-vingts francs, objet du procès; — renvoie à l'audience du........ pour recevoir ledit serment et statuer ensuite ce qu'il appartiendra;

Réserve, en fin de cause, les dépens.

Ainsi jugé et prononcé, etc.

Celui auquel le serment est déféré, qui le refuse ou ne consent pas à le référer à son adversaire, ou l'adversaire à qui il a été référé et qui se refuse à le prêter, doit succomber dans sa demande ou dans son exception.

(Art. 1361 C. c.)

Jugement sur une délation de serment supplétif

(Art. 1366 et suiv. C. c.)

306. Lorsque la demande n'est pas totalement dénuée de preuves, le juge peut déférer le serment supplétif à l'une des parties.

Entre etc. (v° *suprà* formule 303).

POINT DE FAIT : (Conclusions de la citation : Demande en paiement d'une somme de 150 francs pour fournitures de chaussures).

La cause, en cet état, etc.,

Le demandeur a conclu, etc.

Le défendeur a répondu que les fournitures dont le prix lui est réclamé lui ont été faites, il y a environ deux ans ; qu'il les a payées, il y a plus d'un an ; en conséquence, il déclare se retrancher derrière les dispositions de l'article 2272, § 3, Code civil, et opposer la prescription, offrant d'appuyer son allégation par serment.

En conséquence, il a conclu à ce que le Tribunal le relaxe sans dépens de la demande formée contre lui.

Le demendeur, de son côté, a déclaré que le paiement ci-dessus allégué ne lui a point été fait ; et, à l'appui de son dire, il a représenté au Tribunal : 1° son livre de commerce, sur lequel se trouve inscrite la note détaillée des fournitures qui ont été faites au défendeur, sans aucune mention de paiement ; 2° une lettre que lui a écrite le défendeur, le........ (laquelle a été dûment timbrée et enregistrée), et par laquelle ce dernier sollicite des délais pour se libérer de la susdite somme de 150 francs.

En conséquence, il a déclaré persister dans sa demande.

POINT DE DROIT : Le Tribunal doit-il relaxer le défendeur de la demande formée contre lui ? Ne doit-il pas, au contraire, en présence des documents produits par le demandeur, déférer d'office à ce dernier le serment supplétif ?

Attendu que le défendeur reconnaît que les fournitures dont le prix fait l'objet du procès lui ont été faites ;

Attendu qu'il ne rapporte pas la preuve de sa libération, preuve qu'il est tenu de faire conformément aux dispositions de l'article 1315 du Code civil ;

Attendu cependant que la prescription peut être opposée dans le cas qui nous occupe, en conformité des dispositions de l'article 2272, § 3, sus-visé;

Mais, attendu qu'il résulte d'une lettre produite par le demandeur et écrite, il y a dix mois par le défendeur, par laquelle ce dernier sollicite des délais pour se libérer de ladite somme;

Qu'il suit de là que la réclamation du demandeur n'est pas totalement dénuée de preuves; que la prescription opposée par le défendeur ne saurait être accueillie, et qu'il y a, au contraire, lieu de déférer au demandeur le serment pour en faire dépendre la décision de la cause, conformément aux dispositions des articles 1366 et 1367 du Code civil;

Par ces motifs : Le Tribunal défère d'office à................, demandeur, le serment sur le point de savoir s'il n'a pas reçu du défendeur les 150 francs, montant des fournitures dont s'agit;

Et, à l'instant, ledit sieur.........., demandeur, a, la main droite levée à Dieu, juré, en présence du défendeur, qu'il n'a pas reçu la somme de 150 francs, objet du procès.

En conséquence, le Tribunal, faisant droit aux parties et jugeant en premier ressort, donne au demandeur acte du serment par lui prêté, et par suite, con-

condamne le sieur............, défendeur, à payer au demandeur la somme de 150 fr. qu'il lui doit pour fournitures de chaussures que ce dernier lui a faites.

Le condamne, en outre, aux intérêts et aux dépens; ces derniers liquidés à........., etc.

Jugement interlocutoire par défaut contre un défendeur, ordonnant néanmoins la vérification de la demande.

307. Entre............., etc.,

Et...........etc.

POINT DE FAIT : (Conclusions de la citation.)

La cause, en cet état, etc........

Le demandeur a conclu à ce qu'il plût au Tribunal lui allouer le bénéfice des conclusions par lui prises dans sondit exploit ci-avant relaté; subsidiairement, et dans le cas où le Tribunal ne croirait pas devoir statuer ainsi, lui permettre de prouver par témoins, dans la forme ordinaire des enquêtes, les faits articulés dans sa demande.

POINT DE DROIT : Le Tribunal doit-il donner défaut contre le défendeur ?

Et, avant faire droit, ne doit-il pas ordonner que le demandeur fera la preuve par lui offerte ?

Quid quant aux dépens ?

Ouï le demandeur;

Attendu que le défendeur ne se présente pas, ce qui donne lieu de supposer qu'il s'en remet à la sagesse du Tribunal;

Attendu que les termes et les motifs de la demande sont dépourvus de justification et même vagues;

Attendu que le premier devoir des magistrats est de n'admettre que les demandes justifiées; de les rejeter autrement *ipso jure*;

Attendu cependant qu'il doit être laissé au demandeur le temps et les moyens de prouver son action;

Par ces motifs : Le Tribunal, faisant droit aux parties et jugeant en dernier ressort, donne défaut contre le défendeur, faute par lui de comparaître, et pour le profit, avant faire droit et sans rien préjuger, ordonne que le demandeur justifiera sa demande, soit par écrit, soit par témoins (1) à l'audience du.....; sinon, sera fait droit; dépens réservés.

Ainsi jugé et prononcé,...........

P.-S. Ce jugement doit être expédié, parce qu'il n'est pas prononcé, en présence des deux parties; il est signifié au

---

(1) La preuve par témoins n'est pas admissible lorsque la demande excède 150 francs (art. 1341 C. c.)

défendeur au moins vingt-quatre heures franches avant l'audience indiquée, avec sommation d'avoir à assister à la preuve que le demandeur est autorisé à faire.

Si le défendeur comparaît à la seconde audience, alors la cause est jugée contradictoirement, et on suit la formule *infrà* n° 344.

Jugement interlocutoire qui donne défaut contre le défendeur et ordonne une visite des lieux avec enquête.

308. Entre.........., etc...., (vo *suprà* formule 303, jusqu'après le *Point de droit*).

....

Attendu que le défendeur a été régulièrement cité; que s'il ne se présente pas, cela doit porter à croire qu'il s'en remet à la sagesse du Tribunal;

Attendu que la demande de A....., ne se trouve pas, quant à présent, suffisamment justifiée, et que la vue des lieux litigieux est utile pour éclairer la religion du Tribunal sur le mérite de la demande de ce dernier;

Par ces motifs, le Tribunal, faisant droit aux parties et jugeant en .... ressort, donne défaut contre B......, défendeur, faute par lui de comparaître en personne ou par fondé de pouvoir; et pour le profit, avant faire droit au fond, ordonne que le....... à......... heures, il se transportera sur les lieux contentieux, situés à.........., à l'effet de vérifier et constater :

1°..............; 2°..............; 3°..............

Permet à A... ...., de prouver, par témoins, en la forme ordinaire des enquêtes, à la vue des lieux contentieux, les faits articulés dans sa demande;

Réserve au défendeur le droit de faire une contre-enquête, s'il le juge convenable, et réserve, en fin de cause, les dépens;

Commet X....., huissier-audiencier de cette Justice de paix, pour signifier le présent jugement au défailllant.

Ainsi jugé, etc.

Jugement interlocutoire, contradictoire, ordonnant la visite des lieux avec expert et enquête.

309. Entre A......,

Et B.....,

POINT DE FAIT : (Conclusions de la citation.)

La cause, en cet état...........

....

Le demandeur a conclu à ce qu'il plût au Tribunal lui allouer le bénéfice des conclusions par lui prises dans sondit exploit ci-avant relaté, subsidiairement, et dans le cas où il ne croirait pas devoir statuer ainsi, lui permettre de prouver par témoins, à la vue des lieux contentieux, les faits articulés dans sa demande.

Le défendeur, de son côté, a nié les faits allégués par le demandeur; il a, par suite, conclu à être relaxé sans dépens de la demande formée contre lui; et subsidiairement, dans le cas où le Tribunal ne croirait pas devoir faire droit à sa demande, il a déclaré ne pas s'opposer à ce que le demandeur fasse, à la vue desdits lieux contentieux, la preuve des faits ci-avant relatés, faisant à cet égard toutes réserves de droit, notamment celle de faire une contre-enquête, s'il y a lieu.

POINT DE DROIT : Le Tribunal ne doit-il pas, avant de statuer au fond, ordonner la preuve des faits qui ont motivé le procès?

Attendu que les parties sont contraires en faits; que les allégations du demandeur sont de nature à être prouvées par témoins; — que cette preuve est offerte, et que la visite des lieux paraît nécessaire;

Par ces motifs, le Tribunal, faisant droit aux parties et jugeant en premier ressort, tous droits, moyens et exceptions des parties leur demeurant expressément réservés, ordonne qu'il se transportera, le..............., sur les lieux contentieux, situés à............, pour en constater l'état et faire toutes autres constatations utiles; nomme pour expert, à l'effet de l'assister dans cette opération, le sieur........, lequel, après serment (ou dispensé de serment du consentement des parties), donnera son avis et fera son rapport;

Autorise le demandeur à prouver par témoins sur les lieux contentieux, que ....(articuler les faits);

Réserve au défendeur la preuve contraire;

Intime les partis à se trouver sur les lieux contentieux aux jour et heure ci-avant fixés.

Ainsi jugé, etc.

SECTION V.

JUGEMENTS PAR DÉFAUT

OBSERVATIONS - FORMULES

SOMMAIRE :

OBSERVATIONS.

310. Le jugement qui est rendu en l'absence de l'une des deux parties, se nomme jugement *par défaut*.

311. Si, au jour indiqué par la citation, le demandeur ne se présente pas, on prononcera contre lui un jugement de *défaut-congé*.

312. Si c'est le défendeur qui ne comparaît pas, le Juge prononce défaut, adjuge au demandeur ses conclusions, si elles sont justifiées, et, dans le cas contraire, doit en ordonner la preuve.

313. Si le défendeur comparant refuse de se défendre au fond, le jugement rendu contre lui est par défaut.

(Trib. de Crinon (Nièvre), du 25 mai 1852. — S. 32, 2, 230.)

314. Lorsqu'à une première audience, les parties ont comparu et pris respectivement leurs conclusions, le jugement rendu, en l'absence de l'une des parties, a le caractère contradictoire.

315. Le Juge de paix peut rabattre le défaut, si le défaillant se présente avant la fin de l'audience.

(Metz, 13 octobre 1845.)

316. Le jugement par défaut doit être signifié par un huissier commis.

(156, C. proc. civ.)

317. La signification d'un jugement par défaut faite par un autre huissier que celui commis ne fait pas courir le délai d'opposition.

318. En cas d'urgence, le Juge de paix peut ordonner l'exécution de son jugement aussitôt après la signification faite, et sans attendre l'expiration du délai de l'opposition; bien plus, s'il y a péril en la demeure, le Juge de paix peut encore ordonner que l'exécution aura lieu nonobstant opposition avec ou sans caution, suivant les circonstances.

(Art. 155, C. proc. c.)

319. *Péremption.* — L'article 56 du C. proc. c., qui déclare périmés les jugements par défaut des Tribunaux civils, faute d'exécution dans les six mois de leur obtention, n'est pas applicable aux jugements par défaut des Justices de paix, auxquels on ne peut former opposition que dans les trois jours de la signification, d'après l'article 20, C. proc. c., tandis que, d'après l'article 158 du même Code, on peut former opposition aux premiers, tant qu'ils ne sont pas exécutés.

(Cass., 13 septembre 1809. — S. 9, 1, 410.)

Jugement par défaut lorsque deux parties sont citées, que l'une d'elles comparaît et que l'autre fait défaut.

320. Dans le cas ci-dessus, y a-t-il lieu d'appliquer en Justice de paix l'article 153 du C. de proc. c., qui décide que le profit du défaut sera joint, que le jugement de jonction sera signifié, et que la partie défaillante sera citée de nouveau, pour être ensuite statué par un seul jugement, qui ne sera pas susceptible d'opposition?

La doctrine est partagée sur cette question;

Pour l'affirmative :

(V° Dumoulin, *Bibl. du barreau,* 1810, p. 92 et 228; Carré, 9, 86 (cet auteur avait été d'un avis opposé); Lepage, p. 81; Chauveau, *loc. cit.*; Caron, *Jurid. des Juges de paix*, n° 658; le journal *le Juge-de-Paix*, t. III, p. 201.)

Pour la négative :

(V° Thomine, n° 41; Pigeau, *Comm.* p. 38; Boitard, t. II, p. 412; Rodières t. II, p. 301; Renard, *Man. de proc.*, p. 114, à la note; Biret, n° 467; Leignadier, *Encyclopédie des Juges de paix*, V° Jugement, p. 17; Bioche, V° Juges de paix, n° 513; Toussaint sur Levasseur, *Manuel des Juges de paix*, p. 144; Millet, *Bornage*, p. 520; Coin-Delisle, journal *le Juge-de-Paix*, t. IV, p. 169.)

En présence de ces divergences d'opinions, dont la plupart font autorité, le Juge de paix pourra s'approprier la manière de procéder qui lui paraîtra le plus convenable.

Pour nous, nous pensons qu'il est préférable de procéder d'après les prescriptions de l'article 153, du C. proc. c. en question, par les raisons que voici :

Nous voyons un inconvénient grave lorsque deux parties sont en cause pour le même fait, que l'une soit jugée par défaut et que l'autre le soit contradictoirement; car il peut arriver que la partie comparante soit *condamnée,* et que la partie défaillante soit, sur opposition, acquittée, ou *vice versa.*

Il y aurait alors, pour le même fait et dans la même cause, un innocent et un coupable, alors qu'il devrait y avoir deux innocents ou deux coupables.

L'appel ou le pourvoi en cassation restent, il est vrai, à la disposition des plaideurs; mais ces moyens (dont on ne peut même pas toujours user), occasionnent des frais fort onéreux qui auraient été évités, si le Juge de paix s'était borné à ordonner la réassignation du défaillant; car, dans ce cas, le jugement qui est prononcé n'est pas susceptible d'opposition et équivaut à un jugement contradictoire; les parties sont ainsi placées dans la même situation, et aucune d'elles n'a à récriminer.

Nous devons cependant reconnaître que cette manière de procéder conduit à remplir certaines formes de procédure dont le législateur de la loi du 25 mai 1838 a cherché à débarrasser la Justice de paix; mais, en présence des avantages que nous lui reconnaissons, nous donnons des formules de jugements pour les deux cas.

(V. nᵒˢ 327 et 328.)

FORMULES.

Jugement par défaut contre le défendeur non comparant.

(Art. 19 C. proc. c.)

321. Entre........., etc........,

Et..............., etc. ....

FAITS : Par exploit de.........., huissier à......... .. en date du........ enregistré, le demandeur a fait citer le..........., défendeur, pour l'audience du.............., et devant le présent Tribunal pour, est-il dit dans cet exploit: (Transcrire les conclusions de la citation.)

La cause, en cet état, appelée à l'audience de cejourd'hui, le demandeur a comparu, mais le défendeur a fait défaut.

Il a été donné lecture des pièces du procès.

Le demandeur a conclu à ce qu'il plût au Tribunal donner défaut contre le défendeur, faute par lui de comparaître en personne ou par fondé de pouvoirs, et, pour le profit, lui allouer le bénéfice des conclusions par lui prises dans sondit exploit ci-avant relaté.

POINT DE DROIT : Le Tribunal doit-il donner défaut contre le défendeur?

Et, dans le cas de l'affirmative, doit-il allouer au demandeur les conclusions par lui prises? — *Quid* quant aux dépens?

Ouï le demandeur dans ses explications et conclusions;

Attendu que le défendeur a été régulièrement cité; — que, s'il ne se présente pas, cela doit porter à croire qu'il reconnaît la légitimité de la demande formée contre lui;

Attendu que l'action intentée par le demandeur a paru fondée au Tribunal, d'après l'examen qu'il en a fait;

Attendu qu'il y a lieu dans ces circonstances, en donnant défaut contre le défendeur, d'allouer au demandeur les conclusions par lui prises;

Attendu que la partie qui succombe doit être condamnée aux dépens,

Par ces motifs, le Tribunal, faisant droit aux parties, et jugeant en........ ressort, donne défaut contre ...., faute par lui de comparaître en personne ou par fondé de pouvoirs, et pour le profit, le condamne à payer à...... la somme de........, qu'il lui doit pour.........

Le condamne, en outre, aux intérêts de ladite somme à compter du jour de la demande, et en tous les dépens; lesdits dépens liquidés à la somme de......, dans lesquels ne sont pas compris les frais de timbre, d'enregistrement, d'expédition et de signification du présent jugement, lesquels demeurent également à sa charge;

Commet... . ..., huissier-audiencier de cette Justice de paix, pour signifier le présent jugement au défaillant.

Ainsi jugé et prononcé, en audience publique, les jour, mois et an que dessus.

Jugement de défaut-congé contre le demandeur non comparant.

(Art. 19, C. proc. c.)

322. Entre le sieur Jean A........, marchand, demeurant à.........., demandeur, défaillant, *d'une part*,

Et le sieur Louis B......., propriétaire, sans profession, demeurant à.... , comparant en personne, *d'autre part ;*

Faits : (Conclusions de la citation.)

La cause, en cet état, appelée à l'audience d'aujourd'hui, le défendeur a comparu, mais le demandeur a fait défaut.

Il a été donné lecture de l'exploit introductif d'instance.

Le défendeur a fait connaître qu'il a payé, avant ce jour et avant la citation, au sieur A....., la somme que ce dernier réclame par sa citation susrelatée.

En conséquence, il a conclu à ce qu'il plaise au Tribunal donner défaut contre le demandeur, faute par lui de comparaître en personne ou par fondé de pouvoirs, et, pour le profit, le renvoyer de l'action formée contre lui par.. ...., et condamner celui-ci aux dépens.

POINT DE DROIT : Le Tribunal doit-il donner défaut contre le demandeur?

Et, dans le cas de l'affirmative, doit-il allouer au défendeur les conclusions par lui prises? — *Quid* quant aux dépens?

Ouï le défendeur dans ses explications et conclusions ;

Attendu, d'une part, que le demandeur ne se présente pas pour soutenir l'action qu'il a formée contre le défendeur, ce qui fait supposer qu'il reconnaît que sa demande est mal fondée;

Attendu, d'autre part, que le défendeur affirme avoir payé la somme à lui réclamée, et que le Tribunal ne saurait ne pas ajouter foi à la sincérité de sa déclaration;

Que, dans cette situation, il y a lieu de faire droit des conclusions prises par ce dernier;

Par ces motifs, le Tribunal, faisant droit aux parties, et jugeant en......... ressort, donne défaut contre A........, faute par lui de comparaître en personne ou par fondé de pouvoirs, et, pour le profit, le déboute de la demande formée par B........, par l'exploit susénoncé;

Et condamne ce dernier aux dépens envers le défendeur, liquidés à........, ainsi qu'aux frais de timbre, d'enregistrement, d'expédition et de signification du présent jugement; ceux de son exploit introductif d'instance demeurant également à sa charge.

Ainsi jugé et prononcé, etc.

Jugement par défaut contre le défendeur, n'allouant qu'une partie des conclusions de la demande.

323. Entre.........., etc,....... (vo *suprà*, formule no 321).

....

Attendu, cependant, que la somme de.........., réclamée à titre de dommages-intérêts, est exagérée, et que le Tribunal possède les éléments nécessaire pour en fixer le chiffre,

Par ces motifs, le Tribunal, etc. (même formule no 321).

Jugement par défaut contre le défendeur et continuation de l'affaire à une autre audience.

324. Entre.............. (vo *suprà*, formule no 321).

....

Attendu que le défendeur a été régulièrement cité; que, s'il ne se présente pas, cela donne à supposer qu'il s'en remet à la sagesse du Tribunal;

Attendu que le demandeur ne rapporte pas la preuve complète que la somme qu'il réclame au défendeur lui soit due par ce dernier, et qu'il y a lieu, par suite, de continuer l'affaire à l'audience de huitaine pour donner au demandeur le temps qui lui est nécessaire pour établir la légitimité de sa réclamation ;

Par ces motifs, le Tribunal, faisant droit aux parties et jugeant en.......... ressort, donne défaut contre B........, et pour en adjuger le profit, s'il y a lieu, continue la cause à l'audience du......, tous droits, moyens et exceptions des parties étant réservés.

Ainsi jugé et prononcé, etc.

Jugement qui adjuge au demandeur les conclusions prises par défaut contre le défendeur à une audience précédente.

325. Entre........, etc. (Relater les noms des parties et les conclusions de la citation, et continuer ainsi) :

Ledit jour.........., l'affaire a été appelée, mais elle a été renvoyée à l'audience de ce jour, pour plus ample informé.

La cause, en cet état, appelée à l'audience de cejourd'hui, le demandeur a seul comparu et a conclu à ce qu'il plût au Tribunal lui allouer le bénéfice des conclusions par lui prises dans son exploit introductif d'instance, en date du............

POINT DE DROIT : Le Tribunal doit-il faire droit des conclusions prises par le demandeur?

Que doit-il être statué quant aux dépens?

Ouï de nouveau le demandeur dans ses explications et conclusions ;

Attendu qu'il résulte des renseignements qui nous sont fournis qu'avis a été donné à B........ du défaut prononcé contre lui à l'audience du......, et que s'il ne se présente pas, cela laisse supposer qu'il reconnaît la légitimité de la demande formée contre lui ;

Attendu, au surplus, que l'action intentée par le demandeur a paru fondée au Tribunal, d'après l'examen qu'il en a fait ;

Attendu que la partie qui succombe doit être condamnée aux dépens ;

Par ces motifs, le Tribunal, faisant droit aux parties et jugeant en........ ressort, adjuge au sieur A....... le profit de défaut prononcé précédemment contre B........, et, par suite, condamne B....... à payer à A........ la somme de........, etc.

Jugement par défaut quand la citation contient un délai trop court.

(Art. 5, C. proc. c.)

326. Entre le sieur.............

....

Attendu, d'une part, que le défendeur ne comparaît pas pour défendre à l'action formée contre lui, ce qui fait supposer qu'il s'en remet à la sagesse du Tribunal;

Mais attendu, d'autre part, qu'aux termes de l'article 5 du Code de procédure civile, modifié par la loi du 3 mai 1862, il doit y avoir un jour au moins entre celui où la citation a été signifiée et le jour indiqué pour la comparution, si la partie citée est domiciliée dans la distance de cinq myriamètres; que si elle est domiciliée au delà de cette distance, il doit être ajouté un jour à raison de cinq myriamètres;

Attendu qu'il est constant pour le Tribunal, ce qui, d'ailleurs, est reconnu par le demandeur, que le défendeur habite la commune de........, distante du chef-lieu de canton de .... myriamètres;

Qu'il aurait dû avoir, pour sa comparution, un délai au moins d'un jour de plus, et que ce délai ne lui a pas été accordé;

Que, dans cette situation, il y a lieu d'ordonner que ledit........, défendeur, sera réassigné, et que les frais de la première citation et ceux du présent jugement seront à la charge de A........, demandeur;

Par ces motifs, le Tribunal, faisant droit aux parties et jugeant en........ ressort, ordonne que le sieur........, défendeur, défaillant, sera réassigné, et que les frais de la citation susrelatée, en date du.........., demeureront à la charge du demandeur, ainsi que ceux du présent jugement.

Ainsi jugé et prononcé, etc.

Jugement par défaut contre une partie et contradictoire avec l'autre.

327. Entre A......, etc., demandeur *d'une part;*

Et 1° B......, défendeur, comparant aussi en personne, *d'autre part;*

Et 2° C......, autre défendeur, défaillant, encore *d'autre part.*

FAITS : (Conclusions de la citation.)

La cause, en cet état, appelée à l'audience de ce jour, les sieurs A..... et B..... ont comparu, mais C..... a fait défaut.

Il a été donné lecture de l'exploit introductif d'instance.

Le demandeur a conclu à ce qu'il plût au Tribunal donner défaut contre C....., faute par lui de comparaître en personne ou par fondé de pouvoirs, et, pour le profit, lui allouer le bénéfice des conclusions par lui prises dans sondit exploit ci-avant relaté.

Le sieur B....., l'un des défendeurs, de son côté, a reconnu devoir, conjointement avec C....., au demandeur, la somme que ce dernier réclame, et il a ajouté que n'étant pas actuellement en mesure de payer cette somme, il sollicitait qu'il plût au Tribunal lui accorder des délais pour en effectuer le payement.

POINT DE DROIT : Le Tribunal doit-il donner défaut contre C..... ?

Doit il, en outre, allouer au demandeur les conclusions par lui prises ?

Quid quant aux dépens ?

Ouï les parties comparantes dans leurs explications, moyens de défense et conclusions ;

Attendu que C..... a été régulièrement cité; que, s'il ne se présente pas, cela doit porter à croire qu'il reconnaît la légitimité de la demande formée contre lui ;

Attendu qu'il est constant pour le Tribunal, ce qui d'ailleurs est parfaitement reconnu par B....., que ce dernier et C..... doivent au demandeur la somme qu'il leur réclame ;

Attendu que, d'après les circonstances de la cause, il n'y a pas lieu d'accorder aux défendeurs de délais pour se libérer ;

Attendu que la partie qui succombe doit être condamnée aux dépens ;

Par ces motifs, le Tribunal, faisant droit aux parties, et jugeant en......... ressort, donne défaut contre C....., faute par lui de comparaître en personne ou par fondé de pouvoirs, et, pour le profit, condamne ce dernier et B....., conjointement et solidairement, à payer à A..... la somme de.........., qu'ils lui doivent pour..........

Les condamne, en outre, aux intérêts de ladite somme à compter du jour de la demande, etc............

Commet H....., huissier-audiencier de cette Justice de paix, pour signifier le présent jugement à C....., défaillant.

Jugement par défaut profit-joint.

328. Entre....... (comme à la formule précédente n° 327 jusqu'aux conclusions).

Le demandeur a conclu à ce qu'il plût au Tribunal donner défaut contre C..., faute par lui de comparaître en personne ou par fondé de pouvoirs, joindre le profit dudit défaut au fond, pour qu'il soit statué par un seul et même jugement, et ordonner que ledit sieur C... sera cité de nouveau.

Le sieur B..., l'un des défendeurs, a déclaré réserver tous ses droits pour prendre, au jour de la nouvelle audience qui sera fixée, telles conclusions qu'il appartiendra.

Point de droit : etc.

Ouï, les parties comparantes en leurs observations et conclusions :

Attendu que l'une des parties citées n'a pas comparu, ce qui nécessite l'application de l'article 153 du Code de procédure civile ;

Par ces motifs, le Tribunal, faisant droit aux parties et jugeant en........ ressort, donne défaut contre........, faute par lui de se présenter ; joint le profit dudit défaut au fond pour qu'il soit statué sur le tout par un seul et même jugement ; ordonne la réassignation du défaillant par......., huissier à......., commis à cet effet ; réserve les dépens.

Jugement par défaut contre le mari et la femme.

(Art. 10, C. proc. c.)

329. Entre........................ *d'une part ;*

Et le sieur............. et la dame............. son épouse, demeurant et domiciliés ensemble à................, défendeurs, défaillants, *d'autre part ;*

FAITS : (Comme à la formule no 321, jusqu'après les motifs, et ajoutez le dispositif qui suit) :

Par ces motifs, le Tribunal, faisant droit aux parties et jugeant en .... ressort, donne défaut contre (le mari), faute par lui de comparaître en personne ou par fondé de pouvoirs ; pour le profit, ordonne que la dame............... son épouse, procédera, dans la présente instance, sous l'autorité de la Justice et, au fond, donne encore défaut contre ledit........ (mari) et contre ladite dame........ ., faute de comparaître ni fondés de pouvoirs pour eux, et, pour le profit, les condamne, conjointement et solidairement, à payer à........... la somme de....... pour....... (*le surplus comme à la formule*, no 321.)

Jugement par défaut contre le mari et contradictoire avec la femme.

330. Entre le sieur A...... *d'une part ;*

Et le sieur B.......... et la dame C.... ....., épouse de ce dernier, demeurant et domiciliés ensemble à..........., défendeurs ; ledit sieur B........., défaillant, et la dame C........., comparant en personne, *d'autre part ;*

FAITS : (Conclusion de la citation.)

La cause, en cet état, appelée à l'audience de ce jour, le sieur A..... et la dame B......... ont comparu, mais le sieur B.........., mari de cette dernière, a fait défaut.

Il a été donné lecture de l'exploit introductif d'instance.

Le demandeur a conclu à ce qu'il plût au Tribunal donner défaut contre le sieur B..........., faute par lui de comparaître en personne, et pour le profit lui allouer le bénéfice des conclusions par lui prises dans sondit exploit ci-avant relaté.

La dame B........., de son côté, a déclaré devoir au demandeur la somme que ce dernier lui réclame, ainsi qu'à son mari, et elle a conclu à ce qu'il plaise au Tribunal leur accorder des délais pour en effectuer le payement.

POINT DE DROIT : Le Tribunal doit-il donner défaut contre B.....?

Doit-il, en outre, autoriser la dame B..... à procéder dans la présente instance sous l'autorité de la Justice ?

Et, dans le cas de l'affirmative, doit-il allouer au demandeur les conclusions par lui prises ?

Quid quant aux dépens?

Attendu que le sieur B....... a été régulièrement cité; que, s'il ne se présente pas, cela doit porter à croire qu'il s'en remet à la sagesse du Tribunal;

Attendu que la dame B......... reconnaît devoir au demandeur la somme par lui réclamée;

Attendu que, d'après les circonstances de la cause, il n'y a pas lieu d'accorder au défendeur de délais pour se libérer;

Par ces motifs, le Tribunal, faisant droit aux parties et, jugeant en... ..... ressort, donne défaut contre le sieur B........, faute par lui de comparaître en personne ou par fondé de pouvoir, et, pour le profit, autorise la dame B......, son épouse, à procéder dans la présente instance sous l'autorité de la Justice, et, au fond, donne encore défaut contre ledit B.........., et, pour le profit, le condamne, avec la dame B......., son épouse, conjointement et solidairement, à payer à......... la somme de......... qu'ils lui doivent pour.............

Les condamne, en outre, solidairement, aux intérêts et aux dépens, etc. ....

Commet......... huissier-audiencier de cette Justice de paix, pour signifier le présent jugement au sieur.... ... défaillant.

Jugement par défaut contenant enquête sur une action en dernier ressort.

(Art. 40, C. proc. c.)

331. Entre... .... etc.....

Et..........., etc.......

FAITS : (Conclusions de la citation.)

La cause, portée à l'audience du......., le Tribunal, avant de faire droit et sans rien préjuger, a rendu un jugement (enregistré) ordonnant qu'à l'audience de ce jour le demandeur fera la preuve que ..... (*énoncer les faits qu'il faut prouver*), la preuve contraire étant réservée au défendeur.

Ce jugement a été signifié au défendeur, et sommation lui a été, en outre, faite, suivant exploit, enregistré, en date du......, de......, huissier, à ces fins commis, à l'effet d'assister à la preuve que le demandeur veut entreprendre.

La cause, en cet état, appelée à l'audience de cejourd'hui, le demandeur a comparu, mais le défendeur a fait défaut.

Il a été donné lecture des pièces du procès.

Le demandeur a dit que, pour se conformer au jugement susrelaté, du....., il a amené à l'amiable ou fait citer, suivant exploit de, ..., huissier, en date du....., enregistré, des témoins, au nombre de ...., pour déposer sur les faits par lui allégués; desquels témoins il a requis l'audition.

Sur quoi ; vu le jugement et la citation ci-avant relatés, le Tribunal donne défaut contre le défendeur, et, pour le profit, ordonne que les témoins seront entendus, ce qui a été fait comme il suit :

Il a été donné lecture, aux témoins réunis, des pièces du procès; après quoi, ils se sont retirés, et ils ont été introduits séparément les uns des autres, en audience, où ils ont déclaré leurs nom, prénoms, âge, qualité et demeure ; qu'ils ne sont ni parents, ni alliés, ni serviteurs, ni domestiques d'aucune des parties. Aucun reproche n'ayant été fait contre ces témoins, ils ont prêté le serment de dire la vérité toute la vérité, et rien que la vérité, et ils ont ensuite déposé comme il suit, le tout séparément, comme il est déjà dit.

Le premier témoin, L. M......, marchand, âgé de......, demeurant à.. ... a déposé que..... (écrire ici sa déposition.)

Le deuxième témoin (Comme ci-dessus, et ainsi pour les autres témoins) (1).

L'enquête terminée, le demandeur ayant été entendu, a requis l'adjudication de ses conclusions.

Point de droit : Le Tribunal doit-il faire droit des conclusions prises par le demandeur?

Que doit-il être statué quant aux dépens ?

Ouï le demandeur dans ses explications, moyens de défense et conclusions.

Attendu qu'il résulte des dépositions des témoins entendus, que..... *(Dire l'ensemble des dépositions)* ;

Attendu que, d'après cela, la preuve offerte par le demandeur est établie ;

Attendu que la partie qui succombe doit être condamnée aux dépens.

Par ces motifs, le Tribunal, faisant droit aux parties, et jugeant en dernier ressort, vidant l'interlocutoire porté par son précédent jugement, du.........., donne défaut contre......, faute par lui de comparaître, et, pour le profit, le condamne à payer à......., la somme de......, etc.

Jugement par défaut en premier ressort contre un défendeur, et après enquête.

(Art. 39, C. proc. c.)

332. Entre...... etc...... (Comme au n° 331 ci-dessus ; et à la partie relative à l'audition des témoins, substituer ce qui suit) :

En conformité de ce jugement, il a été procédé, ce jour, à une enquête, ainsi que cela est constaté par le procès-verbal que nous en avons dressé, lequel n'est

---

(1) Dans les enquêtes faites, en exécution d'un jugement en dernier ressort, on ne fait mention ni de la lecture de la déposition, ni de la signature des témoins; la loi ne l'exige que pour les procès-verbaux d'enquête dans les causes en premier ressort.

pas encore enregistré, mais qui le sera avant ou en même temps que le présent ..... (La suite comme au n° 331.)

S'il s'agissait d'une visite de lieux, on l'indiquerait, et la formule serait la même.

Jugement au rapport portant nomination d'un huissier pour signifier un jugement par défaut (l'huissier-commis ayant donné sa démission.

333. *A Monsieur le Juge de paix du canton de..........*

Monsieur le Juge de paix,

Le sieur (nom, prénoms, profession et domicile),

A l'honneur de vous exposer :

Que le..... (date), il a obtenu devant le Tribunal de la Justice [illegible]x du canton de..... un jugement par défaut contre le sieur (nom, pré[illegible]tc...)

Que, conformément à la loi, le Tribunal a commis un huissie[illegible] signifier le jugement audit sieur........... défaillant ;

Que cet huissier était alors le sieur..........., audiencier [illegible]dite Justice de paix ;

Mais que ledit............ a cessé d'exercer les fonctions d'huissier, ayant donné sa démission ;

Que, dans ces circonstances, l'exposant vous requiert de commettre un autre huissier pour signifier au sieur......... ledit jugement ;

Et ferez justice.

(Signature.)

Le Tribunal de la Justice de paix du canton de........ dans son audience publique, en date du..... a rendu le jugement suivant :

Vu la requête, ci-dessus ;

Attendu que le sieur........ a cessé d'exercer les fonctions d'huissier ;

Attendu que tout jugement par défaut doit être signifié par un huissier commis ;

Faisant droit à la dite requête,

Commet......... huissier, pour signifier le jugement rendu par le présent Tribunal, l'....... entre..... et..........

Ainsi jugé et prononcé en audience publique, sous la présidence de M......, Juge de paix, assisté de Me......., Greffier de ladite Justice de paix.

(Signatures.)

Autre jugement au rapport, nommant un huissier pour signifier un jugement par défaut (l'huissier précédemment commis ne résidant pas dans la circonscription du défendeur.)

334. *A Monsieur le Juge de paix du canton de..........*

Monsieur le Juge de paix,

Le sieur (nom, prénoms, profession et domicile), a obtenu, le....... du Tribunal de la Justice de paix du canton de..........., contre le sieur........, un jugement par défaut, dans lequel Me.........., huissier de..........où l'on présumait qu'était alors le domicile réel du défaillant, a été commis pour lui en faire la signification.

Le domicile dudit sieur .... étant dans la commune de..............., l'huissier commis ne pourrait y faire la signification voulue par la loi.

Dans ces circonstances, l'exposant a l'honneur de requérir qu'il vous plaise, Monsieur le Juge de paix, commettre un nouvel huissier pour signifier audit sieur..... .... le jugement précité

Et ferez justice,

(Signature.)

Le Tribunal de la Justice de paix du canton de........., dans son audience publique, en date du................, tenue à l'heure de............. en son prétoire, sis............., sous la présidence de M........... Juge de paix, assisté de Me........., Greffier de ladite Justice de paix, a rendu le jugement suivant :

Vu la requête ci-dessus, et y faisant droit,

Commet..........., huissier du canton de.......... pour signifier le jugement dont est mention dans ladite requête, au sieur.... .....;

Ordonne que le présent jugement sera annexé à la minute du jugement rendu par le présent Tribunal, le..........

Ainsi jugé et prononcé, les jour, mois et an ci-dessus.

SECTION VI.

JUGEMENTS SUR OPPOSITION

OBSERVATIONS - FORMULES

SOMMAIRE

OBSERVATIONS.

335. La partie condamnée par défaut pourra former opposition dans les trois jours de la signification du jugement; mais ces trois jours ne sont pas francs. La signification étant faite le 1er, l'opposition doit l'être au plus tard le 4.

Aux trois jours, il faut ajouter un jour à raison de cinq myriamètres, quand l'assigné est domicilié au delà de cette distance.

(L. 3 mai 1862.)

336. Le défendeur peut être relevé de la rigueur, lorsqu'il peut établir qu'il n'a pas eu connaissance de la procédure.

(C. proc. 21.)

La partie condamnée peut former opposition avant la signification du jugement.

(Cass., 4 mars 1812.)

337. On peut prendre inscription hypothécaire en vertu d'un jugement par défaut, même non signifié : il s'agit d'une mesure conservatoire.

(Cass., 29 novembre 1824.)

FORMULES.

Jugement sur opposition lorsque l'opposant ne comparaît pas.

338. Entre le sieur A......., demandeur originaire et défendeur en opposition à un jugement rendu par défaut, à son profit, contre le sieur B....... dont il sera ci-après parlé, le.........., comparant en personne, *d'une part;*

Et le sieur B........., défendeur, originaire et demandeur en opposition au susdit jugement par défaut du.........., défaillant, *d'autre part;*

Faits : (Conclusions de la citation.)

Sur cette citation, et le........., il a été par nous rendu un jugement par défaut (enregistré) qui a alloué au sieur A.......... les conclusions de sa citation.

Ce jugement a été signifié à B........., suivant exploit, en date du......., enregistré, du ministère de............., huissier à ces fins commis;

Par autre exploit du ministère de..........., huissier, en date du.......... (enregistré), le sieur B.......... a fait citer le sieur A........... pour l'audience de ce jour, et devant le présent Tribunal pour, est-il dit dans cet exploit: (motifs de l'opposition.)

La cause, en cet état, appelée à l'audience de ce jour, le sieur A............ a comparu, mais le sieur B......... a fait défaut.

Il a été donné lecture des pièces du procès;

Le sieur A...... a conclu à ce qu'il plût au Tribunal recevoir le sieur B.... opposant, pour la forme seulement, envers le susdit jugement par défaut du........., et au fond ordonner que ce jugement sera exécuté selon sa forme et teneur, et condamner B......... aux dépens.

Point de droit : Y a-t-il lieu de recevoir le sieur B...... opposant envers ledit jugement?

Le Tribunal doit-il ordonner que ce jugement sera exécuté selon sa forme et teneur?

Que doit-il être statué quant aux dépens?

Ouï le sieur A........, dans ses explications et conclusions.

Attendu que l'opposition du sieur B......... est régulière en la forme comme ayant été faite dans les formes et signifiée dans les délais prescrits par la loi ;

Au fond, attendu que le sieur B......... ne se présente pas pour soutenir son opposition, ce qui fait supposer que les motifs par lui allégués ne sont pas sérieux, et qu'ils ne sauraient être pris en considération par le Tribunal;

Attendu que la partie qui succombe doit être condamnée aux dépens;

Par ces motifs, le Tribunal faisant droit aux parties et jugeant en .... ressort, reçoit B......... opposant, pour la forme seulement, envers le jugement rendu contre lui, au profit de A........, le.........., et au fond, ordonne que ce jugement sera exécuté selon sa forme et teneur;

Condamne B.........., aux dépens faits sur son opposition taxés et liquidés à la somme de......... dans lesquels ne sont pas compris les frais de timbre, d'enregistrement, d'expédition et de signification du présent jugement, lesquels demeurent également à sa charge.

Ainsi jugé et prononcé en audience publique, les jour mois et an ci-dessus.

Jugement sur opposition lorsque l'opposant comparaît, et qui rejette une opposition tardive.

339. Entre le sieur A..... (Comme à la formule *suprà* n° 338.)

Et le sieur B....., défendeur originaire et demandeur en opposition audit jugement par défaut, du.....comparant aussi en personne, *d'autre part.*

Faits : (Comme à la formule n° 338.)

....

La cause, en cet état, appelée à l'audience de ce jour, les parties ont comparu en personne, et lecture faite des pièces ci-avant mentionnées, elles ont fait valoir leurs moyens de défense et pris les conclusions suivantes :

Le sieur A..... a conclu à ce que le Tribunal déclare le sieur B...... non recevable dans son opposition; en conséquence, ordonne que le jugement par défaut rendu à son profit, le............, contre le sieur B....., sera exécuté selon sa forme et teneur; et condamne ce dernier aux dépens.

Le sieur B..... a conclu à ce que le Tribunal le reçoive opposant envers le jugement rendu par défaut contre lui, le.........., au profit du sieur A....., et faisant droit sur son opposition, le relaxe des condamnations contre lui prononcées par ledit jugement, et condamne le sieur A..... aux dépens.

Point de droit : Y a-t-il lieu de recevoir le sieur B..... opposant envers le jugement rendu contre lui par défaut, le ...., au profit du sieur A..... ?

Dans le cas de l'affirmative, doit-il allouer au sieur B..... ses conclusions ?

Le Tribunal, au contraire, doit-il déclarer le sieur B..... non recevable dans son opposition ?

Que doit-il être statué à l'égard des dépens ?

Ouï les parties dans leurs moyens respectifs de défense et conclusions;

Attendu, en fait, qu'il est reconnu par les parties : 1° que sur une citation donnée, à la requête du sieur A..., au sieur B....., ce dernier a été condamné par défaut, par jugement en date du............, rendu par le présent Tribunal, au payement d'une somme de........, pour........; 2° que ce jugement a été signifié par X....., huissier commis, le.........., suivant exploit de son ministère, enregistré; 3° que le sieur B.... n'a formé opposition à ce jugement que le...........; c'est-à-dire cinq jours après sa signification;

Attendu, en droit, qu'aux termes de l'article 20 du Code de procédure civile, l'opposition à un jugement par défaut doit avoir lieu dans les trois jours de la signification faite par l'huissier commis;

Que cet article 20 ne reçoit d'exception que dans le cas prévu par l'article 21 du même Code, lorsque le défaillant prouve, qu'à raison d'absence ou de maladie grave, il n'a pu être instruit de la procédure; qu'alors, seulement, il est admis à opposition.

Attendu que, loin de faire la preuve imposée au sieur B.......... par ledit article 21, tout démontre, au contraire, que ce dernier, par l'opposition qu'il a faite, n'a d'autre but que de retarder l'exécution du jugement par défaut susrelaté;

Attendu qu'il est constant que le sieur B........ a eu connaissance de la procédure, puisque la citation introductive de l'instance et la signification du jugement par défaut ont été faites, parlant au défendeur lui-même, et que depuis ladite citation jusqu'à ce jour, il n'a été atteint d'aucune maladie; qu'il aurait donc dû faire opposition audit jugement, le.........., au plus tard;

Attendu, enfin, que le sieur A........, pour ramener à exécution ledit jugement, a fait au sieur B......., le......, un commandement en saisie-mobilière; que le sieur B........, s'il n'avait pas été instruit de la procédure antérieure, aurait dû au moins faire opposition dans les trois jours du commandement;

Que, dès lors, le sieur B...... est non recevable dans son opposition;

Attendu que la partie qui succombe doit être condamnée aux dépens;

Par ces motifs, le Tribunal déclare le sieur B........ non recevable dans l'opposition qu'il a faite au jugement rendu contre lui par défaut, le........, au profit du sieur A....., et ordonne que ce jugement sera exécuté selon sa forme et teneur;

Condamne B..... aux dépens faits sur opposition, taxés et liquidés à......, dans lesquels ne sont pas compris les frais de timbre, d'enregistrement, d'expédition et de signification du présent jugement, lesquels demeurent également à sa charge.

Ainsi jugé et prononcé, les jour, mois et an ci-dessus.

Jugement sur opposition lorsque le demandeur originaire et défendeur en opposition ne comparait pas.

340. Entre le sieur A......., demandeur originaire et défendeur en opposition à un jugement par défaut, rendu par le présent Tribunal à son profit contre le sieur B......, dont il sera ci-après parlé, le.........., défaillant, *d'une part,*

Et le sieur B........, défendeur originaire et demandeur en opposition au susdit jugement par défaut, du......., comparant en personne, *d'autre part.*

FAITS : (Comme à la formule n° 338, jusqu'à ces mots : *La cause, en cet état...*)

La cause, en cet état, appelée à l'audience de ce jour, le sieur B..... a comparu, mais le sieur A....... a fait défaut.

Il a été donné lecture de l'exploit introductif de l'instance, du jugment par défaut et de l'exploit d'opposition.

Le sieur B..... a conclu à ce que le Tribunal donne défaut contre A......., faute de comparaître, ni fondé de pouvoirs pour lui, pour le profit, le reçoive opposant envers le jugement rendu par défaut contre lui, le.........; et, au fond, le relaxe des condamnations prononcées par ce jugement, et condamne ledit sieur A.... en tous les dépens.

POINT DE DROIT : Y a-t-il lieu de donner défaut contre le sieur A.....?

Et, dans le cas de l'affirmative, doit-on recevoir le sieur B....., opposant envers le jugement par défaut rendu contre lui, au profit du sieur A....., le......, et, par suite, le relaxer des condamnations prononcées contre lui par ce jugement?

Que doit-il être statué à l'égard des dépens?

Ouï le sieur B..... dans ses conclusions;

Attendu que A....... a été régulièrement cité; que s'il ne se présente pas, cela doit porter à croire qu'il reconnaît que l'opposition du sieur B....... est régulière en la forme et juste au fond;

Attendu, d'ailleurs, que les motifs donnés par le sieur B......, dans son opposition, nous ont paru fondés, d'après la vérification que nous en avons faite;

Que, dès lors, il y a lieu, en donnant défaut contre A......, d'allouer à B....... les conclusions par lui prises;

Attendu que la partie qui succombe doit être condamnée aux dépens;

Par ces motifs, le Tribunal, faisant droit aux parties et jugeant en....... ressort, donne défaut contre A......., faute de comparaître, ni fondé de pouvoirs pour lui; pour le profit, reçoit B..... opposant envers le jugement rendu contre lui, au profit de A......., le.........; et, au fond, relaxe B....... des condamnations prononcées contre lui par ledit jugement;

Condamne A......, aux dépens faits sur cette opposition, taxés et liquidés à........, dans lesquels ne sont pas compris les frais de timbre, d'enregistrement, d'expédition et de signification du présent jugement, lesquels demeurent également à sa charge ;

Commet........, huissier audiencier de cette Justice de paix (*ou*........ huissier à........ si le demandeur demeure hors du canton), pour signifier le présent jugement au sieur A......, défaillant.

Ainsi jugé, etc.

Jugement sur opposition portant, après renvoi, décharge de demande principale.

341. Entre, etc...... (Comme à la formule *suprà* no 339.)

Faits : (Comme à la formule *suprà* no 338 jusqu'à ces mots : *La cause, en cet état*........)

Ledit jour ...., les parties ont comparu ; mais le Tribunal, ainsi que cela est constaté par son jugement de renvoi, a continué la cause à l'audience de ce jour ; a intimé les parties de s'y trouver présentes, et a réservé les dépens.

La cause, en cet état, appelée à l'audience de ce jourd'hui, les sieurs A...... et B......., ont comparu, et lecture faite des exploits ci-avant relatés, ils ont fait valoir leurs moyens respectifs de défense et pris les conclusions suivantes :

Le sieur A........ a conclu à ce que le Tribunal reçoive le sieur B........ opposant, pour la forme seulement, envers le jugement par défaut rendu contre lui, le..........., et, au fond, ordonne que ce jugement sera exécuté selon sa forme et teneur, et condamne le sieur B.......... en tous les dépens.

Le sieur B............ a fait connaître que.......... (énoncer les motifs de l'opposition) ; en conséquence, il a conclu à ce que le Tribunal le reçoive opposant envers le jugement rendu contre lui par défaut, le.........., au profit du sieur A............, et, au fond, lui alloue les conclusions prises dans sondit exploit d'opposition, en date du........, et, enfin, condamne le sieur A......, aux dépens, tant du jugement par défaut que de tous autres dépens.

Point de droit : Y a-t-il lieu de recevoir le sieur B......... opposant envers le jugement rendu contre lui par défaut, le........, au profit du sieur A.........?

Et, dans le cas de l'affirmative, doit-on décharger le sieur B........, des condamnations prononcées contre lui par ledit jugement ?

Le Tribunal, au contraire, doit-il ne recevoir le sieur B...... opposant que pour la forme, et ordonner que ledit jugement sera exécuté selon sa forme et teneur ?

Que doit-il être statué relativement aux dépens ?

Ouï les sieurs A...... et B...... dans les conclusions par eux prises ;

Attendu que l'opposition de B........ est régulière quant à la forme ;

Attendu, au fond, qu'il résulte, soit tant des explications des parties que des documents fournis au Tribunal, que.......................................

....

Que, dès lors, il y a lieu de décharger B.... ..... des condamnations prononcées contre lui par le susdit jugement, par défaut, du......... et de mettre à la charge de A......... les dépens faits sur la présente opposition ;

Par ces motifs, le Tribunal, faisant droit aux parties, et jugeant en......... ressort, reçoit B........ opposant envers le jugement rendu par défaut contre lui, au profit de A......., le.........., et, faisant droit sur cette opposition, le décharge des condamnations prononcées contre lui par ledit jugement ;

Condamne A......... aux dépens faits sur opposition, taxés et liquidés à la somme de.........., dans lesquels ne sont pas compris les frais de timbre et d'enregistrement du présent jugement qui demeurent également à sa charge.

Dit que les frais d'expédition et de signification dudit jugement seront à la charge de la partie qui les rendra nécessaires.

Ainsi jugé, etc......

Jugement sur opposition qui réduit la condamnation par défaut.

342. Entre............

(Comme à la formule *suprà* n° 339, jusqu'à ces mots : *La cause, en cet état.....*)

La cause, en cet état, appelée à l'audience de ce jour, les sieurs A..... et B..... ont comparu, et chacun d'eux a fait valoir ses moyens de défense et pris les conclusions suivantes :

Le sieur A..... a conclu à ce que le Tribunal ne reçoive B..... opposant que pour la forme, et, au fond, ordonne que le jugement par défaut rendu, à son profit, le............, contre le sieur B....., soit exécuté selon sa forme et teneur, et condamne ce dernier en tous les dépens.

Le sieur B..... a conclu à ce que le Tribunal déclare le sieur A..... non recevable, ou, en tout cas, mal fondé dans sa demande, et le condamne aux dépens.

Point de droit : Y a-t-il lieu de recevoir B.... opposant envers le jugement rendu contre lui par défaut, le.......... au profit du sieur A.....?

Dans le cas de l'affirmative, doit-on avoir égard aux conclusions prises par le sieur B....., et déclarer le sieur A..... non recevable, ou, en tout cas mal fondé dans sa demande?

Le Tribunal, au contraire, ne doit-il pas, ainsi que le sieur A..... l'a conclu, recevoir B..... opposant pour la forme seulement, et ordonner que ledit jugement sera exécuté selon sa forme et teneur ?

Que doit-il être statué à l'égard des dépens ?

Ouï les parties dans leurs moyens respectifs de défense et conclusions ;

Attendu qu'il est constant pour le Tribunal, ce qui résulte d'ailleurs de l'aveu de B....., que ce dernier, dans une discussion qu'il avait avec A....., a traité A..... de v......, de g......, injures qui évidemment portent atteinte à l'honneur de A....., et que des dommages-intérêts doivent lui être alloués ;

Attendu, cependant, que A..... a peut-être à s'imputer le tort d'avoir répondu à B....., en le traitant de s......, et lui disant o......, termes évidemment injurieux ; — faits qui sont constants pour le Tribunal et qui résultent des débats ;

Attendu que la somme de............, réclamée par A....., pour réparation du préjudice à lui causé par B....., suite des dites injures, est exagérée, et qu'une somme de............parait suffisante au Tribunal pour réparation du préjudice dont s'agit ;

Que, dès lors, il y a lieu de recevoir B..... opposant envers ledit jugement, et, faisant droit à son opposition, réduire à.... ....les condamnations portées audit jugement, stipulées à titre de dommages-intérêts, et ordonner que le surplus dudit jugement sera exécuté selon sa forme et teneur ; enfin, condamner le sieur B..... aux dépens faits sur l'opposition ;

Par ces motifs, le Tribunal, faisant droit aux parties, et jugeant en........ ressort, reçoit B.... opposant envers le jugement rendu contre lui, par défaut, le............., au profit de A....., et, faisant droit sur son opposition, réduit à..........la condamnation portée audit jugement et stipulée : valeur, à titre de dommages-intérêts, pour réparation d'injures ;

Ordonne, que le surplus dudit jugement sera exécuté selon sa forme et teneur ;

Condamne B..... aux dépens, taxés et liquidés à..........,etc.

SECTION VII.

JUGEMENTS CONTRADICTOIRES

OBSERVATIONS - FORMULES.

SOMMAIRE.

OBSERVATIONS.

343. Le jugement contradictoire est celui qui est rendu en présence des parties ou de leurs mandataires.

FORMULES

Jugement contradictoire qui adjuge au demandeur les conclusions de sa citation.

344. Entre le sieur A..........., demandeur, comparant en personne, *d'une part;*

Et le sieur B......, défendeur, comparant aussi en personne, *d'autre part.*

FAITS : Par exploit de......., huissier à........, en date du........, enregistré, le demandeur a fait citer le défendeur pour l'audience du,......., et devant le présent Tribunal, pour est-il dit dans cet exploit (Conclusions de la citation).

La cause, en cet état, appelée à l'audience de cejourd'hui, les parties ont comparu en personne, et, lecture faite de l'exploit introductif d'instance, elles ont fait valoir leurs moyens respectifs de défense et pris les conclusions suivantes :

Le demandeur a conclu à ce qu'il plût au Tribunal lui allouer le bénéfice des conclusions par lui prises dans son dit exploit ci-avant relaté.

Le défendeur, de son côté, s'est reconnu débiteur de la somme qui lui est réclamée, et a conclu à ce qu'il plût au Tribunal lui accorder un délai de deux mois pour en effectuer le payement.

Point de droit : Le Tribunal doit-il faire droit des conclusions prises par le demandeur?

Et dans ce cas, doit-il être accordé au défendeur le délai par lui réclamé pour se libérer?

Quid quant aux dépens?

Ouï les parties dans leurs explications, moyens de défense et conclusions ;

Attendu que le défendeur reconnait devoir au demandeur la somme que ce dernier lui réclame;

Attendu qu'il n'y a pas lieu, d'après la position du débiteur, et aussi d'après les circonstances de la cause, d'accorder au défendeur de délai pour se libérer;

Attendu que la partie qui sucombe doit être condamnée aux dépens;

Par ces motifs, le Tribunal, faisant droit aux parties et jugeant en...... ressort, condamne B... à payer à A... la somme de....., qu'il lui doit pour fournitures d'épiceries que ce dernier lui a faites ;

Le condamne, en outre, aux intérêts et aux dépens, ces derniers liquidés à la somme de........., dans lesquels ne sont pas compris les frais de timbre, d'enregistrement, d'expédition et de signification du présent jugement, lesquels demeurent également à sa charge.

Ainsi jugé et prononcé, les jour, mois et an ci-dessus.

Jugement contradictoire contenant résiliation d'un bail verbal et condamnation au payement des termes dus.

(Art. 1184, 1736 et 1760 C. c.)

345. Entre A......., demandeur, comparant en personne, *d'une part;*

Et B........, défendeur, comparant aussi en personne, *d'autre part;*

Faits : Par exploit de........, huissier à........, en date du,......, (enregistré) le demandeur a fait citer le défendeur pour l'audience du........, et devant le présent Tribunal, pour, est-il dit dans cet exploit : (Conclusions de la citation.)

La cause, en cet état, appelée à l'audience de ce jour, les parties ont comparu en personne, et lecture faite de l'exploit introductif de l'instance, elles ont fait valoir leurs moyens respectifs de défense et pris les conclusions suivantes :

Le demandeur a conclu à ce qu'il plût au Tribunal lui allouer le bénéfice des conclusions par lui prises dans sondit exploit ci-avant relaté;

Le défendeur, de son côté, s'est reconnu débiteur de la somme qui lui est réclamée pour les causes susénoncées, et a conclu à ce qu'il plût au Tribunal lui accorder, tant pour payer que pour vider les lieux à lui loués, des délais dont il n'a pu préciser la durée.

Point de droit : Le Tribunal doit-il allouer au demandeur les conclusions par lui prises?

Et, dans le cas de l'affirmative, doit-il accorder au défendeur des délais pour se libérer?

Que doit-il être statué quant aux dépens?

Ouï les parties dans leurs explications, moyens de défense et conclusions;

Attendu, d'une part, qu'il est constant pour le Tribunal, ce qui d'ailleurs est parfaitement reconnu par le défendeur, que ce dernier doit au demandeur les loyers à lui réclamés;

Attendu, d'autre, part, que la résiliation d'un bail verbal ne s'opère, suivant l'article 1736 du C. c., qu'en observant les délais fixés par l'usage des lieux; mais que ce principe cesse d'avoir son effet, suivant l'article 1184 du même Code, quand le preneur ne remplit pas ses engagements;

Attendu, en outre, qu'aux termes de l'article 1760, C. c., en cas de résiliation par la faute du locataire, celui-ci est tenu de payer le prix du bail pendant le temps nécessaire à la relocation;

Attendu que la partie qui succombe doit être condamnée aux dépens;

Par ces motifs, le Tribunal, faisant droit aux parties, et jugeant en premier ressort, condamne B....... à payer à A........:

1° La somme de cent francs qu'il lui doit pour trois mois de loyers, échus le.........., de l'appartement que ce dernier lui a verbalement loué dans sa maison, sise à........, à raison de quatre cents francs par an, payables par trimestre et d'avance;

Et 2° les loyers qui courront pendant le temps nécessaire pour la relocation dudit appartement (1).

Au surplus, et attendu le défaut de payement des loyers aux époques con-

---

(1) 1° Le prix du bail pendant le temps nécessaire à la relocation que le locataire doit payer au bailleur, doit s'entendre du prix du terme courant et de celui qui le suit, et non du prix pour tout le temps qui pourrait s'écouler depuis la résiliation jusqu'au jour où le bailleur aurait effectivement reloué. — (Duvergier, t. II, n° 79. — Duranton, t. XVII, n° 172. — Troplong, n° 621.)

2° Et si le propriétaire relouait sur-le-champ, le locataire ne devrait que les loyers échus pendant son occupation. — (Troplong, n° 622.)

Les loyers se prescrivent par cinq ans (art. 2277, C. c.)

venues, le Tribunal déclare résilié le bail verbal de l'appartement dont s'agit ; et condamne, par suite, B...... à vider, faire vider et rendre libre, dans les trois jours de la signification du présent jugement, le susdit appartement, à quoi faire, il sera contraint par toutes les voies de droit, même par éjection sur la voie publique de ses meubles et effets, et, par expulsion de sa personne et de toutes autres qui y seront trouvées.

Le condamne, en outre, aux intérêts justes et légitimes, à compter du jour de la demande, et en tous les dépens, ces derniers taxés et liquidés à la somme de........, dans lesquels ne sont pas compris les frais de timbre, d'enregistrement, d'expédition et de signification du présent jugement, lesquels demeurent également à sa charge ;

Et, conformément à l'article 11, § 1er, de la loi du 25 mai 1838, ordonne l'exécution provisoire du présent jugement, nonobstant appel, sans bail de caution.

Ainsi jugé et prononcé à........., en audience publique, les jour, mois et an que dessus.

Jugement contradictoire accordant au défendeur un délai pour se libérer.

(Art. 1244 C. c.)

346. Entre le sieur A. ......, demandeur, *d'une part* ;

Et le sieur B....., défendeur, *d'autre part* ;

Faits : (Comme à la formule *suprà* n° 344, jusqu'aux motifs, et continuer ainsi) :

Attendu qu'il est constant pour le Tribunal, ce qui, d'ailleurs, est parfaitement reconnu par le défendeur, qu'il doit au demandeur la somme que ce dernier lui réclame ;

Attendu que la position du débiteur autorise le Tribunal à lui accorder des délais modérés pour le payement ;

Attendu qu'il est certain, dans l'espèce, que B...... n'est pas actuellement en mesure de satisfaire à la demande qui lui est adressée ; qu'il y a lieu par suite de reconnaître que le délai par lui réclamé n'est pas exagéré ;

Attendu, quant aux dépens, qu'ils doivent être laissés à la charge de la partie qui succombe.

Par ces motifs, le Tribunal, faisant droit aux parties, et jugeant en......... ressort, condamne B...... à payer à A....... la somme de........, qu'il lui doit pour...... ;

Dit que ce payement aura lieu dans deux mois de ce jour.

S'il était accordé au débiteur la faculté de se libérer par payements partiels, on statuerait de la manière suivante :

Dit que le payement de ladite somme sera effectué par payements partiels, par ex..... de dix francs, qui devront être faits de quinzaine en quinzaine, et dont le premier devra avoir lieu le quinze février prochain;

Et, dans le cas où le défendeur ne serait pas exact dans le payement d'un seul à-compte aux époques ci-avant fixées, le Tribunal réserve au demandeur, sans qu'il soit besoin d'acte de mise en demeure, la faculté d'exiger, sans autre délai, la totalité de la somme restant due;

Le condamne, en outre, aux intérêts et aux dépens, ces derniers taxés et liquidés à.... ...

Jugement qui condamne le mari à payer les dettes de sa femme.

(Art. 214 C. c.)

347. Entre le sieur A....., demandeur, comparant en personne, *d'une part;*

Et le sieur B......., défendeur, comparant aussi en personne, *d'autre part;*

FAITS : (Conclusions de la citation.)

....

La cause, en cet état, appelée à l'audience de ce jour, les sieurs A....... et B...... ont comparu, et lecture préalablement faite de l'exploit introductif de l'instance, ils ont fait valoir leurs moyens respectifs de défense et pris les conclusions suivantes :

Le sieur A....... a conclu à ce qu'il plût au Tribunal lui allouer le bénéfice des conclusions par lui prises dans sondit exploit ci-avant relaté.

Le défendeur, de son côté, a fait connaître qu'il n'a pas loué au demandeur l'appartement dont ce dernier lui réclame la location, et qu'il ne l'a pas non plus autorisé à le louer à sa femme; que, dès lors, le sieur A...... doit être déclaré non recevable, et, en tous cas, mal fondé dans sa demande.

Le demandeur a répondu que le mari doit un logement à sa femme, et qu'il est responsable du prix de ce logement, lorsque, comme dans l'espèce, il n'est pas exagéré, et que c'est au vu et au su du défendeur, qu'il a consenti, à la femme de ce dernier, la location de l'appartement dont s'agit; qu'il y a lieu, par suite, de faire droit des conclusions par lui prises dans sa citation susrelatée.

POINT DE DROIT : Le Tribunal doit-il faire droit des conclusions prises par le demandeur?

Le Tribunal doit-il, au contraire, relaxer le défendeur de la demande formée contre lui?

Que doit-il être statué quant aux dépens?

Ouï les sieurs A... et B... dans les conclusions qu'ils ont prises;

Attendu qu'aux termes de l'article 214 du Code civil, le mari peut obliger sa femme à habiter avec lui et doit lui fournir tout ce qui est nécessaire au besoin de la vie, selon ses facultés et son état;

Attendu que, du premier paragraphe de cet article, il résulte nécessairement que si le mari n'oblige pas sa femme à rester avec lui, et autorise cette dernière à se loger ailleurs convenablement, surtout lorsqu'aucun acte contraire n'a pas été signifié par le mari au propriétaire ;

Attendu que le logement est un besoin de la vie ; que, dès lors, aux termes du second paragraphe dudit article, le mari est responsable des engagements contractés par sa femme pour se loger, lorsque cette dernière n'a qu'un logement nécessaire ;

Attendu en fait, que la femme B... occupe la maison du sieur A... ; que B.... n'a nullement fait signifier à ce dernier, quoiqu'il sût parfaitement bien où logeait sa femme, aucun acte manifestant qu'il n'acquitterait pas le montant du loyer, manifestation qui, d'ailleurs, ne pourrait être accueillie qu'autant qu'elle aurait pour objet un logement de luxe, ce qui ne se rencontre pas dans l'espèce ;

Que, dès lors, il y a lieu de rejeter l'exception de B... ;

Attendu que B... ne conteste pas le chiffre de la demande ;

Attendu qu'il résulte de ce que dessus, que c'est à bon droit que A... réclame de B..., personnellement, la somme de........., pour le logement que la femme de ce dernier occupe chez lui, et que le Tribunal doit faire droit à cette demande ;

Attendu que la partie qui succombe doit être condamnée aux dépens ;

Par ces motifs, le Tribunal, faisant droit aux parties, et jugeant en.......... ressort, condamne B... à payer à A... la somme de........... pour....... mois de loyers échus le.......... de la maison située à........., rue.........;

Condamne, en outre, ledit B... aux intérêts justes et légitimes, à compter du jour de la demande, ainsi qu'aux dépens, liquidés à........., dans lesquels ne sont pas compris les frais de timbre, d'enregistrement, d'expédition et de signification du présent jugemement, lesquels demeurent également à sa charge.

Ainsi jugé, etc.......

Jugement qui ordonne l'exécution provisoire quand il y a titre authentique, promesse reconnue, ou condamnation précédente dont il n'y a point eu appel.

(Art. 11, § Ier, loi du 25 mai 1838.)

348. Entre le sieur A.....,

Et le sieur B.....

(Comme à la formule *suprà* n° 344, jusqu'au dernier des motifs du jugement, auquel on ajoute celui-ci) :

Attendu que la dette repose sur un titre authentique ; *ou bien*, qu'il y a promesse reconnue, *ou* condamnation précédente dont il n'y a pas eu appel ; qu'il y a, par suite, lieu d'ordonner l'exécution provisoire du présent jugement, nonobstant appel et sans bail de caution ;

Par ces motifs, le Tribunal, faisant droit aux parties, et jugeant en premier ressort, condamne le sieur B..... à payer au sieur A..... la somme de cent cinquante francs qu'il lui doit pour marchandises qu'il lui a vendues et livrées, et qu'il devait lui payer le............, ce qu'il n'a pas exécuté ;

Le condamne, en outre, aux intérêts de ladite somme à partir du jour de la demande, et en tous les dépens, ces derniers liquidés à la somme de.........., dans laquelle ne sont pas compris les frais de timbre, d'enregistrement, d'expédition et de signification du présent jugement, lesquels demeurent également à sa charge ;

Et, conformément à l'article 1er, § I de la loi du 25 mai 1838, ordonne l'exécution provisoire du présent jugement, nonobstant appel et sans bail de caution.

Ainsi jugé et prononcé, etc.

Jugement qui ordonne l'exécution provisoire nonobstant appel sans caution lorsqu'il s'agit de pension alimentaire, *ou bien* **lorsque la somme due n'excède pas 300 francs.**

(Art. 11, § 2, loi du 25 mai 1838.)

349. Entre le sieur A......, demandeur,

Et le sieur B......, défendeur ;

(Comme à la formule *suprà* no 344, jusqu'au dernier des motifs du jugement auxquels on ajoute ce qui suit) :

Attendu qu'il s'agit de pension alimentaire dont le payement ne peut supporter de retard ; *ou bien :* que la somme due n'excède pas trois cents francs, et qu'il y a, dans l'espèce, des causes assez sérieuses pour autoriser le Tribunal à ordonner l'exécution provisoire du jugement ;

Par ces motifs, le Tribunal, faisant droit aux parties, jugeant en premier ressort, condamne B..... à payer à A..... la somme de cent cinquante francs, à titre de pension alimentaire ; dit que le payement de cette somme aura lieu par semestre, et d'avance, à compter de ce jour ; ordonne, en vertu de l'article 11, § 2, de la loi du 25 mai 1838, que le présent jugement sera exécuté par provision, nonobstant appel, sans bail de caution ;

Le condamne, en outre, aux dépens, etc.

Jugement qui ordonne l'exécution provisoire nonobstant appel mais avec caution, la somme due excédant 300 francs.

(Art. 11, § 2, loi du 25 mai 1838.)

350. Entre......, etc.....

(Prendre pour modèle la demande en payement de loyers et en résiliation de bail, portée sous le no 345, et après le jugement sur cette demande, ajouter ce qui suit) :

Attendu que, dans l'espèce, il y a des raisons assez sérieuses pour motiver l'exécution provisoire du jugement ;

Attendu, cependant, que la condamnation qui vient d'être prononcée excède trois cents francs, et qu'aux termes de l'article 11, § 2, de la loi du 25 mai 1838, ladite exécution ne peut être ordonnée qu'à la charge de caution.

Par ces motifs, le Tribunal ordonne que le présent jugement sera exécuté par provision, nonobstant appel, mais à charge par A .... de donner caution.

Ainsi jugé, etc.....

Acte de soumission de la caution au Greffe.

351. L'an mil, etc.,

Par-devant nous.......... Greffier de la Justice de paix du canton de.....,

A comparu au Greffe de ladite Justice de paix,

Le sieur C..........,

Lequel a dit : que par jugement rendu par le Tribunal de paix de ce canton, le........... (enregistré), le sieur B........... a été condamné à payer au sieur A..........., la somme de.............., et que l'exécution provisoire du jugement a été ordonnée, nonobstant appel, mais à la charge de fournir caution;

Que le comparant a été, par le jugement susrelaté, admis comme caution, et qu'en conséquence il déclare se constituer caution dudit A..........., dans les termes du jugement susénoncé, dont il a pris connaissance, faisant à cet effet toutes soumissions de droit;

Desquelles comparution, déclaration et soumission, le comparant a requis acte, qui lui a été octroyé, et il a signé avec nous, après lecture.

Fait à..........., les jour, mois et an que dessus.

Jugement sur la contestation de la caution (caution reçue).

352. Entre......, etc.....

(Comme à la formule, n° 350, jusqu'aux conclusions du défendeur, puis ajouter ce qui suit) :

Le défendeur a dit : qu'il s'oppose à la réception de la caution offerte par C......

(Indiquer ici les motifs du refus;)

A quoi le demandeur a répondu que les biens possédés par le sieur X....... qu'il offre comme sa caution, sont plus que suffisants pour répondre des condamnations prononcées par le susdit jugement ; et, à l'appui de son allégation, il a produit.............. (énoncer les titres de propriété de la caution.)

POINT DE DROIT : Le Tribunal, doit-il recevoir la caution présentée par le sieur C.........?

Ne doit-il pas, au contraire, la repousser?

Ouï les parties dans leurs moyens de défense et conclusions ;

Attendu que le défendeur ne rapporte pas la preuve de ses allégations, tendant à démontrer que la caution offerte par C........... est insuffisante dans l'espèce ;

Attendu, au contraire, que la solvabilité de la caution présentée est notoire et justifiée d'ailleurs, par les pièces produites ;

Attendu dès lors, qu'il y a lieu de recevoir cette caution ;

Par ces motifs : Le Tribunal, faisant droit aux parties et jugeant en premier ressort, sans avoir égard à l'opposition du sieur D........, reçoit X......... pour caution dudit sieur C........., à l'effet de garantir, en cas d'infirmation sur appel, les condamnations en principal, intérêts et frais, prononcées au profit de C.......... contre D..........., par jugement, en date du..............

Ainsi jugé, etc.......

Jugement qui admet la caution présentée lorsqu'elle n'est pas contestée par le défendeur.

353. Entre le sieur C.......

Et le sieur D........

Faits : (Le..........., il a été rendu par le présent Tribunal, entre le sieur C..... et le sieur D....., un jugement (enregistré), dont voici le dispositif) :

(Copier le dispositif du jugement n° 350, et ajouter ce qui suit) :

Par exploit de....., huissier à......., en date du..... (enregistré), le sieur C..... a fait citer le sieur D...... pour l'audience de ce jourd'hui et devant le présent Tribunal, pour, est-il dit dans cet exploit, voir admettre le sieur X..... comme sa caution, pour l'exécution provisoire du jugement plus haut relaté

La cause, en cet état, appelée à l'audience de ce jour, les parties ont comparu en personne, et elles ont pris les conclusions suivantes :

Le demandeur a conclu à ce qu'il plût au Tribunal lui allouer le bénéfice des conclusions par lui prises ci-dessus, dans son exploit, en date du.....

Le défendeur a déclaré, de son côté, qu'il n'entendait pas contester la solvabilité du sieur X......, et qu'il ne s'opposait pas à ce qu'il fût reçu comme caution du sieur C.....; mais qu'il faisait toutes réserves au sujet de son droit d'appeler dudit jugement.

Point de droit : Le Tribunal doit-il recevoir la caution présentée par le sieur C.....?

Quid quant aux dépens?

Attendu que le sieur C....., en présentant une caution pour l'exécution du jugement qu'il a obtenu, le......, contre D......, ne fait que se conformer au droit que lui confère la loi, sanctionné par le jugement sus-relaté ;

Attendu que la solvabilité du sieur X..... est notoire, et qu'elle n'est pas contestée par D..... ;

Attendu, au surplus, que D..... ne s'oppose pas à ce que la caution présentée soit reçue ;

Par ces motifs : Le Tribunal, faisant droit aux parties et jugeant en premier ressort, admet X..... pour caution de la restitution, en cas d'infirmation sur appel des condamnations, en principal, intérêts et frais, prononcées, au profit du sieur C......, contre le sieur D......, par jugement, en date du.....

Ainsi jugé, etc.

Jugement qui rejette la caution présentée.

354. Entre............., etc.

(Comme à la formule *suprà* n° 352, jusqu'aux motifs exclusivement, puis ajouter ce qui suit) :

Attendu qu'il est constant pour le Tribunal, ainsi que cela résulte des pièces produites, que les immeubles qui appartiennent au sieur X......, présenté pour caution, sont grevés d'inscriptions dont les causes peuvent absorber leur valeur;

Et attendu que, dans ces circonstances, la solvabilité du sieur X.... n'étant pas suffisamment établie, il n'y a pas lieu de l'admettre pour caution du sieur C.....;

Par ces motifs : Le Tribunal, faisant droit aux parties, et jugeant en premier ressort, déclare insuffisante la caution offerte par le sieur C..... dans la personne du sieur X.....;

Et, par suite, dit et ordonne, que, jusqu'à ce qu'il en ait été présenté une autre plus solvable, défense est faite audit sieur C.... d'exécuter par provision, dans le cas d'appel, le jugement prononcé par le présent Tribunal à son profit, le..............., à peine de tous dépens, dommages et intérêts; renvoie la cause à l'audience du..........., pour la réception d'une nouvelle caution, s'il convient à C..... d'en présenter une autre.

Le condamne, en outre, aux frais du présent jugement.

Ainsi jugé, etc.

Jugement qui donne acte du serment décisoire prêté sur-le-champ à l'audience

(Art. 1358 C. c.)

355. Entre......., etc.

(Comme à la formule *suprà* n° 305, jugement interlocutoire, jusqu'au deuxième paragraphe du dispositif, qu'on remplace par ce qui suit) :

Et aussitôt le demandeur a, la main droite levée à Dieu, juré par serment qu'il n'a pas reçu du défendeur, le....., la somme de cent quatre-vingts francs, que ce dernier prétend lui avoir donnée;

Duquel serment, le Tribunal a donné acte audit sieur A....., demandeur;

Vu le serment qui vient d'être prêté, et attendu que le demandeur ne reconnaît pas avoir reçu la somme de cent quatre-vingts francs, qu'il réclame du défendeur, en vertu d'un titre qui est en sa possession, condamne ce dernier à payer au demandeur la somme de cent quatre-vingts francs qu'il lui doit, montant de la reconnaissance sus-mentionnée;

Le condamne, en outre, aux intérêts et aux dépens, etc.....

Jugement définitif qui donne acte du serment décisoire prêté à une autre audience.

(Art. 1358 C. c.)

356. Entre le sieur.....

POINT DE FAIT :

La cause, en cet état, etc.....

Le défendeur a rappelé que, par jugement rendu, le....., (Voir jugement interlocutoire, formule *suprà* n° 305), le Tribunal a ordonné que le demandeur serait tenu de prêter serment sur le fait de savoir si, le....., il n'a pas reçu du concluant la somme de cent quatre-vingts francs, mentionnée dans l'exploit introductif d'instance, en date du.....;

Que le demandeur étant présent à l'audience, le défendeur demande à ce qu'il soit admis au serment dont s'agit.

Le demandeur a répondu qu'il est prêt à prêter le serment qui lui a été déféré par le jugement, en date du..........

Et aussitôt, ledit sieur..... a, la main droite levée à Dieu, juré, en présence du défendeur, qu'il n'a pas reçu de ce dernier la somme de cent quatre-vingts francs qu'il prétend lui avoir donnée, le..........

POINT DE DROIT : Le Tribunal doit-il faire droit des conclusions prises par le demandeur ?

Quid quant aux dépens ?

Ouï les parties dans leurs moyens de défense et conclusions :

Attendu que le défendeur a fait dépendre le sort de son procès, avec le demandeur, du serment décisoire qu'il a déféré à ce dernier;

Attendu que ledit demandeur a affirmé n'avoir pas reçu la somme de cent quatre-vingts francs qui fait l'objet du procès;

Que, dans cette situation, il y a lieu d'allouer à ce dernier les conclusions de sa citation;

Par ces motifs : Le Tribunal, faisant droit aux parties, et jugeant en premier ressort, vidant l'interlocutoire porté par son jugement, en date du....., donne acte au demandeur du serment par lui prêté ci-dessus, et condamne, par suite, le défendeur à payer à ce dernier la somme de cent quatre-vingts francs qu'il lui a prêtée, ainsi que cela est constaté par une reconnaissance, en date du ...., enregistrée, le.........., f°..........., etc. ;

Le condamne, en outre, aux intérêts de ladite somme à compter de la date de la citation, et en tous les dépens, ces derniers taxés et liquidés à....., etc...

Ainsi jugé, etc ....

LIVRE DEUXIÈME

JURIDICTION GRACIEUSE

OU

EXTRA-JUDICIAIRE

DIVISION :

CHAPITRE PREMIER

DES CONSEILS DE FAMILLE.

CHAPITRE II

DES SCELLÉS.

CHAPITRE III

ACTES DIVERS.

CHAPITRE IV

LOIS & INSTRUCTIONS sur L'ENREGISTREMENT & le TIMBRE

CHAPITRE PREMIER

—

DES CONSEILS DE FAMILLE

SOMMAIRE :

*

OBSERVATIONS GÉNÉRALES.

357. On appelle *Conseil de famille* une assemblée de parents ou d'amis réunis pour délibérer sur ce qui intéresse la personne ou les biens d'un mineur, d'un interdit, d'un absent ou de tout autre personne frappée d'une incapacité légale.

358. On appelle *Avis de parents* la délibération du conseil de famille.

359. *Lieu où doit être réuni le conseil de famille.* — Aux termes de l'article 406 du Code civil, le conseil de famille doit se réunir devant le Juge de paix du domicile du mineur, c'est-à-dire, d'après une jurisprudence constante, devant le Juge de paix du lieu où le premier mourant des père et mère avait son domicile au moment de son décès ;

Ainsi, la convocation du conseil de famille, à l'effet de

procéder au remplacement de la mère tutrice légale, décédée, doit être faite au lieu où la tutelle s'est ouverte, c'est-à-dire au lieu où le père prédécédé était domicilié, et non pas au lieu où la mère tutrice légale avait son domicile le jour de son décès.

Et la délibération du conseil de famille, convoqué dans ce but, au lieu du domicile de la mère tutrice légale, est nulle, sans qu'il appartienne au Juge de la valider sous le prétexte qu'en fait, le conseil de famille, ainsi convoqué, paraît avoir présenté des garanties suffisantes.

La Cour de cassation, par un arrêt à la date du 2 mars 1869, a décidé, dans ce sens, la question en ces termes :

« Vu les articles 108, 406, 407, 420, 421 Code c ;

« Attendu que les dispositions combinées de icles précités établissent expressément que le Juge de paix, compétent pour présider le conseil de famille appelé, soit à constituer une tutelle dative, soit à compléter, par la nomination d'un subrogé-tuteur, une tutelle légale ou testamentaire, est celui du domicile du mineur, et que le lieu du domicile du mineur est le lieu même ou la tutelle s'est ouverte, c'est-à-dire le lieu où le mineur était domicilié chez ses père et mère lorsque la tutelle s'ouvre par le décès de son père ;

« Attendu, en conséquence, que lorsqu'il s'agit de constituer, de modifier ou de compléter la tutelle, on ne peut considérer le mineur comme ayant, aux termes de l'article 108 du Code civil, son domicile chez son tuteur ;

« Que, d'après l'article 407 du même Code, le personnel du conseil de famille se détermine par le lieu même où ce Conseil est convoqué ; que la loi n'a pas admis qu'il pût dépendre du tuteur, ou, comme dans l'espèce, d'un ex-tuteur, d'en faire varier arbitrairement la composition en transportant à son gré son propre domicile ;

» Attendu que la règle de compétence qui, pour l'organisation des tutelles, rattache la convocation du conseil de famille au domicile primitif et naturel des mineurs, s'applique, en général, à toutes les nominations de tuteur et de subrogé-tuteur qui peuvent devenir nécessaires pendant la durée de la minorité ;

» Qu'elle ne permettait pas au Juge de paix de rechercher si, en fait, le conseil de famille, réuni devant le Juge de paix du lieu où la mère tutrice avait eu son dernier domicile, avait présenté, pour la protection des intérêts du mineur, des garanties équivalentes à celles que lui aurait assurées un conseil de famille convoqué au lieu où la tutelle s'était primitivement ouverte. »

(D. P. 1869, 1, 109)

Cass., 11 mai 1842 (D. P. 45, 1, 217) ; — idem, 17 décembre 1869 (D. P. 1850, 1, 772) ;— Ch. du Conseil, Trib. de la Seine, 6 juillet 1853 ; — (Bertin, Ch. du Conseil, p. 402.)

V° cependant *contrà* : Metz, 2 mars 1867 (D. P. 67, 2, 60.)

Quelque absolue que soit la règle qui prescrit la convocation du conseil de famille au domicile du mineur, c'est-à-dire devant le Juge de paix du lieu où la tutelle s'est ouverte, il est certains faits, certaines situations qui doivent faire fléchir le principe et déterminer les magistrats à y faire exception. Ainsi, une famille, après avoir demeuré longtemps en France, a été s'établir à l'étranger, où le père et la mère sont morts, laissant des enfants mineurs.

Faut-il, dans de telles circonstances, réunir le conseil de famille à l'étranger ?... Nous ne le pensons pas.

La présomption légale est que le Français, qui se transporte à l'étranger, y conserve sa qualité de Français tant qu'il n'a pas perdu cette qualité, et qu'il ne s'y est pas établi *sans esprit de retour*.

Et le fait d'une résidence plus ou moins prolongée ne peut détruire cette présomption légale.

Cela posé, devant quel Juge de paix, en France, doit se réunir le conseil de famille ?

C'est incontestablement devant le Juge de paix du dernier domicile en France des père et mère du mineur.

Jugement du Tribunal de Bordeaux du 24 août 1874. — (V° notre *Journal des Greffiers*, année 1874, n° 132 et année 1875, n° 5)

La chambre du Conseil du Tribunal de la Seine a même décidé, le 26 janvier 1853, que le conseil de famille d'un enfant dont les parents étaient allés s'établir en Algérie, après avoir demeuré longtemps à Paris, devait être convoqué à

Paris; il faut reconnaître que, dans l'espèce, l'enfant, après le décès de ses père et mère, avait été recueilli par ses parents domiciliés à Paris, et ne possédait aucune fortune en Algérie.

360. *Local où doit se réunir le conseil.* — La réunion du conseil de famille a lieu dans le local qu'il plaît au Juge d'indiquer : chez lui, au prétoire ou dans la famille du mineur.

(Art. 415, C. c.)

361. *Composition du conseil de famille.* — Le conseil de famille se compose de six parents ou alliés, non compris le Juge de paix, qui en est le président et y a voix délibérative et prépondérante, en cas de partage.

Ces parents ou alliés sont pris dans chaque ligne, en nombre égal, tant dans la commune où la tutelle s'est ouverte que dans la distance de deux myriamètres.

Le parent est préféré à l'allié du même degré. Les frères germains et les maris des sœurs germaines sont tous appelés au conseil de famille, quel que soit leur nombre; les ascendants et les veuves d'ascendants sont appelés avec eux. Lorsque les parents ou alliés se trouvent en nombre insuffisant, sur les lieux ou dans la distance de deux myriamètres, des amis sont appelés, pour les remplacer, par le Juge de paix. Ce magistrat peut même, quoi qu'il y ait des parents en nombre suffisant dans la distance légale, permettre d'appeler d'autres parents plus proches ou à égal degré, à quelque distance qu'ils soient domiciliés, de manière cependant, qu'en retranchant les parents dont le domicile est moins éloigné, il n'excède pas le nombre fixé pour la composition du conseil.

(Extraits des art. 407, 408, 409 et 410 C. c.)

En cas d'insuffisance des parents ou alliés, le Juge de paix peut compléter le conseil de famille en y appelant des citoyens n'ayant pas eu avec la famille du mineur, ou avec le défendeur à l'interdiction, ou autre incapable, des relations habituelles et suivies, s'il ne se trouve pas dans la localité des personnes remplissant cette condition.

Le Juge de paix n'est pas tenu, et même il n'a pas le droit

d'appeler pour compléter le conseil, des personnes qui lui auraient été désignées par le défendeur à l'interdiction.

Bordeaux, 17 janvier 1860 (D. P., 1860, 2, 95); — Paris, 15 juin 1857; (D. P. 58, 2, 91); — Cass., 19 août 1850 (D. P., 50, 1, 281); — Douai, 4 juillet 1855) D. P., 57, 2, 47).

Dans un conseil de famille, les frères germains ou les maris des sœurs germaines, ainsi que leurs descendants, peuvent, indifféremment, être mis au nombre des parents paternels ou maternels.

Le mari, qu'il ait ou qu'il n'ait pas d'enfants de son épouse décédée, et alors même que, par un second mariage, il se soit allié à une autre famille, peut être membre du conseil de famille des enfants de sa première femme, dont il reste l'allié, comme si cette dernière vivait.

Rouen, 28 août 1809 (S. 9. 2. 385); — Bruxelles, 11 juin 1812 (S. 13. 2. 220.)

Lorsqu'un parent convoqué à la réunion du conseil de famille d'un mineur n'a, quoique présent sur les lieux, ni répondu à cette invitation, ni fait parvenir d'excuses, le Juge de paix ne fait qu'user de son droit en le remplaçant par un ami de la famille.

Jugement du Tribunal de Lyon, 19 juin 1869. (D. P., 70, 3, 104), dont voici le texte :

« Sur le moyen pris de la composition prétendue irrégulière du conseil de famille :

» Attendu que cette composition n'a nullement été modifiée à dessein ;

» Que le grand-père des mineurs avait été régulièrement convoqué ;

» Qu'il s'est abstenu de se rendre, sans même faire connaître les motifs de sa non-comparution ; et l'excuse qu'on allègue, tirée d'affaires qui le laissent, d'ailleurs, présent sur les lieux ;

» Que le Juge a usé de son droit en le remplaçant par un ami de la famille. (Art. 444 C. c.) »

Le Tribunal de la Seine a décidé, le 4 août 1849, qu'il n'y a pas nullité de la délibération, parce que le conseil de famille aurait été composé d'amis, alors qu'il y avait des parents dans la distance légale, si la convocation a été faite de bonne foi; sauf, toutefois le cas où il s'agirait d'ascendants, car alors leur exclusion volontaire ou involontaire emporterait nullité.

Aix, 9 mai 1846 (S. V. 46. 2. 580); — Cass., 3 mars 1856 (S. V. 56. 1. 408.)

Les ascendantes veuves sont-elles appelées pour composer le conseil de famille, ou le sont-elles en sus, ayant seulement voix consultative?

La doctrine se prononce en faveur de l'admission des ascendantes veuves dans le conseil de famille, avec voix délibérative.

(V° notre *Journal des Greffiers*, année 1874, n° 143.)

362. *Exclusions, — Excuses.* — Ne peuvent être tuteurs, ni membres des conseils de famille :

1° Les mineurs, excepté le père ou la mère;

2° Les interdits;

3° Les femmes, autres que la mère et les ascendantes;

4° Tous ceux qui ont ou dont les père et mère ont, avec le mineur, un procès dans lequel l'état du mineur, sa fortune ou une partie notable de ses biens sont compromis.

(442 C. c.)

La condamnation à une peine afflictive ou infâmante emporte de plein droit l'exclusion de la tutelle. Elle emporte même la destitution, dans le cas où il s'agirait d'une tutelle antérieurement déférée.

(443 C. c.)

Sont aussi exclus de la tutelle, et même destituables s'ils sont en exercice :

1° Les gens d'une inconduite notoire;

2° Ceux dont la gestion attesterait l'incapacité ou l'infidélité.

(444 C. c.)

Tout individu qui aura été exclu ou destitué d'une tutelle, ne pourra être membre d'un conseil de famille.

(445 C. c.)

Toutes les fois qu'il y aura lieu à une destitution de tuteur, elle sera prononcée par le conseil de famille, convoqué à la diligence du subrogé-tuteur, ou d'office par le Juge de paix.

Celui-ci ne pourra se dispenser de faire cette convocation, quand elle sera formellement requise par un ou plusieurs parents ou alliés du mineur, au degré de cousin germain ou à des degrés plus proches.

(C. c., art. 446.)

Les causes d'exclusion des conseils de famille, énumérées ci-dessus, sont les seules qui peuvent être admises.

La doctrine et la jurisprudence sont d'accord pour reconnaître que les causes d'exclusion des conseils de familles indiquées par les articles 442 à 445, sont limitatives et non purement démonstratives.

Jurisprudence sur les exclusions et les incapacités.

363. 1° *Un parent peut-il être exclu d'un conseil de famille pour cause d'immoralité?* — Non; — à moins qu'il y ait incapacité prononcée par la loi.

Cass., 13 octobre 1807 (S. 7. 17. 473); — Besançon, 26 août 1808 (S. 7. 2. 806; D. A. 12. 718); — Caen, 15 janvier 1811 (S. 12 2. 206); — *Sic*, Toullier, t. II, n° 1171; — Mellin, *Rép.*, v° *Tutelle*, sect. 2, § 3, art. 3, n° 7; — Favard, *eod. verb.*, § 8, n° 26; — Chardon, *Puiss. tutel.*, n° 306; — Marcadé, t. II, p. 252.)

La Cour de cassation a, par un arrêt du 25 mai 1874, décidé que les Tribunaux, usant du pouvoir de révision que leur confère l'article 883 du Code de procédure sur les délibérations non prises à l'unanimité, n'avaient pas le droit d'appliquer, à de simples membres de ces conseils, les causes d'exclusion que l'article 444 C. c. a édictées à l'égard des tuteurs.

2° *Un individu, qui a été pourvu d'un conseil judiciaire, doit-il être admis dans un conseil de famille?* — Oui. Il n'est pas assimilé aux interdits et atteint par l'incapacité qui frappe ces derniers.

Cass., 21 novembre 1848 (S. V. 48. 1. 677; P. 49. 1. 302; D. P. 48. 1. 230). — En ce sens, Demolombe, t. VII, n° 512. — *Contrà* Aubry et Rau, t. I, § 92, note 7; — Duranton, t. III, n° 503; — Chardon, p. 340.

3° *Le failli conserve-t-il, malgré sa faillite, capacité pour être membre d'un conseil de famille?* — Oui; car, disent les auteurs, la faillite suspend bien l'exercice des droits politiques, mais non l'exercice des droits civils. Seulement, le failli pourrait être destitué de la tutelle, en vertu de l'article 444 C. c.; et alors il deviendrait incapable de faire partie d'un conseil de famille.

Bruxelles, 14 août 1833 (S. V. 34. 2. 683; — D. P. 34. 2. 143).

4° L'étranger qui ne jouit pas, en France, des droits civils, ne peut faire partie d'un conseil de famille, alors même qu'il serait parent de mineurs français.

Bruxelles, 23 juillet 1820 (S. V. 61. 2. 200, note). — Paris, 21 mars 1861 (S. V. 61. 2. 200. — P. 61. 1113). — *Sic.* Demolombe, t. I, n° 245.)

Il ne peut non plus être investi d'une tutelle.

(Fréminville, t. I, n° 146. — Soloman, *Condit. des Etrang.*, p. 52; — Demolombe, t. I, n°s 245 et 267. — Masse, *Des Comm.*, t. II, n° 19. — Aubry et Rau, t. I, § 77, p. 254, § 79, p. 280, § 12, p. 334.)
Paris, 21 mars 1861 (D. P. 61. 2. 75.)

CONSIDÉRANTS DE CET ARRÊT : « La Cour : Considérant que Petro N... est étranger d'origine;

» Qu'il n'a pas rempli les formalités nécessaires pour acquérir la qualité de Français;

» Qu'il n'est, d'ailleurs, dans aucune des conditions qui confèrent à l'étranger la jouissance des droits civils;

» Considérant que si c'est au droit naturel que remonte le principe de la surveillance et de la protection qui doivent entourer l'enfance, c'est au droit positif et statutaire qu'appartiennent les dispositions qui déterminent l'âge jusqu'aux limites duquel cette protection doit s'exercer, les qualités et les devoirs de ceux auxquels est imposée la charge de cette protection, enfin, le mode et l'étendue de son action;

» Qu'il suit de ces principes que les fonctions de tuteur et les fonctions de membres des conseils de famille sont des charges publiques, qui ne peuvent peser que sur des Français, comme elles sont aussi l'exercice des droits civils, qui n'appartiennent qu'aux Français; »

5° *La mère tutrice, qui, en cas de convol, a perdu la tutelle de ses enfants, conserve-t-elle le droit de faire partie du conseil de famille?* — Oui.

Bruxelles, 30 mai 1810. (S. 10. 2. 397 ; — C. n° 3.) - *Sic.* Zachariæ, t. I, § 93 n° 21. — *Contrà* Delvincourt, sur l'art. 445 C. c.)

Mais si la mère était destituée de la tutelle, elle perdrait, par ce fait, le droit d'être membre du conseil de famille de ses enfants mineurs.

(Art. 445, C. c.)

La Cour d'Aix, par un arrêt, à la date du 9 mai 1846, a décidé que la mère survivante, qui a perdu la tutelle, par suite d'un convol en secondes noces, ne peut, ni son mari non plus, faire partie du conseil de famille appelé à nommer un nouveau tuteur.

(S. V. 46. 2. 580. — P. 46. 2. 612. — D. P. 46. 2. 171.) — *Contrà* Duranton, t. III, n° 511 ; — Aubry et Rau, t. I, § 92, p. 336.

364. *Récusation du Juge et des membres du Conseil.* — La Cour d'appel de Paris a décidé, le 27 janvier 1820, que les causes de récusation admises contre les Juges ne sont point applicables aux membres du conseil de famille, et que les parents qui auraient antérieurement donné leur avis sur les questions soumises à ce Conseil ne sont point, par cela seul, exclus du droit de concourir à sa délibération.

(Art. 442 et 445 C. c.)
Ve Conf., Paris, 7 floréal an XIII (S. 5 2. 603) ; — Cass., 13 octobre 1807 (S. 7. 1. 473) ; — Merlin, *Rep.* Vo Interdiction, § 5, et Tutelle, sect. 2, § 3, art. 3. — Ve aussi Conf., sur le principe que les exclusions prononcées par l'art. 445 sont limitatives ; Bourges, 20 germ. an XIII ; Besançon, 26 août 1808 ; Rennes, 14 février 1810 ; Bruxelles, 30 mai 1810 ; Rouen, 17 novembre 1810 ; Caen, 15 janvier 1811 ; Rennes, 30 mai 1831. — Toullier, t. II, nos 1159 et 1170 ; Hautefeuille, p. 523 ; Favard, t. V, p. 825, § 8 ; Berriat, p. 683, note 11, n° 2.

365. *Convocation du Conseil.* — Le conseil de famille sera convoqué, soit sur la réquisition et à la diligence des parents du mineur, de ses créanciers ou d'autres parties intéressées, soit même d'*office et à la poursuite du Juge de paix* du lieu de l'ouverture de la tutelle.

(Art. 406 C. c.)

Le délai pour comparaître sera réglé par le Juge de paix, de manière qu'il y ait toujours, entre la citation notifiée et le jour de la réunion du conseil, un intervalle de trois jours francs au moins quand les parents résident dans la distance de deux myriamètres, et s'il en est qui demeurent au delà, le délai sera augmenté d'un jour par *trois* (1) myriamètres.

(Art. 411 C. c.)

Les parents, alliés ou amis ainsi convoqués, seront tenus de se rendre en personne ou de se faire représenter par un mandataire spécial, *qui ne pourra représenter qu'une seule personne*.

Tout non comparant encourra une amende qui ne pourra excéder 50 fr., et sera prononcée, sans appel, par le Juge de paix. S'il y a excuse suffisante, le Juge ajourne l'assemblée ou remplace le membre absent, suivant sa prudence.

(Art. 412, 413 et 414 C. c.)

Le plus souvent, la convocation du conseil de famille est faite verbalement et par lettres; mais, dans le cas où il est nécessaire de recourir à la citation par huissier, le Juge de paix rend une ordonnance, à la suite d'une requête, qui lui est présentée par le poursuivant.

La pénalité prononcée par l'article 413 Code civil n'est encourue qu'autant qu'il y a eu citation d'huissier.

La condamnation prononcée est insérée au procès-verbal, et le Greffier doit délivrer à l'Administration de l'enregistrement et des domaines un extrait de cette décision sur papier libre.

366. *Délibération.* — Le conseil est présidé par le Juge de paix, qui y a voix délibérative et prépondérante en cas de partage.

(Art. 416 C. c.)

Ainsi, le Juge de paix doit nécessairement prendre part aux

(1) Lisez *cinq* myriamètres. V° art. 1033, C. Proc. c., modifié par la loi du 3 mai 1862.

délibérations; s'il ne faisait que présider, la délibération serait nulle.

Bordeaux, 21 juillet 1808 (S. 8, 2, 238; D. A. 12, 719); — Aix, 10 mars 1840 (S. V. 40, 2, 316; D. P. 40, 2, 230); — Pigeon, II, 403, note.

La mention au procès-verbal, que la délibération a été prise à l'unanimité des voix, exprime suffisamment que le Juge de paix qui a présidé le conseil a pris part au vote.

Paris, 21 août 1841 (S. V. 41, 2, 488; D. P. 42, 3, 22; P. 41, 2, 405).

La présence des *trois quarts au moins des membres convoqués* est nécessaire pour délibérer.

(Art. 415 C. c.)

Le Juge de paix n'est pas compris dans ce nombre, qui, en général, est de cinq.

Il n'est pas nécessaire que les trois quarts des membres délibèrent; il suffit qu'ils soient présents.

Bruxelles, 15 mars 1806 (S. 7, 2, 866; D. A. 12, 713; — *sic* Duranton, t. III, n° 456; *Contrà* Marchand, p. 101).

Quel est le nombre de voix nécessaire pour former la délibération? — La loi ne s'explique pas positivement à cet égard; mais il est dans la nature des choses que le vote de la *majorité absolue* puisse être seul regardé comme l'expression de la volonté d'un corps délibérant.

Bruxelles, 15 mars 1806 (S. 7, 2, 866; D. A., 12, 713); — Metz, 16 février 1812 (S. 12, 2, 310; D. A., 9, 514); — Delvincourt, I, 433, n° 1; — Duranton, III, n° 466; — *Contrà* Toullier, II, n° 1121; — Duranton, III, n° 466.

Mais si le nombre de voix est égal des deux côtés, il y a lieu de recourir à une nouvelle convocation.

(Aix, 10 mars 1847.)

Quelques auteurs font au contraire intervenir le Tribunal.

Dans la pratique, il est d'usage de recourir à une nouvelle convocation. Dans ce cas, on remplace par d'autres parents, ou, à défaut de parents, par des amis, tous les membres du conseil dissident.

Toutes les fois que les délibérations du conseil de famille ne seront pas unanimes, l'avis de chacun des membres qui le composent sera mentionné dans le procès-verbal.

(Art. 883 C. proc. c.)

Mais cette obligation n'emporte pas nécessité d'indiquer les motifs de chaque opinant.

Cass., 17 novembre 1813 (S. 14, 1, 74; D. A., 12, 722); — *sic* Carré et Chauveau, q. 2004; — Rodière, p. 318).

L'obligation dont il s'agit n'est d'ailleurs applicable qu'aux délibérations qui sont soumises à l'homologation du Tribunal.

Metz, 16 février 1812 (S., 12, 2, 389; D. A., 9, 544); — *sic* Duranton, t. III, n° 477; — Favard, V° *Avis de parents*, n° 2; — Magnin, *Minorités*, t. Ier, n° 319; — de Fréminville, *ibid.*, t. Ier, n° 109; — Carré, q. 2004; — *Contrà* Angers, 6 août 1819 (S., 20, 2, 196; D. A., 12, 698.)

L'amende que le Juge de paix est autorisé à prononcer, en vertu de l'article 413 Code civil, ne peut être appliquée au membre du conseil qui a comparu, mais qui a refusé de délibérer ; les peines ne se suppléent pas; elles ne peuvent être étendues d'un cas à un autre; l'article 413 n'autorise le Juge de paix à prononcer l'amende que dans le seul cas où le membre du conseil, convoqué par citation, ne comparaît pas ou ne fait présenter aucune excuse légitime.

367. *Serment des tuteurs, subrogés-tuteurs et curateurs.* — La loi du 24 août 1790 exigeait d'une manière expresse ce serment des tuteurs, subrogés-tuteurs et curateurs; mais le Code civil étant muet sur ce point, on a conclu que la loi de 1790 était abrogée. La Cour d'appel de Bordeaux, par un arrêt à la date du 4 avril 1809, a décidé que le serment ne devait plus être exigé.

(V° Delvincourt, *Cours de Code civil*, t. II, p. 35; — Favard, *rep.* V° *Curateur*; — Carré, *Lois de la procédure*, t. III, p. 384, n° 3245.)

Dans la pratique, le Juge de paix se contente généralement d'exiger la promesse que les fonctions déférées seront remplies avec zèle et fidélité.

368. *Nomination du tuteur en son absence. — Signification de la délibération.* — Lorsque la nomination du tuteur n'aura pas été faite en sa présence, elle lui sera notifiée, à la diligence du membre de l'assemblée qui aura été désigné par elle; ladite signification sera faite dans les trois jours de la délibération, outre un jour par *trois* (1) myriamètres de distance, entre le lieu où s'est tenue l'assemblée et le domicile du tuteur.

(Art. 882, C. proc. c.)

La notification doit être également faite aux subrogés-tuteurs et curateurs, s'ils n'ont pas été présents à la délibération.

Si le membre de l'assemblée chargé de faire la notification ne la fait pas dans le délai fixé, il est passible de dommages-intérêts résultant de sa négligence; et tout membre de l'assemblée peut faire faire la notification aux frais du mandataire en retard, afin que le mineur ne reste pas sans défenseur.

(Arg., art. 887 C. proc. c.)

369. *Exécution des délibérations. — Homologation.* — Les délibérations des conseils de famille qui ne sont pas sujettes à homologation peuvent être attaquées, soit pour vice de forme, soit pour autres causes. Lorsqu'il y aura lieu à appel d'un jugement intervenu sur délibération, cet appel ne pourra être formé sans l'autorisation du conseil de famille.

Les délibérations dont l'homologation n'est pas ordonnée par la loi, devront être immédiatement exécutées, si elles ne sont pas attaquées.

(Art. 418, 440 et 448, C. c.)

Les délibérations qui doivent être soumises à l'homologation sont les suivantes :

1° Autorisation d'emprunter pour le mineur ou d'aliéner ses biens immeubles;

(Art. 457, 458, C. c.)

2° Autorisation à partage;

(Art. 466, C. c.)

3° Autorisation de transiger;

(Art. 467, C. c.)

---

(1) Lisez *cinq* myriamètres. Vo art. 1033, modifié par la loi du 3 mai 1862.

4° Autorisation au mineur émancipé d'emprunter, ou de vendre ses biens immeubles;

(Art. 483 et 484, C. c.)

5° Autorisation d'emprunter, d'aliéner ou de transiger pour le compte d'un interdit ;

(Art. 457, 458 C. civ.)

6° Autorisation à mariage de l'enfant d'un interdit; règlement de la dot ou de l'avancement d'hoirie et des autres conventions matrimoniales ;

(Art. 511, C. c.)

Les jugements rendus sur délibération sont sujets à appel.

(Art. 889, C. proc. c.)

370. *Responsabilité du Juge et des membres du conseil de famille.* — Le Juge et les membres du conseil de famille ne sont pas responsables des conséquences de l'avis par eux émis et des décisions prises, à moins qu'il y ait faute grossière ou fraude.

371. *Expédition à des tiers. — Greffier.* — Les délibérations des conseils de famille n'appartenant point à la publicité, le Greffier de la Justice de paix n'est pas tenu d'en délivrer expédition à tous requérants. Il faut, pour obtenir cette expédition, avoir un intérêt particulier dont les juges sont appréciateurs.

Cass., 30 décembre 1840. (S. V. 41. 1. 171 — D. P. 41. 1. 62.) V° notre *Journal des Greffiers*, année 1874, p. 135.

372. *Timbre et enregistrement des délibérations.*

(V° n°s 838-839, 844-846, 853, 856-863.)

—

NOMENCLATURE DES DIVERS CAS OU IL Y A LIEU A RÉUNION DES CONSEILS DE FAMILLE.

373. Les conseils de famille se réunissent dans les cas suivants :

1° En cas de demande en rectification des actes de l'état-civil ;

(V° n°s 374, 375-376.)

2° En cas de disparition du père (la mère existant);
(Art. 142 C. c.; — V° nos 377-378.)

3° En cas de disparition du père (la mère étant décédée);
(Art. 142, 143 C. c.; — V° nos 379-380.)

4° En cas de mariage d'un enfant légitime;
(Art. 160, 182, 183 C. c.; — V° nos 381-382.)

5° En cas de désaveu : tutelle *ad hoc;*
(Art. 318 C. c; — V° nos 383-384.)

6° En cas de grossesse de la mère devenue veuve;
(Art. 393 C. c.; — V° nos 385-386.)

7° En cas d'un second mariage de la mère tutrice légale;
(Art. 395 C. c.; — V° nos 387-388.)

8° En cas de nomination de tuteur;
(Art. 405 C. c.; — V° nos 389-390.)

9° En cas de nomination de tuteur d'office;
(Art. 406 C. c.; — V° n° 395.)

10° En cas de nomination de subrogé-tuteur;
(Art. 420 C. c.; — V° nos 396-397.)

11° En cas d'acceptation ou de répudiation d'une succession;
(Art. 461, 776 C. c.; V° nos 398-399.)

12° En cas de destitution du tuteur;
(Art. 421, 443, 444, 445 C. c.; — V° nos 400-401.)

13° En cas de démission du tuteur;
(Art. 405 C. c.; V° nos 402-403.)

14° Autorisation de conserver des meubles en nature;
(Art. 452 C. c.; — V° nos 404-405.)

15° Fixation de la dépense annuelle du mineur;
(Art. 454 C. c.; — V° nos 403-407.)

16° Fixation de l'emploi de l'excédant des revenus du mineur;
(Art. 455 C. c.; — V° nos 408-409.)

17° Fixation des époques où le tuteur sera tenu de remettre au subrogé-tuteur des états de situation de sa gestion;
(Art. 470 C. c.; — V° nos 410-411.)

18° Nomination du tuteur en cas de substitution ;

(Art. 1048, 1074 C. c.); — V° nos 412-413.

19° Autorisation pour provoquer un partage ;

(Art. 465, 817 C. c.); — V° nos 414-415.

20° Nomination de tuteurs spéciaux en cas de partage ;

(Art. 838, 968 C. proc. c.); — V° nos 416-417.

21° Nomination de subrogé-tuteur *ad hoc* en cas de partage ;

(Art. 444 C. proc. c.); — V° nos 418-419.

22° Nomination de tuteur et de subrogé-tuteur spéciaux ;

(Art. 420, 421 C. c.; 444 C. proc. c.); — V° nos 420-421.

23° Autorisation de vendre les biens immeubles du mineur ;

(Art. 457 C. c.; 953, 955 C. proc. c.); — V° nos 422-423.

24° Autorisation au tuteur d'emprunter, d'aliéner, d'hypothéquer les biens du mineur.

(Art. 457 C. c.; 953, 955, C. proc. c.); — V° nos 424-426.

25° Autorisation pour intenter une action en justice relativement aux droits immobiliers ou acquiescer ;

(Art. 464 C. c.); — V° nos 427-428.

26° Autorisation d'accepter sous bénéfice d'inventaire ou de répudier une succession ;

(Art. 461 et 776 C. c.); — V° nos 429-430.

27° Autorisation d'accepter, etc., etc., une donation ;

(Art. 463, 935 C. c.); — V° nos 431-432.

28° Autorisation d'accepter un legs universel, ou à titre universel, ou un legs particulier conditionnel ;

(Art. 461 et 463 C. c.), — V° nos 433-434.

29° Consentement à la délivrance de legs ;

(Art. 1014 C. c.); — V° nos 435-436.

30° Nomination d'un tuteur *ad hoc*, à l'effet d'accepter une donation ;

(Art. 463, 935, 1075, 1076 C. c.); — V° nos 437-438.

31° Autorisation de restreindre l'hypothèque légale du mineur sur les biens de son tuteur ;

(Art. 2141 C. c.); — V° nos 439-442.

32° Autorisation pour transiger ;

(Art. 467, 2045 C. c.); — V° nos 443-444.

33° Autorisation pour le transfert de rentes au-dessus de 50 francs ;

(L. 23 mars 1806) ; — V° nos 445-446.

34° Autorisation pour le transfert d'actions de la Banque de France ;

(D. 25 septembre 1813) ; — V° nos 447-448.

35° Rentes sur particuliers ; actions industrielles ; actions de chemins de fer ; créances ; fonds de commerce ;

V° nos 449-453.

36° Autorisation de vendre une rente provenant de sommes placées à la caisse d'épargnes ;

(L. 24 mars 1806 ;— D. 7 juillet 1848 ;— L. 21 novembre 1848) ;— V° nos 454-455.

37° Autorisation pour provoquer la réclusion du mineur ;

(Art. 468 C. c.); — V° nos 456-457.

38° Autorisation pour engagement volontaire ;

(L. 27 juillet 1872, art. 46, § 2); — V° nos 458-459.

39° Emancipation par le conseil de famille et curatelle ;

(Art. 478, 479, 480 C. c.); — V° nos 460-461.

40° Nomination d'un curateur à une veuve émancipée par le mariage ;

(Art. 480 C. c.); — V° nos 462-463.

41° Retrait de l'émancipation ;

(Art. 485 C. c.); — V° nos 464-465.

42° Autorisation par le conseil de famille au mineur émancipé de faire le commerce ;

(Art. 487 C. c ; — et 2 C. de comm.); — V° nos 466-467.

43° Inscription d'hypothèque par un tuteur, emprunteur au Crédit foncier ;

(L. 10 juin 1853; — art. 23); — V° nos 468-469.

44° Autorisation au mineur émancipé d'accepter une succession sous bénéfice d'inventaire ;

V° nos 470-471.

45° Autorisation au mineur émancipé d'emprunter ;

(Art. 485 C. c.); — V° nos 472-473.

46° Autorisation au mineur émancipé de vendre ses immeubles ;

(Art. 457 C. c.); — V° nos 474-475.

47° Avis sur la nomination d'un conseil judiciaire ;

(Art. 514 C. c.); — V° nos 476-477.

48° Avis sur la nomination d'un administrateur à une personne placée dans un établissement d'aliénés ;

(L. 30 juin 1838, art. 32); — V° nos 478-479.

49° Avis sur l'interdiction lorsqu'elle est poursuivie par un parent ;

(Art. 494 C. c.); — V° nos 480-481.

50° Nomination de tuteur et de subrogé-tuteur à un interdit ;

(Art. 505 et 506 C. c.); — V° nos 482-483.

51° Nomination de tuteur et de subrogé-tuteur à un interdit sur les poursuites du Procureur de la République ;

V° n° 484.

52° Autorisation en restriction de l'hypothèque légale de l'interdit ;

(Art. 2141 C. c.); — V° n° 485.

53° Fixation du mode de traitement d'un interdit ;

(Art. 509 et 510 C. c.); — V° nos 486-487.

54° Règlement de l'administration de la femme tutrice de son mari interdit ;

(Art. 507 C. c.); — V° nos 488-489.

55° Autorisations diverses au nom d'un interdit ;

V° n° 490.

56° Remplacement du tuteur d'un interdit, après dix ans de tutelle ;

(Art. 508 C. c.); — V° nos 491-492.

57° Mariage des enfants d'un interdit. — Conventions matrimoniales ;

(Art. 511 C. c.); — V° nos 493-494.

58o Main-levée d'interdiction ;

(Art. 512 C. c.); — Vo nos 495-496.

59o Nomination de tuteur *ad hoc* à un enfant naturel reconnu par sa mère, à l'effet de consentir au mariage ;

(Art. 159 C. c.); — Vo nos 497-498.

60o Tuteur *ad hoc* à un enfant naturel, dont la mère qui l'a reconnu, a disparu (cas de mariage) ;

(Art. 148, 149 et 158 C. c.); — Vo no 499.

61o Nomination de tuteur et de subrogé-tuteur à un enfant naturel ;

(Art. 405 et 420 C. c.); — Vo nos 500-501.

62o Nomination d'un curateur à un sourd-muet ;

(Art. 936 C. c.); — Vo nos 502-503.

63o Mariage des enfants d'un sourd-muet illettré, et conventions matrimoniales ;

Vo nos 504-505.

64o De la tutelle officieuse ;

(Art. 361 à 370 C. c.); — Vo nos 506-507.

65o Nomination d'un curateur à un militaire absent ;

(L. 11 vent. an II, art. 2); — Vo nos 508-509.

66o Nomination d'un tuteur et d'un subrogé-tuteur à un individu condamné aux travaux forcés ;

(Art. 29 C. pén.); — Vo nos 510-511.

67o Restriction de l'hypothèque légale de la femme sur les biens du mari ;

(Art. 2144 C. c.); — Vo nos 512-513.

DÉSIGNATION DE DIFFÉRENTS AUTRES CAS OU IL PEUT Y AVOIR LIEU A RÉUNION DU CONSEIL DE FAMILLE.

Il y a différents autres cas où il y a lieu à réunion des conseils de famille, mais ces cas se présentant rarement, nous nous contentons de les mentionner ici pour mémoire seulement ; les voici :

1o Autorisation pour s'opposer au mariage ;

(Art. 175 C. c.)

2° Avis sur l'administration de la garde des enfants, en cas de séparation de corps;

(Art. 267 et 302 C. c.)

3° Nomination du tuteur, en cas de refus de la mère tutrice;

(Art. 394 C. c.)

4° Confirmation du tuteur choisi par la mère remariée;

(Art. 400 C. c.)

5° Nomination du tuteur en cas de concurrence entre deux bisaïeuls de la ligne maternelle;

(Art. 404 C. c.)

6° Nomination du pro-tuteur;

(Art. 417 C. c.)

7° Autorisation au subrogé-tuteur à passer bail au tuteur;

(Art. 450 C. c.)

8° Autorisation pour reprendre une succession répudiée;

(Art. 460 C. c.)

9° Maintien du père, condamné à la dégradation civique, dans la tutelle de ses enfants mineurs;

(Art. 34 C. pén.)

CAS DIVERS

OU IL Y A LIEU A RÉUNION DES CONSEILS DE FAMILLE.

OBSERVATIONS ET FORMULES.

PREMIER CAS.

Avis de parents sur une demande en rectification d'acte de l'état civil.

OBSERVATIONS.

374. Lorsqu'il s'agit d'une demande en rectification d'un acte de l'état civil, le Tribunal peut ordonner que le conseil de famille sera préalablement convoqué.

(Art. 856 C. proc. c.)

La généralité des termes de cette disposition, et le but même de cette mesure doivent avoir cette conséquence que, la convocation du conseil de famille peut avoir lieu, dans le cas même où les réclamants et ceux dans l'intérêt [illegible]uels on réclame, sont majeurs.

(Coin-Delisle, art. 99, no 22; — Pigeau, t. XI, 1. p. 548; — De[illegible]ombe, I. 1, no 334.)

La demande en rectification doit être portée devant le Tribunal de l'arrondissement dans lequel l'acte de l'état civil doit être transcrit, conformément aux articles 60, 87 et 171 C. c.

Le Juge de paix compétent pour recevoir le conseil de famille est celui du lieu de la naissance ou celui du domicile du réclamant.

(Arg. 70, C. c.)

FORMULE.

375. L'an mil huit cent soixante-quatorze, et le lundi trois août, à midi,

Par-devant nous, L.........., Juge de paix du canton de........, assisté de Me ...., Greffier de ladite Justice de paix,

S'est présenté en notre prétoire, sis à.........:

Le sieur A. Saint-Jean, négociant, demeurant à...........,

Agissant au nom et en qualité de tuteur naturel et légal de Paul Saint-Jean, né à........ le..........,

Son fils, mineur, issu de son mariage avec la dame..........., son épouse, décédée à.........., le..........;

Lequel comparant nous a exposé :

Que, dans l'acte de naissance de sondit enfant mineur dressé à la mairie de........., le.........., le nom patronymique de ce dernier a été écrit Sans-Jean, au lieu de Saint-Jean, qui est son véritable nom;

Que l'exposant, désirant faire rectifier cette erreur, a présenté à M. le Président du Tribunal de première instance de..........., la requête prescrite par l'article 855 du Code de procédure civile;

Que, sur cette requête, le Tribunal a rendu, le..........., un jugement qui ordonne que le conseil de famille dudit mineur se réunira devant nous, à l'effet de donner son avis sur l'opportunité qu'il peut y avoir de prononcer la rectification demandée;

Que, pour vêtir les dispositions dudit jugement, le comparant a, de notre agrément verbal, convoqué pour ces lieu, jour et heure, les membres du conseil de famille dudit mineur par nous désignés, et dont les noms suivent :

1o Le comparant, père et tuteur légal dudit mineur;

2° Le sieur Bertrand Saint-Jean, commerçant, demeurant et domicilié à....., rue..........., oncle paternel dudit mineur;

3° Le sieur Bertrand Furt, marchand de vins, demeurant et domicilié à..........., oncle par alliance dudit mineur du côté paternel;

Ces trois premiers membres, pour former la ligne paternelle, en leur qualité de plus proches parents et allié dudit mineur, du côté paternel;

4° Le sieur Paul Belloc, couvreur, demeurant et domicilié à................, rue..........., aïeul maternel dudit mineur;

5° Le sieur Jean Bouffard, ébéniste, demeurant et domicilié à.............., rue.........., cousin germain dudit mineur, du côté maternel;

6° Et le sieur Pierre Cazenave, marchand de papiers peints, demeurant et domicilié à..... ....., rue............;

Ces trois derniers membres, pour former la ligne maternelle, les deux premiers en qualité de parents, et le troisième en qualité d'ami, et appelé ce dernier à défaut d'autres parents domiciliés dans la distance légale;

Que, dans ces circonstances, le comparant, au nom qu'il agit, nous requiert de faire délibérer le conseil de famille et de retenir acte de la délibération qui sera prise, si tous les membres comparaissent, et dans le cas où quelques-uns ne comparaîtraient pas, de procéder conformément à la loi;

Et après lecture faite de la présente réquisition, le comparant a signé.

Ou s'il ne sait signer, on dit :

Le comparant, invité à signer, a déclaré ne savoir, et nous avons signé avec le Greffier.

(Signatures.)

Se sont présentés devant nous les membres du conseil de famille ci-avant dénommés, qualifiés et domiciliés ;

S'il y avait des mandataires, on ajouterait :

A l'exception, toutefois, de : 1°............; 2°..........., qui se sont fait représenter : 1° le sieur.......... par le sieur..........., aux termes d'une procuration sous signature privée, en date du..........., enregistré le....... ...., f°............., par............ qui a reçu pour droits trois francs soixante-quinze centimes;

2° Et le sieur.........., qui s'est fait représenter par.........., etc. (comme ci-dessus).

Le conseil de famille ainsi formé, nous l'avons constitué sous notre présidence, nous lui avons donné connaissance du motif de sa convocation par la lecture que le Greffier a faite de la réquisition ci-dessus, et délibérant avec nous;

Considérant qu'il résulte de l'acte de naissance du requérant, dressé à la mairie de.........., et dont une expédition nous a été représentée, que son véritable nom est Saint-Jean ;

Considérant qu'il est à la connaissance personnelle de chacun des membres du conseil, que ledit mineur Paul est le fils de ce dernier et de feue dame..... ...., et qu'il est manifeste, que c'est par erreur que, dans l'acte de naissance plus haut relaté dudit mineur, son nom patronymique a été écrit *Sans-Jean*, au lieu de *Saint-Jean*, qui est son véritable nom ;

Considérant qu'il est de l'intérêt dudit mineur que cette rectification soit opérée ;

Par ces motifs, le conseil de famille, après en avoir délibéré, a été d'avis, à l'unanimité des voix, qu'il y avait lieu de prononcer la rectification demandée et de décider, que c'est par erreur que, dans l'acte de naissance, dressé à la mairie de............, le............, le nom patronymique dudit mineur Paul a été écrit *Sans-Jean*, au lieu de *Saint-Jean*, qui est son véritable nom, et que le jugement qui prononcera cette rectification sera inscrit sur les registres de l'état-civil de ladite commune de............;

De tout quoi, nous avons fait et dressé le présent procès-verbal qui, après lecture faite, a été signé par tous les membres du conseil de famille, ainsi que par Nous et le Greffier.

Fait à............, les jour, mois et an que dessus. (Signatures.)

376. Nota. — *La formule ci-dessus servira de modèle pour tous les cas de délibération de conseil de famille, et nous y renverrons.*

Plusieurs circonstances obligeront cependant à modifier cette formule; comme elles peuvent également se présenter dans tous les conseils de famille, nous notons les principales :

1° La convocation peut avoir lieu sur ordonnance et après sommation d'huissier; dans ce cas, on dira :

L'an........, par-devant nous......., s'est présenté........ le sieur.....,

Lequel comparant nous a exposé (relater les faits qui donnent lieu à la réunion) ;

Que, suivant ordonnance par nous rendue le........ (enregistrée et demeurée ci-annexée), nous avons fixé pour ces lieu, jour et heure la réunion des membres du conseil de famille desdits mineurs par nous désignés, et dont les noms suivent :

1°........; 2°.......; 3°.......; ces trois premiers, etc......; 4°.......; 5°........; 6°........; ces trois derniers, etc........;

Que, pour se conformer à ladite ordonnance, le comparant a, par exploit de........, huissier à........, en date du........, (enregistré), fait sommer les susdits membres du conseil de famille pour qu'ils aient à se trouver, à ces lieu, jour et heure, pour délibérer aux fins de ladite réquisition ;

Que, dans ces circonstances, le comparant, au nom qu'il agit, nous requiert de faire délibérer le conseil de famille et de retenir acte de la délibération qui sera prise, si tous les membres comparaissent, et, dans le cas où quelques-uns ne comparaîtraient pas, de procéder conformément à la loi ;

Et après lecture, etc.

Se sont présentés devant nous, etc.

2° Si quelque membre ne comparaît pas, on dira :

A l'exception du sieur.........., qui ne s'est pas présenté, quoique dûment sommé ;

Et attendu que ce dernier n'a fait parvenir aucune excuse, et qu'il n'est pas à notre connaissance qu'il ait des raisons légitimes de se dispenser d'assister à la réunion, nous, Juge de paix, après une heure d'attente après celle fixée pour la réunion, donnons défaut contre ledit sieur........., et le condamnons à cinquante francs d'amende, conformément aux dispositions de l'article 413 C. c., ainsi conçu :

« Tout parent, allié ou ami, convoqué, et qui, sans excuse légitime, ne com-
« paraîtra point, encourra une amende qui ne pourra excéder cinquante francs,
» et sera prononcée, sans appel, par le Juge de paix » ;

Et attendu que les trois quarts des membres sont présents et suffisent pour assurer la validité de la délibération, nous avons constitué lesdits membres en conseil de famille, sous notre présidence, et ils sont rentrés en délibération avec nous, etc.

3° Si le conseil de famille n'est pas en nombre suffisant pour délibérer, le Juge de paix ajournera la réunion, ou la prorogera.

(Art. 414 C. c.)

4° Si la réunion du conseil de famille avait lieu à la suite d'une convocation faite à l'amiable, et qu'il arrivât qu'un membre ne comparût pas; après la mention de la comparution des autres membres du conseil, on dirait :

Le sieur........, également ci-avant dénommé, ne s'est pas présenté.

Sur quoi, et pour qu'il soit délibéré sur l'objet de la convocation, ainsi que cela est expliqué dans la réquisition ci-dessus,

Nous, Juge de paix, ordonnons que le conseil de famille se réunira sous notre présidence, le............, à............, en notre prétoire sis à..........;

Disons que ledit sieur...........sera sommé d'avoir à se trouver à la réunion,

Intimons pour ces mêmes lieu, jour et heure les membres du conseil ici présents ;

Déclarant que faute par ces derniers et par ledit sieur...........de comparaître, soit en personne, soit par fondé de pouvoirs, les peines portées par la loi leur seront appliquées.

De tout quoi, nous avons fait et dressé le présent procès-verbal, etc........

5° Le procès-verbal de la nouvelle réunion se met à la suite du procès-verbal ci-dessus, et commence ainsi :

Avenant ce jour............, le............

Par-devant nous,............, s'est présenté...........le sieur.........., lequel nous a exposé ce qui suit :

Que, pour se conformer à l'ordonnance par nous rendue, le.........., ainsi que cela est constaté dans le procès-verbal ci-dessus, il a, par exploit de....., huissier à..........., en date du..........(enregistré), fait sommer pour ces lieu, jour et heure, ledit sieur............ ;

Que, tous les autres membres ayant été régulièrement intimés, le comparant, au nom qu'il s'agit, nous requiert de faire délibérer le conseil de famille, si tous les membres comparaissent, et dans le cas, etc...........

DEUXIÈME CAS.

Avis de parents à la requête de la mère d'un enfant mineur lorsque le père a disparu.

(Art. 141 C. c.)

OBSERVATIONS.

377. Lorsque le père a disparu laissant des enfants mineurs issus d'un commun mariage, la mère a la surveillance des enfants; elle exerce tous les droits du mari, quant à leur éducation et à l'administration de leurs biens.

(Art. 141 C. c.)

Son consentement suffit à la validité du mariage de ses enfants.

(Bertin : — Ch. du Conseil de la Seine, 6 et 11 mai 1853.)

Mais, dans ce cas, la mère doit produire, à l'officier de l'état-civil, un acte de notoriété délivré par le Juge de paix, constatant l'absence de son mari.

(Ve modèle de cet acte de notoriété n° 691.)

La mère n'est pas tutrice, puisque le père n'est pas décédé; Il n'y a donc pas lieu de nommer un subrogé-tuteur.

(Toullier, t. Ier, page 458; — Valette sur Proudhon, t. Ier, p. 306, note A.; — Demolombe, t. II, n° 312.)

La mère n'est soumise à aucune formalité pour les actes d'administration. Mais l'autorisation de justice lui est nécessaire pour les actes d'aliénation.

(Demolombe, t. II, n° 317.)

La mère peut s'obliger et engager les biens de la communauté pour l'établissement de ses enfants, après y avoir été autorisée par justice.

(Art. 1427 C. c.)

Un avis de parents doit précéder la demande d'aliénation.

(V° Bertin, Ch. du Conseil, p. 308.)

FORMULE.

Délibération autorisant l'acceptation bénéficiaire d'une succession.

378. (V° pour les blancs à remplir *suprà* n° 375.)

L'an.......

Par devant nous.......

S'est présentée........

La dame........

Laquelle comparante nous a exposé :

Que de son mariage avec le sieur......., négociant, demeurant autrefois avec elle à......., rue........, sont issus les trois enfants mineurs ci-après nommés, savoir :

1° Adolphe......, né à........, le........;

2° Jean........, né à.........., le.........;

3° Marie........, née à........, le........,

Que ledit sieur........, son mari, est parti de son domicile sus-indiqué le........, pour la Californie;

Qu'arrivé dans ce pays, et le......., ledit sieur........., a écrit pour donner de ses nouvelles; mais que, depuis cette époque, on n'a plus rien reçu de lui, et qu'il a été impossible, malgré les nombreuses recherches qui ont été faites, de savoir ce qu'il était devenu;

Que, dans cette situation, la comparante a, aux termes de l'article 141 du Code civil, la surveillance desdits mineurs, ses enfants, et l'Administration de leurs biens;

Qu'au sujet de cette Administration, l'exposante nous fait connaître que la dame Marie B..., veuve du sieur C..., mère de son mari absent, est décédée, le......., laissant pour son seul héritier ledit sieur........., son fils, et, en l'absence de ce dernier, lesdits mineurs susnommés, ses petits-fils, conformément aux dispositions de l'article 136 du C. c.;

Que la comparante doit demander au conseil de famille de sesdits enfants mineurs l'autorisation d'accepter, au nom de ces derniers, la succession de ladite dame......, mais sous bénéfice d'inventaire seulement;

Que, dans le but de délibérer aux fins ci-dessus, l'exposante a, de notre agrément verbal, convoqué pour ces lieu, jour et heure les membres du conseil de famille desdits mineurs, par nous désignés et dont les noms suivent :

(Composition du Conseil, comme à la formule no 375, jusqu'aux considérants.)

Considérant qu'aux termes de l'article 141 du C. c., la dame D........ a, en l'absence de son mari, l'administration des biens des enfants nés de son mariage avec ledit sieur D... ;

Considérant que, par application des dispositions de l'article 136 du même Code, la succession de ladite feue dame veuve A.. D... est dévolue à ses petits-fils, les mineurs D... susnommés ;

Considérant qu'aux termes des articles 461 et 776 du C. c., toute succession échue à un mineur doit être acceptée sous bénéfice d'inventaire ou repudiée, et que, dans l'un comme dans l'autre cas, il faut l'autorisation du conseil de famille ;

Considérant qu'il résulte des renseignements qui ont été fournis, que la succession de ladite dame veuve A... D... présente des avantages ;

Que, dès lors, il y a lieu d'en autoriser l'acceptation bénéficiaire au nom desdits mineurs D... ;

Par ces motifs, le conseil de famille, après en avoir délibéré, a été d'avis, à l'unanimité des voix, qu'il y avait lieu d'autoriser, comme de fait il autorise à accepter bénéficiairement, au nom desdits mineurs D..., la succession de ladite feue dame veuve, née........ dont lesdits mineurs sont habiles à se dire et porter seuls héritiers, en l'absence du sieur Louis D..., leur père, dont l'existence n'est pas reconnue ;

En conséquence, donne à la dame L. D..., administratrice des biens desdits mineurs D..., toutes autorisations nécessaires pour faire au greffe du Tribunal de première instance de....... les actes utiles pour ladite acceptation bénéficiaire ;

De tout quoi, etc.......

TROISIÈME CAS.

Tutelle provisoire à un enfant mineur dont le père a disparu et la mère est décédée.

(Art. 142 C. c.)

OBSERVATIONS.

379. Six mois après la disparition du père, si la mère était décédée lors de la disparition, ou si elle vient à décéder avant que l'absence du père ait été déclarée, la surveillance des enfants est déférée, par le conseil de famille, aux ascendants les plus proches, et à leur défaut, à un tuteur provisoire.

(Art. 142 C. c.)

Si l'un des époux disparaît laissant des enfants mineurs issus d'un mariage précédent, les dispositions de l'article 142 ci-dessus seront applicables à ces enfants mineurs.

(Art. 143 C. c.)

Si le père et la mère ont disparu, on applique l'article 142, jusqu'à la déclaration d'absence.

Après la déclaration d'absence, qui pourra être prononcée quatre ans après le jour de la réception des dernières nouvelles (article 115 C. c.), la tutelle est ouverte pour les divers cas ci-dessus conformément au droit commun.

La surveillance déférée à l'ascendant n'est pas une tutelle; il n'y a pas lieu à la nomination d'un subrogé-tuteur.

(Demolombe, t. II, n° 321; *Contrà*, Marcadé, art. 142, n° 3.)

La tutelle provisoire déférée à défaut d'ascendant, est une véritable tutelle qui a pour conséquence la nomination d'un subrogé-tuteur.

(Valette sur Proudhon, t. I, p. 307, note *a*; — Demolombe, t. II, n° 322; — Bertin, ch. du C., p. 310.)

FORMULE.

Nomination d'un tuteur provisoire.

380. (V° pour les blancs à remplir *suprà* n° 375.)

L'an............

Par devant............

S'est présenté............

Le sieur............

Agissant au nom et en qualité de subrogé-tuteur de :

1°.................... 2°.................... 3°....................

Enfants mineurs, issus du mariage du sieur..........., demeurant autrefois à............, rue............, et actuellement sans domicile ni lieu de résidence connus, et de la dame..........., décédée à..........., le..........;

Ladite qualité de subrogé-tuteur ayant été conférée au comparant, suivant délibération du conseil de famille desdits mineurs, prise devant cette Justice de paix, le...........(enregistrée);

Lequel comparant nous a exposé :

Que le sieur............, vers le mois de juillet 1874, a disparu de son domicile, sans faire connaître le lieu où il allait établir sa résidence;

Que, depuis, il n'a donné aucune nouvelle ni au comparant ni à sa famille;

Que la tutelle desdits mineurs, qui, aux termes de l'article 390 du C. c., appartient de plein droit audit sieur............, est devenue vacante par suite de la disparition de ce dernier;

Que l'intérêt desdits mineurs exige que cette tutelle soit régularisée;

Qu'aux termes de l'article 142 du C. c., six mois après la disparition du père, si la mère était décédée lors de cette disparition, la surveillance des enfants doit être déférée par le conseil de famille aux ascendants les plus proches, ou, à leur défaut, à un tuteur provisoire;

Qu'aux termes de l'article 424 du C. c., le subrogé-tuteur est tenu de provoquer la réunion du conseil de famille à l'effet de faire régulariser la tutelle;

Que les ascendants, tant du côté paternel que du côté maternel desdits mineurs, sont décédés depuis longtemps;

Que le comparant, dans le but de faire nommer un tuteur provisoire auxdits mineurs, a, de notre agrément verbal..........(Comme à la formule n° 375);

Considérant qu'il est constant pour chacun des membres du conseil de famille, que le sieur............, père desdits mineurs, a disparu de son domicile, il y a sept mois, sans faire connaître le lieu de sa nouvelle résidence;

Considérant que les ascendants, tant du côté paternel que du côté maternel, sont décédés;

Que, dès-lors, il y a lieu, conformément aux dispositions de l'article 142 du Code civil, de nommer un tuteur provisoire auxdits mineurs;

Par ces motifs, le conseil de famille, après en avoir délibéré, a été d'avis, à l'unanimité des voix, qu'il y avait lieu de nommer, comme de fait il nomme pour tuteur provisoire auxdits mineurs..........., le sieur..........., l'un des membres du présent conseil;

Et ledit sieur..........., nous ayant déclaré accepter la tutelle provisoire qui vient de lui être conférée par le conseil de famille, nous a promis de s'en acquitter avec zèle et fidélité;

Et il a signé aux fins de son acceptation, après lecture faite.

(Signature.)

De tout quoi, nous avons fait et dressé le présent procès-verbal, etc........

Fait à.............. le...........

QUATRIÈME CAS.

Consentement au mariage d'un enfant légitime et contrat.

(Art. 160 C. c.)

OBSERVATIONS.

381. Les mineurs âgés de moins de vingt-un ans, qui

n'ont pas d'ascendants, ne peuvent contracter mariage sans le consentement du conseil de famille.

Les clauses et conventions à établir dans le contrat de mariage doivent être arrêtées par le conseil de famille.

(Art. 1398 C. c.)

Le conseil de famille, à l'assistance duquel est subordonnée la validité du contrat de mariage du mineur qui n'a plus d'ascendants, ne peut se faire représenter par un délégué qu'autant qu'il a préalablement approuvé, après examen, les stipulations que doit contenir ce contrat.

Par suite, le contrat de mariage auquel a assisté un des membres du conseil, délégué à cet effet, avec un pouvoir général « d'assister le mineur et de stipuler, dans son intérêt, tout ce qu'il jugerait convenable et avantageux, » est nul, en ce qui concerne les stipulations du régime dotal, et les époux sont mariés sous le régime de la communauté légale.

Limoges, 17 avril 1869 (D. P. 1871, II, 167).

La nullité du contrat de mariage passé en l'absence du conseil de famille, peut être demandée, non-seulement par l'époux mineur, mais encore par les tiers qui y ont intérêt.

(V° Rodure et Pont, *Contrat de mariage*, t. I, n° 42; Jurgen, V° *Contrat de mariage*, n° 466 et suiv.; Table vingt-deux ans, *Contrat de mariage*, n° 311). Conf. cass., 5 mars 1855 (D. P § 1, 101).

FORMULE.

Consentement à mariage et projet de conventions matrimoniales.

382. L'an... ......,

Par-devant............,

S'est présenté.... .... :

Le sieur..........,

Agissant au nom et en qualité de tuteur datif de......... (Nous supposons la tutelle régularisée), fille mineure, née du mariage de...............;

Ladite qualité de tuteur ayant été conférée au comparant, suivant délibération du conseil de famille de ladite mineure, prise devant cette Justice de paix, le.... ...... (enregistrée);

Lequel comparant nous a exposé :

Que ladite mineure.............., sa pupille, est dans l'intention de contracter mariage avec le sieur............., mais qu'ayant moins de vingt-un ans, et n'ayant ni père, ni mère, ni aïeuls, ni aïeules, ne peut, aux termes de l'article 160 C. c., contracter mariage sans le consentement de son conseil de famille ;

Que, dans le but de délibérer sur le point de savoir s'il y a lieu d'autoriser le mariage dont s'agit, le comparant a, de notre agrément verbal, convoqué, etc. (V° *suprà*, formule n° 375.)

....

Considérant, qu'aux termes de l'article 160 C. c., l'autorisation du conseil de famille est utile à ladite mineure, à l'effet de contracter mariage;

Considérant que l'union projetée entre ladite mineure..........., et le sieur............, paraît assurer l'avenir de ladite mineure... .....;

Par ces motifs, le conseil de famille, après en avoir délibéré, a été d'avis, à l'unanimité des voix, qu'il y avait lieu d'autoriser, comme de fait il autorise ladite mineure.......... à contracter mariage avec ledit sieur...........;

Et, délibérant ensuite sur les conventions civiles dudit mariage, toujours à l'unanimité des voix, d'après les documents et explications qui lui ont été fournies, arrête les clauses et conventions du contrat de mariage ainsi qu'il suit :

Art. 1er. — Les futurs époux, adoptent pour règle de leur société conjugale le régime de la communauté des biens réduite aux acquêts, conformément aux dispositions des articles 1498 et 1499 C. c.;

Art. 2. — La future épouse apporte et se constitue personnellement en dot, comme lui appartenant en propre, une somme de........, et les effets mobiliers ci-après décrits et estimés, savoir :

Un lit avec ses couches, estimé... .... 200 fr.

Etc., etc.........

Ces objets seront remis au futur époux le jour de la célébration civile du mariage, qui en vaudra décharge;

Art. 3. — Le futur époux se constitue, etc......., duquel apport il a été donné une parfaite connaissance à la future épouse et à son tuteur, qui le reconnaissent;

Art. 4. — Lors de la dissolution de la société d'acquêts, la future épouse aura la faculté de reprendre en nature les objets mobiliers ci-dessus décrits, ou leur valeur, à son choix;

Art. 5. — Il est expressément convenu qu'indépendamment de sa moitié, dans l'émolument de la société d'acquêts ci-dessus stipulée, le survivant des futurs époux aura la pleine propriété des acquêts revenant à la succession de son conjoint, prédécédé, qu'il y ait ou non des enfants issus du mariage;

Cette stipulation ne sera pas réputée un avantage sujet aux règles relatives aux donations, mais simplement comme une convention de mariage et entre associés, permise par l'article 1525 C. c.

Telles sont les con[illegible]s des parties.

Et à l'effet d'assister [illegible]ite mineure........., tant pour contracter mariage que pour souscrire ledit contrat de mariage, le conseil de famille, toujours à l'unanimité des voix, fait toutes délégations et donne tous pouvoirs au sieur........., son tuteur, qui aura à surveiller la stricte exécution des délibérations qui viennent d'être prises;

Et ledit sieur........., nous ayant déclaré accepter lesdits pouvoirs et délégations, nous a promis de s'en acquitter avec zèle et fidélité;

Et il a signé aux fins de son acceptation, après lecture faite.

(Signature.)

De tout quoi, etc.

CINQUIÈME CAS.

Nomination de tuteur ad hoc en cas de désaveu.

(Art. 318 C. c.)

OBSERVATIONS.

383. Par qui doit être nommé le tuteur *ad hoc* de l'enfant dont le désaveu est provoqué ?

(V° arrêt cass. Belgique, 29 février 1872, rapporté dans Dalloz, année 1872, 2, 9, ainsi que le réquisitoire de M. le Procureur général Faider).

Lire note.

TROIS OPINIONS :

I. — *Nominations par le Tribunal.*

Delvincourt, *Dr. c.* I. p. 85, note 4; — Valette et Proudhon, *Etat des personnes,* II, p. 59, note *a*; — Ducauroy, *Bonnier Roustaing,* I, n° 447; — Demante, *i*, n° 44 *bis*; — Demolombe, V° note 166; — Paris, 4 juillet 53 (D. P. 53. 2. 201).

II. — *Nomination par le conseil de famille,* composé seulement de parents *maternels.*

Marcadé, S. 318, note 4; — Richefort, *État des familles,* I, n° 71.

III. — *Nomination par conseil de famille* composé d'après le *droit commun.*

Jur. G. V° *Paternité* et *Filiation,* n°s 162 et suiv.; — Toullier, II, n° 843; — Proudhon, *État des personnes,* II, p. 59; — Aubry et Rau, IV, p. 590; — Liège, 3 mai 1853 (D. P. 53, 2, 200); — Req. 14 février 1854 (D. P. 54, 1 89); — Paris, 21 février 1863 (D. P. 63, 2, 237); — Req. 9 mai 1864 (D. P. 64, 1, 409).

Le conseil de famille appelé à nommer un tuteur à l'enfant

frappé de désaveu, doit être convoqué devant le Juge de paix du domicile du mineur, ou de sa mère.

(Dijon, 24 janvier 1872 (D. P. 73, 2, 13).

Sur la fin de non-recevoir tirée de l'incompétence du Juge de paix du canton nord de Dijon;

« Considérant qu'aux termes de l'article 406 C. c., c'est de-
» vant le Juge de paix du domicile du mineur, ou de sa mère,
» que doit être convoqué le conseil de famille appelé à nom-
» mer un tuteur à l'enfant frappé de désaveu. »

Ce conseil sera composé, ainsi que cela est prescrit par l'article 407 du C. c., des trois plus proches parents de l'enfant, tant du côté paternel que du côté maternel.

La mère devra être présente, ou dûment appelée au conseil de famille; si elle fait défaut, il sera passé outre.

Il n'est pas nécessaire d'adjoindre un subrogé-tuteur au tuteur *ad hoc*. — Par suite, la signification du jugement qui admet le désaveu, faite au tuteur *ad hoc*, suffit pour faire courir le délai de l'appel contre l'enfant.

(Colmar, 11 juin 1832.)

FORMULE.

Nomination d'un tuteur ad hoc en cas de désaveu.

384. L'an..............

Pardevant nous..............

S'est présenté..............

Le sieur.............................., lequel comparant nous a exposé :

Que la dame............., son épouse, dont il est séparé judiciairement de corps, a fait inscrire sur les registres de l'etat civil de la ville de............., le.........., comme étant né d'elle et de lui, comparant, un enfant du sexe masculin, auquel ont été donnés les prénoms de............

Que cet enfant est né plus de trois cents jours après l'ordonnance de M le Président du Tribunal, rendue aux termes de l'article 878 du C. pr. c., — le comparant l'a désavoué par acte extra judiciaire en date du.........., du ministère de............, huissier à............ (enregistré).

Qu'aujourd'hui, il entend donner suite à ce désaveu de paternité, qui est pour lui un devoir; mais que, préalablement, il doit faire nommer à cet enfant un tuteur *ad hoc*, contre lequel sera dirigée l'action en désaveu;

Qu'à cet effet, il nous a adressé une requête pour obtenir la réunion du conseil de famille qui doit être appelé à procéder à la nomination du tuteur *ad hoc*, dont s'agit ;

Qu'à cette requête, il a été répondu par une ordonnance par nous rendue, le........ (enregistrée et demeurée ci-annexée, ainsi que ladite requête), aux termes de laquelle nous avons fixé, pour ces lieu, jour et heure, la réunion du conseil de famille, dont les membres, par nous désignés, sont les suivants :

1°.........; 2°........; 3°........, etc. (V° *suprà*, formule n° 375) ;

Que, pour se conformer à ladite ordonnance, le comparant a, par exploit de........, huissier, en date du....... (enregistré), fait sommer pour ces dits lieu, jour et heure, les susdits membres du conseil de famille, ainsi que la dame......, épouse dudit comparant ;

Que, dans ces circonstances, l'exposant nous requiert de faire délibérer ce conseil de famille, et de retenir acte de la délibération qui sera prise (V° *suprà*, formule n° 376) :

La dame....... ne s'étant pas présentée, quoique dûment sommée, nous avons donné défaut contre elle et ordonné qu'il serait passé outre.

Le conseil de famille ainsi formé (V° *suprà*, formule n° 375) ;

Considérant que, par acte extra-judiciaire, en date du...., M.... a désavoué l'enfant du sexe masculin prénommé......., né, le......., de la dame......, son épouse ;

Considérant que M........ est dans l'intention de donner suite à son action en désaveu, et qu'aux termes de l'article 318 du C. c., cette action doit être dirigée contre un tuteur *ad hoc*, qui est donné à l'enfant ;

Que, dès-lors, il y a lieu de procéder à la nomination de ce tuteur *ad hoc* à l'enfant dont s'agit ;

Par ces motifs, le conseil de famille, procédant, aux termes de la loi, à la nomination d'un tuteur *ad hoc* à l'enfant prénommé........, et né le........, de la dame..........., épouse séparée de corps de M........., nomme pour remplir ces fonctions, à l'unanimité...... (V° *suprà*, formule n° 380).

SIXIÈME CAS.

Nomination du curateur au ventre.

(Art. 393 C. c.)

—

OBSERVATIONS.

385. Si, lors du décès du mari, la femme est enceinte, il sera nommé un curateur au ventre par le conseil de famille.

A la naissance de l'enfant, la mère en devient tutrice, et le curateur en devient de plein droit le subrogé-tuteur ; il n'y a donc pas lieu à nouvelle réunion du conseil de famille.

Pour qu'il y ait lieu à la nomination d'un curateur au ventre, il suffit que la veuve déclare être enceinte; elle n'est pas tenue de fournir la preuve de la validité de son allégation.

Mais s'il y avait de sérieuses présomptions de fraude, le curateur pourrait exiger la visite de la mère par les gens de l'art.

Si la veuve ne faisait pas les diligences voulues, toute personne intéressée pourrait demander la nomination du curateur au ventre. — Le Juge de paix peut la provoquer d'office.

FORMULE.

Nomination de curateur au ventre.

386. L'an........, etc., par-devant nous......, etc., s'est présentée la dame..........., veuve du sieur......., demeurant......, etc.,

Laquelle comparante nous a exposé :

Qu'aux termes de l'article 393 du C. c., si, lors du décès du mari, la femme se trouve enceinte, il doit être nommé un curateur au ventre par le conseil de famille;

Que la comparante déclare être enceinte de....... mois environ;

Qu'en conséquence, et dans le but de faire nommer le curateur au ventre dont il s'agit, la comparante a, de notre agrément verbal, convoqué, etc. (Vo *suprà*, formule no 375.)

....

Considérant que, lors du décès du mari, si la femme est enceinte, un curateur au ventre doit lui être nommé pour veiller aux intérêts de l'enfant jusqu'à sa naissance;

Considérant que la dame veuve....... déclare être enceinte de ..... mois environ,

Et qu'il y a, par suite, lieu de nommer le curateur au ventre dont s'agit;

Par ces motifs, le conseil de famille, procédant aux termes de l'article 393 sus-visé, à la nomination du curateur au ventre dont s'agit, nomme pour remplir ces fonctions, etc. (Vo *suprà*, formule no 380.)

SEPTIÈME CAS.

Conservation de la tutelle à la mère en cas de convol.

(Art. 395, 396 C. c.)

OBSERVATIONS.

387. La mère tutrice qui veut se remarier est tenue,

avant l'acte de mariage, de faire décider par le conseil de famille si la tutelle doit lui être conservée.

Dans l'affirmative, le conseil de famille lui donnera nécessairement le second mari pour co-tuteur.

Si, au contraire, la mère se remarie sans avoir réuni le conseil de famille, elle perd de plein droit la tutelle.

Elle pourra, plus tard, être renommée tutrice, mais ce ne sera plus la tutelle légale qu'elle reprendra; ce sera la tutelle dative qui lui sera conférée, et elle pourra, dès lors, être assujettie par le conseil de famille à toutes les obligations qui sont imposées au tuteur datif.

PREMIER MODÈLE.

Conservation de la tutelle légale à la mère.

388. L'an............

Par-devant nous, etc............

S'est présentée............

La dame............

Agissant au nom et en qualité de tutrice légale et naturelle de :

1°....................; 2°....................; 3°....................

Ses enfants mineurs, issus de son mariage avec ledit sieur............, décédé à............, le............;

Laquelle comparante nous a exposé :

Qu'elle est dans l'intention de contracter mariage avec le sieur............;

Qu'en sa qualité de tutrice, et, conformément aux dispositions de l'article 395 du C. c., elle doit convoquer le conseil de famille de ses enfants mineurs, à l'effet de faire décider si la tutelle de ses derniers doit lui être conservée pendant son second mariage avec ledit sieur............;

Que, dans ce but, la comparante a, de notre agrément verbal, convoqué, etc. ....(V° *suprà*, formule n° 375.)

Considérant que Mme Vve............a rempli comme tutrice de ses enfants mineurs les formalités prescrites par la loi ; et qu'il est constant, pour chacun des membres du conseil, que son administration a toujours été sage et prudente, et qu'elle a pour ses enfants la plus grande tendresse;

Considérant, en outre, que le sieur............,que la dame Vve.........se propose d'épouser, inspire toute confiance;

Que, dès-lors, il y a lieu de conserver à ladite dame Vve............. la tutelle de ses enfants, et de lui donner pour co-tuteur ledit sieur............, son futur mari;

Par ces motifs : Le conseil de famille, à l'unanimité des voix, 1° conserve à la dame Vve............, la tutelle de sesdits enfants mineurs pendant son futur mariage avec ledit sieur............;

2° Donne à la dame Vve............,pour co-tuteur desdits mineurs, ledit sieur............;

Et à l'instant se sont présentés devant nous la dame Vve............, et le sieur............, lesquels nous ont déclaré : la dame Vve............, accepter la tutelle légale qui vient de lui être conservée; et le sieur............, la co-tutelle qui lui a été conférée ;

Et l'un et l'autre ont promis de remplir ces fonctions avec zèle et fidélité ;

Et ils ont signé, aux fins de leur acceptation, après lecture faite.

(Signatures.)

De tout quoi, etc.

DEUXIÈME MODÈLE.

Réintégration de la mère remariée dans ses fonctions de tutrice.

389. L'an........., se sont présentés, etc.......;

1° La dame........., veuve en premières noces du sieur........, et épouse en deuxièmes noces du sieur....., demeurant avec ce dernier à...., rue.....;

2° Ledit sieur........., agissant aux fins de l'autorisation de sadite épouse;

Lesquels comparants nous ont exposé :

Que du premier mariage de la dame..........., avec ledit sieur.........., décédé à.........., le............, sont issus les mineurs ci-après nommés, savoir :

1°............ né à......., le.........; 2°........; 3°..........

Qu'après le décès dudit sieur........, la dame........ s'est trouvée tutrice de sesdits enfants mineurs; mais que, par son son second mariage avec le sieur..........., exposant, sans avoir fait réunir le conseil de famille desdits mineurs, à l'effet de décider si la tutelle de ces derniers devait lui être conservée pendant son mariage avec ledit sieur..........., elle a perdu de plein droit la tutelle de sesdits enfants mineurs, conformément aux dispositions de l'article 395 du C. c.;

Que dès lors lesdits mineurs se trouvent sans tuteur;

Que ladite dame........ désire aujourd'hui régulariser la position;

En conséquence, elle demande au conseil de famille de sesdits enfants mineurs qu'il lui plaise nommer un tuteur à ces derniers, si mieux il n'aime la réintégrer elle-même dans la tutelle, et lui donner son second mari pour co-tuteur;

Que dans le but de délibérer aux fins ci-dessus, la dame............ a, de notre agrément verbal, convoqué etc. (Vo *suprà*, formule no 375.)

Considérant, qu'aux termes de l'article 395 du C. c, toute mère tutrice qui veut se remarier est tenue, avant l'acte de mariage, de convoquer le conseil de famille, qui décide si la tutelle de ses enfants mineurs doit lui être conservée pendant son second mariage ; et qu'à défaut de cette convocation, elle perd de plein droit la tutelle dont elle est investie;

Considérant que si la dame....... n'a pas, avant son second mariage, rempli le vœu de la loi, le seul motif est, dans cette circonstance, qu'elle se trouvait à ce moment en pays étranger ;

Qu'il y a lieu, dès lors, en prenant en considération cette circonstance, de la réintégrer dans la tutelle de sesdits enfants mineurs, et de lui donner pour co-tuteur son second mari ;

Par ces motifs, le conseil de famille, après en avoir délibéré, a été d'avis, à l'unanimité des voix, qu'il y avait lieu de réintégrer la dame......... dans la tutelle de sesdits enfants mineurs ;

En conséquence, décide que la dame........... reprendra la tutelle qu'elle avait perdue de sesdits enfants mineurs, issus de son mariage avec........ ;

Et, conformément à la loi, toujours à l'unanimité des voix, donne à ladite dame........., pour co-tuteur, ledit sieur........., son second mari. (V° la formule précédente, n° 388.)

HUITIÈME CAS.

Nomination de tuteur.

OBSERVATIONS.

390. La tutelle est conférée :

1° *Par la loi.* — Au père ou à la mère après la dissolution du mariage;

(Art. 390 C. c.)

A l'aïeul paternel, et, à son défaut, à l'aïeul maternel, lorsque le dernier mourant des père et mère n'a pas désigné de tuteur;

(Art. 402 et suiv. C. c.)

Aux administrateurs des hospices où sont admis les mineurs;

(Loi du 15 pluviôse an XIII.)

2° *Par la volonté de l'homme.* — Lorsque le dernier mourant des père et mère a choisi un tuteur;

(Art. 397 C. c.)

3° *Par le conseil de famille.* — Lorsque le mineur n'a ni

père, ni mère, ni ascendants mâles, et que le survivant des père et mère n'a pas choisi de tuteur, ou que les père, mère ou ascendants se trouvent dans un des cas d'exclusion ou d'excuses légales prévues par la loi;

(Art. 405 C. c.)

Si la mère refuse d'accépter la tutelle;

(Art. 494 C c.)

Si elle se remarie;

(Art. 395 et 396 C. c.)

Si, étant remariée et maintenue dans la tutelle, elle choisit un tuteur pour les enfants de son premier mariage;

(Art. 400 C. c.)

Dans le cas de concurrence pour la tutelle entre deux bisaïeuls de la ligne maternelle, le conseil de famille choisit l'un des deux;

(Art. 404 C. c.)

Il confère aux ascendants les plus proches, et, à leur défaut, *à un tuteur provisoire,* la surveillance de l'enfant dont le père a disparu depuis six mois, et dont la mère est décédée;

(Art. 142 et 143.)

La tutelle des enfants naturels, des interdits et autres incapables est également conférée par le conseil de famille.

Il nomme aussi un *tuteur spécial* ayant des intérêts opposés dans un partage;

(Art. 838 C. c., et 968 C. proc. c.)

Et un pro-tuteur pour l'administration des biens des colonies;

(Art. 417 C. c.)

Ou situés en pays étrangers;

(Demolombe, t. VII, n° 218.)

Il doit, en cas de décès des père et mère, donner son consentement à la *tutelle officieuse.*

(Art 361 C. c.)

Des causes qui dispensent de la tutelle.

391. Sont dispensés de la tutelle :

Les personnes désignées dans les titres 3, 5, 6, 8, 9, 10 et 11 de l'acte du 18 mai 1804 ;

Les présidents et conseillers à la Cour de cassation, le procureur général et avocats généraux en la même Cour ;

Les préfets ;

Tous citoyens exerçant une fonction publique dans un département où la tutelle s'établit.

(Art. 427 C. c.)

La Cour des comptes jouit des mêmes prérogatives que la Cour de cassation.

(Loi du 16 septembre 1807, art. 7.)

Sont également dispensés de la tutelle : les militaires en activité de service et tous autres citoyens qui remplissent, hors du territoire français, une mission.

(Art. 428 C. c)

Tout citoyen, non parent ni allié, ne peut être forcé d'accepter la tutelle que dans le cas où il n'existerait pas, dans la distance de quatre myriamètres, des parents ou alliés en état de gérer la tutelle.

(Art. 432 C. c.)

Tout individu, âgé de soixante-cinq ans accomplis, peut se refuser d'être tuteur. Celui qui aura été nommé avant cet âge pourra, à soixante-dix ans, se faire décharger de la tutelle.

(Art. 433 C. c.)

Il y a controverse entre les auteurs sur le point de savoir si la décharge de la tutelle peut être demandée à soixante-dix ans, dès qu'on l'a acceptée ayant soixante-cinq ans.

(V° pour l'*affirmative* : Delvincourt, t. I, p. 413 ;— Boisleu, sur l'article 413 ; — Demolombe, t. VII, n° 413. *En sens contraire*, Duranton, t. III, n° 489 ; — Marcadet, t. II, p. 214, à la note.)

Tout individu atteint d'une infirmité grave et dûment justifiée, est dispensé de la tutelle. Il pourra même s'en faire décharger, si cette infirmité est survenue depuis sa nomination.

(Art. 434 C. c.)

Deux tutelles sont, pour toute personne, une juste dispense d'en accepter une troisième.

Celui qui, époux ou père, sera déchargé d'une tutelle, ne pourra être tenu d'en accepter une seconde, excepté celle de ses enfants.

(Art. 435 C. c.)

Ceux qui ont cinq enfants légitimes sont dispensés de toute tutelle autre que celle desdits enfants.

(Art. 436 C. c.)

Si le tuteur nommé est présent à la délibération qui lui défère la tutelle, il devra sur-le-champ et sous peine d'être déclaré non-recevable dans toute réclamation ultérieure, proposer ses excuses, sur lesquelles le conseil de famille délibérera.

(Art. 438 C. c.)

Si le tuteur nommé n'a pas assisté à la délibération qui lui a déféré la tutelle, il pourra faire convoquer le conseil de famille pour délibérer sur ses excuses.

Ses diligences à ce sujet devront avoir lieu dans le délai de trois jours, à partir de la notification qui lui aura été faite de sa nomination, lequel délai sera augmenté d'un jour par cinq myriamètres de distance du lieu de son domicile à celui de l'ouverture de la tutelle. Passé ce délai, il sera non-recevable.

(Art. 439 C. c. — L. 3 mai 1862, modifiant le délai des distances.)

Si ses excuses sont rejetées, il pourra se pourvoir devant les Tribunaux pour les faire admettre; mais il sera, pendant le litige, tenu d'administrer provisoirement.

(Art. 440 C. c.)

Des exclusions de la tutelle.

392. (Vo no 362.)

De l'administration du tuteur.

393. Le premier devoir du tuteur est de faire apposer les scellés, s'ils ne l'ont pas été, ou d'en requérir la levée et de faire procéder à l'inventaire.

(Art. 451 C. c.)

Le défaut d'inventaire, après la mort naturelle ou civile de l'un des époux, fait perdre à l'époux survivant la jouissance de leurs revenus.

(Art. 1442 C. c.)

A défaut d'inventaire, la déchéance est encourue de plein droit, et sans qu'il soit besoin de la faire prononcer en justice, à moins que l'époux survivant ne prouve avoir eu de justes motifs pour ne pas faire inventaire, ou en avoir été empêché par force majeure.

Douai, 11 février 1863 (S. V. 64. 2. 109; — P. 64, 717.)

La déchéance n'est applicable qu'au cas de régime en communauté.

(Troplong, t. II, n° 1305; — Demolombe, t. VI, n° 577; — Marcadé, sur l'art. 387, n° 7, et sur l'art. 1442 C. c., n° 3.)

L'inventaire qu'est tenu de faire l'époux survivant, quand il y a des enfants mineurs, doit avoir lieu dans les trois mois, à partir de la dissolution de la communauté.

Orléans, 7 mars 1863 (S. V. 63. 2. 208; — P. 63. 1108); — *Sic*, Toullier, t. XIII, n° 17; — Proudhon, *Usufruit*, t. I, n° 170; — Duranton, t. V, n° 189; — Demolombe, t. VI, n°s 571 et suiv.; — Troplong, t. II, n° 1290 et suiv.

FORMULE.

Nomination de tuteur à la requête d'un parent.

394. L'an........,

Par-devant..........,

S'est présenté :

Le sieur..........., agissant en qualité d'oncle paternel de :

1°.............; 2°............; 3°............

Enfants mineurs, nés du mariage du sieur..........., décédé à.........., le..........., et de la dame..........., décédée à..........., le..........,

Lequel comparant nous a exposé :

Que la dame veuve.........., dernière décédée, n'a pas, avant son décès, ainsi qu'elle en avait le droit, nommé de tuteur à ses dits enfants mineurs;

Que, de plus, les ascendants mâles de ces derniers sont décédés;

Que, par suite, lesdits mineurs se trouvent sans tuteur;

Et qu'il y a lieu, conformément aux dispositions de l'article 405 C. c., de leur en nommer un;

Que le comparant, usant de la faculté que lui accorde l'article 406, a, de notre agrément verbal, etc.

(Ve *suprà*, formule no 375.)

Considérant que, par suite du décès de la dame veuve..........., mère et tutrice légale desdits mineurs.........., la tutelle de ces derniers est vacante, les ascendants mâles de ces mineurs, tant du côté paternel que du côté maternel, étant décédés, et la dame veuve............ n'ayant pas avant son décès nommé de tuteur à sesdits enfants mineurs;

Que, dès lors, il y a lieu de nommer à ces derniers un tuteur, conformément aux dispositions de l'article 405 C. c.;

Par ces motifs, le conseil de famille, procédant à la nomination d'un tuteur auxdits mineurs.........., nomme pour remplir ces fonctions, à...... (indiquer s'il y a unanimité ou partage de voix) le sieur..........., l'un des membres du présent conseil;

Lequel, ici présent, nous a déclaré accepter la tutelle qui vient de lui être conférée, nous a promis de s'en acquitter avec zèle et fidélité;

Et il a signé aux fins de son acceptation, après lecture faite.

(Signature.)

De tout quoi, etc.

NEUVIÈME CAS.

Nomination de tuteur.

FORMULE.

Convocation faite d'office par le Juge de paix.

(Art. 406 C. c.)

395. L'an, etc.......

Nous........, Juge de paix, etc..........

Informé que, du mariage du sieur........., décédé à........., le........, et de la dame..........., décédée à.........., le.........., sont issus les deux mineurs ci-après nommés, savoir :

1° Paul X........., né à.........., le...........;

2° Georges X.........., né à..........., le..........;

Que ledit sieur X.. ...., décédé après la dame X.........., son épouse, n'a pas, avant son décès, nommé de tuteur à sesdits enfants mineurs, ainsi que lui en donnait le droit l'article 397 C. c.;

Que, de plus, les ascendants mâles desdits mineurs sont décédés (récemment ou depuis longtemps);

Que, par suite, lesdits mineurs se trouvent sans tuteur, et, qu'aux termes de l'article 405 C. c., il doit leur en être nommé un;

Que, dans le but de procéder à cette nomination, nous avons convoqué d'office, pour ces lieu, jour et heure, les membres du conseil de famille desdits mineurs par nous désignés, et dont les noms suivent :

(V° *suprà*, formule n° 375.)

Se sont présentés devant nous les membres du conseil de famille ci-avant dénommés, qualifiés et domiciliés.

(V° *suprà*, formule n° 380.)

DIXIÈME CAS.

Nomination de subrogé-tuteur.

(Art. 420 et 421 C. c.)

OBSERVATIONS.

396. Dans toute tutelle il y aura un subrogé-tuteur; il est nommé par le conseil de famille.

(Art. 420 et suiv. C. c.)

Il y a cependant quelques exceptions à cette règle.

La loi du 15 pluviôse an XIII ne parle pas du subrogé-tuteur, en ce qui concerne la tutelle des hospices.

Il n'y a pas de subrogé-tuteur dans la *tutelle ad hoc.*

(Art. 159, 318 et 2208 C. c.)

Ni dans la *tutelle spéciale.*

(Art. 838 C. c.)

La tutelle officieuse donne lieu à la nomination d'un subrogé-tuteur.

(Demolombe, t. VI, n° 237; t. VII, n° 357; — *contrà* Duranton, t. III, n° 310.

Le Juge de paix a le droit de convoquer d'office le conseil de famille pour la nomination du subrogé-tuteur.

Aussitôt le décès du tuteur, le subrogé-tuteur doit, aux termes de l'article 424 C. c., provoquer la nomination d'un nouveau tuteur.

Les fonctions du subrogé-tuteur consistent à agir pour les intérêts du mineur lorsqu'ils sont en opposition avec ceux du tuteur.

(Art. 420, § 2, C. c.)

Aux termes de l'article 1442 C. c., le défaut d'inventaire fait perdre à l'époux survivant la jouissance des revenus de ses enfants mineurs, et le *subrogé-tuteur* qui ne l'a point obligé à faire inventaire est solidairement tenu avec lui de toutes les condamnations qui peuvent être prononcées au profit des mineurs.

Le tuteur légal doit-il, lors de la nomination du subrogé-tuteur, faire partie du conseil de famille?

Nous avons admis, pour règle générale, que le tuteur légal doit toujours faire partie du conseil de famille, même lorsqu'il s'agit de la nomination du subrogé-tuteur; seulement, dans ce cas, il s'abstient de voter.

Dans la pratique admise dans un grand nombre de Justices de paix, le tuteur ne fait jamais partie du conseil de famille;

Nous ne comprenons pas cette exclusion, alors que rien dans la loi ne la prescrit, et que le tuteur est toujours mieux à même de fournir des renseignements sur les intérêts des mineurs qu'aucun autre membre du conseil;

En effet, l'article 423 C. c. dit seulement : « Le tuteur ne votera pas pour la nomination du subrogé-tuteur. »

Mais les expressions *ne votera pas,* veulent-elles dire que le tuteur doit être exclu du conseil? Nous ne le supposons pas; alors surtout que cette exclusion n'ajouterait rien à la validité de la délibération, puisqu'il suffit que les trois quarts des membres y aient été présents, et que *la majorité absolue* ait délibéré, surtout si cette majorité a été unanime.

(Bruxelles, 15 mars 1806; — *Sic,* Duranton, t. III, n° 450.)

Et puis, comment justifier cette exclusion, en présence des termes formels de l'article 407 C. c., qui veulent, à peine de nullité, que le conseil de famille soit composé des plus proches parents?

Nous concluons donc que, sauf quelques très-rares exceptions, qui sont laissées à l'appréciation du Juge, le tuteur légal doit toujours faire partie du conseil, sauf à s'abstenir de voter lorsqu'il s'agit de nommer un subrogé-tuteur, ou lorsqu'il y a opposition d'intérêts entre lui et ses enfants mineurs.

FORMULE.

Nomination de subrogé-tuteur.

397. L'an..........;

Par-devant nous........

S'est présenté...........

Le sieur................,

Agissant au nom et en qualité de tuteur naturel et légal de :

1°.........., né à........., le..........;

2°.........., né à........., le..........;

3°.........., né à........., le..........,

Ses enfants mineurs, issus de son mariage avec la dame.........., décédée à..........., le... . ...,

Lequel comparant nous a exposé :

Que, désirant se conformer aux dispositions des articles 420 et 421 du C. c., qui lui imposent l'obligation, en sa qualité de tuteur naturel et légal de sesdits enfants mineurs, de pourvoir la tutelle d'un subrogé-tuteur, le comparant a, de notre agrément verbal, convoqué, pour ces lieu, jour et heure, les membres du conseil de famille desdits mineurs par nous désignés, et dont les noms suivent : (V°, pour la composition du conseil, *suprà*, formule n° 375.)

Le conseil de famille ainsi formé, nous l'avons constitué sous notre présidence, nous lui avons donné connaissance des motifs de sa convocation par la lecture que le Greffier a faite de la réquisition ci-dessus, et délibérant avec nous, à l'exception de........., père et tuteur légal, qui, aux termes de l'article 423 du Code civil, n'a pas dû voter ;

Considérant qu'aux termes des articles 420 et 421 du Code civil, dans toute tutelle il doit y avoir un subrogé-tuteur nommé par le conseil de famille, et que, dans l'espèce, il est utile de vêtir les dispositions de la loi à l'égard desdits mineurs ;

Par ces motifs, le conseil de famille, procédant, aux termes des articles précités, à la nomination d'un subrogé-tuteur auxdits mineurs, nomme, pour remplir ces fonctions, à l'unanimité des voix des membres délibérants, le sieur...., l'un des membres du présent conseil ;

Et ledit sieur...... nous ayant déclaré accepter la subrogée-tutelle qui vient de lui être conférée par le conseil de famille, nous a promis de s'en acquitter avec zèle et fidélité;

Et il a signé aux fins de son acceptation, après lecture faite.

(Signature.)

De tout quoi, nous avons fait et dressé le présent procès-verbal, etc....

ONZIÈME CAS.

Nomination de subrogé-tuteur et autorisation d'accepter une succession sous bénéfice d'inventaire, ou d'y renoncer.

OBSERVATIONS.

398. Lors de l'ouverture d'une tutelle, il est d'usage, à la première réunion du conseil, de procéder par la même délibération, à la nomination du subrogé-tuteur, et d'autoriser l'acceptation de la succession. C'est pour cela que nous donnons ici une formule pour ces deux cas.

Quant à la *renonciation*, nous sommes d'avis qu'elle ne peut être sérieusement discutée qu'après la confection de l'inventaire.

(Vo les délibérations séparées, *suprà* no 397, et *infrà* no 430.)

FORMULE.

399. L'an........

Par-devant nous........

S'est présenté........

Le sieur........

Agissant au nom et en qualité de tuteur légal de :

1o.....; 2o.....

Ses enfants mineurs, issus de son mariage avec la dame......, décédée à........, le........,

Lequel comparant nous a exposé :

Que, désirant se conformer aux dispositions des articles 420 et 421 du C. c., qui lui imposent l'obligation, en sa qualité de tuteur naturel et légal de sesdits enfants mineurs, de pourvoir la tutelle d'un subrogé-tuteur, le comparant a, de notre agrément verbal, convoqué, pour ces lieu, jour et heure, les membres du conseil de famille desdits mineurs par nous désignés, et dont les noms suivent :

1°.........; 2°. .....; 3°.......

Ces trois premiers membres pour former la ligne, etc...;

4°........; 5°.......; 6°.......

Ces trois derniers membres pour former la ligne, etc...;

Que, dans ces circonstances, le comparant, au nom qu'il agit, nous requiert de faire délibérer le conseil de famille et de retenir acte de la délibération qui sera prise, si tous les membres comparaissent, et, dans le cas où quelques-uns ne comparaîtraient pas, de procéder conformément à la loi;

Et, après lecture faite de la présente réquisition, le comparant a signé.

(Signature.)

Se sont présentés devant nous les membres du conseil de famille ci-avant dénommés, qualifiés et domiciliés;

Le conseil de famille ainsi formé, nous l'avons constitué sous notre présidence, nous lui avons donné connaissance du motif de sa convocation par la lecture que le Greffier a faite de la réquisition ci-dessus et délibérant avec nous, à l'exception de......., père et tuteur légal qui, aux termes de l'article 423 du Code civil, n'a pas dû voter;

Considérant qu'aux termes des articles 420 et 421 du C. c., dans toute tutelle il doit y avoir un subrogé-tuteur nommé par le conseil de famille, et que, dans l'espèce, il est utile de vêtir les dispositions de la loi à l'égard desdits mineurs;

Par ces motifs, le conseil de famille, procédant, aux termes des articles précités, à la nomination d'un subrogé-tuteur auxdits mineurs........, nomme, pour remplir ces fonctions, à l'unanimité des voix des membres délibérants, le sieur......., l'un des membres du présent conseil;

Et ledit sieur......., nous ayant déclaré accepter la subrogée-tutelle qui vient de lui être conférée par le conseil de famille, nous a promis de s'en acquitter avec zèle et fidélité;

Et il a signé aux fins de son acceptation, après lecture faite.

(Signature.)

Ce fait, le sieur........, père et tuteur légal, nous a encore exposé :

Que lesdits mineurs...... sont habiles à se dire et porter héritiers de ladite feue dame........, leur mère;

Mais qu'aux termes des articles 461 et 776 du C. c., toute succession échue à un mineur doit être acceptée sous bénéfice d'inventaire ou répudiée, et que, dans l'un comme dans l'autre cas, il faut l'autorisation du conseil de famille;

Que, dans le but d'obtenir l'autorisation nécessaire pour faire au Greffe du Tribunal de première instance de........ les actes utiles, soit pour l'acceptation bénéficiaire, soit pour la répudiation de ladite succession échue auxdits mineurs, l'exposant nous requiert de faire délibérer le conseil de famille et de retenir acte de la délibération qui sera prise ; — et après lecture, l'exposant a signé. (Signature.)

En conséquence de la réquisition qui précède, le conseil de famille, rentrant en délibération et composé de tous ses membres, et délibérant avec nous ;

Considérant qu'aux termes des articles 461 et 776 du C. c., toute succession échue à un mineur doit être acceptée sous bénéfice d'inventaire, ou répudiée, et que dans l'un comme dans l'autre cas il faut l'autorisation du conseil de famille ;

Considérant qu'il est constant pour chacun des membres du conseil, ce qui, d'ailleurs, résulte des renseignements qui ont été fournis, que la succession de ladite dame............ est avantageuse ; que, dès lors, il y a lieu d'en autoriser l'acceptation bénéficiaire au nom desdits mineurs ;

Par ces motifs, le conseil de famille, après en avoir délibéré, a été d'avis, à l'unanimité des voix, qu'il y avait lieu d'autoriser, comme de fait il autorise, à accepter bénéficiairement, au nom desdits mineurs, la succession de ladite feue dame........, dont lesdits mineurs sont habiles à se dire et porter héritiers ;

En conséquence, donne à......, père et tuteur légal, toutes autorisations nécessaires pour faire au Greffe du Tribunal de première instance de......, les actes utiles pour ladite acceptation bénéficiaire ;

De tout quoi, nous avons fait et dressé le présent procès verbal qui, après lecture faite, a été signé par les membres du conseil de famille, ainsi que par nous et le Greffier.

Fait à........ le.......... (Signatures.)

DOUZIÈME CAS.

Destitution de tuteur.

(Art. 421, 443, 444 et 446 C. c.).

OBSERVATIONS.

400. Tout tuteur (1) qui, avant d'entrer en fonctions, n'a pas fait convoquer le conseil de famille pour la nomination du subrogé-tuteur, pourra, s'il y a eu dol de sa part, être destitué de la tutelle.

La condamnation à une peine afflictive ou infamante emporte de plein droit l'exclusion ou la destitution de la tutelle.

(1) Il s'agit ici de la tutelle légale des père et mère, de la tutelle conférée par le dernier décédé des père et mère, et de la tutelle des ascendants.

Par peines afflictives et infamantes, on entend la déportation, les travaux forcés à temps, la détention, la réclusion, le bannissement et la dégradation civique.

Les gens d'une inconduite notoire, et ceux dont la gestion attesterait l'incapacité ou l'infidélité, sont exclus de la tutelle, et destituables s'ils sont en exercice.

La destitution du tuteur sera prononcée par le conseil de famille, convoqué à cet effet à la diligence du subrogé-tuteur, ou d'office par le Juge de paix.

La délibération qui prononcera l'exclusion ou la destitution de tuteur devra être motivée, et ne pourra être prise qu'après avoir entendu ou appelé le tuteur.

Dans le cas où le tuteur ne se rendrait pas à l'amiable, il sera appelé par acte d'huissier.

Si le tuteur comparaît et qu'il adhère à la délibération qui le destitue de la tutelle, il sera immédiatement procédé à la nomination d'un nouveau tuteur, lequel entrera aussitôt en fonctions.

Si, au contraire, le tuteur ne comparaît pas, ou qu'étant présent il n'adhère pas à la délibération qui le déclarera exclu de la tutelle, il sera sursis à la nomination d'un nouveau tuteur jusqu'à l'homologation de la délibération.

C'est au subrogé-tuteur qu'il appartient de poursuivre l'homologation de la délibération. Si cependant il négligeait de le faire, l'homologation pourrait être demandée, à ses frais, par un des membres de l'assemblée.

(Art. 887 C. pr. civ.)

Dans certaines Justices de paix, on procède à la nomination d'un nouveau tuteur aussitôt la destitution prononcée du tuteur en exercice, bien que ce dernier n'adhère pas à sa destitution.

Cette manière de procéder n'est pas logique. En effet, pourquoi nommer un nouveau tuteur, qui peut devenir inutile si la délibération qui prononce la destitution n'est pas homologuée, et puisque jusqu'à ce moment-là les droits du tuteur destiné restent intacts?

Au surplus, la protestation du tuteur destitué rend suspensive toute décision ultérieure à prendre contre lui, et il n'appartient pas au conseil de famille de préjuger la décision du Tribunal, en passant outre à une nomination qui dépend uniquement du jugement qui sera rendu.

FORMULE.

Destitution de tuteur.

401. L'an........, etc.,

Par-devant nous.......

S'est présenté...........

Le sieur................,

Agissant en qualité de subrogé-tuteur de :

1°.........; 2°..........; 3°..........,

Enfants mineurs, issus du mariage du sieur....., décédé à......, le........, et de la dame........, demeurant à........,

Laquelle qualité de subrogé-tuteur lui a été conférée suivant délibération du conseil de famille desdits mineurs prise devant cette Justice de paix, le........ (enregistrée),

Lequel comparant nous a exposé :

Qu'il a récemment appris que la dame veuve........, mère desdits mineurs, a mené une conduite désordonnée, et qu'elle vient d'accoucher d'une fille qu'elle a fait inscrire, le 2 avril dernier, à la mairie de......., sous le nom de......, comme étant née d'elle et de père inconnu;

Que l'exposant pense que la conduite scandaleuse de la dame....., née....., serait funeste à l'avenir desdits mineurs, ses enfants, si elle continuait à en avoir la direction ;

Que, dans cette situation, et par application de l'article 444 du C. c., ladite dame veuve............. doit être destituée de la tutelle de ses dits enfants mineurs ; et qu'à cet effet, et conformément aux dispositions de l'article 446 du même Code, l'exposant, en sa qualité de subrogé-tuteur, a, de notre agrément verbal, convoqué, etc. (V° *suprà*, formule n° 375) ;

S'est immédiatement présentée devant le conseil, la dame veuve......

(Si elle avait été sommée par acte d'huissier, l'indiquer.)

Laquelle nous a exposé :

Qu'elle reconnaît les faits qui lui sont reprochés, mais elle explique que la mort de son mari, duquel elle avait beaucoup à se plaindre, lève les difficultés qui s'opposaient, de sa part, à une conduite exemplaire; mais elle espère avant peu régulariser sa situation par un second mariage ;

En conséquence, elle supplie le conseil de famille de la maintenir dans la tutelle de ses trois enfants mineurs, dont ledit feu sieur......., son mari, est le père.

Après lecture, l'exposante a signé et s'est retirée.

(Signature.)

Le conseil de famille est rentré alors en délibération sous notre présidence, et a pris la délibération suivante :

Considérant que la dame veuve........ reconnaît les faits qui lui sont reprochés, et que, malgré les promesses qu'elle fait de mettre ordre à sa conduite irrégulière, le conseil de famille ne saurait, sans s'exposer à compromettre l'avenir desdits mineurs, lui maintenir plus longtemps la tutelle de ses trois enfants mineurs sus nommés;

Par ces motifs, le conseil de famille, après en avoir délibéré, a été d'avis, à l'unanimité des voix, qu'il y avait lieu de retirer, comme de fait il retire, à ladite dame veuve..........., la tutelle des trois mineurs ci-avant dénommés;

En conséquence, décide qu'elle cesse à l'instant de remplir lesdites fonctions de tutrice;

La dame veuve........, que nous avons fait reparaître devant le consil, a déclaré ne pas adhérer à la décision qui vient d'être prise contre elle, et elle a réservé tous ses droits pour l'attaquer;

Et, après lecture, la dame veuve........, invitée à signer sa déclaration, a déclaré ne vouloir, et nous avons signé avec le Greffier; et la dame veuve..... s'est retirée

(Signatures.)

De tout quoi, etc.

(Si, au contraire, la tutrice adhère à la décision prise contre elle, on l'indiquera, et l'on continuera ainsi) :

Le conseil de famille, composé des mêmes personnes, est rentré en délibération, et a pris la délibération suivante :

Considérant que, par suite de la destitution de la tutelle de ladite dame veuve........, destitution acceptée par cette dernière, les trois mineurs...... sus nommés, ses enfants, sont aujourd'hui dépourvus de tuteur; et qu'aux termes de l'article 405 du C. c., il y a lieu de leur en nommer un;

Par ces motifs, le Conseil de famille, après en avoir délibéré, a été d'avis, à l'unanimité des voix, qu'il y avait lieu de nommer, comme de fait il nomme pour tuteur auxdits mineurs, etc...... (V° *suprà*, formule n° 380.)

TREIZIÈME CAS.

Démission de tutelle et nomination de tuteur.

(Art. 405 C. c.)

—

402. Lorsque le tuteur se trouvera dans le cas d'être dispensé de la tutelle, aussitôt sa démission acceptée, il sera pourvu par le conseil de famille à la nomination d'un nouveau tuteur.

FORMULE.

403. L'an............

Par devant nous.......

S'est présenté............

Le sieur............

Agissant en qualité de tuteur légal et naturel de............., sa fille mineure, issue de son mariage avec la dame............, décédée à.........., le............;

Lequel comparant nous a exposé ce qui suit :

Que, depuis le décès de la dame............, son épouse, il n'a pu remplir personnellement, qu'à de très-rares intervalles, les fonctions de tuteur de sadite fille mineure, par suite de la maladie grave dont il est atteint;

Qu'aujourd'hui, il lui est impossible, pour la même cause, de conserver la tutelle de sadite fille mineure;

Que, dans ces circonstances et dans le but de faire agréer la démission qu'il est dans l'intention de donner de tuteur de ladite mineure, et de pourvoir à son remplacement, le comparant a, de notre agrément verbal, convoqué, etc, etc. (Ve *suprà*, formule n° 375);

....

Considérant qu'il est constant pour chacun des membres du conseil de famille que le sieur............est atteint d'infirmités graves qui le mettent dans l'impossibilité de gérer et d'administrer les biens, affaires et personne de sadite fille mineure;

Que, dès lors, il est de l'intérêt de cette dernière d'accepter la démission que ledit sieur............donne de ses fonctions de tuteur de ladite mineure;

Par ces motifs, le conseil de famille, à l'unanimité, notre suffrage compris, est d'avis d'accepter, comme de fait il accepte, la démission offerte par le sieur ....des fonctions de tuteur légal de ladite mineure............; et déclare qu'il cesse à l'instant de remplir lesdites fonctions;

Et, procédant à la nomination d'un nouveau tuteur à ladite mineure, le conseil de famille, rentrant en délibération et délibérant avec nous :

Considérant qu'aux termes de l'art. 405 du C. c., lorsque le tuteur d'un mineur est valablement excusé, il doit être pourvu d'un nouveau tuteur;

Que, dans l'espèce, il y a lieu de vêtir les dispositions de la loi à l'égard de ladite mineure;

Par ces motifs, le conseil de famille, procédant à la nomination d'un tuteur à ladite mineure............, nomme pour remplir ces fonctions, à l'unanimité des voix (Ve *suprà*, formule n° 380).

NOTA : Si le tuteur est pris dans la ligne du subrogé-tuteur, ce dernier est *de droit* démissionnaire, et, par suite, il y a lieu de nommer un nouveau subrogé-tuteur dans la ligne opposée.

QUATORZIÈME CAS.

Autorisation de conserver des meubles en nature.

(Art. 452 C. c.)

OBSERVATIONS.

404. Dans le mois qui suivra la clôture de l'inventaire, le tuteur fera vendre, en présence du subrogé-tuteur, aux enchères reçues par un officier public, et après des affiches ou publications dont le procès-verbal de vente fera mention, tous les meubles *autres que ceux que le conseil de famille l'aurait autorisé à conserver en nature.*

(Art. 452 C. c.)

Les père et mère, tant qu'ils ont la jouissance propre et légale des biens du mineur, sont dispensés de vendre les meubles, s'ils préfèrent les garder pour les remettre en nature.

Dans ce cas, ils en feront faire, à leurs frais, une estimation à juste valeur par un expert qui sera nommé par le subrogé-tuteur et prêtera serment devant le Juge de paix. Ils rendront la valeur estimative de ceux des meubles qu'ils ne pourront représenter en nature.

(Art. 453 C. c.)

La prisée peut être faite par toute personne désignée par le subrogé-tuteur; il n'est pas nécessaire qu'elle soit faite par un officier public.

Rennes, 14 janvier 1835 (S. V. 37. 2. 179; — D. P. 38. 2. 111); — Nîmes, 22 février 1837 (S. V. 37. 2. 179; — D. P. 38. 2. 111; — P. 37. 2. 276;) — Bruxelles, 2 mai 1839 (S. V. 40. 2. 100;) — Grenoble, 5 décembre 1839 (S. V. 40. 2. 223; — D. P. 40. 2. 159; — P. 40. 1. 539.)

FORMULE.

405. L'an..............

Par-devant nous............

S'est présenté...........

Le sieur.............

Agissant en qualité de tuteur datif de 1o..........; 2o..........., enfants mineurs issus du mariage de...........;

Ladite qualité de tuteur ayant été conférée au comparant suivant délibération.... .....;

Agissant, ledit mineur, comme héritier, mais sous bénéfice d'inventaire seulement, desdits sieur et dame..........., ses père et mère;

Lequel comparant nous a exposé :

Qu'aux termes de l'article 452 C. c., il est tenu, en sa qualité de tuteur, de faire vendre aux enchères, reçues par un officier public, tous les meubles dudit mineur, autres que ceux que le conseil de famille l'aurait autorisé de conserver en nature;

Que le comparant pense qu'il est de l'intérêt de son pupille de ne pas faire vendre les meubles et effets mobiliers ci-après, portés sous les numéros...... de l'inventaire auquel il a été procédé, le........ ...., par le ministère de Me..........., notaire à...........;

Que ces objets sont, savoir :

....

Que, dans le but de délibérer aux fins ci-dessus, etc........ (Vo *suprà*, formule no 375.)

.. ..

Considérant qu'il résulte des renseignements fournis au conseil, que les meubles et effets mobiliers que le tuteur demande à conserver en nature sont tous utiles audit mineur;

Que, dès lors, il y a lieu de lui accorder l'autorisation par lui demandée;

Par ces motifs, le conseil de famille, après en avoir délibéré, a été d'avis, à l'unanimité des voix, qu'il y avait lieu d'autoriser, comme de fait il autorise, le sieur........., en sa qualité de tuteur dudit mineur..... ....., à conserver en nature les meubles et effets mobiliers, dont il est mention dans la réquisition qui précède;

De tout quoi, etc

QUINZIÈME CAS.

Règlement de la dépense annuelle du mineur.

(Art. 454 C. c.)

OBSERVATIONS.

406. Tout tuteur, autre que le père et la mère, est obligé, lors de l'entrée en exercice de la tutelle, de faire fixer par le conseil de famille les dépenses annuelles du mineur.

(Art. 454 C. c.)

La mère, remariée et réintégrée dans la tutelle de ses enfants, est soumise à la même obligation, ayant perdu la tutelle légale.

FORMULE.

407. L'an......, etc.

Par-devant nous...........

S'est présenté.............

Le sieur.................

Lequel comparant nous a exposé :

Qu'aux termes de l'article 451 du C. c., lors de l'entrée en exercice de toute tutelle autre que celle des père et mère, le conseil de famille doit régler par aperçu, et suivant l'importance des biens régis, la somme à laquelle pourra s'élever la dépense annuelle du mineur, ainsi que celle de l'administration de ses biens ;

Que le comparant désire faire régler uniquement la somme à laquelle pourra s'élever la dépense annuelle desdits mineurs ;

Que, pour mettre à même le conseil de famille de fixer cette somme, il croit devoir donner les détails suivants, relatifs à la fortune desdits mineurs :

L'inventaire, dressé le......, par Me......, après le décès de....., a constaté l'existence de meubles meublants et effets mobiliers évalués à... 6,000 fr.

Que lesdits mineurs possèdent encore : 1o......; 2o.....; 3o.......;

Que maintenant, d'après cet exposé, le conseil de famille est en mesure de régler, avec connaissance de cause, quelle doit être la somme à laquelle peuvent s'élever les dépenses annuelles et particulières desdits mineurs......;

Que, dans le but de délibérer aux fins ci-dessus, l'exposant a, de notre agrément verbal, convoqué, etc...... (Vo *suprà*, formule no 375.)

Considérant, en ce qui concerne le mineur Jean-François L......., qu'une somme de 2,000 francs est utile pour subvenir à ses dépenses annuelles;

Considérant qu'une somme de 1,200 francs est suffisante pour payer annuellement les dépenses dudit mineur Piere-Armand L......... ; mais qu'il est de toute justice de lui allouer, comme à son frère aîné, une somme de 2,000 fr. par an, à la charge par le sieur......., tuteur, de colloquer, au nom dudit mineur Pierre-Armand, en rentes sur l'Etat français, les sommes qui excèderont sa dépense annuelle ;

Attendu que les sommes ci-avant fixées sont en rapport avec la fortune que possèdent lesdits mineurs ;

Par ces motifs, le conseil de famille, après en avoir délibéré, a été d'avis, à l'unanimité des voix, qu'il y avait lieu de fixer, comme de fait il fixe, à la somme de 2,000 francs par an la dépense annuelle desdits mineurs......, à la charge par le tuteur de colloquer, au nom du mineur Pierre-Armand L......, en rentes sur l'Etat français, les sommes qui excéderont sa dépense annuelle, fixée à 1,200 francs. ;

De tout quoi, etc.....

SEIZIÈME CAS.

Fixation de l'emploi de l'excédant des revenus du mineur.

(Art. 455 C. c.)

408. Le conseil de famille doit dans toute tutelle, autre que celle des père et mère, déterminer positivement la somme à laquelle commencera pour le tuteur l'obligation d'employer l'excédant des revenus sur la dépense.

(Art. 455 C. c.)

FORMULE.

409. L'an............

Par-devant nous,.......

A comparu............

Le sieur............

Lequel comparant nous a exposé :

Qu'aux termes de l'article 455 du C. c., le conseil de famille doit déterminer positivement la somme à laquelle commencera pour lui, tuteur, l'obligation d'employer l'excédant des revenus sur la dépense ;

Que cet article 455 est impératif, car, aux termes de l'article suivant, le comparant serait obligé de payer des intérêts pour des sommes qui seraient dans ses mains sans emploi ;

Que le comparant désire, par suite, que le vœu de la loi soit rempli ;

Que, dans le but de délibérer à cette fin, le comparant a, de notre agrément verbal, convoqué, etc. (Vo *suprà*, formule no 375) ;

Considérant que, par sa délibération, à la date du............, le conseil de famille a fixé à la somme de............la dépense annuelle desdits mineurs L............;

Considérant que l'administration des biens des dits mineurs............ nécessite des dépenses journalières d'une grande importance, et qu'il est prudent de laisser entre les mains du tuteur la somme suffisante pour parfaire à toutes ces dépenses, même aux cas imprévus ; et qu'une somme de............ paraît nécessaire pour atteindre ce double but ;

Par ces motifs, le conseil de famille, après en avoir délibéré, a été d'avis, à l'unanimité des voix, qu'il y avait lieu d'autoriser comme de fait il autorise, le sieur............, tuteur desdits mineurs, à garder annuellement dans ses mains, indépendamment de celle fixée pour la dépense des mineurs, la somme de 1,500 francs, sans être tenu d'en faire emploi, pour faire face aux frais d'administration des biens desdits mineurs et aux éventualités ;

Dit que toutes sommes excédant celles dont il est ci-avant mention, seront colloquées par le tuteur en rentes sur l'État français (ou tout autre placement qui sera indiqué) ;

De tout quoi, etc............

DIX-SEPTIÈME CAS.

Fixation des époques où le tuteur remettra au subrogé-tuteur des états de situation de sa gestion.

(Art. 470 C. c.)

OBSERVATIONS.

410. Tout tuteur, autre que le père et la mère, peut être tenu, même durant la tutelle, de remettre au subrogé-tuteur des états de situation de sa gestion, aux époques que le conseil de famille aurait jugé à propos de fixer, sans néanmoins que le tuteur puisse être astreint à en fournir plus d'un chaque année.

(Art. 470 C. c.)

La mère remariée et le co-tuteur sont également tenus de fournir des états de situation de leur gestion.

Cass. 5 mai 1856 (S. V. 56.1.793. — P. 57.832. — D. P. 56.1.241).

Ces états de situation seront rédigés et remis, sans frais, sur papier non timbré, et sans aucune formalité de justice.

FORMULE.

411. L'an............,

Par-devant nous,... ....,

A comparu............ :

Le sieur..........,

Lequel comparant nous a exposé : que dans toute tutelle, autre que celle des père et mère, le conseil de famille peut ordonner que, même durant la tutelle, des états de situation de la gestion du tuteur seront remis au subrogé-tuteur à certaines époques déterminées ;

Que le comparant, désirant que son administration ait tout le contrôle voulu, demande à ce que le conseil de famille détermine les époques où il devra fournir des états de situation de sa gestion;

Que, dans le but de délibérer aux fins ci-dessus, l'exposant a, de notre agrément verbal, convoqué, etc.,....., (Vo *suprà*, formule no 375);

Considérant qu'il importe, tant dans l'intérêt desdits mineurs que pour donner une juste satisfaction à leur tuteur, de fixer certaines époques où des états de situation seront remis au subrogé-tuteur;

Par ces motifs, le conseil de famille............ décide que le tuteur remettra au subrogé-tuteur, une fois par an, soit le.............., des états de situation de sa gestion des biens desdits mineurs.

NOTA. — Le tuteur s'abstient de voter.

DIX-HUITIÈME CAS.

Nomination de tuteur en cas de substitution.

(Art. 1048 à 1074 C. c.)

OBSERVATIONS.

412. Les biens dont les père et mère ont la faculté de disposer pourront être par eux donnés, en tout ou en partie, à un ou plusieurs de leurs enfants, avec la charge de rendre ces biens aux enfants nés et à naître, au premier degré seulement, desdits donataires.

Celui qui fera cette donation pourra, par le même acte, ou par un acte postérieur, en forme authentique, nommer un tuteur chargé de l'exécution de ces dispositions.

Dans le cas où il n'aurait pas fait cette nomination, le tuteur sera nommé par le conseil de famille, composé d'après les règles établies par les articles 407 et suivants C. c.; et qui se réunira devant le Juge de paix du lieu de l'ouverture de la succession, et non au domicile du lieu des appelés : ici n'est pas applicable la disposition de l'art. 406 C. c.

Angers, 12 août 1852. (S. V. 52.2.533; — P 53.1.37.)

Le tuteur sera nommé alors même que les enfants substitués seraient majeurs.

Il n'y a pas lieu de nommer un subrogé-tuteur.

Si les enfants du grevé sont mineurs et déjà pourvus d'un

tuteur, ils conserveront ce tuteur, qui sera confirmé dans ces fonctions pour le cas spécial à la substitution.

(Art. 1048 et 1074 C. c.)

La loi du 17 mai 1826, sur les substitutions, a été abrogée par celle du 7 mai 1849.

FORMULE.

413. L'an..........

Par devant nous..........

S'est présenté..........

Le sieur........

Lequel comparant nous a exposé :

Qu'il s'est uni en mariage, le........., avec la dame..........., demeurant avec lui ;

Que de cette union sont issus trois enfants, encore mineurs, savoir :

1° Jean, né à..........., le...........;

2° François, né à.........., le.........;

3° Marie, née à..........., le...........;

Que, par son testament olographe, en date du.........., ouvert judiciairement, enregistré, et déposé dans les minutes de Me..........., notaire à.........., le sieur..........., père de sadite épouse, a légué à cette dernière l'usufruit de tous les biens qu'il possédait à son décès, arrivé le.........., à la charge, par sa dite fille, de restituer à son décès lesdits biens légués aux enfants nés et à naître de son mariage avec l'exposant ;

Que ledit feu sieur.........., n'a point nommé lui-même le tuteur, qui doit, aux termes de l'article 1055 C. c., être chargé de l'exécution de ces dispositions ;

Que, dès lors, il y a lieu, conformément aux dispositions de l'article 1056 C. c., de faire nommer par le conseil de famille le tuteur dont s'agit ;

Que, dans le but de délibérer aux fins ci-dessus, l'exposant a......, etc......

(V° *suprà*, formule n° 375.)

....

Considérant, qu'aux termes de l'article 1048 C. c, les biens dont les père et mère ont la faculté de disposer peuvent être par eux donnés à un ou plusieurs de leurs enfants, avec la charge de rendre ces biens aux enfants nés ou à naître au premier degré seulement, desdits donataires ;

Considérant qu'aux termes des articles 1055 et 1056 C. c, toute donation faite dans le sens de l'article 1048 sus-visé, devra être suivie de la nomination d'un tuteur chargé de l'exécution de ladite donation ;

Et que, dans le cas où cette nomination n'aurait pas eu lieu par le donateur, elle appartiendrait au conseil de famille ;

Considérant que la donation faite par M... à la dame X... et aux enfants de celle-ci, se trouve dans le cas ci-dessus prévu, et que, de plus, ledit feu sieur,......... n'a pas nommé le tuteur dont il est question dans l'article 1055;

Que, dès lors, il y a lieu, dans l'espèce, de nommer le tuteur à substitution;

Par ces motifs, le conseil de famille, procédant, aux termes des articles précités, à la nomination du tuteur dont s'agit, à l'effet d'exécuter les dispositions testamentaires plus haut rappelées dudit feu,......, nomme pour remplir ces fonctions, à l'unanimité des voix, le sieur........, etc.,.. (V° *suprà*, formule n° 380.)

DIX-NEUVIÈME CAS.

Autorisation de provoquer un partage au nom du mineur.

(Art. 465 et 817 C. c.)

OBSERVATIONS.

414. Aucun tuteur ne pourra provoquer un partage sans l'autorisation du conseil de famille;

Mais il pourra, sans cette autorisation, répondre à une demande en partage dirigée contre le mineur.

(Art. 465 C. c.)

Le père, administrateur légal des biens de ses enfants, est-il tenu de recourir à l'autorisation du conseil de famille, dans les divers cas où le tuteur doit obtenir cette autorisation ?

La jurisprudence est partagée sur cette question. Il a été jugé que le père ne peut faire, seul, que les actes qui pourraient être faits par le tuteur seul, et que, pour tous les autres actes, l'autorisation doit être donnée par le conseil de famille et non par les Tribunaux.

Trib. de Vitré, 30 juin 1841. (S.V. 63.-2.121. — *Ad notam*.

La Cour de Bourges, par un arrêt du 11 février 1863 (S. V. 63.2.121. — P. 64.607,) a décidé, au contraire, que les règles de la tutelle ne s'appliquent pas à l'administration légale du père.

La Cour d'appel de Paris, par un arrêt du 9 janvier 1874, a décidé également que les règles de la tutelle ne s'appliquaient pas au père administrateur légal, et que dans le cas où il y avait lieu à nomination d'un administrateur *ad hoc*, à raison de l'opposition d'intérêts existant entre le père et ses enfants, cette nomination appartenait au Tribunal et non au conseil de famille.

Voici les termes de cet arrêt :

« La Cour : Considérant que la tutelle n'est ouverte qu'après la dissolution de mariage arrivée par la mort des deux époux ou de l'un d'eux;

» Que le père et la mère de la mineure C...... sont existants;

» Qu'il n'y a donc lieu de lui nommer ni un tuteur ordinaire, ni un tuteur *ad hoc*, ni, par suite, de convoquer un conseil de famille;

» Que dans le cas où se trouve la mineure C....., comme dans les cas analogues, il appartient aux Tribunaux de faire choix d'un administrateur *ad hoc* pour représenter les incapables en Justice et y défendre leurs intérêts........., »

FORMULE.

Délibération autorisant un partage.

415. L'an.......

Par devant nous........

S'est présenté........

Le sieur.........

Agissant en qualité de tuteur datif de........

1°.......; 2°.......,

Qualité qui lui a été conférée, etc. ;

Lequel comparant nous a exposé :

Que lesdits sieur et dame.........., père et mère desdits mineurs, sont décédés, ainsi qu'il est dit ci-dessus : le sieur......, le......., et la dame......, le 20 mars dernier, laissant pour leurs seuls et uniques héritiers, chacun pour un tiers, les trois mineurs sus-nommés, leurs enfants;

Qu'après le décès de ladite dame........, et le........, il a été procédé à la nomination d'un tuteur et d'un subrogé-tuteur auxdits mineurs, ainsi que cela résulte de la délibération du conseil de famille de ces derniers prise devant cette Justice de paix, le........ (laquelle a été dûment enregistrée) ;

Que le........, il a été, par Me........, notaire à.........., procédé à l'inventaire des biens dépendant des successions desdits époux........, et de la société d'acquêts ayant existé entre eux, aux termes de leur contrat de mariage passé le........., devant Me........, notaire à.........;

Que cet inventaire constate que la fortune desdits mineurs est la suivante :

....

Que le comparant croit devoir faire connaître au conseil que......

(Indiquer ici les motifs qui nécessitent le partage.)

Qu'il y a, par suite lieu à partager entre lesdits mineurs, la fortune qui leur revient de la part de leurs auteurs communs;

Mais que ce partage ne peut avoir lieu qu'en justice et après l'autorisation du conseil de famille, conformément aux dispositions de l'article 465 C. c.

Que, dans le but d'obtenir cette autorisation, l'exposant a, de notre agrément verbal, convoqué, etc.......... (Vo *suprà*, formule no 375.)

....

Considérant qu'aux termes de l'article 465, l'autorisation est nécessaire au tuteur pour provoquer un partage de biens de mineurs;

Considérant qu'il résulte des renseignements qui ont été fournis au conseil qu'il y a utilité pour lesdits mineurs, et qu'il est en même temps de leur intérêt, de procéder au plus tôt au partage des biens dont il est ci-avant mention;

Par ces motifs, le conseil de famille, après en avoir délibéré, a été d'avis, à l'unanimité des voix, qu'il y avait lieu d'autoriser, comme de fait il autorise le sieur.........., tuteur desdits mineurs, à former en Justice, au nom de ces derniers, une action en liquidation et partage des successions desdits époux.., père et mère desdits mineurs, et de la société d'acquêts ayant existé entre eux, aux termes de leur contrat de mariage sus-relaté;

De tout quoi, etc.......

VINGTIÈME CAS.

Nomination de tuteurs spéciaux en cas de partage.

OBSERVATIONS.

416. Si dans un partage il y a opposition d'intérêts entre les enfants mineurs et leur père et tuteur légal, et entre les mineurs entre eux, il doit leur être nommé à chacun un tuteur spécial et particulier.

(Art. 838 C. c. et 968 C. proc. c.)

FORMULE

417. L'an............

Par devant nous............

S'est présenté............

Le sieur E. M.....

Agissant en qualité de tuteur naturel et légal de :

1° Jean-Georges M....., né à............., le............;

2° François-Fernand M....., né à............. le............;

3° Marie-Rosalie M....., née à............., le............;

Ses enfants mineurs, issus de son mariage avec la dame..........., décédée à............, le............;

Lequel comparant nous a exposé :

Que, par délibération du conseil de famille desdits mineurs, prise devant cette Justice de paix, le...........(enregistrée), le sieur............ a été nommé subrogé-tuteur desdits mineurs;

Que le sieur A. M......, son frère, majeur, est décédé, le............., à.............;

Qu'il n'a laissé ni ascendants, ni descendants et, par suite, aucun héritier à réserve;

Que, par son testament public, en date du.........., retenu par Me ...., notaire à..., ..., ledit sieur A. M..... a divisé ainsi sa fortune : un quart, soit 3/12 à l'exposant; 2/12 à Jean-Georges; 3/12 à François-Fernand, et 4/12 à Marie-Rosalie M....., lesdits mineurs sus-nommés;

Qu'il y a aujourd'hui intérêt à faire cesser l'indivision qui existe entre les sus-nommés, et que le comparant est dans l'intention de former, dans ce but, contre ses enfants, une demande en Justice;

Mais que, pour arriver à la liquidation et au partage de la succession dont s'agit, il doit, aux termes de l'article 838 du C. c., être nommé un tuteur spécial à chacun desdits mineurs, en raison de l'opposition d'intérêts existant d'abord entre eux et leur père, et ensuite entre eux;

Que dans le but de délibérer aux fins ci-dessus, l'exposant a, de notre agrément verbal, convoqué, etc.......... ..(Ve *suprà*, formule n° 375);

Considérant qu'aux termes de l'article 838 du C. c, lorsque dans un partage, se trouve des co-héritiers mineurs ayant des intérêts opposés, il doit leur être nommé à chacun un tuteur spécial et particulier;

Considérant que, dans l'espèce, il y a opposition d'intérêts, d'abord entre lesdits mineurs, et ensuite entre lesdits mineurs et leur père;

Que, dans cette situation, il y a lieu de nommer à chacun des mineurs sus-nommés un tuteur spécial;

Par ces motifs, le conseil de famille, après en avoir délibéré, a été d'avis, à l'unanimité des voix, qu'il y avait lieu de nommer, comme de fait il nomme, pour tuteur spécial et particulier :

1° Au mineur Jean-Georges M....., le sieur............;

2° Au mineur François-Fernand M....., le sieur............;

Et 3° A la mineure Marie-Rosalie M....., le sieur............ tous les trois membres du présent conseil;

Et lesdits sieurs............, nous ayant respectivement déclaré accepter les fonctions qui viennent de leur être conférées, nous ont promis de les remplir avec zèle et fidélité;

Et ils ont signé, etc............

De tout quoi, etc............

VINGT-UNIÈME CAS.

Nomination de subrogé-tuteur *ad hoc*, en cas de partage; (le subrogé-tuteur remplissant les fonctions de tuteur).

(Art. 444 C. proc. c.)

OBSERVATIONS.

418. Les fonctions de subrogé-tuteur consistent à agir pour les intérêts du mineur, lorsqu'ils sont en opposition avec ceux du tuteur.

(Art. 420, § 2, C. c.)

Lorsque, dans une instance, le subrogé-tuteur est, en raison de l'opposition d'intérêts dont il est ci-dessus mention, obligé d'occuper la place du tuteur, il y a lieu de procéder à la nomination d'un *subrogé-tuteur* ad hoc, *et non à celle* d'un *tuteur ad hoc.*

Paris, 11 mars 1843. — (S. V. 44.2.153.)

FORMULE.

419. L'an..........,

Par-devant nous............,

S'est présenté :

Le sieur..........;

Agissant au nom et en qualité de tuteur légal de..........., ses enfants, mineurs, issus de son mariage avec la dame..........., décédée....

Lequel comparant nous a exposé :

Que, par délibération prise devant cette Justice de paix, le.........., (enregistrée), le sieur......... a été nommé subrogé-tuteur desdits mineurs......, ses enfants;

Que, postérieurement, et le.........., il a été procédé, par le ministère de Me........, notaire à........, à l'inventaire des meubles et effets mobiliers, dépendant, tant de la succession de ladite dame........, son épouse, que de la communauté ayant existé entre lui et sa dite épouse, aux termes de leur contrat de mariage, passé le........, devant Me........, notaire à........;

Que par exploit du ministère de Me........., huissier à..........., en date du........, il a formé contre sesdits enfants, devant le Tribunal de......, une instance en liquidation et partage de la société d'acquêts ci-dessus rappelée;

Qu'en raison de l'opposition d'intérêts existant entre le comparant et sesdits enfants mineurs, l'action a été dirigée contre le sieur........, subrogé-tuteur de ces derniers ;

Que, dans cette situation, il est nécessaire de nommer aux dits mineurs un subrogé-tuteur *ad hoc*, qui devra, dans cette instance, remplir les fonctions de subrogé-tuteur ordinaire, et recevoir les significations dont parle l'article 444 C. pro. c. ;

Que, dans le but de procéder à la nomination du subrogé-tuteur *ad hoc* dont s'agit, le comparant a, de notre agrément verbal, convoqué, etc., etc......... (V° *suprà*, formule n° 375.)

....

Considérant que, dans l'instance en liquidation et partage dont il s'agit, lesdits mineurs sont en opposition d'intérêts avec leur père et tuteur légal ;

Considérant qu'en raison de cette opposition d'intérêts, le subrogé-tuteur des dits mineurs a été pris pour remplir dans ladite instance les fonctions de tuteur ;

Considérant qu'aux termes de la loi, les délais d'appel ne courent contre les mineurs que du jour où les jugements rendus ont été signifiés, tant à leur tuteur qu'à leur subrogé-tuteur ;

Que, dans cette situation, il y a lieu de nommer auxdits mineurs.......... un subrogé-tuteur *ad hoc* pour recevoir les significations dont s'agit ;

Par ces motifs, le conseil de famille, après en avoir délibéré, a été d'avis, à l'unanimité des voix, qu'il y avait lieu de nommer, comme de fait il nomme pour subrogé-tuteur *ad hoc* auxdits mineurs, le sieur........., à l'effet par ce subrogé-tuteur *ad hoc* de recevoir les significations prescrites par l'article 444 C. proc. c., et de remplir dans l'instance en liquidation et partage dont s'agit, les fonctions de subrogé-tuteur ordinaire, conformément aux lois qui régissent les procédures relatives aux biens meubles et immeubles des mineurs ;

Et ledit sieur....... nous ayant déclaré accepter la subrogée-tutelle *ad hoc*, qui vient de lui être conférée par le conseil de famille, nous a promis de s'en acquitter avec zèle et fidélité ;

Et il a signé aux fins de son acceptation, après lecture ;

(Signature.)

De tout quoi, nous, etc., etc.......

VINGT-DEUXIÈME CAS.

Nomination de tuteur et de subrogé-tuteur spéciaux, en cas de partage, dans le cas où le tuteur et le subrogé-tuteur ont des intérêts opposés aux mineurs.

(Art. 420, 421 C. c., et 444 C. pro. c.)

OBSERVATIONS.

420. Lorsqu'il y a opposition d'intérêts entre les mineurs et leur tuteur ainsi que leur subrogé-tuteur, il doit être nommé aux mineurs un tuteur spécial et un subrogé-tuteur spécial.

FORMULE

421. L'an............

Par devant nous...........

S'est présentée............

La dame..........

Agissant au nom et en qualité de tutrice légale de.......... ses enfants mineurs, issus de son mariage avec le sieur, etc......

Laquelle comparante nous a exposé :

Que, par délibération prise devant cette Justice de paix, le... le sieur.... son fils aîné, majeur, a été nommé subrogé-tuteur desdits mineurs sus-nommés, ses frères germains ;

Que, le......, elle a fait procéder à l'inventaire des meubles et effets mobiliers dépendant de la succession de son défunt mari et de la communauté de biens ayant existé entre elle et ce dernier ;

Que la comparante est dans l'intention de faire liquider judiciairement ses droits dans la succession de son défunt mari et dans la communauté plus haut rappelée ;

Et que cette action doit être dirigée contre le subrogé-tuteur des dits mineurs ;

Mais qu'en raison de l'opposition d'intérêts existant entre les dits mineurs et le sieur......, leur frère aîné germain, celui-ci ne peut les représenter dans l'instance en liquidation et partage dont s'agit, en sa qualité de subrogé-tuteur ;

Que la comparante ayant, en outre, elle-même des intérêts opposés avec les dits mineurs sus-nommés, ses enfants, il y a lieu de pourvoir ces derniers d'un tuteur spécial et d'un subrogé-tuteur spécial ;

Que, dans le but de délibérer aux fins ci-dessus, la comparante a, de notre agrément verbal, etc. etc..... (Vo *suprà*, formule no 375.)

Considérant que la dame veuve..... mère et tutrice légale desdits mineurs, et le sieur ...... subrogé-tuteur de ces derniers, figureront, ainsi que ceux-ci, en leur nom personnel, dans l'instance en partage dont s'agit, et qu'ils y auront des intérêts opposés ;

Que, par suite, ni l'un ni l'autre ne peuvent, dans cette instance, être chargés des intérêts desdits mineurs ;

Que, dès lors, il y a lieu de nommer à ces derniers un tuteur spécial et un subrogé-tuteur spécial ;

Par ces motifs, le conseil de famille, après en avoir délibéré, a été d'avis, à l'unanimité des voix qu'il y avait lieu de nommer, comme de fait il nomme aux dits mineurs.... 1o pour tuteur spécial, le sieur...., et 2o pour subrogé-tuteur spécial le sieur....., tous les deux membres du présent conseil :

A l'effet, par ces derniers, de représenter lesdits mineurs dans l'instance en liquidation et partage dont s'agit, conformément aux lois qui régissent les procédures relatives aux biens meubles et immeubles des mineurs ;

Et à l'instant, lesdits sieurs...., nous ont, chacun en ce qui le concerne, déclaré accepter les fonctions qui viennent de leur être conférées et nous ont promis de les remplir avec zèle et fidélité ; et ils ont signé aux fins de leur acceptation, après lecture faite. (Signatures.)

De tout quoi etc.

NOTA : Si la mère était enceinte, et s'il y avait entre le curateur au ventre nommé et l'enfant à naître, des intérêts opposés, il y aurait lieu à nomination d'un curateur au ventre spécial.

VINGT-TROISIÈME CAS.

Autorisation d'aliéner les immeubles du mineur.

(Art. 457 C. c. — 953 et 955 C. pr. civ.)

OBSERVATIONS.

422. Les immeubles appartenant à des mineurs ne peuvent être aliénés sans une autorisation du conseil de famille homologuée par le Tribunal.

(Art. 953 et 954 C. proc. c.)

L'autorisation d'aliéner n'est pas nécessaire si les biens appartiennent en même temps à des majeurs, et si la vente est poursuivie par ces derniers.

(Art. 953, *ibid.*)

Lorsque le conseil de famille autorise l'aliénation de biens immeubles appartenant uniquement à des mineurs, il a seul droit, à l'exclusion du tribunal, de fixer les diverses conditions de la vente, notamment *les mises à prix*.

Douai 20 juillet 1855 (S. V. 56.2.42) ; — P. 57.710) — *Sic*, Chauveau, q. 2509.

Si la mise à prix fixée par le conseil de famille n'était pas couverte, il y aurait lieu à nouvelle réunion pour en fixer une nouvelle.

La délibération autorisant la cession d'un Greffe, au nom de mineurs, est soumise à l'homologation de la justice.

Nîmes, 3 juillet 1850 (S. V. 50.2.458, — P. 50.2.380. — D. P. 51.2.110.)

FORMULE.

423. L'an.........,

Par devant nous.........

S'est présenté............

Le sieur......., agissant au nom et en qualité de tuteur datif de : 1°.......; 2°...........; 3°.........,

Qualité qui lui a été conférée suivant délibération, en date du.........,

Lequel comparant nous a exposé :

Qu'après le décès du sieur........, dernier décédé des père et mère desdits mineurs, et le........., il a été, par Me........, notaire à........., procédé à l'inventaire des biens composant sa succession, celle de sadite épouse, ainsi que des valeurs diverses dépendant de la société d'acquêts ayant existé entre les époux........, père et mère desdits mineurs;

Que, du contrat de mariage desdits époux, passé le......, devant Me......, notaire à........., il résulte que le père desdits mineurs s'est constitué un domaine situé à........, d'une valeur approximative de........, et que la mère de ces derniers a apporté en mariage une somme de trente mille francs en espèces;

Que le domaine dont il est ci-avant mention représente un capital assez considérable, et qu'il ne produit aucun revenu, étant un bien purement d'agrément;

Que le comparant pense que ce domaine doit être vendu dans l'intérêt desdits mineurs, pour, le prix à en provenir, recevoir un placement avantageux;

Mais que cette vente ne peut avoir lieu sans l'autorisation du conseil de famille, conformément aux dispositions de l'article 457 du C. c;

Que, dans le but de délibérer aux fins ci-dessus, le comparant a, de notre agrément verbal, convoqué, etc. (Vo *suprà*, formule no 375.)

....

Considérant qu'aux termes de l'article 457 du C. c., le tuteur ne peut aliéner les biens du mineur sans autorisation du conseil de famille, et que cette autorisation ne peut lui être accordée que pour cause d'une nécessité absolue ou d'un avantage évident;

Considérant qu'il résulte des renseignements qui ont été fournis au conseil que le domaine situé à......., dépendant de la succession du père desdits mineurs, ne produit aucun revenu, et qu'il est une véritable charge, sans aucun profit pour eux;

Que, dès lors, il est d'une sage administration d'ordonner la vente de ce domaine;

Par ces motifs, le conseil de famille, après en avoir délibéré, a été d'avis, à l'unanimité des voix, qu'il y avait lieu d'autoriser, comme de fait il autorise, le tuteur des dits mineurs à poursuivre devant le Tribunal de première instance de........, dans les formes voulues par la loi, la vente, par voie de licitation, du domaine situé à......., dépendant de la succession dudit sieur......., père des dits mineurs;

Et, toujours à l'unanimité des voix, émet l'avis que la vente devra avoir lieu sur la mise à prix de.......;

De tout quoi, etc........

VINGT-QUATRIÈME CAS.

Autorisation au tuteur d'emprunter et d'hypothéquer les biens immeubles du mineur.

(Art. 457 et 458 C. c.)

OBSERVATIONS.

424. Le tuteur, même le père ou la mère, qui veut emprunter dans l'intérêt du mineur, doit obtenir l'autorisation du conseil de famille et en demander l'homologation au Tribunal. Cette autorisation ne doit être accordée qu'autant qu'il y a pour les mineurs *nécessité absolue* ou *avantage évident*.

(Art. 457 et 458 C. c.)

La *nécessité absolue* est établie par un compte sommaire présenté par le tuteur au conseil de famille, et constatant que les deniers, effets mobiliers et revenus des mineurs sont insuffisants pour satisfaire à leurs besoins. Le conseil de famille doit, s'il y a lieu, indiquer les immeubles qu'il convient d'hypothéquer de préférence, et les conditions de l'emprunt.

(Arg. de l'art. 457 C. c.)

Il n'y a aucune distinction à faire entre les emprunts sans hypothèques et les emprunts hypothécaires; ils sont tous soumis aux mêmes formalités prescrites par les articles 457 et 458 C. c.

(Demolombe, t. VII, nos 729, 730, 738 et 740.)

L'*état sommaire* sera transcrit en entier dans la délibération, ou donné séparément; dans ce dernier cas, il doit être écrit sur timbre et soumis à la formalité de l'enregistrement avant la réunion du conseil; il reste annexé à la délibération et s'expédie à la suite.

FORMULE.

Délibération autorisant un emprunt.

425. L'an....

Pardevant nous,......

S'est présenté......

Le sieur.......

Agissant au nom et en qualité de tuteur datif de :

1° .... né à ...... le.....

2° .... né à ...... le.....

3° .... née à ..... le.....

Enfants mineurs issus du mariage de........, décédé à........., le......., et de la dame.........., décédée à......, le.......,

Qualité qui lui a été conférée suivant délibération prise devant cette Justice de paix, le...... (enregistrée),

Lequel comparant nous a exposé :

Qu'après le décès du sieur........, père desdits mineurs, et le..........., il a été, par Me......., notaire à......., procédé à l'inventaire des divers biens composant la succession dudit sieur........ et de celle de la dame........, son épouse ;

Que, d'après l'état sommaire dressé par l'exposant, lequel porte la date du......., qui a été enregistré et est demeuré ci-annexé, la fortune des dits mineurs consiste uniquement en un mobilier évalué deux mille francs, et en une maison située à........., d'une valeur approximative de vingt mille francs, occupée en partie par lesdits mineurs, et louée pour l'autre partie la somme de cinq cents francs ;

Que le même état sommaire constate que les successions des père et mère desdits mineurs....... sont grevées de cinq mille francs de dettes, dont le payement est actuellement demandé ;

Que les mineurs ne possèdent aucune fortune en dehors des biens qu'ils ont recueillis dans les successions de leurs auteurs, et qu'il y a lieu de recourir à un emprunt pour payer les dettes dont il est ci-avant mention, afin d'éviter les poursuites en expropriation, dont les conséquences pourraient être funestes aux intérêts desdits mineurs ;

Mais que cet emprunt ne saurait avoir lieu sans l'autorisation du conseil de famille, conformément aux dispositions de l'article 457 C. c. ;

Que, dans le but de délibérer aux fins ci-dessus, l'exposant a, de notre agrément verbal, convoqué, etc., etc..... (V° *suprà*, formule n° 375) ;

....

Considérant qu'aux termes de l'article 457 C. c., le tuteur, pour faire un emprunt, au nom du mineur, a besoin de l'autorisation du conseil de famille ;

Considérant qu'il résulte de l'examen attentif du compte sommaire, en date du........, présenté par le sieur........, tuteur, la preuve que les revenus des mineurs ne s'élèvent qu'à la somme de cinq cents francs, et que, par délibération en date du........, le conseil de famille a autorisé de conserver en nature pour lesdits mineurs, comme leur étant nécessaire, le mobilier ci-avant mentionné ;

Considérant qu'indépendamment des cinq mille francs de dettes qu'il y a à payer, il y a aussi à pourvoir aux frais de nourriture, d'entretien et d'instruction desdits mineurs ;

Que, pour suffire à ces différentes charges, il est d'une absolue nécessité de recourir à un emprunt qui ne saurait être inférieur à sept mille francs ; pour la sûreté duquel il sera conféré hypothèque sur la maison située à........., dépendant de la succession de........ ;

Par ces motifs, le conseil de famille, après en avoir délibéré, a été d'avis, à l'unanimité de voix, qu'il y avait lieu d'autoriser, comme de fait il autorise, le tuteur des dits mineurs...... à emprunter, au nom de ces derniers, la somme de sept mille francs, en une ou plusieurs fois ; et pour la garantie du payement de ladite somme, en capital, intérêts et autres accessoires, hypothéquer la maison située à.... ...., dépendant de la succession de........, et même à déléguer les loyers de ladite maison en garantie des intérêts; sous la réserve cependant de l'homologation prescrite par l'article 458 C. c.;

De tout quoi, etc., etc.

Modèle d'état sommaire.

426. Compte sommaire présenté par le sieur......, tuteur des mineurs....., pour obtenir l'autorisation de faire un emprunt de sept mille francs sur la maison délaissée par les époux....., attendu l'insuffisance des revenus des mineurs ......, pour : 1° payer les dettes à la charge de la succession, et 2° faire face aux frais nécessaires pour leur nourriture, leur entretien et leur éducation :

Revenus de la maison située à......., rue......., mentionnée à l'inventaire dressé le...., par M°...., notaire à...., à cinq cents francs, ci.F.			500 »
Mobilier inventorié, et dont la conservation en nature a été autorisée par délibération du conseil de famille en date du............			Mémoire.
Espèces trouvées au décès du père des mineurs................			Néant.
TOTAL, cinq cents francs. ci..........			500 »
Il est dû, par la succession des père et mère des mineurs, la somme de cinq mille francs aux ci-après nommés, savoir :			
1° Au médecin, trois cents francs, ci....F.	300 »		
2° Au sieur....., cinq cents francs, ci.....	500 »		
3°, 4°, etc...............................	4,200 »		
TOTAL.........F.	5,000 »	5,000 »	500 »
Dépenses annuelles des mineurs :			
Pour l'épicier, trois cents francs, ci...............F.		300 »	
— nourriture, huit cents francs, ci.................		800 »	
— l'entretien, deux cents francs, ci................		200 »	
— la pension, onze cents francs, ci................		1,100 »	
Cas imprévus, cent francs, ci......................		100 »	
TOTAL des dettes et des dépenses, sept mille cinq cents francs, ci..................		7,500 »	7,500 »
Excédant des dépenses et des sommes à payer sur les fonds disponibles, *sept mille francs,* ci..............................F.			7,000 »

Certifié conforme par le tuteur soussigné.

B......., le.......... 1874.

(Signature du tuteur.)

VINGT-CINQUIÈME CAS.

Autorisation au tuteur pour introduire en Justice une action relative aux biens immobiliers du mineur.

(Art. 464 C. c.)

—

OBSERVATIONS.

427. Le tuteur, même le père ou la mère, a besoin de l'autorisation du conseil de famille pour intenter une action immobilière.

(Art. 464 C. c.)

Mais il n'a pas besoin de cette autorisation pour répondre à une action immobilière dirigée contre le mineur.

Il peut également, sans autorisation, intenter une action possessoire.

FORMULE.

—

428. L'an........

Par-devant nous........

S'est présenté........

Le sieur........

Agissant en qualité de tuteur de........

Lequel comparant nous a exposé :

Que lesdits mineurs........, ses pupilles, sont propriétaires d'un domaine situé à........, confrontant : du levant, au sieur. ...., dont ils sont séparés par une haie vive;

Qu'il y a environ cinq ans, et à l'insu, sans nul doute, du père des mineurs, depuis lors décédé, ledit sieur........ (voisin) s'est emparé de ladite haie en la taillant des deux côtés et en s'appropriant les arbrisseaux qui y étaient accrus;

Qu'il résulte des titres de propriété dudit domaine que la haie en question appartient auxdits mineurs;

Que, dans cette situation, il y a lieu de protester contre l'anticipation qui a été commise au préjudice desdits mineurs, et de réclamer des dommages-intérêts pour réparation du dommage causé à ces derniers;

Mais que, pour introduire cette action en Justice contre ledit sieur........, l'autorisation du conseil de famille est nécessaire, conformément aux dispositions de l'article 464 du C. c.;

Que, dans le but de délibérer aux fins ci-dessus, l'exposant a, de notre agrément verbal, convoqué, etc.;

(V° *suprà*, formule n° 375.)

Considérant qu'il résulte des titres de propriété du domaine de........., que la haie qui sépare les mineurs......... du sieur........ est la propriété desdits mineurs;

Que, dès lors, la revendication en pourra être poursuivie avec succès;

Par ces motifs, le conseil de famille, après en avoir délibéré, a été d'avis, à l'unanimité des voix, qu'il y avait lieu d'autoriser, comme de fait il autorise, le sieur........, tuteur des mineurs........, à intenter contre le sieur........ une action en Justice dans le but de le contraindre à abandonner auxdits mineurs la haie en question, dont il s'est indûment emparé, et à le faire condamner à tels dommages-intérêts que de droit;

Et, à cet effet, le conseil de famille, toujours à l'unanimité des voix, donne audit sieur........, tuteur, tous les pouvoirs requis et nécessaires.

De tout quoi, etc........

VINGT-SIXIÈME CAS.

Autorisation d'accepter une succession sous bénéfice d'inventaire ou d'y renoncer.

(Art. 461 et 776 C. c.)

OBSERVATIONS.

429. Toute succession échue à un mineur ne pourra être acceptée ni répudiée qu'avec l'autorisation du conseil de famille; l'acceptation n'aura lieu que sous bénéfice d'inventaire.

(Art. 461 C. c.)

FORMULE.

430. L'an......

Pardevant nous..............

S'est présenté.............

Le sieur.............

Lequel comparant nous a exposé :

Que la dame......, mère desdits mineurs, est décédée à la survivance de l'exposant son mari, et laissant les dits mineurs, ses enfants, pour ses seuls et uniques héritiers;

Qu'aux termes des article 461 et 776 du C. c. le comparant doit faire délibérer le conseil de famille sur le point de savoir s'il y a lieu d'accepter, sous bénéfice d'inventaire ou de répudier au nom desdits mineurs, la succession de ladite dame......., leur mère ;

Que, dans le but de délibérer aux fins ci-dessus, le comparant a, de notre agrément verbal, convoqué pour ces lieu, jour et heure, les membres du conseil de famille desdits mineurs par nous désignés, et dont les noms suivent : (V° pour la composition du conseil, *suprà* formule n° 375).

Le conseil de famille ainsi formé, nous l'avons constitué sous notre présidence ; nous lui avons donné connaissance du motif de sa convocation par la lecture que le Greffier a faite de la réquisition ci-dessus, et délibérant avec nous ;

Considérant qu'aux termes des articles 461 et 776 du C. c., toute succession échue à un mineur doit être acceptée sous bénéfice d'inventaire ou répudiée, et que, dans l'un comme dans l'autre cas, il faut l'autorisation du conseil de famille ;

Considérant qu'il est constant pour chacun des membres du conseil, ce qui, d'ailleurs, résulte des renseignements qui ont été fournis, que la succession de ladite dame....... présente des avantages ; que, dès lors, il y a lieu d'en autoriser l'acceptation bénéficiaire au nom desdits mineurs ;

Par ces motifs, le conseil de famille, après en avoir délibéré, a été d'avis, à l'unanimité des voix, qu'il y avait lieu d'autoriser, comme de fait il autorise, à accepter bénéficiairement, au nom desdits mineurs......., la succession de ladite feue dame......, dont lesdits mineurs sont habiles à se dire et porter héritiers ;

En conséquence, donne à......., tuteur légal, toutes autorisations nécessaires pour faire au greffe du Tribunal de première instance de....... les actes utiles pour ladite acceptation bénéficiaire ;

De tout quoi, nous avons fait et dressé le présent procès-verbal qui, après lecture faite, a été signé par les membres du conseil de famille, ainsi que par nous et le Greffier.

(V° pour la nomination du subrogé-tuteur et l'acceptation bénéficiaire, ou la répudiation d'une succession *en un seul acte, suprà,* formule n° 399.)

VINGT-SEPTIÈME CAS.

Autorisation pour accepter une donation.

(Art. 463 et 935 C. c.)

OBSERVATIONS.

431. La donation faite au mineur ne peut être acceptée par le tuteur qu'avec l'autorisation du conseil de famille ; (Art. 463 C. c.)

Il n'y a pas lieu à faire homologuer cette autorisation.

Néanmoins, les père et mère du mineur ou les autres ascendants, même du vivant des père et mère, et encore qu'ils ne soient pas tuteurs, peuvent accepter la donation faite au mineur.

Art. 935 C. c.; — Nîmes, 10 avril 1847 (J. P. t. Ier, 1848; — P. 221). — Marcadé art. 463.

FORMULE.

432. L'an......

Par-devant nous.....

S'est présenté..... Le sieur...... Agissant au nom et en qualité de tuteur datif de......., qualité qui lui a été conférée, etc.

Lequel nous a exposé :

Que, par acte passé devant Me......, notaire à......, le....., le sieur...., oncle maternel dudit mineur lui a fait donation entre vifs, d'un domaine situé à....., consistant en......., à l'effet de faciliter l'établissement dudit mineur;

Que cette donation est toute avantageuse à ce dernier, et qu'il y a par suite lieu de l'accepter ;

Mais qu'aux termes de l'article 463 du Code civil, cette acceptation ne peut avoir lieu qu'avec l'autorisation du conseil de famille;

Que, dans le but de délibérer aux fins ci-dessus, le comparant a, de notre agrément verbal, convoqué, etc. (Vo *suprà*, formule no 375);

Considérant qu'aux termes des articles 463 et 935 du C. c, toute donation faite à un mineur ne peut être acceptée par le tuteur qu'avec l'autorisation du conseil de famille ;

Considérant que la donation faite audit mineur est avantageuse, et qu'il est de l'intérêt de ce dernier d'en autoriser l'acceptation ;

Par ces motifs ; le conseil de famille, après en avoir délibéré, a été d'avis, à l'unanimité des voix, qu'il y avait lieu d'autoriser, comme de fait il autorise, le sieur......., tuteur dudit mineur, à accepter, au nom de ce dernier, la donation à lui faite par le sieur......, son oncle maternel, suivant acte au rapport de Me....., notaire à......, en date du...... ;

Et au sujet de cette donation, faire toutes transcriptions et autres actes nécessaires ;

De tout quoi, etc.

VINGT-HUITIÈME CAS.

Autorisation pour accepter un legs universel ou à titre universel, ou un legs particulier conditionnel.

(Art. 461 et 463 C. c.)

OBSERVATIONS.

433. L'acceptation des *legs universels* ou *à titre universel* emportant l'obligation d'acquitter les charges (art. 1009 et 1012 C. c.), doit être autorisée par le conseil de famille. L'acceptation ne peut avoir lieu que sous bénéfice d'inventaire.

(Duranton, t. III, n° 585.)

Legs particulier. — Si le legs particulier est mobilier, le tuteur n'a besoin d'aucune autorisation pour l'accepter, en demander et poursuivre la délivrance.

Si le legs est conditionnel, il doit demander l'avis du conseil de famille.

(Arg., art. 461 et 463 C. c. ; — Demolombe, t. VII, n° 708.).

Le tuteur ne peut, en aucun cas, renoncer à un legs universel, à titre universel ou particulier, qu'avec l'autorisation du conseil de famille.

(Demolombe, t. VII, n° 708.)

FORMULE.

434. (V° *suprà, Acceptation de donation*, n° 432.)

VINGT-NEUVIÈME CAS.

Consentement à délivrance de legs, au nom du mineur.

(Art. 1011 C. c.)

OBSERVATIONS.

435. Les légataires à titre universel et les légataires particuliers seront tenus de demander la délivrance aux héritiers auxquels une quotité des biens est réservée par la loi ; à leur défaut, aux légataires universels, et, à défaut de ceux-ci, aux héritiers appelés dans l'ordre établi au titre *Des successions.*

(Art. 1011 et 1014 C. c.)

Le tuteur ne peut, sans l'autorisation du conseil de famille, demander la délivrance d'un legs à titre universel.

Si le legs particulier est conditionnel, c'est-à-dire grevé de charges, l'autorisation du conseil de famille est nécessaire pour en demander la délivrance.

Si le legs particulier est sans condition, le tuteur peut seul et sans autorisation, en demander la délivrance; mais si cette délivrance est refusée, s'il est nécessaire d'intenter une action à ce sujet, la demande doit être précédée d'une délibération du conseil de famille.

Art. 461 C. c.; — (Demolombe, t. VII, n° 708.)

FORMULE.

436. L'an..............,

Par-devant nous............

S'est présenté............

Le sieur.............

Lequel comparant nous a exposé :

Que le sieur.........., oncle desdits mineurs, est décédé le.........., sans laisser d'ascendants ni de descendants;

Que, par son testament mystique, en date à............, du.........., dont l'acte de suscription a été dressé par Me..........., notaire à.............., le............. (lequel testament décrit par M. le Président du Tribunal civil de......... suivant procès-verbal, en date du............, enregistré, a été déposé dans les minutes de Me.........., notaire à...........,) ledit sieur.......... a institué pour ses légataires, à titre universel, de la moitié en nue-propriété des biens composant sa succession, lesdits mineurs.........., sus-nommés; la jouissance de ces mêmes biens étant réservée au sieur B....., demeurant à..........;

Que ce dernier, désirant être mis en possession du legs à titre universel en usufruit qui lui a été fait par ledit sieur.........., suivant son testament, sus-relaté, est obligé, conformément aux dispositions de l'article 1011 C. c., de demander cette délivrance auxdits mineurs sus-nommés;

Mais que cette délivrance devant être autorisée par le conseil de famille desdits mineurs.........., le comparant, à l'effet de faire délibérer ledit conseil à cette fin, a, de notre agrément verbal, convoqué, etc....... (V° *suprà*, formule n° 375.)

....

Considérant qu'aux termes de la loi, la délivrance du legs sollicité par le sieur........., doit être autorisée par le conseil de famille, et qu'aucun obstacle ne s'oppose à cette délivrance;

Par ces motifs, le conseil de famille, après en avoir délibéré, a été d'avis, à l'unanimité des voix, qu'il y avait lieu d'autoriser, comme de fait il autorise, le sieur........ père et tuteur desdits mineurs........., à consentir, en faveur dudit sieur B........., la délivrance du legs en usufruit porté dans le testament mystique dudit sieur........, en date du........;

A cet effet, passer et signer tous actes, et donner tous consentements utiles.

De tout quoi, etc.

NOTA. — Le legs particulier fait à un mineur n'emportant de droit, avec lui, aucune charge, n'a pas besoin pour être accepté de l'autorisation du conseil de famille.

TRENTIÈME CAS.

Nomination d'un tuteur ad hoc à l'effet d'accepter une donation-partage faite au profit du mineur non émancipé.

(Art. 463, 935, 1075 et 1076 C. c.)

OBSERVATIONS.

437. La donation faite par un testateur à son pupille doit être acceptée par un tuteur *ad hoc,* autorisé à cette fin par le conseil de famille.

FORMULE.

438. L'an........, etc.......,

Par-devant nous......., etc.,

S'est présenté........,

Le sieur........,

Agissant en qualité de tuteur naturel et légal de : 1°........; et 2°......., ses deux enfants mineurs, issus, etc.;

Lequel comparant nous a exposé :

Que de son mariage avec ladite dame........, sont nés quatre enfants : les deux mineurs sus-nommés, et les sieurs........, aujourd'hui majeurs;

Que le comparant, voulant faire de son vivant, entre ses quatre enfants, le partage de tous les biens qu'il possède actuellement, afin d'éviter les difficultés que cette opération pourrait faire naître après lui, a fait quatre lots, qu'il croit égaux, de ses susdits biens;

Que, par acte passé devant Me........, notaire à........, le........, le comparant a réalisé ledit partage en attribuant à chacun de ses quatre enfants un des lots dont il est ci-avant mention;

Mais qu'aux termes des articles 463, 935, 1075 et 1076 du C. c., pour que le partage ait, à l'égard des mineurs sus-nommés, le même effet que s'ils étaient majeurs, il doit être accepté par un tuteur *ad hoc*, autorisé à cette fin par un conseil de famille, le comparant donateur ne pouvant lui-même faire cette acceptation;

Que dans le but de délibérer aux fins ci-dessus, le comparant a, de notre agrément verbal, convoqué, etc. (V° *suprà*, formule n° 375.)

....

Considérant qu'il résulte de l'examen attentif de l'acte de donation-partage et des renseignements qui ont été fournis, que le susdit partage ne lèse en aucune façon les droits desdits mineurs.......; qu'il leur est, au contraire, avantageux;

Par ces motifs, le conseil de famille, après en avoir délibéré, a été d'avis, à l'unanimité des voix, qu'il y avait lieu d'approuver, comme de fait il approuve, la donation-partage faite au profit desdits mineurs.........., suivant l'acte sus-relaté; et à l'effet d'accepter cette donation-partage, nomme pour tuteur *ad hoc* le sieur........, auquel tous pouvoirs sont donnés à cette fin, et qui aura, en outre, à se conformer aux prescriptions des articles 939 et 940 du C. c.;

Et ledit sieur.........., nous ayant déclaré accepter la tutelle *ad hoc* et les pouvoirs qui viennent de lui être conférés, nous a promis de s'en acquitter avec zèle et fidélité;

Et il a signé aux fins de son acceptation, après lecture faite.

(Signature.)

De tout quoi, etc., etc......

TRENTE-UNIÈME CAS.

Autorisation en restriction de l'hypothèque légale du mineur sur les biens de son tuteur.

(Demande formée par le tuteur au moment de sa nomination.)

439. Le conseil de famille peut, au moment de la nomination du tuteur, déclarer que l'hypothèque légale des mineurs ne sera inscrite que sur certains immeubles de celui-ci.

(Art. 2141 C. c.)

Il n'y a pas lieu d'homologuer cette délibération.

FORMULE.

440. L'an........

Par-devant nous........

S'est présenté.........

Le sieur........

Lequel comparant nous a exposé :

Que, par la délibération qui vient d'être prise, il a été nommé tuteur de : 1o........; 2o........; 3o........., enfants mineurs nés du mariage de........;

Qu'aux termes de l'article 2135 du C. c., lesdits mineurs ont une hypothèque générale sur tous ses biens; mais que le comparant peut obtenir la restriction de ladite hypothèque à des immeubles suffisants pour répondre de la fortune des mineurs, s'il en fait la demande au moment de sa nomination;

Que le comparant, usant de cette faculté, demande que le conseil de famille délibère sur le point de savoir s'il y a lieu de lui accorder la restriction d'hypothèque par lui réclamée;

Que, dans le but de délibérer aux fins ci-dessus, le comparant a, de notre agrément verbal, convoqué, etc. (Vo *suprà*, formule no 375.)

Considérant que la fortune des mineurs se compose de........ (exposé);

Et que celle du tuteur consiste en........ ;

Et que, par suite, elle est d'une importance supérieure à celle de la gestion résultant de la tutelle;

Que, dans cette situation, il y a lieu de faire droit à la demande du sieur....., tuteur;

Par ces motifs, le conseil de famille, après en avoir délibéré, a été d'avis, à l'unanimité des voix, qu'il y avait lieu de restreindre à...... (*indiquer les immeubles*) l'hypothèque légale desdits mineurs; laquelle frapperait tous les immeubles dudit sieur......, leur tuteur.

Et à l'effet de faire inscrire ladite hypothèque sur les biens ci-avant désignés, tous pouvoirs sont donnés au subrogé-tuteur desdits mineurs;

De tout quoi, etc.

Autorisation en restriction de l'hypothèque légale du mineur sur les biens du tuteur.

(Demande formée après la nomination du tuteur.)

OBSERVATIONS.

441. Lorsque la restriction de l'hypothèque légale du mineur sur les biens du tuteur n'a pas été demandée par celui-ci au moment de sa nomination, elle peut être ultérieurement autorisée par une délibération du conseil de famille, qui devra être homologuée par le Tribunal.

(Art. 2143 C. c.)

FORMULE.

442. L'an.............

Par-devant nous.............

S'est présenté.............

Le sieur.............

Agissant en sa qualité de tuteur datif de............;

Lequel comparant nous a exposé :

Que, par la délibération sus-relatée, en date du............, il a été nommé tuteur desdits mineurs;

Qu'à ce moment, il a négligé de demander la restriction de l'hypothèque légale desdits mineurs aux immeubles suffisants, pour opérer une pleine garantie en faveur de ces derniers;

Que, par suite, ladite hypothèque légale desdits mineurs sus-nommés s'étend à tous les immeubles;

Que le comparant, désirant la faire restreindre à certains de ses immeubles, conformément aux dispositions de l'article 2143 du C. c., il vient la demander au conseil de famille;

Qu'à cet effet, il nous fait connaître que la fortune desdits mineurs consiste en............; et que la sienne se compose de............;

Qu'elle est donc bien supérieure à celle desdits mineurs, et qu'il n'y a donc aucun inconvénient à restreindre l'hypothèque légale de ses pupilles à... (*indiquer les immeubles*), qui sont bien suffisants pour la garantie de la gestion de la tutelle;

Qu'il se propose de porter cette action en justice contre le subrogé-tuteur desdits mineurs; mais qu'aux termes de l'article 2,143 du C. c., cette demande doit être précédée d'un avis de parents;

Que, dans le but de délibérer aux fins ci-dessus, le comparant a, de notre agrément verbal, convoqué, etc............(V° *suprà*, formule n° 375);

....

Considérant qu'aux termes de l'article 2143 du C. c., lorsque l'hypothèque légale des mineurs n'aura pas été restreinte par l'acte de nomination du tuteur, celui-ci pourra, postérieurement, demander cette restriction; mais que cette restriction est soumise à un avis préalable du conseil de famille;

Considérant que, dans l'espèce, la restriction d'hypothèque légale n'a pas été demandée par le sieur............ au moment de sa nomination de tuteur;

Considérant que les immeubles que ledit sieur............ offre en garantie de sa gestion de la tutelle desdits mineurs............ sont suffisants pour opérer une pleine garantie en faveur desdits mineurs;

Que, dans cette situation, il y a lieu d'adhérer à la demande dudit sieur ...., tuteur;

Par ces motifs, le conseil de famille, après en avoir délibéré, a été d'avis, à l'unanimité des voix, qu'il y avait lieu de restreindre l'hypothèque générale que lesdits mineurs ont sur les biens de leur tuteur à........... (*indiquer les immeubles*), que ce dernier possède;

Et à l'effet de former contre le subrogé-tuteur, ladite demande en restriction d'hypothèque, tous pouvoirs sont donnés audit sieur............, tuteur;

De tout quoi, etc............

TRENTE-DEUXIÈME CAS.

Autorisation de transiger.

OBSERVATIONS.

443. Le tuteur ne peut transiger, au nom de son pupille, qu'avec l'autorisation du conseil de famille, et conformément à l'avis de trois Jurisconsultes désignés par le procureur de la République.

La transaction n'est valable qu'autant qu'elle a été homologuée par le Tribunal de première instance.

(Art. 467 C. c.)

L'avis des trois Jurisconsultes doit être unanime.

(Demolombe, t. VII, n° 745.)

Si on consulte le texte de l'article 467 C. c., les actes devraient intervenir dans l'ordre suivant : Avis des trois Jurisconsultes sur les conditions de la transaction, — délibération du conseil de famille, — signature de la transaction, — homologation.

Dans l'usage, la délibération du conseil de famille précède l'avis des Jurisconsultes. Bertin (*Ch. du Conseil,* p. 459), reconnaît qu'il est préférable qu'il en soit ainsi, parce que, dit-il, la famille du mineur connaît les faits et peut donner des explications et des renseignements très importants, de nature a éclairer la délibération des trois Jurisconsultes.

FORMULE.

Délibération autorisant une transaction.

444. L'an.......

Pardevant nous..............

S'est présentée..............

La dame.........,

Agissant en qualité de tutrice légale et naturelle de :

1°..........; 2°..........; 3°.........., ses enfants mineurs, issus de son mariage avec le sieur.........;

Laquelle comparante nous a exposé ce qui suit :

Une Société commerciale, sous la raison D......... frères, a existé à ...., entre M. D....... aîné, mari de la comparante, et M. D....... jeune, son frère ;

Le décès de M. D....... aîné ayant amené la dissolution de cette Société, il a été fait un projet de traité et arrangement de famille ayant pour objet de fixer l'importance des droits de ce dernier dans la Société commerciale dont il était l'un des associés; et de déterminer le mode de liquidation et de payement du montant de ses droits ;

(Mais avant d'expliquer en termes précis les conditions de la transaction projeté, il convient de dire d'abord quelle est la position des divers représentants de feu M. D........ aîné dans sa succession, et d'exposer ensuite la situation de la Société de commerce de D.......... frères au moment du décès de M. D.......... aîné.)

§ Ier. — Sur la succession de M. D....... aîné.

M. D........ aîné était marié à Mlle........, aujourd'hui sa veuve ;

Leur société conjugale avait été réglée par un contrat de mariage passé devant Me.........., notaire à.........., le.......... ;

Il suffit d'expliquer qu'ils avaient adopté le régime de la communauté légale ;

Que Mme veuve D........... aîné s'est constituée, en créances réalisées pendant le mariage, une dot, équivalant à cinquante mille francs ;

Et que les époux se sont fait mutuellement donation, au profit du survivant, de la jouissance pendant sa vie de la moitié des biens composant la succession du premier mourant d'entre eux.

M. D.......... aîné est décédé, ainsi qu'il a été dit ci-dessus, le.........., laissant pour ses seuls héritiers lesdits mineurs, sus-nommés ;

Par une délibération du conseil de famille de ses enfants mineurs, en date du....... (enregistrée), la dame veuve D....... a été autorisée à accepter, sous bénéfice d'inventaire, au nom de sesdits enfants mineurs, la succession dudit feu D......... aîné, leur père.

Par ce qui précède, l'on voit que Mme veuve D... aîné, indépendamment des reprises qu'elle a contre son mari sur lesdites communauté et succession, a droit à l'usufruit de la moitié de l'actif net de la succession de M. D... aîné ;

Et que le surplus de la succession de M. D.... aîné, revient, par tiers, à ses trois enfants mineurs.

Maintenant, il convient d'ajouter que le principal actif de la communauté ayant existé entre M. et Mme D... aîné, se compose des droits de M. D..... aîné dans la maison de commerce connue à...... sous la raison sociale : *D..... frères*, et sur laquelle on va s'expliquer.

§ II. — Sur la société de commerce D..... frères.

M. D..... aîné était associé avec M. D..... jeune, son frère, pour le commerce des vins et spiritueux, suivant acte... (indiquer les clauses et conditions essentielles de l'association.)

ACTIF.

L'actif se compose de :
1°........, etc.

PASSIF.

Le passif se compose de :
1°........, etc.

BALANCE.

L'actif se compose de..........................	F.	»	»
Le passif, de..		»	»
Bénéfice s'élevant à............................	F.	»	»
Dont la moitié pour chacun des associés est de		»	»

§ III. — Sur la forme du règlement à titre de transaction, qui est l'objet des présentes.

Il convient maintenant, au point de vue du droit rigoureux et dans son application la plus exacte, d'exposer les moyens et les formalités qu'il importe de suivre pour liquider et régler, dans l'intérêt des parties, spécialement des mineurs D....., ladite Société de commerce D. ... frères, de manière à ce qu'il soit bien constant, pour le présent comme pour l'avenir, que le règlement des droits respectifs des parties, qui sera fait en vertu des présentes, est bien définitif et ne pourra donner ouverture à aucune difficulté ultérieure.

En principe, lorsque des majeurs et des mineurs sont dans un état d'indivision pour des biens meubles ou immeubles, et pour des valeurs quelconques, la voie à suivre pour faire cesser l'indivision n'est que la liquidation et le partage judiciaires.

(Art. 466 et 838 C. c.)

Toutefois, par exception, les liquidations et partages qui ont déjà soulevé des contestations, ou qui sont susceptibles d'en faire naître, peuvent être utilement remplacés par une transaction, pourvu que cette transaction soit autorisée par le conseil de famille, et qu'elle soit, après l'avis de trois Jurisconsultes, homologuée par le Tribunal. (Art. 467 et 2044 C. c.)

Mais cette dérogation à la règle n'est permise qu'à deux conditions :

La première, c'est que la liquidation et le partage, si l'on suivait les règles strictes du droit, fournissent aliment à des contestations nées ou à naître ;

La seconde, c'est que la transaction repose sur des bases équitables, et qu'il soit avantageux pour le mineur d'y souscrire.

C'est sous l'influence de ces idées et de ces considérations, que Mme veuve D... a jugé l'indivision de l'ancienne maison de commerce D... frères et le réglement à intervenir, comme appelant, par leur nature et leurs circonstances, une transaction.

En ce qui concerne les difficultés qui pourraient naître au sujet des liquidation et partage dont il s'agit, il est évident, quels que soient d'ailleurs le bon accord et la parfaite harmonie qui peuvent exister entre les membres de la famille D..., que des contestations indépendantes de leur volonté surgiraient peut-être de l'absence d'un acte de Société régulier entre messieurs D... frères; du défaut de signature par ces derniers de leurs inventaires successifs ; et que d'autres circonstances, qu'il est inutile de faire ressortir ici, ajouteraient sans doute encore à ces difficultés et aux conséquences fâcheuses qui en résulteraient pour tous les intéressés et pour les mineurs en particulier.

Quant aux avantages que trouveront les mineurs dans la transaction, ils seront facilement appréciés.

En effet.... (Indiquer les avantages)

Qu'il résulte de ce qui vient d'être dit, qu'il y a intérêt pour lesdits mineurs de consentir à ladite transaction ;

Que, pour délibérer aux fins ci-dessus, l'exposante a, de notre agrément verbal, convoqué, etc., etc,..... (Ve *suprà*, formule no 375.)

Le conseil de famille ainsi formé, nous l'avons constitué sous notre présidence, et nous lui avons donné connaissance du motif de sa convocation par la lecture que le Greffier a faite de l'exposé qui précède et du projet de transaction dont la teneur suit :

(Texte du projet de transaction.)

Après cette lecture, le conseil de famille a pris la délibération suivante :

Considérant qu'il est certain pour chacun des membres du conseil de famille que la masse sociale de l'ancienne maison de commerce D... frères se trouve indivise entre M. D.. jeune, Mme D... aîné et les mineurs sus-nommés ;

Considérant qu'il importe à tous ayant-droit de faire cesser cette indivision;

Considérant que la voie à suivre pour arriver à un pareil but n'est autre en principe que la liquidation et le partage judiciaires ;

Que cependant, en cas de contestations nées ou à naître, ces actes peuvent être utilement remplacés, entre les ayant-droit dans la masse, par une transaction, pourvu que cette transaction soit équitable dans sa base, avantageuse pour les mineurs dans ses conséquences ;

Considérant, à un premier point de vue, que par les circonstances auxquelles il s'applique et par des caractères intrinsèques, le règlement projeté constitue une véritable transaction ;

Que, dans l'espèce, en effet, une liquidation régulière ne pourrait que fournir un aliment immédiat à de nombreuses difficultés, que ce règlement arrête dans leur principe ;

Que ces contestations seraient notamment occasionnées : 1o par..........; 2o par..........; 3o par..........;

Considérant, à un second point de vue, que, transactionnel de sa nature, ledit règlement repose sur des données sérieuses et équitables;

Qu'en effet, etc. ;

Qu'il y a donc lieu de donner un avis favorable à ladite transaction;

Par ces motifs, le conseil de famille, après en avoir délibéré, a été d'avis, à l'unanimité des voix, qu'il y avait lieu d'autoriser, comme de fait il autorise, la dame veuve D..... aîné, en sa qualité de tutrice desdits mineurs, à transiger, au nom de ces derniers, avec M. D..... jeune, sur la liquidation et le partage de l'ancienne maison de commerce ayant existé à B.........., sous la raison sociale *D..... frères*, dissoute par le décès de D..... aîné, qui en était l'un des membres;

Et à cette fin, toujours à l'unanimité des voix, confie à ladite dame veuve D..... aîné, tous les pouvoirs nécessaires pour donner son consentement et son approbation à la transaction proposée entre M. D..... jeune et les représentants de M. D....., aîné, ensemble toutes les clauses et conditions formulées dans le projet de transaction ci-dessus transcrit;

Recevoir toutes sommes, en donner quittances et décharges, et signer tous actes nécessaires;

De tout quoi, nous, etc............

TRENTE-TROISIÈME CAS.

Autorisation pour le transfert des rentes sur l'Etat.

(L. 24 mars 1806.)

OBSERVATIONS.

445. Le tuteur peut *seul* vendre une rente sur l'Etat appartenant à son mineur, lorsque les arrérages de cette rente n'excèdent pas 50 fr.

Si la rente excède 50 fr., la vente doit être autorisée par le conseil de famille.

Le père administrateur a, de même que le tuteur datif, besoin de l'autorisation du conseil de famille pour la vente d'une rente excédant 50 fr.; et les dispositions des articles 457, 461, 463, 464 et 467 C. c. lui sont applicables.

La délibération du conseil de famille autorisant la vente d'une rente n'est pas soumise à l'homologation.

FORMULE.

446. L'an.........

Par-devant nous.......

S'est présenté.........

Le sieur..............

Agissant au nom et en qualité de tuteur légal et naturel de......, son fils mineur, issu de son mariage avec la dame........, décédée.....;

Lequel comparant nous a exposé :

Que ledit mineur........, son fils, est propriétaire d'une inscription départementale faisant partie de la rente portée au Grand-Livre de la dette publique des 5 p. 100, au nom de la Recette générale du département de......., de la somme de 100 fr. de rente, n°........, délivrée à........, le........, au nom de........, par..........;

Que le comparant pense qu'il est utile et avantageux pour ledit mineur de vendre ledit titre de rente;

Mais que, pour réaliser cette vente, l'autorisation du conseil de famille est nécessaire, conformément aux dispositions de l'article 3 de la loi du 24 mars 1806;

Que, dans le but de délibérer aux fins ci-dessus, le comparant a, de notre agrément verbal, convoqué, etc. (V° *suprà*, formule n° 375.)

....

Considérant qu'il résulte des renseignements qui ont été fournis au conseil, ce qui est en même temps certain pour chacun de ses membres, que la réalisation de l'inscription départementale dont il est ci-avant mention, est utile pour élever ledit mineur et pourvoir à ses divers besoins;

Que, dès-lors, il y a lieu d'autoriser le tuteur de ce dernier à vendre l'inscription de rente dont il s'agit ;

Par ces motifs, le conseil de famille, à l'unanimité des voix, autorise le sieur.........., tuteur dudit mineur.........., à vendre et transférer, pour le compte de ce dernier, une inscription départementale faisant partie de la rente portée au Grand-Livre de la dette publique des 5 p. 100, au nom de la Recette générale du département de........, délivrée à......., le......., par........, sous le n°......, au nom de.......;

En conséquence, donne, toujours à l'unanimité des voix, audit sieur........, tuteur, toutes autorisations nécessaires pour signer tous transferts et émargements, et donner bonnes et valables quittances de toutes sommes provenant de la vente de ladite inscription de rente;

De tout quoi, etc., etc.......

NOTA. — 1° Si l'inscription de rente appartient indivisément à un majeur et au mineur, on mentionnera cette co-propriété, et la formule ci-dessus sera applicable ; 2° la même formule pourra servir, si l'inscription appartient à un interdit.

TRENTE-QUATRIÈME CAS.

Autorisation pour le transfert des actions de la Banque de France.

(L. 24 mars 1806.)

OBSERVATIONS.

447. Le tuteur n'a besoin d'aucune autorisation pour la vente d'une action de la Banque ou de fractions d'actions de cette Banque n'excédant pas une action entière.

Si le mineur est propriétaire de plus d'une action de la Banque de France, la vente doit être autorisée par le conseil de famille.

La délibération du conseil de famille n'est pas soumise à l'homologation.

FORMULE.

448. V° *suprà,* l'autorisation pour le transfert des rentes sur l'État, n° 446; la formule est la même.

TRENTE-CINQUIÈME CAS.

Rentes sur particuliers. — Actions industrielles. — Actions de chemins de fer. — Créances. — Fonds de commerce : — Autorisations.

OBSERVATIONS.

449. *Rentes sur particuliers.* — Le tuteur peut, sans autorisation, vendre des rentes sur particuliers appartenant à son pupille.

(V° Bertin Ch. du Conseil de la Seine, 11 février 1853, n° 465.)

450. *Actions industrielles.* — Aucune autorisation n'est nécessaire au tuteur pour la vente de ces actions; ainsi décidé dans deux espèces où il s'agissait de la vente d'actions dans un journal.

(Vo Bertin Ch. du Conseil de la Seine, 8 janvier 1851, 9 décembre 1852 et 4 janvier 1854, no 467.)

451. *Actions de chemins de fer.* — Le tuteur peut-il, sans autorisation du conseil de famille, vendre ou échanger des actions de chemin de fer? — Le principe consacré par l'article 452 C. c. est général et absolu. Le droit, pour le tuteur, de disposer seul et sans autorisation des valeurs mobilières appartenant au mineur, ne peut donc trouver de limite que dans les dispositions exceptionnelles de la loi. L'exception existe, en ce qui concerne les rentes sur l'État et les actions de la Banque de France, d'une importance déterminée; mais la loi est restée muette en ce qui concerne les actions de chemins de fer. Le tuteur peut donc, en vertu de la règle posée par l'article 452, vendre et échanger, sans autorisation, les actions de chemin de fer appartenant à son pupille.

(Bertin, Ch. du Conseil, no 468.)

Les compagnies de chemins de fer sont cependant dans l'usage de réclamer l'autorisation du conseil de famille, que MM. les Juges de paix ne font généralement pas de difficulté à leur accorder.

452. *Créances.* — Le tuteur peut, sans autorisation du conseil de famille :

1o Aliéner les créances appartenant à son pupille;

2o Provoquer le délai d'exigibilité d'une créance et réduire les intérêts;

3o Accepter le transport d'une créance.

(Vo Bertin, Ch. du Cons., no 469.)

Quoique le tuteur ait le droit de céder les créances mobilières appartenant au mineur, il agit sagement, dans l'intérêt de sa responsabilité, en consultant le conseil de famille lorsque les créances qui doivent être cédées sont importantes. Les délibérations qui interviennent ne sont alors que de simples avis qui ne doivent pas être homologués.

(Vo Bertin, Ch. du Conseil de la Seine, 19 mars et 29 juillet 1852, no 470.)

453. *Fonds de commerce.* — Le tuteur peut, sans autorisation, vendre le fonds de commerce appartenant à son pupille. Il peut également continuer en son nom une société commerciale.

(Ve Bertin, Ch. du Conseil de la Seine, 15 septembre 1851, no 471.)

Les fonds de commerce appartenant à des mineurs et les marchandises qui en dépendent doivent être vendues aux enchères et devant un notaire.

(Ve Bertin, Ch. du Cons., no 452.)

TRENTE-SIXIÈME CAS.

Autorisation de vendre une rente provenant de sommes placées à la Caisse d'épargnes.

(Loi du 21 mars 1806. — Décret du 7 Juillet 1848. — Loi du 21 novembre 1848.)

—

OBSERVATIONS.

454. Aux termes de l'article 7, § 2 de la loi du 21 novembre 1848, les pièces à produire pour la vente des titres de rente provenant de sommes placées à la Caisse d'épargnes, tels que certificats de propriété, intitulés d'inventaires, délibérations de famille, *sont exemptes du timbre et de l'enregistrement.*

FORMULE.

—

455. L'an.... ...

Par-devant nous.......

S'est présenté......

Le sieur.......

Lequel comparant nous a exposé :

Que, de son mariage avec la dame......, son épouse, demeurant avec lui, il a eu un fils prénommé....... né à....., le...... ;

Que le comparant avait placé, au nom de sondit fils mineur, diverses sommes, à la Caisse d'épargnes et de prévoyance de..... ;

Qu'aux termes du décret du 7 juillet 1848 les sommes qui avaient été placées dans les Caisses d'épargnes ont été converties en rentes sur l'État.

Qu'ainsi, pour les sommes placées, au nom dudit mineur, il a été délivré le....., une inscription départementale faisant partie de la rente portée au Grand-Livre des 5 p. 100, au nom de la recette générale du département de...., portant le n°......., de la somme de 70 fr. de rente;

Que le comparant, désirant vendre ladite inscription, ne le peut sans l'autorisation du conseil de famille, conformément à la loi du 24 mars 1806;

En conséquence, le comparant, à l'effet d'obtenir ladite autorisation, a, de notre agrément verbal, convoqué pour ces lieu, jour et heure les membres du conseil de famille dudit mineur par nous désignés, et dont les noms suivent : 1°.........; 2°......... (V° *suprà*, formule n° 375.)

Considérant......... (V° *suprà*, formule n° 446.)

De tout quoi, nous avons fait et dressé le présent procès-verbal, et ce sur papier libre, conformément à l'article 7 de la loi du 21 novembre 1848;

Et après lecture faite les membres du conseil de famille ont signé avec nous et le Greffier.

Fait à..........le..........

TRENTE-SEPTIÈME CAS.

Autorisation pour provoquer la réclusion du mineur.

(Art. 468 C. c.)

OBSERVATIONS.

456. Le père qui aura des sujets de mécontentement très-graves sur la conduite d'un enfant aura les moyens de correction suivants :

1° Si l'enfant est âgé de moins de seize ans commencés, le père pourra le faire détenir pendant un temps qui ne pourra excéder un mois, et, à cet effet, le Président du Tribunal d'arrondissement devra, sur sa demande, délivrer l'ordre d'arrestation;

2° Depuis l'âge de seize ans commencés jusqu'à la majorité ou l'émancipation, le père pourra seulement requérir la détention de son enfant pendant six mois au plus;

3° La mère, en l'absence du père, a les mêmes pouvoirs que celui-ci;

(Art. 141 C. c.)

4° Le tuteur datif ne pourra user d'aucun des droits ci-dessus spécifiés sans l'autorisation du conseil de famille.

FORMULE

457. L'an...........

Par-devant nous.........,

S'est présenté......... :

Le sieur........,

Agissant au nom et en qualité de tuteur datif de 1°........., 2°.........,
3°........, qualité qui lui a été conférée par...... etc.....;

Lequel comparant nous a exposé :

Que l'un de ses pupilles, J.... M......, tient une conduite déréglée, se permet des excès graves et offre à ses plus jeunes frères un exemple dangereux;

Que, dans ces circonstances, le comparant croit urgent pour ledit mineur d'employer les voies de rigueur et de requérir sa détention;

Qu'aux termes de l'article 468 C. c., cette réquisition doit être autorisée par le conseil de famille;

Que dans le but de délibérer aux fins ci-dessus, etc., etc....... (V° *suprà*, formule n° 375.)

....

Considérant qu'aux termes de l'article 468 C. c., le tuteur qui aura des sujets de mécontentement graves sur la conduite du mineur pourra, après avis du conseil de famille, provoquer sa réclusion;

Considérant que la durée de la détention peut être d'un mois si l'enfant est âgé de moins de seize ans commencés (art. 376 C. c.);

Considérant qu'il est constant pour chacun des membres du conseil que les faits exposés par le tuteur sont certains; que la mesure qu'il propose pourra être utile à ce jeune homme, et que tout au moins elle sera avantageuse à ses jeunes frères, pour lesquels il est un exemple dangereux, qui pourrait devenir contagieux;

Considérant, d'un autre côté, que tous les efforts, qui ont été faits jusqu'à ce jour pour ramener ledit mineur........ dans le devoir, ont été impuissants;

Que, dans cette situation, il y a lieu, l'enfant étant âgé de moins de seize ans commencés, de le détenir pendant un mois, maximum de la peine prescrite par l'article 376 sus-visé;

Par ces motifs, le conseil de famille, après en avoir délibéré, a été d'avis, à l'unanimité des voix, qu'il y avait lieu d'autoriser, comme de fait il autorise, le sieur........., tuteur du mineur J..... M......, à requérir la détention pendant un mois dudit mineur;

De tout quoi, etc.

TRENTE-HUITIÈME CAS.

Autorisation pour l'engagement dans les armées de terre ou de mer.

(L. 27 juillet 1872, art. 46, § 2.)

—

OBSERVATIONS.

458. Le mineur, âgé de moins de vingt ans, qui n'a ni père ni mère, ne peut prendre d'engagement volontaire dans les troupes françaises sans l'autorisation du conseil de famille.

FORMULE.

—

459. L'an............

Par-devant nous............

S'est présenté............

Le sieur............

Agissant en qualité de tuteur datif de............(qualité qui, etc.........)

Lequel comparant nous a exposé :

Que ledit mineur............ est dans l'intention de contracter un engagement volontaire dans les troupes françaises et dans l'armée de terre ;

Que le comparant, en sa qualité de tuteur, est prêt à donner à son pupille son consentement ; mais qu'aux termes de l'article 46 de la loi du 27 juillet 1872, ledit mineur ayant moins de vingt ans, le comparant ne peut valablement donner ce consentement sans l'autorisation du conseil de famille ;

Que, dans le but de délibérer aux fins ci-dessus, etc............(V° *suprà*, formule n° 375) ;

Considérant qu'il est constant pour chacun des membres du conseil que le mineur............ montre des dispositions pour le service militaire ; que même son éducation a été dirigée en vue de cet état ;

Que, dans ces circonstances, il y a lieu de l'autoriser à contracter un engagement et de permettre au sieur............ son tuteur, de lui donner son consentement ;

Par ces motifs, le conseil de famille, à l'unanimité des voix, autorise le mineur............ à contracter un engagement dans les troupes françaises et dans l'armée de terre ; — autorise également le sieur............, son tuteur, à lui donner son consentement pour contracter cet engagement ;

En conséquence, donne tant audit mineur..... qu'au sieur......son tuteur, toutes autorisations nécessaires pour souscrire devant toutes autorités civiles ou militaires les actes utiles pour ledit engagement ;

De tout quoi, etc............

NOTA. — Cet acte n'est soumis ni au timbre ni à l'enregistrement. (V° nos 846 et 857.)

TRENTE-NEUVIÈME CAS.

Émancipation par le conseil de famille et curatelle.

(Art. 478, 479 et 480 C. c.)

—

OBSERVATIONS.

460. Le mineur, resté sans père ni mère, pourra être émancipé par le conseil de famille, à l'âge de dix-huit ans.

L'émancipation résultera de la délibération qui l'aura autorisée et de la déclaration que le Juge de paix, comme président du conseil de famille, aura faite dans le même acte, *que le mineur est émancipé*

(Art. 478 C. c.)

Le Juge de paix ne peut d'office convoquer le conseil de famille pour délibérer sur l'émancipation à conférer au mineur.

(Fréminville t. II, n° 123; — Aubry et Rau t. I, § 119, p. 486; — *Contrà* Demolombe, t. VIII, n° 210.)

Le mineur peut demander au Juge de paix la convocation du conseil de famille, dans le but d'obtenir son émancipation; ce magistrat ne doit pas se refuser à cette convocation.

Zachariæ, Massé et Vergé, t. I, p. 459; — *contrà*, Fréminville, t. I, n° 1020; — Aubry et Rau, t. I, § 120 et note 14. — Suiv. Demolombe (t. VIII, nos 218 et 210), le Juge de paix a la faculté de déférer à cette demande ou de n'en pas tenir compte.

Le conseil de famille peut prononcer l'émancipation, même contre le gré du mineur.

(Noblet, *Journ. de proc.*, t. XXX, p. 317.)

L'émancipation doit toujours être suivie de la nomination d'un curateur faite par le conseil de famille.

COMPÉTENCE.

Le conseil de famille du lieu de l'ouverture de la tutelle légitime est seul compétent à l'effet de nommer un curateur au mineur émancipé.

Celui-ci, ou son père, tuteur, ne peuvent, en changeant de domicile, changer la compétence du Juge de paix, et, par suite, la composition du conseil de famille.

Metz, 31 mai 1870 (D. P. 70, 2, 104.)

MOTIFS DE CET ARRÊT : « Attendu, au fond, qu'il est constant et reconnu que la tutelle de la mineure Marie-Cécile Naudé a été ouverte et constituée au lieu du domicile où sa mère est décédée, c'est-à-dire dans le premier canton de Metz ;

» Que c'est par une assemblée de famille réunie devant le Juge de paix de ce canton que, dans le cours de la présente année, un subrogé-tuteur a été nommé à ladite mineure qui n'était pas encore émancipée ;

» Qu'à raison de ces circonstances, c'est devant le Juge de paix du premier canton de Metz que peut être régulièrement convoquée et réunie une assemblée de parents ou amis formant le conseil de famille de la mineure Naudé, tant que durera sa minorité et que le recours à son conseil de famille pourra être nécessaire ;

» Que cette permanence de réunion du conseil de famille de la mineure au lieu où la tutelle est ouverte ne saurait être modifiée ou détruite par la circonstance que le père et tuteur de cette mineure aurait lui-même transféré son propre domicile dans le troisième canton de Metz, parce qu'il ne peut pas dépendre de la volonté seule du tuteur d'agir ainsi indirectement sur la composition normale du conseil de famille qui, dans l'intérêt de la mineure, doit rester à l'abri d'influence de cette nature ;

» Attendu, dès lors, que le conseil de famille de la mineure Naudé étant resté et devant être réuni exclusivement dans le premier canton de Metz, c'est aussi devant le Juge de paix de ce canton, et non pas du troisième, que devait être tenue l'assemblée qui avait à choisir le curateur à l'émancipation de cette mineure. »

Conforme : Req., 17 décembre 1849 — (D. P., 50, 1, 70) ; — Cass., 2 mai 1860 — (D. P., 60, 1, 99) ; — Contrà, Jur. gén. (V° *Minorité*, n° 798) ; — Marcadé, II, ad. 480, n° 2.)

FORMULE.

Émancipation.

461. L'an.......

Par-devant nous...........

S'est présenté..............

Le sieur....................

Agissant en qualité de tuteur datif de.........

Qualité qui lui a été conférée, etc.

Lequel comparant nous a exposé :

Que ledit mineur...... est âgé de dix huit ans accomplis, comme étant né le.....,ainsi que cela a été dit ci-dessus ;

Qu'il est en état de gérer ses affaires, et qu'il y a lieu de l'émanciper ;

Mais, qu'aux termes de l'article 478 du C. c., cette émancipation doit être conférée par le conseil de famille ;

Que dans le but de délibérer aux fins ci-dessus, le comparant a, de notre agrément verbal, etc....... (V° *suprà*, formule n° 375.) ;

Considérant qu'aux termes de l'article 478 du C. c., le mineur resté sans père ni mère peut être émancipé à l'âge de dix-huit ans accomplis, si le conseil de famille l'en juge capable ;

Considérant qu'il est constant pour chacun des membres du conseil que ledit mineur....... est en état d'administrer et gérer ses affaires, et qu'il est de plus âgé de dix-neuf ans ; que, par suite, l'émancipation doit lui être conférée ;

Par ces motifs, le conseil de famille, après en avoir délibéré, a été d'avis, à l'unanimité des voix, qu'il y avait lieu de conférer l'émancipation audit mineur....... ;

En conséquence, nous Juge de paix susdit et soussigné,

En vertu du paragraphe 2 de l'article 478 du C. c., disons que le mineur.... est maintenant émancipé pour jouir de tous les droits attachés à l'émancipation, à la charge toutefois de se conformer aux lois, et notamment aux articles 481, 482, 483 et 484 du C. c., sous peine de rentrer en tutelle ;

Ce fait, le sieur...... nous a encore exposé :

Qu'aux termes de l'article 480 du C. c., tout mineur émancipé doit être pourvu d'un curateur ;

Que désirant faire procéder à la nomination de ce curateur audit mineur.... émancipé, il nous requiert de faire délibérer le conseil de famille à cet effet ;

Et, après lecture, le comparant a signé.

(Signature).

En conséquence de la réquisition qui précède, le conseil de famille est rentré en délibération avec nous, et a pris la délibération suivante :

Considérant que tout mineur émancipé pour exercer ses actions doit être pourvu, par le conseil de famille, d'un curateur, sans l'assistance duquel il ne pourrait, en différents cas, agir régulièrement ;

Et que, dans l'espèce, il est utile de procéder à la nomination de ce curateur à l'égard dudit mineur..... .. ;

Par ces motifs, le conseil de famille, après en avoir délibéré, a été d'avis, à l'unanimité des voix, qu'il y avait lieu de nommer un curateur audit mineur... . ... ., émancipé, et, pour remplir ces fonctions, également à l'unanimité des voix, nomme le........ (V° *suprà*, formule n° 380.)

NOTA. — Si l'émancipation est demandée par un parent (le tuteur ayant négligé de le faire), on dira :

Que par délibération du conseil de famille, en date du.. .. ., le sieur...... a été nommé tuteur du mineur........, né le........., du mariage du...... ;

Que ledit mineur........., aujourd'hui âgé de dix-neuf ans, est en état, depuis longtemps, de gérer ses affaires, et qu'il y a lieu, par suite, de lui conférer l'émancipation ;

Que le sieur. ...., tuteur dudit mineur, aurait dû convoquer depuis un an le conseil de famille de ce dernier, pour le faire délibérer à cette fin ;

Mais que ledit sieur.. ..... ayant négligé de le faire, le comparant a, conformément aux dispositions de l'article 479 du C. c., convoqué, etc.

....

(La suite comme la formule ci-dessus.)

QUARANTIÈME CAS.

Nomination d'un curateur à une veuve encore mineure, émancipée par le mariage.

(Art. 480 C. c.)

OBSERVATIONS.

462. Le mari majeur est curateur de droit de sa femme mineure.

Mais le mari venant à décéder, il y a lieu à réunion du conseil de famille et à nomination de curateur.

S'il n'y a pas eu de tutelle ouverte pour la mineure émancipée par mariage, c'est devant le Juge de paix du domicile de cette dernière que devra se réunir le conseil de famille.

La composition du conseil a lieu suivant les règles établies par les articles 407 et suivants du Code civil.

L'émancipation conférée par le mariage ne peut être

révoquée; la révocation ne s'applique qu'à l'émancipation conférée.

Zachariæ, Aubry et Rau, t. I, § 135, p. 500; — Massé et Vergé, t. I, p. 482; — Valette *explic. somm.* p. 330; — Suivant Marcadé, art. 485, no 1, l'émancipation peut être révoquée, à l'égard du mineur veuf sans enfants.

FORMULE.

403. L'an............

Par-devant nous...........

S'est présenté.............

Le sieur................

Lequel comparant nous a exposé :

Que de son mariage avec la dame........, son épouse, demeurant avec lui, est née le..........., une fille, prénommée Alice-Marie ;

Qu'en décembre 1870, sadite fille Alice-Marie a contracté mariage avec le sieur..............;

Que ce dernier est décédé, le........, à la survivance de sa femme, qui était commune en biens avec lui, laissant pour seul héritier un enfant né de leur union ;

Qu'il s'agit aujourd'hui de procéder à un inventaire des biens composant la succession dudit feu........., et de la communauté de biens ayant existé entre celui-ci et ladite dame Marie-Alice.........., sa veuve;

Mais que ladite dame veuve...... .. n'étant pas encore majeure, mais seulement émancipée par son mariage, ne saurait valablement assister à cet inventaire sans l'assistance d'un curateur;

Que, dans le but de délibérer aux fins de cette nomination, le comparant a, de notre agrément verbal, convoqué, etc., etc. (Vo *suprà* formule no 375 jusqu'aux Considérants. — Vo *suprà*, formule no 401.)

QUARANTE-UNIÈME CAS.

Retrait de l'émancipation.

(Art. 485 C. c.)

OBSERVATIONS.

404. Tout mineur émancipé dont les engagements auraient été réduits, en vertu de l'article 484 C. c., pourra être privé du bénéfice de l'émancipation, laquelle lui sera retirée en suivant les mêmes formes que celles qui auront eu lieu pour la lui conférer.

(Art. 478 et 479 C. c.)

Le mineur à qui l'émancipation est retirée est replacé de plein droit sous la tutelle du tuteur *légitime;* mais il ne rentre pas sous celle du tuteur testamentaire ou du tuteur datif. Dans ces derniers cas, il y a lieu, aussitôt après la révocation, de nommer un tuteur et un subrogé-tuteur.

D'après certains auteurs, très autorisés en jurisprudence, la révocation ne peut pas être encourue par la mauvaise conduite de l'émancipé ; l'article 487, en effet, ne vise que la cause de réduction des engagements.

L'enfant peut se pourvoir contre la délibération du conseil de famille qui révoque l'émancipation.

FORMULE.

465. L'an, etc........

Par-devant nous.........

S'est présenté...........:

Le sieur..........,

Agissant au nom et en qualité de curateur de........, enfant mineur né du mariage de....., etc., etc.;

Qualité qui lui a été conférée par.............;

Lequel comparant nous a exposé :

Que, par délibération prise devant cette Justice de paix, le........ (enregistrée), ledit mineur........ a été émancipé par son conseil de famille;

Que ledit mineur émancipé a contracté divers engagements excessifs et de nature à compromettre une certaine partie de sa fortune;

Que, par jugement en date du.........., le Tribunal civil de......... a réduit certains de ces engagements;

Qu'il résulte nettement de cette situation, que ledit mineur........ n'est pas apte à gérer sa fortune;

Que, dans cette situation, et conformément aux dispositions de l'article 485 C. c., il y a lieu de retirer audit mineur l'émancipation;

Que dans le but de délibérer aux fins ci-dessus, etc........ (V° suprà, formule n° 375.)

....

Considérant qu'aux termes de l'article 485 C. c., tout mineur émancipé dont les engagements auraient été réduits, en vertu de l'articl 484, pourra être privé du bénéfice de l'émancipation ;

Considérant que ledit mineur... ...., se trouve dans le cas ci-dessus prévu, et qu'il y a, par suite, lieu de lui retirer l'émancipation ;

Par ces motifs, le conseil de famille, après en avoir délibéré, a été d'avis, à l'unanimité des voix, qu'il y avait lieu de retirer audit mineur........ l'émancipation qui lui a été conférée par la délibération sus-visée, du........;

En conséquence, nous, Juge de paix susdit et soussigné,

Déclarons, conformément aux dispositions des articles 478 et 485 C. c., en notre qualité de Président du conseil de famille, que l'émancipation est retirée audit mineur........., et qu'à compter d'aujourd'hui, ce dernier rentre en tutelle ;

Ce fait, le sieur......... nous a exposé qu'il y a lieu, par suite de la délibération qui vient d'être prise, de nommer un tuteur et un subrogé-tuteur audit mineur........;

Que, dans le but de procéder à cette nomination, etc.

(Ve Formules ci-dessus, no 465.)

QUARANTE-DEUXIÈME CAS.

Autorisation par le conseil de famille au mineur émancipé de faire le commerce.

(Art. 487 C. c., et 2 C. comm.)

OBSERVATIONS.

466. Le mineur émancipé, âgé de dix-huit ans accomplis, qui voudra faire le commerce, ne pourra en commencer les opérations qu'après y avoir été autorisé par le conseil de famille, dont la délibération devra être homologuée par le Tribunal civil

FORMULE.

467. L'an.......,

Par devant nous......,

S'est présenté........,

Le sieur.. ....,

Lequel nous a exposé :

Que, par délibération prise devant cette Justice de paix, le... ....., l'émancipation a été conférée au mineur......., né du mariage de........;

Que ledit mineur.......... qui est aujourd'hui âgé de dix-neuf ans, est dans l'intention d'exercer la profession de négociant ;

Mais qu'à cette fin, il doit être autorisé par le conseil de famille, conformément aux dispositions de l'article 2 du Code de commerce;

Que dans le but de délibérer aux fins ci-dessus, le comparant a, de notre agrément verbal, convoqué, etc. (Vo *suprà*, formule no 375.)

....

Considérant qu'aux termes de l'article 2 du Code de commerce, tout mineur émancipé, âgé de dix-huit ans, qui veut faire le commerce, doit, en l'absence du père et de la mère, y être autorisé par le conseil de famille ;

Considérant qu'il résulte des renseignements qui ont été fournis au conseil, que ledit mineur émancipé.......... a, depuis plusieurs années, rendu d'utiles services à la maison de commerce de son père, et qu'il possède les connaissances nécessaires pour entreprendre le commerce pour son compte ;

Qu'il y a, par suite, lieu de l'autoriser à exercer la profession de négociant ;

Par ces motifs, le conseil de famille, après en avoir délibéré, a été d'avis, à l'unanimité des voix, qu'il y avait lieu d'autoriser, comme de fait il autorise, ledit mineur émancipé.......... à exercer la profession de négociant, et à faire personnellement telles opérations commerciales qu'il jugera à propos; et, au sujet de ces opérations, faire tous les actes qu'il pourrait faire valablement s'il était majeur, et qui sont, d'après la loi, réputés faits de commerce ;

De tout quoi, etc.

QUARANTE-TROISIÈME CAS.

Inscription d'hypothèque par un tuteur emprunteur au Crédit foncier.

(L. 10 Juin 1853, art. 23.)

OBSERVATIONS.

468. *Crédit foncier.* — On appelle ainsi, par une appropriation particulière des mots, la garantie qui est offerte au prêteur par la propriété immobilière. L'organisation du Crédit foncier est donc la création de sociétés propres à en faciliter le jeu et le développement. Ces sociétés ont pour objet de fournir aux propriétaires d'immeubles qui veulent emprunter sur hypothèque la possibilité de se libérer au moyen d'annuités à long terme sous certaines conditions, qui deviennent la loi de ceux qui s'adressent à elles.

La création du Crédit foncier est du 28 février 1852. (Décret.) — Le chapitre 1er, titre IV de ce décret, a été modifié par la loi du 10 juin 1853.

Si l'emprunteur est, au moment de l'emprunt, tuteur d'un mineur ou d'un interdit, la signification d'un extrait de l'acte constitutif d'hypothèque, afin d'arriver à purger les hypothèques légales connues, est faite au subrogé-tuteur et au Juge de paix du lieu dans lequel la tutelle s'est ouverte.

Dans la quinzaine de cette signification, le Juge de paix convoque le conseil de famille, en présence du subrogé-tuteur ;

Ce conseil délibère sur le point de savoir si l'inscription doit être prise. Si la délibération est affirmative, l'hypothèque est inscrite par le subrogé-tuteur, sous sa responsabilité ; par les parents ou amis du mineur, ou par le Juge de paix, dans le délai de quinzaine de la délibération.

FORMULE.

469. L'an........

Par-devant nous.........

S'est présenté........

Le sieur.......

Agissant en qualité de tuteur légal de.........

Lequel comparant nous a exposé :

Que, suivant contrat passé devant Me...., et son collègue, notaire à........, le........ (enregistré), il a emprunté au Crédit foncier de France une somme de........, et hypothéqué, à la sûreté de cet emprunt, une maison sise à.... ;

Mais que sadite fille mineure, ayant sur lesdits immeubles hypothéqués une hypothèque légale, il y a lieu de délibérer sur le point de savoir si l'inscription doit être prise conformément à l'article 23 du décret du 28 février 1853 ;

Que, dans le but de délibérer aux fins ci-dessus, l'exposant a, de notre agrément verbal, convoqué, etc. etc....... (Ve *suprà*, formule n° 375) ;

Considérant qu'il résulte des renseignements qui ont été fournis, qu'il n'y a aucune utilité d'inscrire sur l'immeuble dont s'agit l'hypothèque légale que ladite mineure a sur les biens dudit sieur, ..., son père et son tuteur ;

Par ces motifs, le conseil de famille, après en avoir délibéré, a été d'avis, à l'unanimité des voix, qu'il n'y avait pas lieu d'inscrire l'hypothèque légale de ladite mineure...... sur la maison, rue......., que ledit sieur......., son père, a hypothéquée à la sûreté d'un emprunt de........, par lui fait au Crédit foncier de France, suivant contrat passé devant Me......., et son collègue notaires à......., le........ ;

De tout quoi, nous avons fait et dressé le présent, etc. etc......

Autorisation au mineur émancipé d'accepter ou de répudier une succession.

OBSERVATIONS.

470. Le mineur émancipé ne peut accepter une succession sans l'autorisation du conseil de famille.

(Douai, 20 mai 1850. — (S. V. 56. 2. 550; — P. 57. 117; — D. P. 52. 2. 10.)

FORMULE.

471. V° formule n° 430.

QUARANTE-QUATRIÈME CAS.

Autorisation au mineur émancipé de contracter un emprunt.

OBSERVATIONS.

472. Le mineur émancipé ne pourra faire d'emprunts, sous aucun prétexte, sans une délibération du conseil de famille homologuée par le Tribunal de première instance.

(Art. 483 C. c.)

FORMULE.

473. V° *suprà*, formules nos 425 et 426.

QUARANTE-CINQUIÈME CAS.

Autorisation au mineur émancipé de vendre ses immeubles.

474. Le mineur émancipé ne pourra vendre ni aliéner ses immeubles, ni faire aucun acte autre que ceux de pure administration, sans observer les formes prescrites au mineur non émancipé.

(Art. 484 C. c.)

FORMULE.

475. V° *suprà*, formule n° 423.

QUARANTE-SIXIÈME CAS.

Avis sur la nomination d'un conseil judiciaire.

(Art. 514 C. c.)

OBSERVATIONS.

476. La nomination d'un conseil judiciaire à un prodigue est sujette aux mêmes formalités que l'interdiction.

Ainsi, la demande est portée devant le Tribunal, qui ordonne que le conseil de famille sera réuni, et donnera son avis sur l'état de la personne du prodigue et sur l'utilité qu'il peut y avoir de lui donner un conseil judiciaire.

Le conseil de famille est composé d'après les règles établies par l'article 407 du C. c.

Les enfants de celui contre lequel a été formée une demande, soit en nomination de conseil judiciaire, soit en interdiction, ont voix délibérative au conseil de famille réuni à l'effet de donner son avis sur l'état de leur père, lorsque la demande n'a pas été formée par eux.

Paris 15 juin 1857 (D. P. 58. 2. 91); — *id.* 24 février 1853 (D. P. 53. 2. 167); — *id.* 2 mai 1853 (D. P. 53. 2. 101); — Massé et Vergé sur Zachariæ (I, p. 466, note 14).

Le conseil de famille se réunit et donne son avis, qui est ensuite soumis au Tribunal, lequel nomme, s'il y a lieu, après interrogatoire, le conseil judiciaire demandé.

La nomination d'un conseil judiciaire est poursuivie aussi bien contre le majeur que contre le mineur.

Le mari a qualité pour provoquer la nomination d'un conseil judiciaire à sa femme, alors même qu'il y a séparation de biens entre eux.

Cass., 4 juillet 1838. — (D. P., 38. 1. 338.)

La femme a qualité pour demander la main-levée du conseil judiciaire donné à son mari.

Rennes, 16 août 1838. (S. V., 39. 2. 284. — D. P., 2. 31.)

Mais elle n'a pas la même facilité pour demander la nomination du conseil judiciaire.

FORMULE.

477. L'an.........…

Par-devant nous............

S'est présenté...........

Le sieur............

Lequel comparant nous a exposé :

Qu'il se trouve dans la pénible situation de provoquer la nomination d'un conseil judiciaire contre son fils.........., aujourd'hui âgé de vingt-cinq ans;

Que cette mesure n'est que trop justifiée par la conduite désordonnée de son dit fils jusqu'à ce jour;

Que, dans ce but, l'exposant a obtenu du Tribunal de première instance de............, le............, un jugement qui ordonne la convocation du conseil de famille dudit........, fils, pour faire connaître l'état de la personne de ce dernier et arriver ainsi à le pourvoir, s'il y a lieu, d'un conseil judiciaire;

Que, pour se conformer audit jugement, le comparant a, de notre agrément verbal, etc............(Vo *suprà*, formule no 375);

....

Considérant qu'il est à la connaissance personnelle de chacun des membres du conseil, que les faits exposés au conseil de famille et reproduits dans le jugement en date du..........., sus-relaté, sont de la plus parfaite exactitude;

Qu'ainsi, il est certain que ledit sieur............, fils, sans fortune personnelle et sans profession, a néanmoins abandonné la maison paternelle, contracté des dettes qui donnent lieu à des poursuites, enfin qu'il se livre presque publiquement à des désordres affligeants pour sa famille et pour lui-même;

Que, dans cette situation, il y a lieu de pourvoir ledit sieur..........., fils, d'un conseil judiciaire;

Par ces motifs, le conseil de famille, après en avoir délibéré, a été d'avis, à l'unanimité des voix, qu'il y avait lieu dans l'intérêt dudit sieur..........., fils, de le pourvoir d'un conseil judiciaire;

De tout quoi, etc...........

QUARANTE-SEPTIÈME CAS.

Avis sur la nomination d'un administrateur provisoire aux biens d'un individu placé dans un établissement d'aliénés.

(L. 30 juin 1838, art. 32.)

OBSERVATIONS.

478. Sur la demande des parents, de l'époux ou de l'épouse, sur celle de la Commission administrative des hospices ou établissements d'aliénés, ou sur la provocation d'office du Procureur de la République, le Tribunal peut, conformément aux dispositions de l'article 497 du C. c., nommer un administrateur provisoire aux biens de toute personne non interdite, placée dans un établissement d'aliénés. Cette nomination n'aura lieu qu'après avis du conseil de famille.

Les pièces à produire avant la délibération du conseil de famille, par celui qui réclame la nomination de l'administrateur provisoire, sont :

1° Un certificat du directeur de l'établissement où se trouve placé le malade;

Et 2° un certificat du médecin de cet établissement constatant l'état du malade.

L'administrateur provisoire prend soin de la personne et des biens du malade; mais toutes ses fonctions se réduisent à des moyens de conservation, à moins qu'il n'y ait des choses périssables et dont la vente soit urgente, auquel cas il doit recourir au Tribunal pour se faire autoriser, même pour la vente du mobilier; l'autorisation ne pourrait émaner du conseil de famille, qui n'a aucune mission pour se constituer sur la gestion provisoire de cet administrateur.

(V° Conf. Magnin, *Traité des Minorités*, t. I, n° 852.)

Nous pensons que l'administrateur provisoire ferait bien de faire faire inventaire aussitôt après sa nomination.

Les biens de l'administrateur provisoire ne sont pas sujets à l'hypothèque légale de l'individu dont l'interdiction est poursuivie.

FORMULE.

479. L'an..........

Par devant nous........

S'est présenté...........

Le sieur..........

Lequel comparant nous a exposé :

Que le sieur........., son père, a été, par suite d'aliénation mentale, placé dans l'établissement public d'aliénés de.......... ;

Qu'aux termes de l'article 32 de la loi du 30 juin 1838 sur les aliénés, le Tribunal civil de première instance peut nommer, à toute personne placée dans un établissement d'aliénés, un administrateur provisoire à ses biens, lorsque les parents de cette personne provoquent cette nomination ;

Mais que cette nomination ne peut avoir lieu qu'après délibération du conseil de famille ;

Que le comparant, désirant provoquer la nomination d'un administrateur provisoire aux biens de son père, ce dernier, étant dans l'impossibilité de les administrer, a, de notre agrément verbal, convoqué, etc., etc. (Vo *suprà*, formule no 375);

....

Considérant qu'il est constant pour chacun des membres du conseil que le sieur...... a donné des signes non équivoques d'aliénation mentale, et qu'il ne pourrait, sans danger, administrer ses biens;

Par ces motifs, le conseil de famille, après en avoir délibéré, a été d'avis, à l'unanimité des voix, qu'il y a lieu de nommer un administrateur provisoire aux biens du sieur............, et émet le désir que ces fonctions soient confiées au sieur..........., l'un des membres du présent conseil.

De tout quoi, etc.

QUARANTE-HUITIÈME CAS.

Avis sur l'interdiction lorsqu'elle est poursuivie par un parent.

(Art. 494 C. c.)

OBSERVATIONS.

480. Toute demande en interdiction est portée devant le Tribunal de première instance.

(Art. 492 C. c.)

Le Tribunal ordonne que le conseil de famille donnera son avis sur l'état de la personne à interdire.

Ce conseil est composé suivant les règles tracées par l'article 407 du C. c.

Ceux qui provoquent l'interdiction ne font pas partie du conseil.

L'assemblée se réunit devant le Juge de paix du domicile de la personne à interdire.

Un mineur peut être interdit.

Bourges, 22 décembre 1862. (S. V., 63. 2. 132; — P. 63. 899.)

FORMULE.

481. L'an........

Par-devant nous........

S'est présenté........

Le sieur.........

Lequel comparant nous a exposé :

Qu'il a formé devant le Tribunal de première instance de........ une demande en interdiction contre la demoiselle Marie C., sa sœur, majeure célibataire, demeurant à........;

Que le susdit Tribunal a, par son jugement à la date du........, ordonné que le conseil de famille se réunirait devant nous à l'effet de donner son avis sur l'état de la personne de ladite demoiselle........, sa sœur;

Que, pour vêtir les dispositions de ce jugement, le comparant a, de notre agrément verbal, convoqué, etc. (Vo *suprà*, formule no 375);

Considérant qu'il est constant, pour chacun des membres du conseil, que ladite demoiselle........ a, depuis longtemps, donné des signes non équivoques d'aliénation mentale suivis de fureur;

Considérant que l'état de ladite demoiselle...., âgée d'environ soixante-cinq ans, ne paraît pas devoir s'améliorer;

Que, dans cette situation, il y a lieu de prononcer son interdiction;

Par ces motifs, le conseil de famille, après en avoir délibéré, a été d'avis, à l'unanimité des voix, qu'il y avait lieu de prononcer l'interdiction de ladite demoiselle Marie C.......

De tout quoi, etc., etc.

QUARANTE-NEUVIÈME CAS.

Nomination de tuteur et de subrogé-tuteur à un interdit.

(Art. 505 et 506 C. c.)

OBSERVATIONS.

482. L'interdit étant assimilé au mineur pour sa personne et pour ses biens (Art. 509 C. c.), il doit lui être nommé un tuteur et un subrogé-tuteur, suivant les règles prescrites au titre de la *Minorité*, de la *Tutelle* et de l'*Émancipation*.

Cette nomination ne peut, en droit rigoureux, avoir lieu qu'après l'expiration des délais d'appel du jugement qui prononce l'interdiction, ou s'il y a eu appel, qu'après la confirmation du jugement.

La Jurisprudence admet cependant que cette nomination peut avoir lieu après l'expiration du délai de huit jours de la prononciation du jugement, délai pendant lequel la loi suspend l'exécution des jugements.

(Art. 449 C. proc. c.)

Mais, dans ce cas, il faut, à peine de nullité, que la signification du jugement d'interdiction ait précédé la nomination du tuteur; seulement l'appel ultérieurement formé suspend les fonctions de tuteur.

Dans cette situation, nous conseillons, hors le cas de nécessité absolue, d'attendre que le jugement d'interdiction ait acquis l'autorité de la chose jugée pour le ramener à exécution.

Le mari est de droit tuteur de sa femme interdite ;

(Art. 506 C. c.)

Il n'y a donc pas lieu à tutelle dative ; le conseil de famille doit seulement nommer un subrogé-tuteur.

En cas de séparation de corps, la tutelle d'une femme interdite n'appartient pas de plein droit à son mari.

Dijon, 18 mars 1857 (S. V., 57. 2. 328. — D. P., 58. 1. 300 ; — P. 57. 236.) — Cass., 25 novembre 1857 (S. V. 58. 1. 289 ; — P. 58. 262. — D. P. 58. 1. 290.)

La femme peut être nommée tutrice de son mari ;

(Art. 507 C. c.)

Dans ce cas, si elle est commune en biens avec lui, elle doit faire faire, contradictoirement avec le subrogé-tuteur, un inventaire des biens de la communauté.

Les parents qui ont provoqué l'interdiction peuvent faire partie du conseil de famille pour la nomination du tuteur et du subrogé-tuteur.

Le tuteur doit, dans les dix jours qui suivront sa nomination, requérir la levée des scellés, s'ils ont été apposés, et faire procéder immédiatement à l'inventaire des biens de l'interdit, en présence du subrogé-tuteur.

(Art. 451 C. c.)

FORMULE.

483. L'an........, etc.,

Par-devant nous.......

S'est présenté............

Le sieur.................

Lequel comparant nous a exposé :

Qu'il a provoqué devant le Tribunal de première instance de........, l'interdiction de la demoiselle Marie C..........., sa sœur, demeurant à..........;

Que, par un premier jugement, en date du.......... (enregistré), il a été ordonné que le conseil de famille de ladite demoiselle.......... donnerait son avis sur l'état de la personne de cette dernière;

Que, le conseil de famille réuni sous notre présidence, le........., a reconnu qu'il y avait lieu de prononcer l'interdiction de la demoiselle Marie C........;

Qu'un second jugement dudit Tribunal, en date du............ (enregistré), a ordonné que, par l'un de MM. les Juges dudit Tribunal, et en présence de M. le Procureur de la République, ladite demoiselle Marie C........ serait interrogée ;

Que, le.........., ladite demoiselle Marie C......... a été interrogée par M........, Juge au Tribunal, commis à cet effet;

Qu'enfin, le.........., ledit Tribunal a rendu un troisième jugement qui a prononcé l'interdiction de ladite demoiselle Marie C.........., et qui ordonne, conformément aux dispositions de l'article 505 C. c., que l'interdite sera pourvue d'un tuteur et d'un subrogé-tuteur;

Que ce jugement a été signifié à ladite demoiselle Marie C........, le......., suivant exploit de........, huissier (enregistré) ;

Qu'il résulte d'un certificat délivré par le Greffier du Tribunal civil de........, que le susdit jugement d'interdiction n'a pas été frappé d'appel;

Qu'il y a lieu, dès lors, de vêtir les dispositions de ce jugement et de faire nommer à ladite demoiselle Marie C....... un tuteur et un subrogé-tuteur.....;

Que, dans le but de délibérer aux fins ci-dessus, le comparant a, de notre agrément verbal, convoqué, etc....... (V° *suprà*, formule n° 375);

....

Considérant qu'aux termes de l'article 505 C. c., l'interdit doit être pourvu d'un tuteur, et que, dans l'espèce, il y a lieu de vêtir les dispositions de la loi à l'égard de ladite demoiselle Marie C.........;

Par ces motifs, etc.......... (V° *suprà*, formule n° 380);

....

Et procédant ensuite à la nomination d'un subrogé-tuteur à ladite demoiselle Marie C.........., le conseil de famille est rentré en délibération et a pris avec nous la délibération suivante, à l'exception du sieur........., tuteur, qui, aux termes de l'article 423 C. c. n'a pas dû voter ;

Considérant qu'aux termes des articles 420 et 421 C. c., etc..... (Vo *suprà*, formule no 397.)

CINQUANTIÈME CAS.

Nomination d'un tuteur et d'un subrogé-tuteur à un interdit, sur les poursuites du Procureur de la République.

FORMULE.

---

484. L'an........

Nous, Juge de paix.........

Procédant, en conformité d'un jugement rendu, le......., par le Tribunal de première instance de........ (enregistré), dont voici les motifs et le dispositif :

(Transcrire les motifs et le dispositif du jugement.)

Vu un certificat délivré par le Greffier du Tribunal civil de......., constatant que le susdit jugement, qui a été signifié, le......., suivant exploit de......., huissier (enregistré), n'a pas été frappé d'appel ;

Qu'il y a lieu, dès lors, de vêtir les dispositions de ce jugement et faire nommer à l'interdit un tuteur et un subrogé-tuteur ;

A l'effet de délibérer aux fins ci-dessus, nous avons convoqué d'office, pour ces lieu, jour et heure, les membres du conseil de famille dudit sieur........, dont les noms suivent :

(Vo *suprà*, formules nos 375 et 481.)

CINQUANTE-UNIÈME CAS.

Autorisation en restriction de l'hypothèque légale de l'interdit sur les biens du tuteur.

(Art. 2141 C. c.)

---

485. Au moment de sa nomination comme après, le tuteur peut demander et obtenir que l'hypothèque légale de l'interdit ne reposera que sur certains de ses immeubles.

FORMULE.

(Vo nos 440 et 442.)

CINQUANTE-DEUXIÈME CAS.

Fixation du mode de traitement d'un interdit.

(Art. 500 et 510 C. c.)

—

OBSERVATIONS.

486. L'interdit est assimilé au mineur pour sa personne et pour ses biens. Les lois sur la tutelle des mineurs s'appliquent à la tutelle des interdits.

(Art. 500 C. c.)

Le conseil de famille a le droit d'indiquer le lieu où sera placé l'interdit pour y subir le traitement que comporte sa situation.

Les revenus de l'interdit doivent être essentiellement employés à adoucir son sort et à accélérer sa guérison.

(Art. 510 C. c.)

Le conseil de famille n'a point à régler si la femme mariée interdite sera soignée chez elle ou ailleurs; c'est au mari seul à voir le parti qu'il convient de prendre à cet égard.

(Duranton, t. III, n° 276.)

FORMULE.

—

Cas où l'interdit est placé dans une maison de santé.

487. L'an......., etc.,

Par-devant nous............

S'est présenté............

Le sieur............

Lequel comparant nous a exposé :

Que, par délibération prise devant cette Justice de paix, le......., le comparant a été nommé tuteur du sieur......., ayant demeuré à........, et se trouvant actuellement dans la maison de santé du sieur......., à.......;

Qu'aux termes de l'article 500 du C. c., l'interdit est assimilé au mineur pour sa personne et pour ses biens;

Que le comparant doit, par suite, conformément aux dispositions des articles 451 et 510 C. c., faire régler la somme à laquelle devra s'élever la dépense annuelle de l'interdit;

Que, dans le but de délibérer aux fins ci-dessus, etc. (V° *suprà*, for'e n° 375.)

Considérant qu'aux termes de l'article 510 du C. c., les revenus d'un interdit doivent être essentiellement employés à adoucir son sort et accélérer sa guérison dans les limites du possible ;

Considérant qu'il résulte de documents qui ont été produits, qu'une somme de............ est utile pour le maintien dudit sieur.........., dans la maison de santé du sieur......., où il reçoit les soins les plus intelligents et les plus éclairés ;

Considérant que la fortune du sieur ...., interdit, consiste en......., et que les revenus s'élèvent au chiffre approximatif de.......;

Que, par suite, la somme réclamée est conforme à l'état de fortune dudit sieur......., interdit, et qu'il y a lieu de l'accorder ;

Par ces motifs, le conseil de famille, après en avoir délibéré, a été d'avis, à l'unanimité des voix, qu'il y avait lieu de décider, comme de fait il décide, que le sieur...., interdit, sera maintenu dans l'établissement de santé du sieur....; qu'il continuera à y recevoir les soins qui lui ont été donnés jusqu'à ce jour, et qu'une somme de......... sera attribuée au paiement des dépenses annuelles dudit sieur......., interdit, dans la maison de santé du sieur......;

De tout quoi, nous avons fait et dressé le présent, etc.

CINQUANTE-TROISIÈME CAS.

Règlement de l'administration de la femme tutrice de son mari interdit.

(Art. 507 du C. c.)

OBSERVATIONS.

488. Si la femme a été nommée tutrice de son mari, le conseil de famille règlera la forme et les conditions de l'administration, et cela par le même acte qui nomme la tutrice et le subrogé-tuteur.

FORMULE.

489. L'an........

Par-devant nous.......

S'est présentée........

La dame......., épouse du sieur........, propriétaire, demeurant à......;

Laquelle comparante nous a exposé :

Que, par délibération prise devant cette Justice de paix, le.... (enregistrée), elle a été nommée tutrice dudit sieur........, son mari, interdit par jugement du Tribunal de première instance de........, en date du .....;

Qu'aussitôt après sa nomination, elle a, par le ministère de Me......, notaire à......., fait procéder à l'inventaire des meubles et effets mobiliers, titres, papiers et renseignements divers dépendant de la communauté qui existe entre elle et son mari ;

Que cet inventaire présente la situation exacte des ressources et des charges de ladite communauté d'acquêts ;

Que la comparante, désirant, conformément aux dispositions de l'article 507 du C. c., faire régler la forme et les conditions de son administration, a, de notre agrément verbal, convoqué etc....... (Ve *suprà*, formule n° 375) ;

Vu l'expédition de l'inventaire dressé par Me....., notaire à....., le...... ;

Vu un état détaillé dressé par la comparante, résumant la position exacte des affaires de sondit mari (ledit état, en date du........, écrit sur timbre, a été enregistré à........, f°....., et demeurera ci-annexé);

Considérant qu'il résulte des documents qui ont été produits, que les revenus des biens des époux.. ......, toutes dettes payées, s'élèveront encore à la somme de.........., et qu'avec ces revenus il sera possible de pourvoir tout à la fois, aux dépenses de ladite dame........., à celles de ses trois enfants et à celles que va nécessiter le traitement qu'il convient de suivre pour hâter la guérison dudit sieur......., ou pour adoucir, autant que possible, son sort ;

Que, dans cette situation, il y a lieu, en raison de la gravité de la maladie dudit sieur........, d'ordonner qu'il sera placé dans une maison de santé, où il recevra les soins appropriés à sa triste situation ;

Considérant, d'un autre côté, que ladite dame. ...., comparante, a les connaissances suffisantes pour gérer et administrer les biens immeubles qui appartiennent en propre à son mari ou qui dépendent de la communauté ;

Considérant, enfin, que le mobilier compris dans l'inventaire dressé par Me......., notaire, le......., est utile à la comparante et à sa famille, et qu'il n'y a pas lieu non plus d'ordonner le placement des revenus excédant les dépenses ;

Par ces motifs, le conseil de famille, après en avoir délibéré, a, à l'unanimité des voix, réglé et arrêté la forme et les conditions de l'administration de ladite dame....... comme suit :

1° Que le sieur......., interdit, sera placé dans la maison de santé de......, et que les frais de traitement et pension dudit interdit demeureront fixés à...... ;

2° Que le surplus des revenus qui seront touchés par la tutrice pourra être employé par elle à son entretien, à celui de ses enfants mineurs, et aux frais de l'éducation qu'elle devra leur faire donner ;

3° Que les biens immeubles qui appartiennent à son mari ou qui dépendent de la communauté seront gérés et administrés par ladite dame, d'après les formes qu'elle jugera le plus convenable aux intérêts de l'interdit et de sa famille ;

4° Qu'elle est dispensée de vendre le mobilier compris dans l'inventaire dressé par Me........., le....... ;

5° Enfin tous pouvoirs sont donnés à ladite dame........, pour gérer ou administrer, tant activement que passivement, les affaires de son dit mari; et généralement tous pouvoirs lui sont donnés pour faire le nécessaire;

De tout quoi, etc.

CINQUANTE-QUATRIÈME CAS.

Autorisations diverses au nom d'un interdit.

OBSERVATIONS.

490. L'interdit étant assimilé au mineur pour sa personne et pour ses biens, les formules que nous avons données dans le cas de minorité seront les mêmes pour l'interdit; l'exposé seul et les motifs seront modifiés.

(V° *suprà*, formules relatives aux mineurs.)

CINQUANTE-CINQUIÈME CAS.

Remplacement du tuteur d'un interdit après dix ans de tutelle.

(Art. 508 C. c.)

OBSERVATIONS.

491. Nul, à l'exception des époux, des ascendants et descendants, ne sera tenu de conserver la tutelle d'un interdit au-delà de dix ans. A l'expiration de ce délai, le tuteur pourra demander et devra obtenir son remplacement.

(Art. 508 C. c.)

Les causes de dispense de la tutelle de l'interdit sont les mêmes que pour la tutelle du mineur.

FORMULE.

492. L'an..........

Par-devant nous........

S'est présenté..........

Le sieur...............

Lequel comparant nous a exposé :

Que, par délibération prise devant cette Justice de paix, le..........(enregistrée), le comparant a été nommé tuteur de la demoiselle Marie C......, demeurant à........, interdite suivant jugement rendu par le Tribunal de première instance de........., le........ (enregistré);

Qu'il y a, par suite, plus de dix ans qu'il exerce lesdites fonctions de tuteur;

Qu'aux termes de l'article 508 du C. c., nul, à l'exception des époux, des ascendants et des descendants, ne sera tenu de conserver la tutelle au-delà de dix ans;

Que le comparant, désirant se faire décharger de ladite tutelle et faire pourvoir à son remplacement, a de notre agrément, etc. (V° *suprà*, formule n° 375.)

Considérant qu'aux termes de l'article 508 du C. c., tout tuteur, en dehors des époux, des ascendants et des descendants, peut, après dix ans de tutelle d'un interdit, demander et obtenir son remplacement;

Considérant qu'il y a onze ans que ledit sieur........ est tuteur de sa sœur Marie C........, interdite, et qu'il y a, par suite, lieu d'accepter la démission qu'il déclare donner desdites fonctions de tuteur, et de procéder à son remplacement;

Par ces motifs, le conseil de famille, après en avoir délibéré, a été d'avis, à l'unanimité des voix, qu'il y avait lieu d'accepter la démission offerte par ledit sieur.......... des fonctions de tuteur de la demoiselle Marie C..........., sa sœur;

Et, procédant aussitôt à la nomination d'un nouveau tuteur, le conseil de famille, toujours à l'unanimité des voix, a nommé, pour remplir ces fonctions, le sieur......... (V° *suprà*, formule n° 380.)

CINQUANTE-SIXIÈME CAS.

Mariage des enfants d'un interdit. — Conventions matrimoniales.

(Art. 511 C. c.)

OBSERVATIONS.

493. Lorsqu'il est question du mariage des enfants d'un interdit, la dot ou l'avancement d'hoirie et les autres conventions matrimoniales sont réglés par un avis du conseil de famille homologué par le Tribunal.

Le conseil de famille peut également fixer l'avancement d'hoirie à faire à l'enfant d'un interdit pour tout autre établissement que le mariage, notamment pour l'achat d'une étude de notaire, et par analogie d'un office de greffier;

Amiens, 6 août 1824. (S. 25. 2. 173. — D. A., 9. 552.)

Si c'est la mère qui est interdite, le père n'a besoin du consentement de personne pour doter ses enfants, même avec les biens de la communauté.

(Art. 1422 C. c.) — Duranton, t. III, n° 763.

FORMULE.

494. L'an.......

Par-devant nous.....

S'est présenté.........

Le sieur........., agissant en qualité de tuteur datif du sieur....... (interdit), etc........, qualité qui lui a été conférée, etc......

Lequel comparant nous a exposé :

Que du mariage dudit sieur......., interdit, et de la dame.. ...., décédée à........., le........, est issue la demoiselle Marie C........, aujourd'hui majeure, comme étant née le.......;

Que ladite demoiselle Marie C....... est dans l'intention de contracter mariage avec M. Jean D...., Greffier de la Justice de paix du canton de....., et qu'il y a lieu de régler la dot qu'elle recevra sur les biens personnels de son père, et toutes autres conventions matrimoniales ;

Mais qu'aux termes de l'article 511 du C. c., ce règlement ne peut être fait que par un avis du conseil de famille homologué par le Tribunal ;

Que, dans le but de délibérer aux fins ci-dessus, l'exposant a, etc........ (V° *suprà*, formule n° 375) ;

....

Considérant qu'aux termes de l'article 511 du C. c., la dot et les autres conventions matrimoniales de l'enfant d'un interdit qui se propose de contracter mariage, doivent être réglées par le conseil de famille ;

Considérant que la demoiselle Marie C.......... est la fille unique dudit sieur......., interdit ;

Considérant que la fortune que possède ce dernier est évaluée à la somme approximative de......., ainsi que cela résulte de....... (indiquer les pièces), et qu'une somme de....... peut être prise sur cette fortune pour doter ladite demoiselle Marie C...... ;

Considérant aussi que le futur époux de la demoiselle Marie C...... justifie qu'il est propriétaire de l'office de Greffier qu'il possède en ce moment ; que cet office a été acheté la somme de......., qu'il a payée, et qu'il est propriétaire, en outre, de la somme de......., tant en créances qu'en recouvrement de frais d'actes à lui dus ;

Considérant, enfin, que le mariage projeté par la demoiselle Marie C.... est sortable sous tous les rapports ;

Par ces motifs, le conseil de famille, après en avoir délibéré, a, à l'unanimité des voix, arrêté les dispositions suivantes :

1° Décide que la dot à accorder à la demoiselle Marie C......, sur la fortune personnelle du sieur......, son père, interdit, est fixée à la somme de.....;

Et 2e décide également que les conditions à établir dans le contrat de mariage seront les suivantes :

(Indiquer les conditions.)

....

Délègue, à l'unanimité des voix, le sieur......, l'un des membres du présent conseil, pour diriger et surveiller la stricte exécution des délibérations qui viennent d'être prises, sous la réserve de l'homologation prescrite par l'article 511 du C. c. sus-relaté ;

Et ledit sieur......., nous ayant déclaré accepter les pouvoir et délégation qui viennent de lui être conférés par le conseil de famille, nous a promis de s'en acquitter avec zèle et fidélité ;

Et il a signé aux fins de son acceptation après lecture faite. (Signature.)

De tout quoi, etc.

Observations. — Il doit être remarqué ici que c'est le conseil de famille de l'interdit et non celui de l'enfant qui se marie qui a à délibérer dans l'espèce ci-dessus ; car s'il s'agissait de consentir au mariage, il faudrait se conformer aux dispositions de l'article 160 du C. c.

CINQUANTE-SEPTIÈME CAS.

Main-levée d'interdiction.

(Art. 512 C. c.)

OBSERVATIONS.

495. L'interdiction cesse avec les causes qui l'ont déterminée ; néanmoins, la main-levée ne sera prononcée qu'en observant les formalités prescrites pour parvenir à l'interdiction.

(Art. 512 C. c.)

Ainsi, il y aura d'abord un jugement préparatoire qui ordonnera que le conseil de famille se réunira pour donner son avis sur l'état de la personne de l'interdit.

L'interdit peut demander la main-levée de son interdiction sans assistance ni autorisation du tuteur.

Bordeaux, 8 Mars 1822. (S., 22. 2. 205. — D. A., 9. 562.) — *sic*, Chauveau sur Carré, q. 3037.

FORMULE.

496. L'an, etc.......

Par-devant nous..........,

S'est présentée........ :

La demoiselle Marie C.... .., majeure, sans profession, demeurant à.....;

Laquelle comparante nous a exposé :

Que, dans le courant de l'année 1860, elle a fait une maladie qui a eu pour conséquence d'altérer momentanément ses facultés mentales;

Que, par suite, l'exposante a été interdite, suivant jugement du Tribunal civil de........, en date du.........;

Que la comparante étant aujourd'hui guérie de l'affection mentale qui avait motivé son interdiction, a hâte de recouvrer l'administration de ses biens, et pour cela d'obtenir la main-levée de son interdition;

Que, dans ce but, elle s'est adressée au Tribunal de......., qui, par son jugement en date du. ......(enregistré), a ordonné que le conseil de famille se réunirait à l'effet de donner son avis sur l'état de la personne de l'exposante;

Que la comparante, désirant vêtir les dispositions dudit jugement a, de notre agrément verbal, convoqué, etc....... (Vo *suprà*, formule no 375);

....

Considérant qu'aux termes de l'article 512 C. c., la main-levée d'une interdiction ne peut être prononcée qu'en observant les formalités prescrites pour parvenir à l'interdiction;

Considérant que la première formalité à remplir est l'obtention d'un jugement qui ordonne la réunion du conseil de famille à l'effet d'émettre son opinion sur l'état de la personne de l'interdit;

Considérant que ce jugement a été rendu, le........, et que, dans l'espèce, il y a lieu, aujourd'hui, de se prononcer sur l'état de la personne de ladite demoiselle Marie C.......;

Considérant, d'autre part, qu'il est constant pour chacun des membres du conseil, que ladite demoiselle Marie C....... est entièrement guérie de l'affection mentale qui avait motivé sa séquestration;

Que, dans cette situation, il y a lieu de donner un avis favorable à la main-levée de l'interdiction dont elle se trouve frappée;

Par ces motifs, le conseil de famille, après en avoir délibéré, a été d'avis, à l'unanimité des voix, qu'il y avait lieu de donner la main-levée de l'interdiction prononcée contre la demoiselle Marie C........., suivant jugement rendu par le Tribunal de première instance de........, le........;

De tout quoi, etc.

CINQUANTE-HUITIÈME CAS.

Nomination de tuteur *ad hoc* à un enfant naturel reconnu par sa mère décédée, à l'effet de consentir au mariage.

(Art. 150 C. c.)

OBSERVATIONS.

497. Dans le cas ci-dessus, c'est devant le Juge de paix du lieu où est morte la mère que doit se réunir le conseil de famille.

Si, au contraire, l'enfant naturel n'avait pas été reconnu, ce serait le Juge de paix du domicile de l'enfant qui serait compétent pour présider le conseil de famille.

Lorsque la mère a été dénommée dans l'acte de naissance de son enfant naturel, cet acte fait preuve complète de la filiation tant à l'égard des tiers que de la mère, si l'identité de l'enfant n'est pas contestée.

Le consentement à mariage donné par la mère naturelle lors du mariage de son enfant, est un commencement de preuve par écrit.

Ainsi jugé récemment par le Tribunal civil de la Seine.

COMPOSITION DU CONSEIL.

La disposition de l'article 407 du C. c., qui veut que le conseil de famille soit composé de six parents ou alliés, moitié du côté paternel et moitié du côté maternel, n'est pas applicable à l'enfant naturel, même reconnu; dans ce cas, le mineur, n'ayant d'autres parents que ses père et mère, le conseil de famille doit être exclusivement composé d'amis.

Le contrat de mariage n'a pas besoin d'être approuvé par le conseil de famille ; l'approbation d'un tuteur *ad hoc* suffit.

(Art. 1398 C. c.)

FORMULE.

498. L'an............,

Par-devant nous..........,

S'est présenté...........,

Le sieur................,

Lequel comparant nous a exposé :

Que de la demoiselle........, décédée à......, le........., et de père non nommé, est née, le........, une fille, à laquelle ont été donnés les prénoms de Marie-Virginie, et qui a été reconnue par ladite demoiselle. ......, sa mère, ainsi que cela résulte de.....

(Indiquer l'acte de reconnaisance.)

Que ladite Marie-Virginie, qui est encore mineure, se propose de contracter mariage avec le sieur......., mais qu'elle ne le peut sans le consentement d'un tuteur *ad hoc*, qui doit lui être nommé par son conseil de famille, conformément aux dispositions de l'article 159 du C. c.;

Qu'il y a, par suite, lieu de procéder à la nomination de ce tuteur *ad hoc*;

Que, dans ce but, le comparant a, de notre agrément verbal, convoqué, etc. (Vo *suprà*, formule no 375);

Considérant que l'union que se propose de contracter ladite mineure Marie-Virginie avec le sieur...... paraît offrir les garanties désirables dans l'intérêt de l'avenir de ladite mineure;

Que, dès lors, il y a lieu de procéder à la nomination du tuteur *ad hoc* dont s'agit;

Par ces motifs, le conseil de famille, après en avoir délibéré, a été d'avis, à l'unanimité des voix, qu'il y avait lieu de nommer, comme de fait il nomme, pour tuteur *ad hoc* à ladite mineure Marie-Virginie, le sieur..............., à l'effet, pour ce dernier, d'assister ladite mineure au contrat qui doit régler les conditions civiles du mariage et à l'acte civil dudit mariage, conformément aux dispositions des articles 159 et 1398 du C. c.;

Et, à l'instant, ledit sieur........ nous a déclaré accepter les fonctions de tuteur *ad hoc* qui viennent de lui être conférés, et il a promis de s'en acquitter avec zèle et fidélité;

Et il a signé aux fins de son acceptation, après lecture faite.

De tout quoi, etc. (Signature.)

CINQUANTE-NEUVIÈME CAS.

Tutelle *ad hoc* à un enfant naturel dont la mère a disparu.

Cas de mariage.

(Art. 148, 149 et 158 C. c.)

FORMULE.

499. L'an.......

Par-devant nous.........

S'est présenté........

Le sieur.........

Lequel nous a exposé:

Que, depuis l'année 1869, il a élevé la nommée Marie G..., née à......, le....., de père non nommé et de la demoiselle Françoise G..., sans profession;

Que ladite Françoise G..., qui, demeurait en l'année 1868 à......, rue...., est partie, dans le mois de novembre de cette même année, de son domicile, sans faire connaître le lieu où elle avait l'intention de fixer sa nouvelle résidence, ainsi que cela est constaté par un acte de notoriété dressé par nous, ce jour, (lequel n'est pas encore enregistré, mais qui le sera avant ou en même temps que les présentes);

Qu'aujourd'hui, ladite demoiselle Marie G... est demandée en mariage par le sieur......., né à......., le......., de père non nommé et d'Anne P..., aujourd'hui épouse du sieur......;

Qu'aux termes des articles 148, 149 et 158 du C. c., l'enfant naturel ne peut se marier sans le consentement de ses père et mère; ou lorsque, conformément à l'article 159 du même Code, ces derniers ne peuvent manifester leur volonté, sans avoir obtenu, lorsqu'il n'a pas vingt-un ans révolus, le consentement d'un tuteur *ad hoc* qui doit lui être nommé par le conseil de famille;

Que ladite Françoise G..., mère de ladite mineure, ne peut être mise en demeure de manifester sa volonté, puisqu'on est dans l'ignorance complète de savoir ce qu'elle est devenue;

Que le mariage de ladite demoiselle Marie G...... avec le sieur...... paraît avantageux; et qu'à son avis il y a lieu de nommer un tuteur *ad hoc* à ladite mineure Marie G......, à l'effet, par ce dernier, de donner son consentement au mariage dont s'agit;

Que, dans le but de délibérer aux fins ci-dessus, le comparant a, de notre agrément verbal, convoqué, etc. (V° *suprà*, formule n° 375);

Considérant qu'il est constant, pour chacun des membres du conseil de famille, que la demoiselle Françoise G...... est absente de son domicile depuis le......, et qu'on est sans nouvelles d'elle depuis cette époque;

Qu'on est, par suite, dans l'impossibilité d'obtenir son consentement pour le mariage que sa fille Marie G...... se propose de contracter avec le sieur....;

Considérant qu'il est à la connaissance de chacun des membres du conseil que le mariage que se propose de contracter ladite mineure paraît être avantageux et devoir assurer l'avenir de cette dernière;

Que, dès lors, il y a lieu de nommer à ladite mineure un tuteur *ad hoc*, à l'effet de donner son consentement au mariage dont s'agit;

Par ces motifs, le conseil de famille, etc. (V° *suprà*, formule n° 498.)

SOIXANTIÈME CAS.

Nomination de tuteur et de subrogé-tuteur à un enfant naturel.

(Art. 405 et 420 C. c.)

OBSERVATIONS.

500. Y a-t-il lieu à tutelle légale d'un enfant naturel reconnu? — Il existe sur cette question une vive controverse entre les auteurs et les Tribunaux; mais l'opinion généralement adoptée dans la pratique est favorable à la tutelle dative : — il y a, dès-lors, lieu de nommer un tuteur et un subrogé-tuteur à un enfant naturel, *reconnu ou non*, même du vivant de ses père et mère, et toutes les règles relatives aux tutelles datives lui sont applicables.

Quant à la composition du conseil, la filiation naturelle reconnue n'engendrant pas de parenté en dehors du père et de la mère, elle a lieu au moyen de personnes connues pour avoir eu des relations d'amitié avec le père et la mère du mineur.

FORMULE.

501. L'an........,

Par-devant nous.....,

S'est présenté........,

Le sieur.............

....

Lequel comparant nous a exposé :

Que le....., est né de lui, comparant, et de la demoiselle........, un garçon prénommé......

(Indiquer si l'enfant est reconnu ou non.)

Que le comparant, désirant vêtir les dispositions de la loi qui lui imposent l'obligation de faire nommer un tuteur à sondit enfant naturel, a, de notre agrément verbal, convoqué, etc. (Vo *suprà*, formule nos 375 et 380.)

SOIXANTE-UNIÈME CAS.

Nomination du curateur à un sourd-muet.

(Art. 936 C. c.)

OBSERVATIONS.

502. Le sourd-muet majeur qui ne sait pas écrire ne peut accepter une donation qui lui est faite.

Cette donation doit être acceptée par un curateur nommé à cet effet par le conseil de famille, composé d'après les règles ordinaires.

(Art. 407 et suiv. C. c.)

FORMULE.

503. L'an, etc......

Par-devant nous.........

S'est présenté..........

Le sieur....... ....

Lequel comparant nous a exposé :

Que de son mariage avec la dame........ est issu un fils prénommé...... , aujourd'hui majeur, comme étant né le...... ;

Que sondit fils est sourd-muet, et qu'il ne sait pas écrire;

Que, par acte en date du......, (enregistré), au rapport de M^e....., notaire à........., le sieur........, aujourd'hui décédé, a fait à sondit fils une donation entre vifs de la somme de........ ;

Que ce dernier, ne sachant pas écrire, ne peut valablement accepter cette donation;

Et qu'aux termes de l'article 936 du C. c., il y a lieu de lui nommer un curateur pour accepter ladite donation ;

Que, dans le but de délibérer aux fins ci-dessus, l'exposant a, de notre agrément verbal, convoqué..... (V^o *suprà*, formule n° 375);

Considérant que le sieur....... est atteint de mutisme et de surdité, et qu'en outre, il ne sait pas écrire;

Que, dès-lors, il y a lieu, conformément aux dispositions de l'article 936 du C. c., de lui nommer un curateur;

Par ces motifs, etc. (V^e *suprà*, formule n° 380.)

OBSERVATIONS. — Par analogie, le même sourd-muet doit être pourvu d'un curateur pour le représenter à un inventaire et à un partage.

Les sourds-muets de naissance, même ceux qui n'ont reçu aucune éducation, ne peuvent être interdits qu'autant que, par leurs infirmités, ils seraient réduits à un état habituel d'imbécillité.

Il suffit, lorsqu'ils donnent des marques d'intelligence, de leur nommer un conseil judiciaire.

SOIXANTE-DEUXIÈME CAS.

Mariage des enfants d'un sourd-muet illettré.

Conventions matrimoniales.

OBSERVATIONS.

504. Lorsqu'il sera question du mariage de l'enfant d'un sourd-muet, la dot et l'avancement d'hoirie et les autres conventions matrimoniales seront réglés par un avis du conseil de famille homologué par le Tribunal, conformément aux dispositions de l'article 511 C. c.

(Nîmes, 3 janvier 1811. (S., 11.2 378; C. n., 3. — D. A., 9. 552.). — Conf., Duranton, t. III, no 765.)

Toutes les dispositions légales applicables aux enfants de l'interdit sont applicables aux enfants du sourd-muet illettré.

(Vo no 493.)

FORMULE.

505. L'an..... ......,

Par-devant nous..........,

S'est présenté........

Le sieur........;

Lequel comparant nous a exposé :

Que du mariage du sieur......., sourd-muet illettré, et de la dame......., décédée à........, le........., est issu.........., etc.

(Vo *suprà*, formule no 494.)

SOIXANTE-TROISIÈME CAS.

De la tutelle officieuse.

(Art. 361, 362, 363, 364, 365, 366, 367, 368, 369 et 370 C. c.)

OBSERVATIONS.

506. Tout individu âgé de plus de cinquante ans, sans enfants ni descendants légitimes, peut se charger de la tutelle officieuse d'un enfant âgé de moins de quinze ans, en obtenant le consentement des père et mère de l'enfant, ou, à leur défaut, du conseil de famille.

FORMULE.

507. L'an........

Par-devant nous.......

S'est présenté........

Le sieur.......

Lequel comparant nous a exposé :

Que du mariage du sieur........, décédé à........, le........., et de la dame........, également décédée, le........, est né le....... un enfant prénommé....... ;

Que le comparant étant veuf, sans enfants ni descendants légitimes, et âgé de plus de cinquante ans, désire se charger de la tutelle officieuse dudit mineur...' âgé de douze ans ;

Mais que, pour cela, l'autorisation du conseil de famille dudit mineur lui est nécessaire, conformément aux dispositions de l'article 361 du C. c. ;

Que dans le but d'obtenir cette autorisation, s'il y a lieu, le comparant a de notre agrément verbal, convoqué, etc., etc. (V° *suprà*, formule n° 375) ;

....

Considérant que tout individu âgé de plus de cinquante ans sans enfants ni descendants légitimes, qui veut, durant la minorité d'un individu qui n'a ni père ni mère, se l'attacher par un titre légal et devenir son tuteur officieux, devra obtenir l'autorisation du conseil de famille de ce dernier ;

Considérant qu'il résulte de l'acte de naissance dudit sieur........ que ce dernier est aujourd'hui âgé de cinquante-cinq ans, et que de plus ledit mineur n'a ni père ni mère ;

Considérant que ledit sieur........ se soumet sans aucune réserve aux obligations qui sont imposées aux tuteurs officieux par les articles 364 et suivants du C. c. ;

Que, dans cette situation, il y a lieu d'accorder audit sieur....... la tutelle officieuse dudit mineur........ ;

Par ces motifs, le conseil de famille, après en avoir délibéré, a été d'avis, à l'unanimité des voix, qu'il y avait lieu d'accorder, comme de fait il accorde audit sieur....... la tutelle officieuse dudit mineur........, aux charges et conditions ci-dessus énoncées ;

Et à l'instant, ledit sieur........, qui s'était retiré, pendant la délibération, est rentré, et après avoir pris communication du résultat de la délibération, a déclaré accepter la tutelle officieuse qui vient de lui être accordée dudit mineur......., et a promis de remplir avec zèle et fidélité toutes les obligations que la loi lui impose à cet égard ;

De tout quoi, etc.

SOIXANTE-QUATRIÈME CAS.

Nomination d'un curateur à un militaire absent.

(L. du 11 ventôse an II, art. 2.)

OBSERVATIONS.

508. Lorsqu'une succession est dévolue, en tout ou en partie, à un militaire absent ou en service à son corps, si, un mois après qu'il lui a été donné avis de l'ouverture de la succession par le Juge de paix ou par le ministre de la guerre, il ne donne pas de ses nouvelles et n'envoie pas de procuration, le Juge de paix de la commune dans laquelle les père et mère sont décédés convoquera le conseil de famille de ce militaire pour lui nommer un curateur.

Le conseil de famille est composé suivant les règles établies par les articles 407 et suivants C. c.

Ce procès verbal est écrit sur papier visé pour timbre et enregistré gratis.

FORMULE

509. L'an.............

Nous, Juge de paix du canton de..........;

Vu notre procès-verbal en date du.......... (enregistré), portant que les scellés ont eté apposés sur les meubles et effets dépendant de la succession de.........;

Vu les renseignements par nous recueillis, desquels il résulte que le sieur....., en ce moment sous les drapeaux, en garnison à.........., est un des héritiers dudit sieur.........;

Vu notre lettre en date du........, portant avis donné audit sieur........, de l'apposition des scellés par nous faite au domicile dudit feu.......;

Attendu que ledit sieur....... n'a pas donné de ses nouvelles, ni envoyé de procuration, et qu'un mois s'étant écoulé depuis la date de notre lettre, il y a lieu de pourvoir ledit sieur........ d'un curateur, conformément aux dispositions de l'article 2 de la loi du 11 ventôse an II;

En conséquence nous avons convoqué d'office pour ces jour, lieu et heure les membres du conseil de famille dudit sieur......., par nous désignés, et dont les noms suivent :

1o.........; 2o.........; 3o........., etc.... (Vo *suprà*, formule no 375);

Et à l'instant, se sont présentés devant nous les susdits membres du conseil, que nous avons constitués sous notre présidence, et ils ont pris avec nous la délibération suivante :

« Considérant qu'aux termes de l'article 2 de la loi du 11 ventôse an II, un curateur doit être nommé à un militaire ayant part à une succession si, dans le mois de l'avis qui lui a été donné de l'apposition des scellés, il n'a fait parvenir de ses nouvelles ou envoyé sa procuration pour le représenter aux opérations de levée de scellés et d'inventaire;

» Considérant que le sieur........ se trouve dans le cas ci-dessus prévu, et que, dès lors, il y a lieu de lui nommer le curateur dont s'agit;

» *Par ces motifs*, etc...... » (Vo *suprà*, formule no 380.)

SOIXANTE-CINQUIÈME CAS.

Nomination d'un tuteur et d'un subrogé-tuteur à un individu condamné aux travaux forcés.

(Art. 29 C. pén.)

OBSERVATIONS.

510. Un tuteur et un subrogé-tuteur seront nommés à quiconque aura été condamné à la peine des travaux forcés à temps, de la détention ou de la réclusion, à l'effet de gérer et administrer ses biens.

Cette nomination aura lieu suivant les formes prescrites pour les nominations des tuteurs et subrogés-tuteurs aux interdits.

(Art. 405 et s., 420 et s., 505, C. c.)

FORMULE.

511. L'an...... ...,

Par-devant nous..........

S'est présenté...........

Le sieur........

Lequel comparant nous a exposé :

Que, par arrêt de la Cour d'assises du département de la Gironde, en date du......., le sieur......., son frère, a été condamné à huit années de travaux forcés ;

Que cette condamnation le met, pendant toute la durée de sa peine, en état d'interdiction légale ;

Que, dans cette situation et conformément aux dispositions de l'article 29 du Code pénal, il y a lieu de nommer audit sieur....... un tuteur et un subrogé-tuteur pour gérer et administrer ses biens ;

Que, dans le but de délibérer aux fins ci-dessus, le comparant, etc. (Vo *suprà*, formule no 375) ;

Considérant qu'aux termes des articles 29 du Code pénal et 505 du Code civil, il est nécessaire de nommer un tuteur au sieur......., qui se trouve par suite de la condamnation sus-relatée, en état d'interdiction légale ;

Considérant qu'aux termes des articles 420 et 421 C. c., dans toute tutelle il doit y avoir un subrogé-tuteur nommé par le conseil de famillle; que, dans l'espèce, il est utile de vêtir les dispositions de la loi ci-dessus visée et de l'article 29 du Code pénal.

Par ces motifs, le conseil de famille, procédant d'abord à la nomination d'un tuteur audit sieur........, nomme pour remplir ces fonctions, à l'unanimité des voix, le sieur......, l'un des membres du présent conseil ;

Et procédant ensuite à la nomination d'un subrogé-tuteur audit sieur......, nommé pour remplir ces fonctions, à l'unanimité des voix des membres délibérants (le tuteur s'étant abstenu de voter), le sieur......., aussi l'un des membres du présent conseil ;

Et à l'instant, lesdit sieurs....... nous ont, chacun en ce qui le concerne, déclaré accepter les fonctions qui viennent de leur être conférées, et ils nous ont respectivement promis de les remplir avec zèle et fidélité ;

Et ils ont signé, aux fins de leur acceptation, après lecture faite.

(Signatures.)

De tout quoi, etc,

SOIXANTE-SIXIÈME CAS.

Assemblée de famille. — Femme mariée. — Restriction d'hypothèque.

(Art. 2144 C. c.)

OBSERVATIONS.

512. Lorsque l'hypothèque légale n'a pas été restreinte par le contrat de mariage, le mari peut, du consentement de sa femme, et après avoir pris l'avis des quatre plus proches parents de cette dernière, réunis en assemblée de famille, demander que l'hypothèque générale sur tous les immeubles, pour raison de la dot, des reprises et conventions matrimoniales, soit restreinte aux immeubles suffisants pour la conservation des droits de la femme.

(Art. 2144 C. c.)

La femme peut-elle refuser son consentement à la restriction de son hypothèque légale ?

Il paraît difficile d'admettre que la femme ait la faculté, par son refus, d'empêcher la restriction lorsque son mari lui offre des garanties suffisantes pour ses reprises. Nous devons cependant reconnaître que la loi est restée muette sur ce point, et qu'aucune exception n'a été apportée par elle au droit conféré à la femme de conserver son hypothèque légale sur *tous* les immeubles de son mari. Le consentement de la femme est donc la condition essentielle de la restriction.

Cass., 9 décembre 1821 (S. 25. 1. 213.) — Rouen, 3 février 1831 (S. V., 34. 2. 584. — D. P., 36. 2. 228.) — Paris, 21 mai 1851 (J. P., t. II, 1851, n° 240.) — Limoges, 9 mars 1859 (S. V., 59. 2. 449; — P. 59. 1019 — D. P., 59. 2. 155) — Troplong, *Hypothèques*, t. II, n° 461.)

Il en serait autrement si les quatre parents de la femme résistaient à la demande du mari, n'étant appelés, par l'article 2144 du C. c., que pour donner un *simple avis;* le Tribunal pourrait, contrairement à cet avis, accorder la restriction.

La femme doit être appelée à la réunion des quatre parents qui doivent diriger et éclairer son consentement.

(Riom, 3 mars 1830.)

La femme mineure ne peut consentir la restriction de son hypothèque légale.

(Duranton, t. XX, n° 87. — Mourlon, p. 488.)

Le conseil de famille d'une femme interdite peut consentir la restriction.

Caen, 7 février 1863. (S. V., 63. 2. 122. — P., 63, 901.)

L'avis des quatre plus proches parents doit s'entendre des plus proches parents domiciliés à une distance telle que la délibération du conseil de famille puisse avoir lieu facilement, et non pas, d'une manière absolue, des quatre parents les plus proches.

Grenoble, 18 janvier 1833; (S. V., 33. 2. 457. — D. P., 33. 2. 85.)

Le Juge de paix n'est pas membre de ce conseil et ne peut y avoir voix délibérative.

FORMULE.

513. L'an.......

Par-devant nous........

S'est présenté........

Le sieur........

Lequel comparant nous a dit et exposé ce qui suit :

Qu'il s'est uni en mariage avec la dame........, le 15 mai 1872, après avoir réglé les effets civils de son union avec celle-ci, par contrat au rapport de Me.... ...., notaire à.........., en date du.......;

Que, par ce contrat, la dame........., a apporté en dot une somme de cinquante mille francs; que, de son côté, ledit sieur....... s'est constitué deux maisons situées, l'une à Bordeaux, rue......., et l'autre à Libourne, rue.....;

Que le comparant, par acte passé devant Me....., notaire à......., le....., a vendu au sieur......, la maison située à Libourne, pour le prix de quarante-cinq mille francs, dont le prix a été consigné entre les mains dudit notaire;

Qu'avant cette vente ladite dame......., son épouse, avait fait inscrire son hypothèque légale contre son mari;

Que cette inscription empêche le comparant de recevoir le prix de la susdite vente;

Et qu'il est dans l'intention de demander à ce que ladite inscription soit levée sur ladite maison, et l'hypothèque légale de sa femme restreinte à la maison située à Bordeaux, rue........., qui est d'une valeur de quatre-vingt mille francs;

En conséquence, et conformément aux dispositions de l'article 2144 C. c., le comparant à l'effet d'obtenir l'avis de l'assemblée de famille de sadite épouse, a, de notre agrément verbal, convoqué, pour ces lieu, jour et heure, les quatre plus proches parents de cette dernière par nous désignés, et dont les noms suivent :

....

S'est également présentée la dame......., laquelle a déclaré donner son consentement à la demande en restriction d'hypothèque légale qu'elle a sur les biens de son mari, attendu que la maison offerte est plus que suffisante pour la garantir de sa dot et de ses reprises;

Sur quoi le conseil de famille a pris la délibération suivante :

Considérant qu'aux termes de l'article 2144 C. c., le mari peut, du consentement de sa femme, demander la restriction de l'hypothèque générale de celle-ci à certains immeubles suffisants;

Considérant qu'il résulte des renseignements qui ont été fournis et des documents qui ont été produits, que la maison située à Bordeaux, rue........, que le sieur...... offre en garantie, est plus que suffisante pour répondre de la dot et des reprises de ladite dame........;

Considérant que cette dernière consent à ladite restriction;

Que, dans cette situation, il y a lieu de donner un avis favorable à ce qu'elle soit opérée dans le sens sus-indiqué;

Par ces motifs, l'assemblée de famille, après en avoir délibéré, a été d'avis, à l'unanimité des voix, qu'il y avait lieu d'accorder, comme de fait il accorde, que l'hypothèque légale de la dame... ..., inscrite au bureau de la conservation des hypothèques de Libourne, le......., volume....., n°...., soit levée et qu'elle soit restreinte à la maison située à Bordeaux, rue......, appartenant audit sieur.......;

De tout quoi, etc.

CHAPITRE II

DES SCELLÉS

SOMMAIRE :

OBSERVATIONS GÉNÉRALES.

514. *Définition.* — Le scellé est une opération qui consiste à appliquer des bandes de papier ou des rubans de fil sur les portes d'un meuble ou d'un appartement pour empêcher d'ouvrir l'un ou l'autre, afin de conserver ce qu'ils renferment, et d'assujettir ces bandes au moyen d'empreintes de cire sur lesquelles est appliqué le sceau du Juge de paix.

515. *Office du Juge de paix.* — Lorsqu'il y aura lieu à apposition de scellés, elle sera faite par les Juges de paix, et, à leur défaut, par leurs suppléants ;

(Art. 907 C. pr. c.)

Ils seront assistés du Greffier ;

(Art. 1040 C. pr. c.)

516. Les Juges de paix et leurs suppléants se serviront d'un sceau particulier, qui restera entre leurs mains, et dont l'empreinte sera déposée au Greffe du Tribunal de première instance.

(Art. 908 C. pr. c.)

517. *Office du Greffier.* — Au Greffier incombe la tâche de placer les bandes et d'y apposer l'empreinte du sceau ; le magistrat doit seulement présider à l'opération.

Cass. 17 mars 1812. — Metz, 6 juin 1821 ; (Bioche, t. II, p. 78 et 564.)

DIVISION EN DEUX TITRES :

TITRE PREMIER	TITRE II
DE L'APPOSITION DES SCELLÉS.	DE LA LEVÉE DES SCELLÉS.

TITRE PREMIER

DE L'APPOSITION DES SCELLÉS

DIVISION EN QUATRE SECTIONS :

Première section.

De l'apposition des scellés après décès, 518 et s.

Deuxième section.

De l'apposition des scellés après faillite, 545 et s.

Troisième section.

De l'apposition des scellés dans certains cas particuliers :

1° En cas de séparation de biens, 556-557.

2° En cas de séparation de corps, 558-559.

3° En cas de demande en interdiction, 560-561.

4° En cas de saisie-exécution, 562.

5° En cas d'absence, 563-564.

6° En cas d'absence d'un militaire, 565-566.

Quatrième section.

Particularités :

1° Référé, 567-568.

2° Testament, 569-570.

3° Bris de scellés, 571-572.

4° Description sommaire, 573-574.

5° Carence, 575-576.

6° Opposition aux scellés, 577-578.

SECTION PREMIÈRE

DE L'APPOSITION DES SCELLÉS APRÈS DÉCÈS

OBSERVATIONS.

Des personnes qui peuvent requérir l'apposition des scellés.

518. L'apposition des scellés peut être requise :

1° Par tous ceux qui prétendront droit dans la succession ou dans la communauté (art. 909 C. pr. c.); en conséquence, ont droit de requérir l'apposition: les héritiers, le conjoint survivant, l'administration des Domaines (769 C. c.), les enfants naturels reconnus (773 C. c.), les légataires universels ou à titre universel, les légataires à titre particulier, les grevés de substitution, les donataires en vertu d'institutions contractuelles, les femmes en cas de séparation de biens ou de corps, les exécuteurs testamentaires;

2° Par tous créanciers fondés en titre exécutoire, ou autorisés par une permission, soit du président du Tribunal de première instance, soit du Juge de paix du canton où le scellé doit être apposé (*ibid.*, 909);

3° Et en cas d'absence, soit du conjoint, soit des héritiers ou de l'un d'eux, par les personnes qui demeuraient avec le défunt, et par ses serviteurs et domestiques (*ibid.*, 909).

Les prétendants droit et les créanciers mineurs émancipés pourront requérir l'apposition des scellés, sans l'assistance de leur curateur.

S'ils sont mineurs non émancipés, et s'ils n'ont pas de tuteur ou s'il est absent, elle pourra être requise par un de leurs parents.

(Art. 910 C. pr. c.)

Le scellé sera apposé, soit à la diligence du ministère public, soit sur la déclaration du maire ou adjoint de la commune, et même d'office par le Juge de paix :

1° Si le mineur est sans tuteur et que le scellé ne soit pas requis par un parent;
2° Si le conjoint, ou si les héritiers ou l'un d'eux sont absents;
3° Si le défunt était dépositaire public.

Le scellé sera encore apposé d'office par le Juge de paix :
1° Si le défunt était titulaire d'une cure;
2° Si le défunt était un archevêque ou évêque;
3° Si le défunt était un officier supérieur, ou commissaire ordonnateur, ou un inspecteur aux revues, ou un officier de santé en chef des armées.

Jurisprudence et doctrine en matière d'apposition de scellés.

519. La saisine déférée au légataire universel, aux termes de l'art. 1006 C. c., dans le cas où il n'existe pas d'héritiers à réserve, n'empêche pas les héritiers du sang de requérir, à titre de mesure conservatoire, l'apposition des scellés sur les effets de la succession ;

Nîmes, 27 décembre 1847; — Douai, 20 décembre 1847 (S. V. 48. 2. 740. 49. 1. 647 ; — D. P. 49. 2. 35.) -- En ce sens, Troplong, n° 1834 ; — Aubry et Rau, t. VI, § 710, p. 130 ; — Demolombe, t. IV, n° 512.

Mais ils sont tenus pour cela, de faire l'avance des frais de cette apposition de scellés, lesquels doivent rester à leur charge si le testament vient à sortir effet.

(Douai, 20 décembre 1847, cité ci-dessus.)

Et dans le cas où le légataire universel aurait obtenu son envoi en possession avant qu'il ait été statué sur la demande de l'héritier tendant à l'apposition des scellés, le Juge saisi de cette demande peut alors apprécier le plus ou moins d'utilité de la mesure, et la repousser s'il la juge inutile.

(Nimes, 27 décembre 1847, cité ci-dessus.)

Il a encore été jugé que l'héritier du sang qui attaque le testament du défunt par lequel celui-ci a institué un légataire universel, peut, nonobstant l'envoi en possession prononcé au profit de ce dernier, requérir la confection d'un inventaire du mobilier de la succession. Seulement, il est tenu de faire l'avance des frais de cet inventaire.

Rennes, 11 août 1858. (S. V. 59. 2. 48; — P. 58. 1037.)

Si dans le cas ci-dessus l'héritier a droit de faire faire un inventaire, comme conséquence, nous pensons qu'il a le droit de requérir la mesure conservatoire de l'apposition des scellés.

FORME DU PROCÈS-VERBAL D'APPOSITION.

520. Le procès-verbal d'apposition contiendra :

1° La date des an, mois, jour et heure ;

2° Les motifs de l'apposition ;

4° Les noms, profession et demeure du requérant, s'il y en a, et son élection de domicile dans la commune où le scellé est apposé, s'il n'y demeure ;

4° S'il n'y a pas de partie requérante, le procès-verbal énoncera que le scellé a été apposé d'office, ou sur la réquisition ou sur la déclaration de l'un des fonctionnaires dénommés dans l'article 911 ;

5° L'ordonnance qui permet le scellé, s'il en a été rendu ;

6° Les comparution et dires des parties ;

7° La désignation des lieux, bureaux, coffres, armoires, sur les ouvertures desquels le scellé a été apposé ;

8° Une description sommaire des effets qui ne sont pas mis sous les scellés ;

9° Le serment, lors de la clôture de l'apposition, par ceux qui demeurent dans le lieu, qu'ils n'ont rien détourné, vu ni vu qu'il ait été rien détourné directement ni indirectement ;

10° L'établissement du gardien présenté, s'il a les qualités requises ; sauf, s'il ne les a pas ou s'il n'en est pas présenté, à en établir un d'office par le Juge de paix

(Art. 914 C. proc. c.)

MOMENT DE L'APPOSITION.

521. Si le scellé n'a pas été apposé avant l'inhumation, le Juge de paix constate par son procès-verbal le moment où il a été requis de l'apposer et les causes qui ont retardé soit la réquisition, soit l'apposition.

(Art. 913 C. proc. c.)

« Le Juge de paix peut, à toute heure de nuit comme de jour, s'introduire dans la maison mortuaire pour une apposition de scellés d'office. Ce magistrat tient, en effet, de la loi, les pouvoirs les plus étendus en pareille matière, pouvoirs dont il peut et doit user, sans que la loi fasse aucune distinction entre le jour et la nuit, toutes les fois qu'il y a péril en la demeure ; autrement seraient illusoires les précautions prescrites pour l'apposition des scellés. On pourrait, en effet, profiter de la nuit pour faire disparaître des papiers d'une grande importance ; par exemple : un testament, un titre de créance que le défunt avait contre l'un des héritiers présent à la mort et resté près du corps pendant la nuit. Le Juge de paix, dans ce cas, étant chargé par la loi de représenter les incapables et les absents, est, à ce titre, membre de la famille et peut, dès lors, s'introduire à toute heure de jour et de nuit dans la maison mortuaire, qui est devenue le domicile de la famille. C'est en vain qu'on invoquerait, en pareil cas, l'article 76 de la Constitution du 22 frimaire an VII. »

(Vo Allain, *Manuel des Juges de paix*, t. Ier, no 1761 ; — Carré, *Code des Juges de paix*, p. 523.)

CONSERVATION DES CLÉS.

522. Les clés des serrures sur lesquelles le scellé a été apposé resteront jusqu'à la levée entre les mains du Greffier de la Justice de paix, lequel fera mention sur le procès-verbal de la remise qui lui en aura été faite ; et ne pourront, le

Juge ni le Greffier, aller jusqu'à la levée dans la maison où est le scellé, à peine d'interdiction, à moins qu'ils n'en soient requis, ou que leur transport n'ait été précédé d'une ordonnance motivée.

(Art. 915 C. proc. c.)

GARDIEN DES SCELLÉS.

523. Il doit être établi un gardien des scellés.

(Art. 914 C. proc. c.)

Lorsque les lieux sont vastes, on peut en établir plusieurs, surtout quand il y a plusieurs corps de logis.

Ces gardiens sont responsables par corps.

(Art. 2060 C. c.)

En conséquence, le Juge de paix ne doit recevoir ou commettre que des personnes susceptibles de cette contrainte. On ne doit donc pas donner cette charge à des mineurs, qui sont dispensés de la contrainte par corps.

(Art. 2064 C. proc. c.)

On ne devrait donc pas non plus la donner aux femmes et aux filles qui sont également, aux termes de l'article 2066, dispensées de la contrainte par corps, mais la plupart des auteurs enseignent le contraire; la condition d'être contraignable par corps, n'étant pas indispensable pour pouvoir être choisi comme gardien des scellés.

(Favard, t. V, p. 93; — Pigeau, *Proc.* t II, p. 556; — Thomine, n° 1079; — Chauveau, 9, n° 3078; — Carou, *Jurid. des Juges de paix,* n° 1021.)

Le Juge de paix ne peut nommer pour gardien des scellés aucun de ses parents ou alliés jusqu'au degré de cousin issu de germain, ni aucune des parties intéressées, ni leurs enfants, frères, oncles ou neveux. Cependant, si l'une des parties consentait que l'autre ou ses parents fussent établis gardiens, le Juge pourrait les recevoir en constatant ce consentement.

Les parents du Greffier peuvent-ils être nommés gardiens?

La loi, la jurisprudence et la doctrine sont muettes sur ce

point, la question est donc laissée à l'appréciation du Juge de paix.

Pour nous, nous pensons qu'il y a lieu d'appliquer aux parents du Greffier les mêmes motifs d'exclusion qu'à ceux du Juge.

EXPÉDITION AU GARDIEN.

524. Aux termes d'une circulaire du Ministre de la Justice, en date du 9 nivôse an V, le Greffier doit remettre au gardien un extrait du procès-verbal d'apposition relatif à la description sommaire des objets laissés en évidence.

(V° cette circulaire dans notre *Journal des Greffiers*, année 1874, p. 226.)

REGISTRE D'ORDRE.

525. Dans les communes où la population est de vingt mille âmes et au-dessus, il sera tenu, au Greffe du Tribunal de première instance, un registre d'ordre pour les scellés, sur lequel seront inscrits, d'après la déclaration que les Juges de paix de l'arrondissement seront tenus d'y faire parvenir dans les vingt-quatre heures de l'apposition : 1° les noms et demeures des personnes sur les effets desquels le scellé aura été apposé; 2° le nom et la demeure du Juge qui a fait l'apposition; 3° le jour où elle a été faite.

(Art. 925 C. pr. c.)

C'est au Greffier qu'est confié le soin de faire les déclarations ci-dessus.

(Tarif 16 février 1807, art. 17.)

OPPOSITION AUX SCELLÉS.

526. Les oppositions aux scellés pourront être faites, soit par une déclaration sur le procès-verbal de scellé, soit par exploit signifié au Greffier du Juge de paix.

(Art. 926 C. pr. c.)

Dans le premier cas, c'est le Greffier seul qui reçoit l'opposition et en dresse procès-verbal.

Dans le second cas, elles sont sujettes à toutes les formalités des exploits.

(Art. 927, *ibid.*)

Dans l'un et l'autre cas, l'opposition doit contenir, et ce *à peine de nullité :*

1° L'énonciation précise de la cause de l'opposition;

(*Ibid.*)

2° Élection de domicile dans la commune ou dans l'arrondissement de la Justice de paix où le scellé est apposé, si l'opposant n'y demeure pas.

(*Ibid.*)

La loi dit : *Dans la commune ou dans l'arrondissement de la Justice de paix.* Ainsi, dans les communes ou villes où il y a plusieurs Justices de paix, l'élection de domicile peut être faite dans toute l'étendue de ces communes ou villes; dans le cas contraire, l'élection de domicile doit être faite seulement dans le ressort de la Justice de paix où le scellé est apposé.

NOMENCLATURE DES CAS OÙ IL Y A LIEU A APPOSITION DE SCELLÉS APRÈS DÉCÈS.

527. 1° Lorsque le conjoint prétend avoir droit à la succession de son conjoint décédé;

(Art. 769 C. c.; — V° n°s 528-529.)

2° Lorsque, dans une succession, il y a des absents, des mineurs sans tuteur ou des interdits;

(Art. 819 et 1031 C. c.; — V° n°s 530-531.)

3° Lorsque l'Etat prétend à la succession à défaut d'héritiers;

(Art. 769 C. c.; — V° n°s 532-533.)

4° Lorsque le défunt était dépositaire public;

(Art. 911 C. proc. c ; —V° n°s 534-535.)

5° Lorsque le défunt était un officier supérieur;

(Arrêté du 13 nivôse, an X; — V° n°s 536-537.)

6° Lorsque le défunt était un évêque ou un archevêque;

(D. 6 novembre 1813, art. 37 et 38; — V° n°s 538-539.)

7° Lorsque le défunt était titulaire d'une cure;

(D. 6 novembre 1813, art. 16; — Vo nos 540-541.)

8° Les créanciers peuvent requérir l'apposition des scellés sur les meubles de la succession;

(Art. 820 C. c.; — Vo nos 542-543.)

9° Apposition des scellés à la requête d'un parent majeur.

(Vo no 544.)

OBSERVATIONS ET FORMULES

Sur les divers cas où il y a lieu à apposition de scellés après décès.

PREMIER CAS.

De l'apposition des scellés lorsque le conjoint prétend avoir droit à la succession de son conjoint décédé.

OBSERVATIONS.

528. Lorsque le défunt ne laisse ni parents au degré successible, ni enfants naturels, les biens de sa succession appartiennent au conjoint non divorcé qui lui survit.

(Art. 767 C. c.)

L'époux contre lequel la séparation de corps a été prononcée, n'est pas privé du droit de succéder à son conjoint.

(Chabot, art. 767, no 4 : — Duranton, t. II, no 636, et t. VI, no 343.)

Le conjoint survivant qui prétend droit à la succession est tenu de faire apposer les scellés et de faire faire inventaire dans les formes prescrites pour l'acceptation des successions sous bénéfice d'inventaire.

(Art. 769 C. c.)

FORMULE.

529. L'an mil huit cent soixante-quinze, et le.......

Par-devant nous......., Juge de paix du canton de..... ..., assisté de Me......., Greffier de ladite justice de paix,

S'est présentée en not...étoire, sis à.......,

La dame......,

Laquelle comparante nous a exposé :

Que ledit sieur A......, son mari, est décédé, ce jour......, à......., rue......, sans laisser de parents au degré successible ni d'enfant naturel ;

Que, par suite, la succession de ce dernier appartient à l'exposante, aux termes de l'article 767 du C. c ;

Mais que ladite exposante doit, aux termes de l'article 769 du même Code, faire apposer les scellés sur les meubles et effets dépendant de ladite succession ;

Que, pour vêtir les dispositions de la loi, la comparante nous requiert de fixer les jour et heure où il nous plaira procéder à ladite apposition de scellés ;

Et après lecture faite de la présente réquisition, la comparante a signé.

(Signature.)

Vu la réquisition ci-dessus et les dispositions de l'article 769 du C. c.,

Nous, Juge de paix susdit et soussigné,

Ordonnons que nous nous transporterons immédiatement (ou à..... heures) au domicile dudit feu A......, à l'effet d'y apposer nos scellés ;

Et après lecture, nous avons signé avec le Greffier.

(Signatures du Juge et du Greffier.)

En conformité de l'ordonnance par nous rendue ci-dessus et sans divertir à d'autres actes (1) (ou à...... heures),

Nous, Juge de paix susdit et soussigné, nous sommes transporté au domicile du défunt A......, situé à......, rue....., où nous avons trouvé la réquérante, qui nous a déclaré persister dans sa réquisition ;

Et, en sa présence, nous avons procédé comme suit, après avoir toutefois constaté que le corps du défunt est gisant sur un lit de sa chambre à coucher, sise à.......

Rez-de-chaussée.

Dans une pièce servant de cuisine et prenant jour par une fenêtre, sur une cour,

Nous avons décrit et laissé en évidence ce qui suit : (énumérer les objets.)

Dans la même pièce, nous avons apposé un scellé sur une armoire en bois de noyer, dont la clef a été remise au Greffier ;

Dans une pièce en face de la précédente, et prenant jour par une fenêtre, sur la voie publique, nous avons décrit et laissé en évidence les objets suivants : (.......)

Premier étage.

Dans une chambre à coucher prenant jour par deux fenêtres sur..........

Nous avons décrit et laissé en évidence les objets ci-après..... ; nous avons ensuite apposé nos scellés : 1° sur une armoire en bois d'acajou ; 2° sur une

---

(1) Cette mention qu'on procède, *sans divertir à d'autres actes*, dispense l'ordonnance d'enregistrement. Dans le cas contraire, l'ordonnance doit être enregistrée.

financière en bois de noyer; et 3° sur une commode en bois de palissandre; les clés de ces trois meubles ont été remises au Greffier;

Dans une pièce servant de salon de compagnie et communiquant avec la salle à manger par une porte vitrée:

Nous avons décrit et laissé en évidence (énumérer les objets);

Dans la salle à manger sus-mentionnée, nous avons apposé un scellé sur un buffet-dressoir qui a été fermé avec soin, et dont la clef a été remise au Greffier;

Nous avons ensuite, dans cette pièce, décrit et laissé en évidence les meubles ci-après : ....

Deuxième étage.

(Procéder comme au rez-de-chaussée et au premier étage.)

A la demande des époux X....., nous avons laissé à leur disposition, pour servir aux funérailles du défunt A......, deux draps, trois serviettes, etc., que nous avons retirés d'une armoire en bois blanc peinte en jaune, et sur laquelle nous avons apposé un scellé. La clef de ce meuble a été remise au Greffier.

Sous un hangar dépendant de l'habitation nous avons décrit et laissé en évidence ce qui suit : (énumérer les objets);

Nous avons enfin apposé un dernier scellé sur la porte d'un caveau contenant des vins en bouteilles et dont la clef n'a pu nous être représentée.

Notre opération étant terminée, d'après nos propres recherches et d'après les renseignements qui nous ont été fournis, nous avons nommé pour gardien des scellés et objets ci-avant décrits, le sieur......., ici présent, lequel nous a déclaré s'en charger, aux peines de droit.

Sur l'interpellation qui leur en a été faite, les époux X..... nous ont individuellement juré par serment qu'ils n'ont rien détourné, vu ni su qu'il ait été rien détourné, ni directement ni indirectement, des objets et effets dépendant de ladite succession.

Il a été vaqué jusques à..........

De tout quoi, nous avons fait et dressé le présent procès-verbal, qui, après lecture faite, a été signé par les époux X......, le gardien des scellés, Nous et le Greffier.

Fait à......, les jour, mois et an que dessus.

DEUXIÈME CAS.

De l'apposition des scellés lorsque dans une succession il y a parmi les héritiers des absents, des mineurs sans tuteur ou des interdits.

OBSERVATIONS.

530. Le scellé sera apposé d'office soit à la diligence du ministère public, soit sur la déclaration du maire ou adjoint de la commune, et même d'office par le Juge de paix :

1° Si le mineur est sans tuteur et que le scellé ne soit pas requis par un parent;

2° Si le conjoint ou si les héritiers ou l'un d'eux sont absents;

(Art. 911 C. proc. c.)

3° Si le tuteur du mineur est absent, les scellés doivent être apposés d'office par le Juge de paix.

(Circ. minist., 27 juillet 1824, citée par Gillet, Analyse des circulaires, n° 1774.)

Lorsque la mère se remarie sans avoir fait convoquer le conseil de famille, elle perd de plein droit la tutelle. Dans ce cas, le Juge de paix peut, d'office, apposer les scellés.

(Arg. 911 C. proc. c.)

FORMULE.

Procès-verbal d'apposition de scellés d'office.

531. L'an..........,

Nous......., Juge de paix........;

Informé par (procureur de la République, maire ou adjoint de la commune de........., ou par la notoriété publique) que le sieur A........ est décédé le........, à........, rue. ......, laissant pour son héritier présomptif le sieur D......, demeurant à........, lequel est mineur non pourvu de tuteur, *ou* interdit non pourvu de tuteur, *ou* absent;

En conformité de l'article 911 C. proc. c., nous sommes transporté d'office au domicile du défunt A........, à l'effet de procéder à l'apposition de nos scellés sur les meubles et effets mobiliers dépendant de sa succession;

Arrivé audit domicile, nous avons trouvé les époux X........, voisins du défunt A........, et, en leur présence, nous avons procédé comme suit, après avoir constaté que le corps du défunt est gisant sur le lit de sa chambre à coucher, sise à........;

Rez-de-chaussée.

(V° *suprà*, formule n° 52J.)

TROISIÈME CAS.

De l'apposition des scellés lorsque l'État prétend avoir droit à la succession à défaut d'héritiers.

OBSERVATIONS.

532. Lorsque le défunt ne laisse ni parents au degré successible, ni enfants naturels, ni conjoint, les biens de sa succession sont acquis à l'État.

(Art. 768 C. c.)

L'administration des Domaines est, dans ce cas, tenue de faire apposer les scellés et de faire faire inventaire dans les formes prescrites pour l'acceptation des successions sous bénéfice d'inventaire.

(Art. 769 C. c.)

Quand l'Etat est appelé à une succession par droit de déshérence, qui est le cas dont nous nous occupons, les préposés des Domaines ne peuvent y renoncer ni s'abstenir de la recueillir.

(Circul. du Gr. Juge, 8 juillet 1806, citée par Gillet, Analyse des circulaires, n° 536.) — Demolombe, t. II, n° 211. — V° Marcadé, art. 770, n° 1.

La succession d'un étranger décédé en France sans parents au degré successible, ni enfant naturel, ni conjoint survivant, appartient non au souverain du pays étranger, mais est acquise au gouvernement français, à l'instar des biens nationaux.

Trib. de Bordeaux, 12 février 1852. (S. V. 54. 2. 257. — D. P. 54. 2. 154.)

Il y a, dans ce cas, lieu à apposition de scellés et à inventaire.

Les successions en déshérence diffèrent des successions vacantes, et ne sont pas, comme ces dernières, soumises aux mesures spéciales prescrites par les articles 811 et suiv. C. c. Dans les successions en déshérence, l'État jouit des mêmes avantages et a les mêmes droits que tous autres héritiers ou successeurs.

Rennes, 7 juillet 1851. (S. V. 52. 2. 630. — P. 52. 1. 235; — D. P. 52. 5 518.)

Une succession vacante est celle qui n'est réclamée par personne pendant les trois mois et quarante jours accordés pour faire inventaire et délibérer.

(Art. 811 C. c.)

FORMULE.

Procès-verbal d'apposition de scellés sur une succession en déshérence.

533. L'an.......

Par-devant nous........

A comparu........

Le sieur........, receveur de l'Enregistrement, demeurant à........

Agissant au nom de l'administration de l'Enregistrement et des Domaines,

Lequel comparant nous a exposé :

Que le sieur A....... est décédé, ce jour, à........, rue..... ., sans laisser de parents au degré successible, ni enfant naturel, ni veuve;

Que, par suite, sa succession est acquise à l'État, aux termes de l'article 768 C. c.;

Qu'aux termes de l'article 769 du même Code, il y a lieu de faire procéder à l'apposition des scellés sur les meubles et effets dépendant de la succession du défunt A....... (Le reste comme à la formule *suprà*, no 529).

QUATRIÈME CAS.

De l'apposition des scellés après le décès d'un dépositaire public : notaire, greffier, percepteur, receveur d'Enregistrement, etc.

OBSERVATIONS.

534. Les scellés doivent être apposés *d'office* par le Juge de paix lorsque le défunt était dépositaire public; auquel cas les scellés ne doivent être apposés que pour raison de ce dépôt et sur les objets qui le composent.

(Art. 911, § 3 C. proc. c.; — L. du 25 ventôse an XI, art. 61.)

Le procès-verbal d'apposition de scellés est écrit sur timbre et enregistré gratis.

(Inst. de la Régie, nos 1769 et 2361, § 5; — Vo nos 810 et s. : Lois sur le timbre et l'enregistrement.)

FORMULE.

Procès-verbal d'apposition après le décès d'un Notaire ou d'un Greffier.

535. L'an......

Nous........... Juge de paix...........

Informé que Me C......., notaire (ou greffier) à........., est décédé, ce matin à........;

Attendu qu'en sadite qualité, il était dépositaire public, et que, conformément aux dispositions de l'article 911 C. proc. c., § 3, les scellés doivent être apposés pour raison de ce dépôt sur les objets qui le composent, nous sommes transporté d'office au domicile dudit feu Me C........, sis à......., à l'effet de procéder à ladite apposition ;

Arrivé sur les lieux, nous avons trouvé la dame Marie B........, veuve du défunt C........, à laquelle nous avons fait part du sujet de notre transport, et qui a déclaré ne pas s'opposer à l'opération dont il s'agit, ajoutant qu'elle était prête à nous représenter toutes les minutes et pièces, et généralement tous les objets composant le dépôt dont son défunt mari était chargé comme notaire *ou* greffier ;

En conséquence, et en présence de ladite dame veuve C........, et après avoir d'abord constaté la présence du corps du défunt, qui est gisant sur le lit de sa chambre à coucher, nous avons procédé à ladite opération ainsi qu'il suit :

(Apposer les scellés sur les portes et croisées de l'étude ou du Greffe et des pièces où se trouvent des minutes et papiers faisant partie du dépôt, et terminer comme à la formule suprà, *n° 520.)*

(V° *infrà,* la levée, n° 601.)

CINQUIÈME CAS.

De l'apposition des scellés après le décès des officiers généraux et supérieurs.

OBSERVATIONS.

536. Les scellés doivent être apposés d'office par le Juge de paix si le défunt était un officier général ou officier supérieur de toute arme, un commissaire ordonnateur ou inspecteur aux revues, ou un officier de santé en chef des armées, retirés ou en activité de service.

Dans ce cas, les scellés seront apposés sur les papiers, cartes, plans et mémoires militaires, autres que ceux dont le décédé est l'auteur.

Cette apposition de scellés a lieu en présence du maire de la commune ou de son adjoint, lesquels sont respectivement tenus d'en instruire de suite le général commandant la division militaire et le ministre de la guerre.

Décret du 13 nivôse an X, art. 1er (3 janvier 1802.)

A l'égard des officiers décédés en campagne ou sur le champ de bataille, les commissaires des guerres exerceront les fonctions attribuées aux Juges de paix par l'article 1er du dit décret.

Le procès-verbal d'apposition des scellés est écrit sur timbre et enregistré gratis.

FORMULE.

537. L'an............

Nous.........., Juge de paix du canton de....... .

Informé que M........, général de division *ou* colonel, etc., *ou* intendant, *ou* sous-intendant militaire, *ou* chirurgien *ou* médecin en chef des armées, en retraite ou en activité de service, est décédé, ce matin, en sa demeure, sise à.......

En conformité du décret du 13 nivôse an X, nous nous sommes transporté d'office, en compagnie du maire de......., ou de son adjoint, au domicile dudit défunt, à l'effet d'y apposer nos scellés sur les papiers, cartes, plans et mémoires militaires, autres que ceux dont le décédé pourrait être l'auteur, et se trouvant dans sondit domicile ;

Arrivé sur les lieux, nous y avons trouvé les héritiers du défunt, auxquels nous avons fait part du sujet de notre transport, et qui nous ont répondu être prêts à nous fournir toutes les indications voulues pour faciliter notre opération ;

En conséquence, en leur présence et celle de M........, maire de..... .., et après avoir d'abord constaté que le corps du défunt est gisant sur un lit placé dans sa chambre à coucher, nous avons procédé comme il suit :

Dans un cabinet de travail, sis au premier étage et prenant jour sur......., par......... nous avons trouvé plusieurs cartons, contenant des correspondances, des rapports et des mémoires militaires, des plans de places fortes françaises et étrangères, les uns imprimés ou lithographiés, les autres faits à la plume ou au crayon, dont plusieurs sont reliés en atlas, et dont plusieurs autres collés sur toile, sont suspendus aux murs de l'appartement ;

Attendu que, parmi lesdits plans et papiers, plusieurs nous ont paru, ainsi qu'à M. le Maire, pouvoir être revendiqués par l'État; nous avons, pour en assurer la conservation, fermé les ouvertures dudit cabinet de travail et apposé nos scellés sur : 1°.......; 2°.......; et 3°.......;

Cela fait, et après nous être assuré qu'il n'existe dans les autres parties de la maison du défunt, aucuns autres papiers ni plans pouvant appartenir à l'État, les sieurs......., enfants, et les sieurs......., domestiques de la maison, ont tous affirmé, séparément, sous la foi du serment, qu'ils n'ont soustrait ni détourné, vu ni su qui ait été pris ni détourné, directement ni indirectement, aucuns desdits papiers ou plans, dont la présente apposition de scellés a pour but d'assurer la conservation;

Nous avons ensuite nommé, pour garder lesdits scellés, le sieur......, etc.;

Il a été vaqué, etc.;

De tout quoi, etc. (V° *infrà*, la levée n° 602.)

SIXIÈME CAS.

De l'apposition des scellés après le décès d'un évêque ou d'un archevêque.

OBSERVATIONS.

538. Les scellés doivent être apposés d'office par le Juge de paix après le décès d'un archevêque ou évêque, et cela dans les palais ou autres maisons qu'il occupait.

(Décret du 6 novembre 1813, art. 37.)

Le procès-verbal d'apposition est écrit sur timbre et enregistré gratis.

FORMULE.

539. L'an........

Nous......., etc......

Informé que Monseigneur........., archevêque (ou évêque) de........, est décédé, hier soir, à.. ......, nous sommes transporté d'office au palais dudit défunt, sis à. .. ..., à l'effet d'y apposer nos scellés, en conformité de l'article 37 du décret du 6 novembre 1813;

Étant arrivé audit palais, nous y avons rencontré......

Après avoir constaté la présence du corps du défunt, qui est gisant sur un lit placé dans une chambre à coucher, située à.........., nous avons procédé comme suit :

(La suite comme à la formule *suprà*, n° 529.)

(V° *infrà* la levée, n° 605.)

SEPTIÈME CAS.

De l'apposition des scellés après le décès du titulaire d'une cure.

---

540. Les scellés doivent être apposés d'office par le Juge de paix lorsque le défunt était titulaire d'une cure, auquel cas les scellés ne seront apposés que sur le mobilier et les ustensiles dépendant de la cure, ainsi que sur les papiers la concernant.

(Décret du 6 novembre 1813, art. 16.)

Le procès-verbal d'apposition des scellés doit être écrit sur timbre et enregistré gratis.

(Inst. de la Régie, 8 juillet 1868.)

FORMULE.

---

541. L'an..........,

Nous, Juge de paix......,

Informé que M. B........., titulaire de la cure de........., est décédé, ce jour, à.........;

En conformité de l'article 16 du décret du 6 novembre 1813, nous sommes transporté d'office au domicile dudit défunt, sis à........, rue......., à l'effet d'y apposer nos scellés pour la conservation de la partie du mobilier et des ustensiles dépendant de la cure, ainsi que des titres et papiers la concernant;

(S'il y a lieu d'apposer les scellés par suite de l'absence des héritiers, on dit) :

Et aussi pour la conservation des droits des héritiers absents;

Arrivé sur les lieux, nous y avons rencontré..........;

(Le reste comme la formule *suprà*, nº 529.)

(Vº *infrà*, la levée, nos 606 et 607.)

HUITIÈME CAS.

De l'apposition des scellés à la requête d'un créancier.

OBSERVATIONS.

542. L'apposition des scellés peut être requise par tous créanciers fondés en titre exécutoire ou autorisés par une permission, soit du Président du Tribunal de première instance, soit du Juge de paix du canton où le scellé doit être apposé.

(Art. 909, § 2 C. proc. c.)

Un créancier personnel des héritiers peut requérir l'apposition des scellés.

(C. Paris, 17 juillet 1867.) — Bourges, 16 mai 1842, (S. V. 43. 2. 136.) — (D. P. 43. 2. 37); — (P. 43. 1. 240.)

Les créanciers d'un créancier du défunt peuvent aussi provoquer l'apposition des scellés.

(Bioche, V° Scellés, n° 41.)

FORMULE.

543. L'an mil huit cent soixante-quinze, et le........., à........... heures du........;

Par-devant nous......., Juge de paix de........, assisté de M°........., Greffier de ladite Justice de paix;

S'est présenté en notre demeure, sise à.........,

Le sieur B........, marchand........., demeurant et domilié à.........;

Lequel comparant nous a dit et exposé ce qui suit :

Que le sieur L........, demeurant à.........., est décédé en son domicile, le.........;

Que le comparant est créancier dudit sieur L......., d'une somme de......, pour vente de marchandises;

Que le comparant, pour la conservation de sa créance, a demandé, à M le Président du Tribunal de première instance de.........., l'autorisation de faire apposer les scellés sur les meubles dépendant de la succession dudit sieur.....;

Que ce magistrat, par son ordonnance, du............ (enregistrée et qui demeurera ci-annexée), a autorisé le comparant à faire procéder à ladite appositions de scellés;

En conséquence, le comparant nous requiert de nous transporter à........, pour procéder à cette opération;

Et après lecture faite, le comparant a signé. (Signature.)

Vu la réquisition ci-dessus, et y faisant droit, nous, Juge de paix susdit et soussigné, ordonnons que nous nous transporterons immédiatement à........, pour procéder aux opérations requises, en présence du requérant.

Fait à........., les jour, mois et an que dessus.

(Signatures du Juge et du Greffier.)

En conséquence de l'ordonnance que nous venons de rendre, et sans divertir à d'autres actes, nous nous sommes transporté à........., nous y avons rencontré la dame L......., sans profession, veuve du sieur........., à laquelle nous avons fait part du sujet de notre transport ;

La dame L........ nous a dit qu'elle ne s'opposait nullement à notre opération, faisant observer que le magasin, les ustensiles et une grande partie du mobilier se trouvant dans le présent domicile et ayant appartenu à son mari, ne sont plus sa propriété ; qu'il les a vendus au sieur........, demeurant et domicilié à........., qui exploite aujourd'hui ledit fonds, aux termes d'un acte passé, le........., devant M°........et son collègue, notaires à........, enregistré le........, f°......, par le sieur......., qui a reçu pour droits......;

En conséquence de la déclaration de la dame L........, déclaration que le sieur B........, requérant, a reconnue être véritable; et du consentement de ce dernier, nous n'avons pas apposé les scellés sur les objets mentionnés audit acte du........;

Nous avons ensuite procédé, en présence, tant du sieur B........ que de la dame L........., de la manière suivante :

Nous sommes monté au deuxième étage et entré dans une chambre à coucher, éclairée par deux fenêtres au nord ; nous y avons d'abord décrit et laissé en évidence les objets suivants :

(Continuer comme à la formule n° 529.)

NEUVIÈME CAS.

Procès-verbal d'apposition de scellés sur réquisition.

(Art. 909 C. pr. c.)

FORMULE.

544. L'an......., etc.,

Par-devant nous........., Juge de paix du canton de.........., assisté de M°........, Greffier de ladite Justice de paix,

A comparu :

Le sieur X.............,

Lequel nous a exposé :

Que le sieur A......., son oncle, est décédé, le........., à........, rue....., laissant plusieurs héritiers, au nombre desquels se trouve l'exposant;

Qu'ayant intérêt, en sadite qualité, à ce que les scellés soient apposés au plus tôt sur les meubles et effets dépendant de la succession du défunt A..., il nous requiert de nous transporter au domicile de ce dernier pour procéder à cette opération ; et il explique que s'il n'a pas plutôt requis l'apposition des scellés, c'est parce qu'il était absent au moment du décès ;

Et après lecture, le comparant a signé.........

(Signature du requérant.)

Vu la réquisition ci-dessus et les dispositions de l'article 909 C. pr. c.,
Nous, Juge de paix susdit et soussigné,
Ordonnons que nous nous transporterons immédiatement (ou, à..... heures), au domicile dudit sieur A........, à l'effet d'y apposer nos scellés;
Et, après lecture, nous avons signé avec le Greffier.

(Signatures du Juge et du Greffier.)

En conformité de l'ordonnance par nous rendue ci-dessus, et sans divertir à d'autres actes, nous, Juge de paix susdit et soussigné, nous sommes transporté au domicile du défunt A........, situé à......., rue..... , où nous avons trouvé X ......, qui nous a déclaré persister dans sa réquisition;
Et, en sa présence, nous avons procédé comme suit :

(Le reste comme à la formule *suprà,* n° 529.)

SECTION DEUXIÈME

DE L'APPOSITION DES SCELLÉS APRÈS FAILLITE

(L. 28 mai 1838.)

OBSERVATIONS ET FORMULES.

545. *Jugement de la déclaration de faillite.* — Par le jugement qui déclarera la faillite, le Tribunal de commerce ordonnera l'apposition des scellés.

(Art. 455 C. comm.)

546. *Avis au Juge de paix de la déclaration.* — Aussitôt après la déclaration de faillite, le Greffier du Tribunal de commerce adressera au Juge de paix avis de la disposition du jugement qui aura ordonné l'apposition des scellés.

547. *Apposition des scellés.* — Le Juge de paix devra, dès qu'il sera avisé de la déclaration de faillite, se transporter sur-le-champ au domicile du failli pour y apposer les scellés sur les magasins, comptoirs, caisses, portefeuilles, livres, papiers, meubles et effets du failli.

En cas de faillite d'une société en nom collectif, les scellés seront apposés, non-seulement dans le siége principal de la société, mais encore dans le domicile séparé de chacun des associés solidaires.

(Art. 458 C. comm.)

548. *Apposition de scellés en dehors d'un jugement.* — Le Juge de paix pourra, même avant le jugement, apposer les scellés, soit d'office, soit sur la réquisition d'un ou de plusieurs créanciers, mais seulement dans le cas de disparition du débiteur ou de détournement de tout ou partie de son actif.

(Art. 457 C. comm.)

Seulement, ces opérations exigent beaucoup de prudence de la part du Juge de paix.

549. *Dispense de l'apposition des scellés.* — Si le Juge-commissaire de la faillite estime que l'actif de la faillite peut être inventorié en seul jour, il ne sera point apposé de scellés et il devra être immédiatement procédé à l'inventaire.

(Art. 455 C. comm.)

Par *un seul jour*, on entend trois vacations.

(Art. 151 du Tarif de 1807.)

(V° observations *infrà*, n° 553.)

550. *Avis de l'apposition des scellés au Président du Tribunal de commerce.*— Aussitôt après l'apposition des scellés, le Juge de paix donnera au Président du Tribunal de commerce avis de l'apposition des scellés.

(Art. 458 C. comm.)

Dans la pratique, c'est le Greffier qui transmet au Président du Tribunal l'avis de la déclaration de l'apposition des scellés; aussi, sommes-nous d'avis qu'il lui est dû de ce chef une vacation par assimilation à celle qui lui est accordée par l'article 17 du tarif du 16 février 1807, pour la déclaration de l'apposition des scellés après décès.

(V° notre *Journal des Greffiers*, année, 1874 p. 155.)

551. *Insuffisance de l'actif pour le paiement des frais.* — Lorsque les deniers appartenant à la faillite ne pourront suffire immédiatement aux frais d'apposition de scellés, l'avance de ces frais sera faite sur ordonnance du Juge-commissaire par le Trésor public, qui en sera remboursé, par privilége, sur les premiers recouvrements, sans préjudice du privilége du propriétaire.

(Art. 461 C. comm.)

FORMULE.

Procès-verbal d'apposition de scellés après faillite.

552. L'an.........

Nous.........., Juge de paix......

Sur l'avis à nous transmis par M........, Greffier du Tribunal de commerce de........., que le susdit Tribunal de commerce a, par son jugement, en date du......, déclaré en état de faillite le sieur......, lequel ordonne que, suivant ce qui est prescrit par l'article 458 du C. comm., les scellés seront apposés sur les magasins, comptoirs, caisses, portefeuilles, livres, papiers, meubles et effets du failli,

Nous sommes transporté au domicile dudit sieur. ......, situé à......., pour procéder, ainsi que cela est ordonné par le jugement sus-visé.

Arrivé sur les lieux, nous y avons rencontré le failli et la dame Marie C....., épouse de ce dernier, et, en leur présence, nous avons procédé comme suit :

Rez-de-chaussée.

Dans une salle à manger :

Nous avons décrit et laissé en évidence ce qui suit, etc.

Premier étage.

Dans une chambre à coucher prenant jour par deux fenêtres, au levant, sur la rue :

Nous y avons d'abord apposé nos scellés sur une armoire en bois de noyer, après l'avoir fermée avec la clef, qui a été remise au Greffier;

Nous avons ensuite, dans cette pièce, décrit et laissé en évidence ce qui suit, etc.

Notre opération étant terminée (Le reste comme à la formule *suprà*, n° 529).

Assistance à l'inventaire après faillite.

Incident.

(Art. 455 C. comm.)

OBSERVATIONS.

553. Le Juge de paix, aussitôt avisé de la déclaration de faillite, doit se rendre sur les lieux pour procéder à l'apposition des scellés.

Si, lorsque le Juge de paix se présente au domicile du failli, il y rencontre le syndic porteur d'une ordonnance, enregistrée, émanant du Juge-commissaire de la faillite, dispensant de l'apposition des scellés, attendu que l'inventaire peut se faire dans une seule journée (trois vacations), le Juge de paix doit, si son temps le lui permet, ne pas apposer les scellés et autoriser le syndic à faire immédiatement l'inventaire.

Mais si le Juge de paix n'a pas son temps libre, ou si, d'un autre côté, il reconnaît que l'inventaire nécessitera plus de trois vacations (une journée), il doit apposer les scellés et indiquer au syndic un jour pour la levée des scellés et l'inventaire.

Mais, en l'absence d'ordonnance du Juge-commissaire, le Juge de paix ne peut se dispenser d'apposer les scellés, bien que l'inventaire puisse être fait dans une seule journée, la décision à prendre pour dispenser de l'apposition des scellés étant de la compétence exclusive du Juge-commissaire.

FORMULE.

554. L'an mil huit cent soixante-quatorze, et le......, à........., heures du.......;

Nous......., premier suppléant de la Justice de paix de......., remplaçant M. le Juge de paix, empêché, assisté de Me......., Greffier de ladite Justice de paix;

Procédant, en conformité d'un avis à nous transmis par......., Greffier du Tribunal de commerce de cette ville, en date d'hier, qui nous informe que, par son jugement, en date du........, ledit Tribunal a déclaré l'ouverture de la faillite des sieurs C..... et A....., négociants, associés sous la raison C..... et A....., domiciliés à......., qui, en outre, ordonne que, suivant ce qui est prescrit par l'article 458 du Code précité, les scellés seront par nous apposés sur les magasins, comptoirs, caisses, portefeuilles, livres, papiers, meubles et effets des faillis ;

Nous sommes transporté au domicile desdits sieurs C....... et A......., nous y avons trouvé réunis : 1° le sieur C......; 2° le sieur R.....

Ce dernier nous a dit que, par le jugement déclaratif de la faillite, il a été nommé syndic provisoire de cette faillite;

Qu'en cette qualité, il a demandé à M. le Juge-commissaire, et a obtenu, attendu que l'inventaire des faillis peut facilement se faire en un seul jour, permission de faire procéder immédiatement, sans apposition de scellés, à cet inventaire, ainsi que cela résulte de l'ordonnance de ce Juge-commissaire, en date du.........., enregistrée (laquelle ordonnance demeurera ci-annexée après avoir été contresignée, pour ne varier, par le sieur R..... et par nous), et, en conséquence, il nous a demandé de vouloir ne pas apposer les scellés, ainsi que cela est ordonné par le jugement déclaratif de la faillite, mais seulement conformément à la loi, d'assister audit inventaire ;

Le sieur R...... nous a encore dit que les faillis non-seulement possèdent le mobilier de l'appartement qu'ils occupent dans la maison sise à........, mais encore une fabrique de........, située à......., et nous demande de commencer l'inventaire des objets existant dans cette dernière maison ; et le sieur R....... a signé en cet endroit, après lecture.

(Signature.)

Nous, Juge de paix, attendu que l'inventaire de l'actif des faillis peut être fait dans un seul jour, ordonnons qu'il y sera immédiatement procédé ; et aussitôt le syndic, sous la prisée de Me........., Greffier de notre Justice de paix, a fait l'inventaire des objets mobiliers qui existent : 1° dans un chai au rez-de-chaussée, situé derrière la pièce appelée boutique, 2° dans ladite pièce appelée boutique, et éclairée par deux fenêtres et une porte sur la rue......, au Nord, 3° dans un entre-sol situé au-dessus de la boutique; 4° dans un grenier situé au-dessus du chai ;

Et attendu que l'inventaire des objets situés dans la maison rue........., est terminé, nous avons renvoyé à ce jour........, heures de relevée, pour la continuation de l'inventaire à......., rue......., avec intimation à toutes parties de s'y trouver présentes ;

De tout quoi, nous avons fait et dressé le présent procès-verbal, etc.

(Signatures.)

Et, avenant ce même jour........, octobre mil huit cent soixante-quatorze à....... heures après-midi,

Nous, Juge de paix susdit et soussigné,

Procédant en conformité de l'ajournement inséré dans notre procès-verbal, en date de ce jour, nous sommes transporté à.........., pour la continuation de l'opération ;

Et étant arrivé, nous y avons trouvé réunies les personnes mentionnées dans ledit procès-verbal; et en leur présence, le syndic, sous la prisée de notre Greffier, a continué l'inventaire; . . . .

Nous sommes entré dans une chambre située au rez-de-chaussée, éclairée par deux fenêtres au Sud, et là, le syndic a fait l'inventaire des objets qui s'y trouvaient;

Nous sommes ensuite passé dans une cuisine, audit rez-de-chaussée, derrière ladite chambre, et le syndic y a terminé son inventaire;

Et attendu que l'opération est terminée, ainsi qu'il vient d'être dit, nous avons déchargé le sieur D.......... de la garde à lui confiée;

Il a été vaqué jusques à........;

De tout quoi, nous avons fait et dressé le présent procès-verbal, qui, après lecture faite, a été signé par le comparant, ainsi que par nous et le Greffier.

(Signatures.)

Si, au contraire, le Juge de paix ne peut, à l'instant, assister à l'inventaire, on dira :

Nous, Juge de paix, attendu que, s'il est vrai que l'inventaire de l'actif des faillis peut être fait dans un seul jour, néanmoins, attendu qu'il nous est impossible de procéder immédiatement audit inventaire, notre audience et divers actes étant fixés pour ce jour, disons que ledit inventaire se fera le vendredi prochain, à...... heures du....., et pour la conservation des objets mobiliers dépendant du dit actif, nous avons procédé à l'apposition de nos scellés de la manière suivante : . . . . . .

(Comme à la formule n° 552.)

V° pour la levée, *infrà* formule n° 614.

Modèle d'État et d'ordonnance prescrivant le paiement, par le Trésor, des frais d'apposition de scellés, en matière de faillite, en cas d'insuffisance d'actif.

555. ÉTAT des frais et honoraires dus au Greffier de la Justice de paix du...... canton de......, par la faillite d......, pour le procès-verbal......, fait audit domicile, le......

Timbre et répertoire...........................	»	»
Enregistrement.................................	»	»
Cire et ruban de lie...........................	»	»
Vacation.......................................	»	»
Total........	»	»

Certifié sincère et véritable le présent état, montant à la somme de..... , par nous, Greffier de la Justice de paix du canton de......

A......, le...... 187 .

Vu et vérifié le présent état, montant à la somme de......, par nous, Juge de paix du canton de........

A......, le...... 187 .

Nous, Juge au Tribunal de commerce de......, délégué pour remplir les fonctions de Juge-commissaire de la faillite d......, demeurant à......;

Vu l'état d'autre part;

Vu l'article 461 de la loi du 28 mai 1838, sur les faillites et banqueroutes;

Vu enfin le décret du 18 juin 1811, sur les frais de Justice criminelle;

Attendu que les fonds appartenant à la faillite ne suffisent pas, quant à présent, pour subvenir au paiement des frais,

Mandons et ordonnons au receveur de l'Enregistrement, établi à......, de payer à Me......, Greffier de la Justice de paix du canton de......, la somme de......, à laquelle nous avons réglé le susdit état.

Fait à......, le...... 187 .

(Signatures du Juge-commissaire et du Greffier du Tribunal de commerce.)

Pour acquit de la somme de......, montant des frais détaillés d'autre part.

......, le...... 187 . *Le Greffier,*

SECTION TROISIÈME

DE L'APPOSITION DES SCELLÉS

DANS CERTAINS CAS PARTICULIERS

1° En cas de séparation de biens, 556-557.
2° En cas de séparation de corps, 558-559.
3° En cas de demande en interdiction, 560-561.
4° En cas de saisie-exécution, 562.
5° En cas d'absence, 563-564.
6° En cas d'absence d'un militaire, 565-566.

§ Ier. — De l'apposition des scellés par suite d'une demande en séparation de biens.

OBSERVATIONS.

556. La séparation de biens ne peut être poursuivie que par la femme dont la dot est mise en péril, et lorsque le désordre du mari donne lieu de craindre que les biens de celui-ci ne soient point suffisants pour remplir les droits et reprises de la femme.

Toute séparation volontaire est nulle.

(Art. 1443 C. c.)

L'article 869 C. proc. c. parle de *mesures conservatoires* que la femme peut prendre, sur sa demande en séparation de biens.

Parmi ces *mesures*, les auteurs placent en première ligne *l'apposition des scellés*.

(Merlin, *Rép.* V° *Séparation de biens*, sect II, § 3, art. 26; — Favard, t. V, p. 102, n° 3; — Toullier, t. XIII, n° 43; — Chauveau, q. 2932; — Carré, *loc. cit.*)

La Jurisprudence est prononcée dans le même sens que la doctrine.

Ainsi décidé par les Cours de Rennes, le 22 juillet 1814 (C. n. 4); — de Bourges, le 23 messidor an X (C. n. 1); — de Limoges, le 7 mars 1823 (S. 23. 2. 195); — de Caen, le 16 mars 1825 (S. 27. 2. 47; - D. P. 27. 2. 1)

Mais l'apposition des scellés ne peut avoir lieu qu'avec l'autorisation du Président du Tribunal, qui ne doit l'accorder qu'autant qu'il y a des commencements de preuve, ou au moins une espèce de notoriété du dérangement des affaires du mari.

FORMULE.

557. La formule de procès-verbal d'apposition de scellés en cas de demande en séparation de corps peut servir de modèle pour le cas actuel. (V° *infrà*, n° 559.)

---

§ II. – De l'apposition des scellés par suite d'une demande en séparation de corps.

OBSERVATIONS.

558. La femme commune en biens, demanderesse ou défenderesse en séparation de corps, pourra, en tout état de cause, à partir de la date de l'ordonnance dont il est fait mention en l'article 238 C. c., requérir, pour la conservation de ses droits, l'apposition des scellés sur les effets mobiliers de la communauté. Ces scellés ne seront levés qu'en faisant inventaire avec prisée, et à la charge par le mari de représenter les choses inventoriées ou de répondre de leur valeur comme gardien judiciaire.

(Art. 270 C. c.)

La présentation de l'ordonnance dont il est ci-avant mention, suffit pour autoriser le Juge de paix à apposer les scellés sans qu'il soit besoin d'ordonnance du Président du Tribunal.

Le mari, comme chef de la communauté, peut, sans autorisation de Justice, faire apposer les scellés chez sa femme habitant hors de chez lui, par suite d'une demande en séparation de corps, si toutefois il prétend qu'elle a soustrait des effets de la communauté.

Mais le mari, contre qui la séparation de corps a été prononcée et qui a fait liquider la communauté qui a existé entre lui et sa femme, n'est pas recevable à requérir l'apposition des scellés après le décès de celle-ci.

(Rouen, 25 juin 1873.)

La séparation de corps emportera toujours séparation de biens.

(Art. 311 C. c.)

FORMULE.

Procès-verbal d'apposition de scellés à la suite d'une demande en séparation de corps.

(Art. 238 C. c.)

559. L'an........

Par-devant nous........

A comparu............

Le sieur................

Agissant au nom et en qualité de fondé de pouvoirs de la dame Amélie C..., épouse du sieur B...., domiciliée de droit avec sondit mari à...., rue...., mais demeurant de fait à........, rue. ......; aux termes d'une procuration passée devant Me......, notaire à......, le......, et dont le brevet original, dûment enregistré, est demeuré ci-annexé ;

Lequel comparant nous a exposé :

Que ladite dame B....., a introduit contre sondit mari, devant le Tribunal de première instance de......., une instance en séparation de corps et de biens ;

Qu'une ordonnance, rendue par M. le Président du Tribunal de première instance de......, ordonne la comparution devant lui desdits époux B..... le......, à l'effet de tenter un rapprochement ;

Que le vœu de la loi ayant été rempli, la dame B..... demande, ainsi que c'est son droit, l'apposition immédiate des scellés au domicile de son mari, sur les meubles et effets dépendant de la communauté ;

Que dans ce but, le comparant, au nom qu'il agit, nous requiert de fixer les jour et heure où il nous plaira procéder à cette opération ;

Et après lecture, il a signé. (Signature.)

Vu la réquisition ci-dessus et les dispositions de la loi,

Nous, Juge de paix susdit et soussigné,

Ordonnons que nous nous transporterons immédiatement au domicile commun desdits époux, situé à......, rue......, à l'effet de procéder à l'apposition de nos scellés sur les effets mobiliers dépendant de la communauté existant entre eux ;

Et, après lecture, nous avons signé avec le Greffier. (Signatures.)

En conformité de l'ordonnance par nous rendue ci-dessus, et sans divertir à d'autres actes,

Nous, Juge de paix susdit et soussigné,

Nous sommes transporté au domicile desdits époux B....., pour procéder aux opérations requises.

Étant arrivé, nous avons rencontré le requérant et le sieur B....., auxquels nous avons fait part du motif de notre transport, et qui nous ont répondu : (S'ils s'opposent à l'apposition des scellés, il faut procéder comme à la formule n° 568 ; S'ils consentent, au contraire, à l'apposition des scellés, on procédera comme à la formule n° 529).

---

§ III. — De l'apposition de scellés en cas de demande en interdiction.

—

OBSERVATIONS.

560. Lorsqu'il est avéré que la personne dont on poursuit l'interdiction est dans l'impossibilité de veiller à la conservation de ses biens, les scellés doivent être apposés ; l'incapable étant assimilé au mineur sans tuteur.

(Art. 911 C. proc. civ.)

Mais les scellés, une fois ainsi apposés, peuvent-ils être levés sans description?

Oui, si la demande en est faite par l'administrateur nommé, parce que, dans ce cas, la cause de l'apposition a disparu ;

Non, si la demande a été faite par le tuteur de l'interdit, parce que ce tuteur est tenu de faire inventaire.

(Art. 451 C. c.)

Le Greffier doit-il, dans ces deux derniers cas, faire au Greffe du Tribunal de première instance la déclaration de l'apposition des scellés, ainsi que cela se pratique après décès (Art. 925 C. pr. c. — Tarif de 1807, art 17).

(Art. 925 C. pr. civ. — Tarif de 1807, art. 17.)

Aucune disposition spéciale et formelle n'autorisant à faire cette déclaration, nous pensons qu'elle ne doit pas avoir lieu.

FORMULE.

Procès-verbal d'apposition de scellés, à la suite d'une demande en interdiction.

(Art. 911 C. pr. c.)

561. L'an.........

Par-devant nous.......

A comparu............

Le sieur.............

Lequel nous a exposé :

Que le sieur A........., négociant, domicilié à........, rue........, a été placé, par suite d'aliénation mentale, dans l'établissement des Aliénés de.....;

Que le comparant, vu l'incapacité où se trouve ledit sieur A....... de veiller à la conservation de ses biens, demande que les scellés soient apposés au domicile de ce dernier, conformément aux dispositions de l'article 911 du Code de procédure civile ;

Que, dans le but de procéder à cette opération, l'exposant nous requiert de fixer les jour et heure où il nous plaira y procéder ;

Et, après lecture, le comparant a signé.

(Signature.)

Vu la réquisition ci-dessus, et y faisant droit,

Nous, Juge de paix susdit et soussigné,

Ordonnons........ que nous nous transporterons immédiatement d'office au domicile dudit sieur A....., pour y procéder à l'apposition de nos scellés.

Fait à......., les jour, mois et an que dessus;

(Signatures.)

En conformité de l'ordonnance rendue ci-dessus, et sans divertir à d'autres actes,

Nous, Juge de paix susdit et soussigné,

Nous sommes transporté d'office susdite rue........., au domicile dudit sieur A........., pour y procéder à l'apposition de nos scellés;

Arrivé audit domicile........

(Le reste comme à la formule n° 529.)

---

§ IV. — De l'apposition de scellés en cas de saisie-exécution, lorsque le saisi est absent ou lorsqu'il y a refus d'ouvrir les portes.

OBSERVATIONS.

562. En matière de saisie-exécution, les scellés peuvent être apposés par le Juge de paix; mais ce droit n'appartient pas à lui seul, comme en matière ordinaire; les scellés peuvent être apposés par le commissaire de police, le maire et l'adjoint d'une commune dans le cas indiqué par l'article 591 C. pr. c., c'est-à-dire lorsque le saisi est absent, qu'il y a refus d'ouvrir pièce ou meuble, et qu'il se trouve des *papiers*; c'est sur *les papiers seulement* que les scellés sont apposés par l'officier public appelé pour l'ouverture, dans l'ordre et suivant les indications établies par l'article 587 du C. pr. c.

L'intervention de l'officier public ne donne pas lieu à un procès-verbal séparé; l'article 587 ci-dessus trace en ces termes la marche à suivre dans l'espèce : *L'officier qui se transportera ne dressera point de procès-verbal, mais il signera celui de l'huissier,* lequel ne pourra dresser du tout qu'un seul et même procès-verbal. »

(V° notre *Journal des Greffiers*, année 1874, septembre, n° 120, et l'*erratum* mentionné dans le cahier de novembre de la même année, p. 320.

Par suite de la juridiction accordée à des magistrats différents, nous considérons le scellé, dans le cas qui nous occupe, comme une mesure toute exceptionnelle et fort rare dans les Justices de paix. Aussi, pour ce motif, nous ne donnerons pas de formule du procès-verbal à dresser en cas de saisie-exécution. Dans tous les cas, le Juge de paix ne peut procéder qu'avec l'assistance du Greffier.

§ V. – De l'apposition de scellés en cas d'absence.

OBSERVATIONS.

563. Le ministère public est spécialement chargé de veiller aux intérêts des personnes présumées absentes, et il sera entendu sur toutes les demandes qui les concernent.

(Art. 114 C. c.)

Il a le droit de provoquer d'office, et par voie d'action, des mesures conservatoires, au nombre desquelles se trouve en première ligne l'apposition des scellés.

(Demolombe, t. II, n° 30; — Aubry et Rau, *loc. cit.*; — Massé et Vergé, t. Ier, § 95, p. 157, note 8.— Carré, art. 907.)

FORMULE.

564. L'an.........

Nous........., Juge de paix du canton de.........

Informé par M. le procureur de la République que le sieur....... est absent de son domicile depuis deux mois, et qu'on ne sait ce qu'il est devenu, et que ce magistrat nous requiert de nous transporter au domicile de ce dernier, pour y procéder à l'apposition de nos scellés;

Vu la réquisition ci-dessus et les dispositions de l'article 114 C. c.,

Ordonnons que nous nous transporterons immédiatement au domicile dudit sieur........, pour y procéder à l'apposition de nos scellés;

Et après lecture, nous avons signé avec le Greffier.

(Signatures.)

En conformité de l'ordonnance ci-dessus, et sans divertir à d'autres actes,

Nous sommes transporté au domicile dudit sieur. ...., situé à........, pour y procéder aux opérations ordonnées;

Arrivé sur les lieux, nous y avons rencontré le sieur......, et, en sa présence, nous avons procédé comme suit :

(Le surplus comme à la formule n° 529.)

---

§ VI. — De l'apposition de scellés lorsque parmi les héritiers se trouve un militaire absent.

OBSERVATIONS.

565. Lorsqu'une personne vient à décéder, laissant parmi ses héritiers un militaire absent, le Juge de paix doit, d'office, apposer les scellés sur les meubles de la succession.

Immédiatement après l'apposition des scellés, le Juge de paix doit avertir ce militaire, s'il sait à quel corps ou armée il est attaché.

Il doit, pareillement, en instruire le Ministre de la guerre, et le double de sa lettre sera copié à la suite du procès-verbal de l'apposition des scellés, avant qu'il soit présenté à l'enregistrement, sans augmentation de droit.

Décret du 11 ventôse an II, § 1er, (1er mars 1794.)

FORMULE

566. L'an.........,

Nous, Juge de paix..........

Informé par M. le Maire de la commune de.... ...., que le sieur.........., demeurant à......., est décédé ce jour, à midi, en son domicile, situé à........, et qu'il laisse pour son seul et unique héritier le sieur B........, son neveu, sergent-major au 48e régiment d'infanterie de ligne, en garnison à.........;

En conformité de la loi du 11 ventôse an II,

Nous sommes transporté au domicile sus-indiqué dudit sieur A........, pour y procéder à l'apposition de nos scellés;

Arrivé sur les lieux, nous avons rencontré le sieur....., et, en sa présence, nous avons procédé comme suit :

Rez-de-chaussée.

(Comme à la formule *suprà*, n° 529.)

....

Fait à.........., les jour, mois et an que dessus;

Et le.........., en conformité de l'article 1er de la loi du 11 ventôse an II, nous avons adressé à M. le Ministre de la guerre et au sieur B......, les deux lettres dont les copies suivent :

JUSTICE DE PAIX DU CANTON DE......, DÉPARTEMENT DE........

A Son Excellence Monsieur le Ministre de la guerre.

Monsieur le Ministre,

Pour me conformer à la loi du 11 ventôse an II, j'ai l'honneur de vous donner avis que le sieur A......, propriétaire, demeurant à......, est décédé le......, laissant pour son seul et unique héritier le sieur B......, son neveu, sergent-major au 48e régiment d'infanterie de ligne, en ce moment en garnison à......, et qu'en raison de l'absence de ce dernier, j'ai, suivant mon procès-verbal, en date du......, apposé les scellés sur les meubles et effets dépendant de la succession dudit sieur A......

Veuillez agréer, etc. (Signature du Juge de paix.)

JUSTICE DE PAIX DU CANTON DE......

A M. B......, sergent-major à......

Monsieur,

J'ai l'honneur de vous donner avis que M. A......, votre oncle, est décédé le......, et qu'en raison de votre absence, j'ai apposé les scellés à son domicile; je vous engage à prendre les mesures nécessaires pour vous mettre au plus tôt en possession de cette succession.

Agréez, Monsieur......

(Signature du Juge de paix.)

SECTION QUATRIÈME

PARTICULARITÉS.

§ Ier. — Du référé.

OBSERVATIONS.

567. Si les portes sont fermées, s'il se rencontre des obstacles à l'apposition des scellés, s'il s'élève, soit avant, soit pendant le scellé, des difficultés, il y sera statué en référé par le président du Tribunal. A cet effet, il sera sursis et établi, par le Juge de paix, garnison extérieure, même intérieure si le cas y échoit, et il en référera sur-le-champ au président du Tribunal.

Pourra, néanmoins, le Juge de paix, s'il y a péril dans le retard, statuer par provision, sauf à en référer ensuite au président du Tribunal.

(Art. 921 C. pr. c.)

Dans tous les cas où il sera référé par le Juge de paix au président du Tribunal, soit en matière de scellé, soit en autre matière, ce qui sera fait et ordonné sera constaté sur le procès-verbal dressé par le Juge de paix ; le président signera ses ordonnances sur ledit procès-verbal.

(Art. 922 C. pr. c.)

FORMULE.

Procès-verbal d'apposition de scellés. — Apposition — Établissement de garnison — Référé.

(Art. 909 C. pr. c.)

568. L'an ......

Par-devant nous.......

A comparu........

Le sieur.........

Lequel nous a exposé :

Qu'il est créancier du sieur A.........., demeurant avant son décès, arrivé le quatre mars dernier, en cette ville, rue......... ;

Que sa créance résulte d'un jugement rendu par le Tribunal de commerce de......... (enregistré), dont une expédition en forme de grosse nous a été représentée ;

Qu'aux termes du deuxième paragraphe de l'article 909 du Code de procédure civile, tout créancier fondé en titre exécutoire peut requérir l'apposition des scellés au domicile de son débiteur défunt ;

En conséquence, le comparant, au nom qu'il agit, nous requiert de nous transporter à........, rue........., à l'effet de procéder à l'apposition des scellés sur les meubles et effets dépendant de la succession du défunt A......., son débiteur ;

Et après lecture de la présente réquisition, le comparant a signé.

(Signature.)

Vu la réquisition ci-dessus, une grosse en forme de jugement y mentionné, et les dispositions de la loi,

Faisant droit à ladite réquisition,

Nous, Juge de paix susdit et soussigné,

Autorisons le sieur........à faire apposer les scellés sur les meubles et effets mobiliers délaissés par le sieur A...... ;

En conséquence, ordonnons que nous nous transporterons immédiatement à......, rue......., pour procéder à ladite apposition de scellés, en présence du sieur.....

Fait à......., les jour, mois et an que dessus.

(Signatures du Juge et du Greffier.)

En conséquence de l'ordonnance par nous rendue ci-dessus, et sans divertir à d'autres actes, nous nous sommes transporté à la maison qu'occupait ledit feu A...., où, étant arrivé, nous avons rencontré la dame Rose C...., veuve dudit sieur A..., à laquelle nous avons fait part du sujet de notre transport, et qui nous a répondu : que le sieur B..., qui a requis l'apposition des scellés, n'est pas créancier sérieux de son défunt mari, et que, par suite, elle s'oppose à ce qu'il soit procédé à aucune apposition de scellés ;

Et après lecture faite de la présente réquisition, l'exposante a signé.

(Signature.)

Le sieur B.... a répondu qu'il est porteur de la grosse d'un jugement qui établit sa créance contre ledit sieur A...., et qu'il ignore pour quel motif sa veuve prétend qu'il n'est pas créancier sérieux de ce dernier.

En conséquence, il déclare persister dans sa demande, nous requérant, au besoin, d'introduire à l'instant un référé devant le Président du Tribunal de première instance de........., et d'établir garnison intérieure et extérieure, afin d'empêcher le détournement des objets et effets dépendant de ladite succession ;

Et a ledit sieur B....... signé.

(Signature.)

Sur quoi, nous, Juge de paix susdit et soussigné,

Donnons aux parties acte de leurs dires et réquisitions; et attendu l'opposition faite par la dame veuve A....., ordonnons que nous nous transporterons à l'instant même devant le Président du Tribunal de première instance de......., en son cabinet situé rue......, pour être, par ce magistrat, statué ce que de droit, les parties intimées de s'y trouver présentes ; et afin d'empêcher tout détournement des objets se trouvant dans ledit domicile, nous avons établi aux deux portes d'entrée de ladite maison un gardien, savoir : à la porte se trouvant au Levant de ladite maison, le sieur P......, cultivateur, demeurant à........, et à la porte se trouvant au couchant de ladite maison, sur la cour, le sieur R......., etc.; lesquels ont accepté cette mission ;

De tout quoi, nous avons fait et dressé le présent procès-verbal, qui, après lecture faite, a été signé par les deux gardiens sus-nommés, le requérant, ainsi que par nous et le Greffier ;

(Signatures.)

Et avenant ce jourd'hui même à.......,

Nous, Juge de paix susdit et soussigné,

Procédant, en conformité de l'ordonnance insérée dans le procès-verbal ci-dessus, nous sommes transporté en l'hôtel de M. le Président du Tribunal de première instance de........ ;

Nous y avons rencontré lesdites parties et Mes........, leurs avoués ;

Nous avons fait à M. le Président le rapport des causes du référé porté devant lui, et ce magistrat, après avoir entendu les avoués des parties, a rendu l'ordonnance suivante :

(Texte de cette ordonnance.)

(Signatures du Président et du Greffier de la Justice de paix.)

En exécution de cette ordonnance,

Nous, Juge de paix, etc.,

Disons que nous nous transporterons immédiatement au domicile du défunt A......, pour procéder à l'apposition des scellés requise par le sieur B......, et qui vient d'être ordonnée par M. le Président;

De tout quoi, etc.......

(Signatures des parties, des avoués, du Juge de paix et du Greffier.)

Et avenant ce même jour, à........,

Nous, Juge de paix susdit et soussigné,

Procédant, en conformité de l'ordonnance par nous rendue ci-dessus,

Nous sommes transporté à........, rue......., pour procéder à l'apposition de nos scellés;

Arrivé sur les lieux, nous avons rencontré les sieurs P....... et R........, gardiens provisoires, que nous avons relevés de leur garde, après avoir reçu d'eux le serment qu'il n'ont vu ni su qu'il ait été, pendant notre absence, détourné aucun des effets dépendant de la succession dudit sieur A.......;

Nous y avons également rencontré le sieur B......, et la dame veuve A....., et, en leur présence, nous avons procédé comme suit :

(Le reste comme à la formule n° 529.)

---

§ II. — Testament. — Papiers cachetés trouvés chez le défunt.

OBSERVATIONS.

569. Si lors de l'apposition des scellés il est trouvé un testament ou autres papiers cachetés, le Juge de paix en constatera la forme extérieure, le sceau et la suscription, s'il y en a, paraphera l'enveloppe avec les parties présentes, si elles le savent ou le peuvent, et indiquera les jour et heure où le paquet sera par lui présenté au Président du Tribunal de première instance; il fera mention du tout sur son procès-verbal, lequel sera signé des parties, sinon, mention sera faite de leur refus.

(Art. 916 C. proc. c.)

Sur la réquisition de *toute partie intéressée*, le Juge de paix fera, avant l'apposition du scellé, la perquisition du testament dont l'existence sera annoncée ; et, s'il le trouve, il procédera ainsi qu'il est dit ci-dessus.

(Art. 917 C. proc. c.)

Par parties intéressées, il faut entendre toutes les personnes qui croient avoir intérêt à l'existence d'un testament, comme un parent, un ami, un serviteur, etc., et même un étranger qui alléguerait que le défunt lui a fait un legs.

(Carré et Chauveau, q. 30 ; — Thomine, n° 1082.)

Suivant d'autres auteurs, il n'y a pas de règles précises ; le Juge de paix a, sur ce point, pouvoir souverain d'appréciation.

Il n'est pas permis au Juge de paix, en dehors de toute réquisition, de procéder à la recherche d'un testament.

Aux jour et heure indiqués, sans qu'il soit besoin d'aucune assignation, les paquets trouvés cachetés seront présentés par le Juge de paix au Président du Tribunal de première instance, lequel en fera l'ouverture, en constatera l'état et en ordonnera le dépôt, si le contenu concerne la succession.

(Art. 918 C. proc. c.)

Si les paquets cachetés paraissent, par leur suscription ou par quelque autre preuve écrite, appartenir à des tiers, le Président du Tribunal ordonnera que ces tiers seront appelés dans un délai qu'il fixera, pour qu'ils puissent assister à l'ouverture ; il la fera au jour indiqué, en leur présence ou à leur défaut ; et si les paquets sont étrangers à la succession, il les leur remettra sans en faire connaître le contenu, ou les cachetera de nouveau pour leur être remis à leur première réquisition.

(Art. 919 C. proc. c.)

Si un testament est trouvé ouvert, le Juge de paix en constatera l'état et observera ce qui est prescrit en l'article 916 ci-dessus.

(Art. 920 C. proc. c.)

Si le papier trouvé est une expédition du testament par acte public, il n'est pas nécessaire d'en constater l'état, encore moins d'en ordonner le dépôt, puisque la minute est entre les mains d'un officier public. Le Juge de paix peut ordonner que cette expédition sera mise sous le scellé, ou qu'elle restera jusqu'à la levée, entre les mains du Greffier ou d'une autre personne, pour être communiquée jusque-là aux intéressés, et rapportée, lors de la levée, pour être inventoriée.

(Pigeau, 2, p. 590 ; — Carré, *Code des Juges de paix*, p. 522.)

Le Greffier doit assister le Juge de paix, dans son transport chez le Président, pour l'ouverture d'un testament et autres papiers cachetés.

(Art. 1040 C. proc. c. ; — Déc. minist., 27 septembre 1808.)

Les testaments et papiers cachetés doivent, après leur découverte, être remis au Greffier, qui en reste détenteur jusqu'à leur présentation au Président du Tribunal.

Les testaments et autres papiers cachetés ouverts sont remis au Greffier du Tribunal de première instance, qui en opère le dépôt dans les minutes du notaire désigné par le Président.

(Tarif, décret du 24 mai 1854, art. 1er, § 5.)

FORMULE.

Procès-verbal d'apposition de scellés d'office. — Testament. — Dépôt.

(Art. 916 et 917 C. proc. c.)

570. L'an.......

Nous.........

Informé que le sieur B...... est décédé, ce jour, à........, rue........, laissant plusieurs héritiers absents ;

En conformité de l'article 911 du Code de procédure civile, nous sommes transporté susdite rue........, pour procéder à l'apposition de nos scellés sur les meubles et effets dépendant de la succession dudit sieur A.......;

Arrivé sur les lieux, nous y avons rencontré la dame Louise C........, veuve A........., à laquelle nous avons fait part du motif de notre transport, et qui nous a répondu être prête à nous fournir toutes les indications nécessaires pour faciliter notre opération ;

Mais elle nous a requis, au préalable, de faire des perquisitions du testament que son mari lui a dit avoir fait depuis plusieurs années, et qu'elle suppose se trouver dans un secrétaire placé dans la chambre à coucher du défunt A..... ;

Obtempérant à cette réquisition, nous avons fait ouvrir le secrétaire en question, et, après une légère perquisition, nous avons trouvé, dans un tiroir à secret du milieu, une enveloppe carrée, cachetée de trois cachets à cire noire, et portant pour suscription ces mots : « *Ceci est mon testament* » (ou toute autre suscription.)

Nous avons paraphé cette enveloppe, avec ladite dame veuve A........, et à l'effet d'en opérer le dépôt, nous avons ordonné que nous nous transporterons le........, à.........., en l'hôtel de M. le président du Tribunal de première instance de........, la dame veuve A......., intimée de s'y trouver présente, si bon lui semble ;

Nous avons ensuite procédé à l'apposition de nos scellés de la manière suivante :

Le reste comme à la formule n° 531 : Apposition de scellés d'office.

(Signatures.)

Et, avenant ce jour.......,

Nous, Juge de paix.......,

En conformité de l'ordonnance par nous rendue ci-dessus, nous sommes transporté en l'hôtel de M. le président, sis à.........., où, étant arrivé, nous avons rencontré ce magistrat ;

La dame veuve A........, ne s'étant pas présentée, nous avons donné défaut contre elle ; — nous avons ensuite remis à M. le président le papier cacheté décrit dans notre procès-verbal ci dessus, et ce magistrat, après en avoir fait l'ouverture, a trouvé le testament du défunt A.........., dont il a pris lecture et dont il a ordonné le dépôt dans les minutes de M°......., notaire à....... ;

De tout quoi, nous avons fait et dressé le présent procès-verbal, qui, après lecture faite, a été signé par M. le président, ainsi que par nous et le Greffier.

NOTA. — Si le président décide que le testament sera déposé dans les minutes du notaire désigné, par les soins du Greffier de la Justice de paix, le procès-verbal d'ouverture ci-dessus devra mentionner cette circonstance et la description complète du testament.

---

§ III. - Bris de scellés.

(Art. 945 C. proc. c.)

OBSERVATIONS.

571. Lorsque le Juge de paix est informé qu'un scellé a

été brisé, il doit se transporter immédiatement sur les lieux pour constater l'altération du scellé.

Si cette altération paraît être le résultat de la malveillance, le Juge de paix constatera le corps du délit avec beaucoup d'exactitude, interpellera le gardien des scellés et prendra tous les renseignements possibles pour tâcher d'en découvrir l'auteur.

Il dressera du tout procès-verbal, dont une expédition sera transmise au Procureur de la République, avec les restes du scellé brisé, si cela est possible (1).

Si, au contraire, la malveillance paraît être étrangère au bris de scellés, le Juge de paix pourra se dispenser d'en aviser le parquet.

Si l'altération du scellé est constatée avant la levée des scellés, le scellé altéré sera immédiatement réapposé.

Ce procès-verbal se met à la suite du procès-verbal d'apposition.

Si, au contraire, l'altération est constatée au moment de la levée des scellés, le Juge de paix doit relever les faits, ainsi que nous venons de le dire, et passer outre à l'opération de levée des scellés et d'inventaire, s'il y a lieu.

FORMULE.

Procès-verbal de bris de scellés.

(Art. 915 C. proc. c.)

572. Et avenant, ce jour........;

Par-devant nous, Juge de paix, etc...........

A comparu :

Le sieur B..........

Lequel nous a dit et exposé ce qui suit :

Qu'ainsi que cela est constaté par notre procès-verbal ci-dessus, en date du........, il a été nommé gardien des scellés apposés après le décès *ou* la faillite du sieur A.......;

---

(1) Ce procès-verbal, de même que l'expédition, doivent être écrits sur papier libre, visé pour timbre *gratis*.

Que le scellé apposé par nous sur *tel* meuble, situé dans *telle pièce*, a été brisé par l'enfant du sieur A......, en retirant une chaise qu'il avait placée près de ce meuble;

Que, malgré toute l'attention qu'il donne à chaque instant auxdits scellés, il n'a pu empêcher le bris qui a eu lieu;

Que, dans ces circonstances, le comparant nous donne avis dudit bris de scellés pour que nous ayons à procéder ainsi que de droit;

Et après lecture faite de la présente réquisition, le comparant a signé.

(Signature du gardien des scellés.)

Vu la réquisition ci-dessus,

Nous, Juge de paix susdit et soussigné,

Ordonnons que nous nous transporterons immédiatement rue........, pour constater le bris du scellé en question, et procéder à la réapposition dudit scellé.

Fait à B........, les jour, mois et an que dessus.

(Signatures du Juge de paix et du Greffier.)

En conséquence de l'ordonnance par nous rendue ci-dessus, et sans divertir à d'autres actes, nous nous sommes transporté rue. .....; nous y avons rencontré le sieur B........, requérant, et le sieur D........;

Nous sommes entré dans........; nous avons remarqué que le scellé, dont il s'agit, apposé sur........, était brisé; et le sieur D....... nous a dit que le bris de ce scellé était le fait de l'enfant du sieur A......, ainsi que l'a déclaré le sieur B....... dans sa réquisition;

Nous avons constaté que (indiquer le meuble) était fermé; la clef ayant été remise par le Greffier, nous avons ouvert ce *meuble*, et tout nous a paru être dans le même état que lors de l'examen que nous en avons fait avant l'apposition des scellés;

Ce fait, nous avons réapposé un scellé sur... ...., après l'avoir fermé avec la clé qui a été remise au Greffier;

Il a été vaqué........, etc.;

De tout quoi......., etc.

§ IV. — Description sommaire.

OBSERVATIONS.

573. Si les effets mobiliers trouvés sont nécessaires à l'usage des personnes qui restent dans la maison, ou si les effets trouvés sont de si peu d'importance que les frais de scellés, d'inventaire avec prisée et de vente en absorberaient la valeur, le Juge de paix dresse un procès-verbal avec description sommaire.

(Art. 921 C. pr. c.)

Ce procès-verbal suffit pour constater la consistance du mobilier.

(Thomine, n° 1088 ; — Biret, t. II, p. 248 ; — Chauveau, q. 3094 ; — Rodière, p. 405.)

Les Juges de paix sont dans l'habitude de faire ajouter par les Greffiers, à l'état descriptif des meubles, une estimation détaillée. Les Greffiers qui se livrent à ces estimations, dans les lieux où il n'y a pas de commissaire-priseur, peuvent percevoir en même temps leurs vacations comme Greffiers et comme priseurs. Mais dans les lieux où il existe un commissaire-priseur, si le Greffier ajoute à la description une estimation, il ne peut évidemment prendre d'honoraires pour cette estimation, autrement il empiéterait sur les attributions des commissaires-priseurs.

Ce procès-verbal tient lieu d'inventaire ; la vente des effets décrits a lieu publiquement, sur l'ordonnance du Président du Tribunal.

Ce procès-verbal descriptif est soumis aux mêmes droits d'enregistrement que les procès-verbaux d'apposition et de levée de scellés.

Le procès-verbal de description sommaire équivaut à l'apposition des scellés, qu'il remplace ; aussi nécessite-t-il la déclaration prescrite par l'article 925 C. pr. c.

(V° notre *Journal des Greffiers*, année 1874, p. 279 et 290.)

FORMULE.

574. L'an... ....

Nous.........

Informé que le sieur A..., est décédé, le......., à....., rue...... et qu'il laisse des héritiers absents ;

En conformité de l'article 911 du C. pr. c., nous sommes transporté d'office au domicile du défunt A......, pour y procéder à l'apposition de nos scellés ;

Arrivé sur les lieux, nous avons rencontré le sieur X..., proche parent du défunt et un de ses héritiers, lequel nous a requis, vu la minime importance du mobilier délaissé par le défunt A..., et dans un but d'économie de frais, de vouloir bien ne pas apposer les scellés et de borner l'opération à une description dudit mobilier.

Sur quoi, nous, Juge de paix, après avoir d'abord constaté la présence du corps du défunt, qui est encore gisant sur un lit placé dans...., et après nous être assuré que le mobilier délaissé par le défunt A.... est de très minime importance, et qu'il n'est pas susceptible d'être mis sous les scellés, nous avons, conformément aux dispositions de l'article 924 du C. pr. c. et en présence dudit sieur X..., fait la description dudit mobilier comme il suit :

Rez-de-chaussée : Dans une chambre prenant jour, etc.. ..., nous avons décrit et laissé en évidence, etc......

(Le serment, la nomination du gardien et la clôture comme à la formule n° 529.)

Nota. — Si on demande qu'une estimation du mobilier soit faite, au § III, après le mot *description* on ajoutera : *estimative*.

Et à la fin du § IV, après les mots : *comme il suit*, on ajoutera ceux-ci : Auquel nous avons ajouté l'estimation faite par le Greffier de notre Justice de paix :

Rez-de-chaussée.... ....

Dans,.............

Un lit en bois de noyer, estimé cinquante francs, ci..........F.	50	»
Une table en bois de cerisier, estimée dix francs, ci............F.	10	»
Etc. etc...F.	»	»
Total de l'estimation.......................................F.	»	»

(Le surplus comme à la formule *suprà*, n° 529.)

§ V. — Carence.

(Art. 924 C. pr. c., § Ier.)

OBSERVATIONS.

575. Ce procès-verbal est celui par lequel un Juge de paix constate qu'il ne s'est trouvé, dans une maison, aucun effet mobilier susceptible d'être mis sous le scellé.

S'il n'y a aucun effet mobilier, le Juge de paix dresse un procès-verbal de carence.

(Art. 924 C. pr. c.)

Ce procès-verbal n'est soumis qu'au droit fixe de 1 franc d'enregistrement (aujourd'hui 1 franc 50) (Loi du 28 février 1872), quel que soit le temps employé à sa rédaction.

(Déc. min. fin., 8 octobre 1823.)

Le procès-verbal de carence équivaut à l'apposition des scellés, et nécessite la déclaration au Greffe du Tribunal civil prescrite par l'article 925 C. pr. c.

FORMULE.

Procès-verbal de carence.

576. L'an........., etc.....

Nous........, etc............

Informé que le sieur A.......... est décédé, le.... ..., à........, rue......, et qu'il laisse, pour recueillir sa succession, des héritiers mineurs dépourvus de tuteur, ou absents;

En conformité de l'article 911 C. pr. c., nous sommes transporté d'office au domicile du défunt A.............., pour y procéder à l'apposition de nos scellés;

Arrivé audit domicile, nous avons trouvé le sieur B.........., parent et l'un des héritiers du défunt A.........., auquel nous avons fait part du motif de notre transport, et qui nous a répondu que le défunt A.......... ne laisse aucun mobilier, à l'exception de ses vêtements, qui sont de peu de valeur, et qu'il est prêt à nous représenter;

Etant entré dans la chambre qu'occupait, de son vivant, ledit sieur A......, nous avons d'abord constaté la présence de son corps gisant sur un grand lit en bois de........, et après examen de ladite chambre, nous avons reconnu qu'il n'y avait d'autre meuble qu'un lit composé de.........., lequel a été réclamé par le sieur B........ comme étant sa propriété, l'ayant loué audit feu A.........., dont le corps repose sur ce même lit;

A l'égard de ses vêtements, en voici le détail :

....

Et attendu que ces effets sont d'une trop minime valeur pour qu'il soit nécessaire de les placer sous les scellés, nous avons dressé le présent procès-verbal de carence;

Il a été vaqué jusques à........;

De tout quoi, nous avons fait et dressé le présent procès-verbal, etc.

---

§ VI. — Des oppositions aux scellés.

(Art. 926 et 927 C. pr. c.)

577. Les oppositions aux scellés pourront être faites soit par une déclaration sur le procès-verbal de scellés, soit par exploit signifié au Greffier de la Justice de paix.

(Art. 926 C. pr. c.)

Il rentre dans les attributions du Greffier de recevoir seul, sans le concours du Juge de paix, l'opposition faite à la levée des scellés.

Les opposants ne pourront assister, soit en personne, soit par mandataire, qu'à la première vacation de la levée des scellés et de l'inventaire ; ils seront tenus de se faire représenter aux vacations suivantes par un seul mandataire pour tous, dont ils conviendront ; sinon, il sera nommé d'office par le *Juge* (1).

Si parmi ces mandataires se trouvent des avoués près le Tribunal de première instance du ressort, ils justifieront de leurs pouvoirs par la représentation du titre de leurs parties, et l'avoué le plus ancien, suivant l'ordre du tableau, des créanciers fondés en titre authentique, assitera de droit pour tous les opposants.

Si aucun des créanciers n'est fondé en titre authentique, l'avoué le plus ancien des opposants fondés en titre privé, assistera. L'ancienneté sera définitivement réglée à la première vacation.

(Art. 932 C. pr. c.)

Si l'un des opposants avait des intérêts différents de ceux des autres, ou des intérêts contraires, il pourra assister en personne ou par un mandataire particulier, à ses frais.

(Art. 933 C. pr. c.)

Les opposants, pour la conservation des droits de leurs dé-

---

(1) Par *juge*, contrairement à l'opinion de certains auteurs, nous sommes de l'avis de M. Carré, juge de paix à Paris, qui pense que c'est au Juge de paix et non au Président du Tribunal qu'appartient la désignation de ce mandataire.

biteurs, ne pourront assister à la première vacation, ni concourir au choix d'un mandataire commun pour les autres vacations.

(Art. 934 C. pr. c.)

C'est par mesure d'économie qu'il a été décidé que les opposants n'assisteraient qu'à la première vacation.

FORMULE.

Procès-verbal d'opposition à la levée des scellés.

(Cet acte se met à la suite du procès-verbal d'apposition de scellés.)

578. Et avenant ce jour, mardi treize mai mil huit cent soixante-quinze, à midi,

Par-devant nous......, Greffier de la Justice de paix du canton de,. .....,

Se sont présentés au prétoire, sis à........... :

1° Le sieur Jean Boué, garde-magasin, demeurant à........;

2° La dame Marguerite Boué, épouse du sieur Pierre X......., aubergiste, ladite dame, sans profession, demeurant et domiciliée avec ce dernier à......;

Et 3° ledit sieur X......, agissant aux fins de l'autorisation de sadite épouse, et aussi en raison des droits que sa qualité de mari lui confère sur les biens de celle-ci;

Agissant, lesdits sieur Jean Boué et la dame X....., en qualité d'habiles à se dire et porter seuls héritiers du sieur Joseph Boué, quand vivait épicier, décédé à.........., le........;

Lesquels nous ont exposé :

Qu'après le décès de la dame Marie Lafon, veuve du sieur Joseph Boué, les scellés ont été apposés, le......., au domicile de cette dernière, ainsi que cela est mentionné dans le procès-verbal qui précède;

Que la succession dudit sieur Joseph Boué se trouve confondue avec celle de ladite dame Marie Lafon, sa veuve, comme n'ayant pas encore été liquidée;

Que, dès lors, les comparants ont intérêt à ce que les scellés ne soient pas levés hors leur présence;

En conséquence, ils nous déclarent faire opposition à la levée desdits scellés, protestant contre toute opération qui serait faite hors leur présence;

Nous avons donné aux comparants, aux noms qu'ils agissent, acte de leur opposition;

De tout quoi, nous avons fait et dressé le présent procès-verbal, etc.

TITRE II.

DE LA LEVÉE DES SCELLÉS.

OBSERVATIONS GÉNÉRALES.

579. On appelle levée des scellés, l'acte par lequel le Juge de paix, après avoir reconnu que les scellés sont sains et entiers, ou, dans le cas contraire, après avoir constaté leur état, les rompt, afin de remettre les effets placés sous les scellés à la disposition des ayant-droit.

DIVISION EN QUATRE SECTIONS :

Première section.

De la levée des scellés après décès, 580 et s.

Deuxième section.

De la levée des scellés après faillite, 612 et s.

Troisième section.

De la levée des scellés dans certains cas particuliers :

1° En cas de séparation de biens, 615-616.

2° En cas de séparation de corps, 617-618.

3° En cas de demande en interdiction, 619-620.

4° En cas de saisie-exécution, 621.

5° En cas d'absence, 622-623.

6° En cas d'absence d'un militaire, 624-625.

Quatrième section.

Particularités :

1° Levée partielle des scellés, 626-627.

2° Levée des scellés lorsque les meubles ont été transportés dans un autre canton, 628-629.

3° Des successions vacantes, 630-631.

SECTION PREMIÈRE

DE LA LEVÉE DES SCELLÉS APRÈS DÉCÈS

—

580. *Délai.* — Le scellé ne pourra être levé et l'inventaire fait que trois jours après l'inhumation, s'il a été apposé auparavant, et trois jours après l'apposition, si elle a été faite depuis l'inhumation, à peine de nullité des procès-verbaux de levée de scellés et d'inventaire, et des dommages-intérêts contre ceux qui les auront faits et requis; le tout, à moins que pour des causes urgentes et dont il sera fait mention dans son ordonnance, il en soit autrement ordonné par le président du Tribunal de première instance. Dans ce cas, si les parties qui ont droit d'assister à la levée ne sont pas présentes, il sera appelé pour elles, tant à la levée qu'à l'inventaire, un notaire nommé d'office par le président.

(Art. 923 C. pr. c.)

Le délai de trois jours, prescrit pour la levée des scellés, est franc.

(Carré, *Juridict. des Just. de paix*, t. III, p. 29[illegible]; — Levasseur, *Man. des Jug. de paix*, t. II, p. 328; — Galisset, *Journ. des Just. de paix*, 185[illegible], p. 225.)

581. *Héritiers mineurs.* — Si les héritiers, ou quelques-uns d'eux, sont mineurs non émancipés il ne sera pas procédé à la levée des scellés qu'ils n'aient été préalablement pourvus de tuteurs ou émancipés.

(Art. 929 C. pr. c.)

582. *Droit de requérir la levée des scellés.* — Tous ceux qui ont droit de faire apposer les scellés pourront en requérir la levée, excepté ceux qui ne les ont fait apposer qu'en exécution de l'article 909, n° 3, C. pr. c. (1).

(Art. 930 C. pr. c.)

583. *Formalités.*—Les formalités pour parvenir à la levée des scellés sont :

1° Une réquisition à cet effet, consignée sur le procès-verbal du Juge de paix;

2° Une ordonnance du Juge, indicative des jour et heure où la levée sera faite;

3° Une sommation d'assister à cette levée faite au conjoint survivant, aux présomptifs héritiers, à l'exécuteur testamentaire, aux légataires universels et à titre universel, s'ils sont connus, et aux opposants.

Il ne sera pas besoin d'appeler les intéressés demeurant hors de la distance de cinq myriamètres, mais on appellera pour eux, à la levée et à l'inventaire, un notaire nommé d'office par le président du Tribunal de première instance.

Les opposants seront appelés aux domiciles par eux élus.

(Art. 931 C. proc. c.)

Les légataires à titre particulier ne seront appelés à la levée des scellés que sur leur demande, résultant de l'opposition qu'ils auront faite, en vertu des articles 926 et 927 C. proc. c.

La sommation dont il est question au § 3 de l'article 931 ci-dessus, est presque toujours inutile, les intéressés comparaissant volontairement.

584. *Des personnes qui peuvent assister à la levée des scellés.* — Le conjoint, l'exécuteur testamentaire, les héritiers, les légataires universels et ceux à titre universel, pourront assister à toutes les vacations de la levée du scellé et de l'inventaire, en personne ou par un mandataire.

Pour les opposants v° nos 577-578.

Le légataire universel saisi de plein droit, en vertu d'un

(1) Les personnes dont il est ici question sont les serviteurs et domestiques du défunt.

testament authentique, n'est pas obligé d'appeler les collatéraux à la levée des scellés.

Dijon, 30 frimaire an XII (S. 4. 2. 660; C. n. 1; — D. a. 6. 86); — *Sic*, Chauveau, Q. 3114 *bis*.

Il ne peut être procédé à la levée des scellés apposés sur les effets mobiliers d'une succession à laquelle a droit un militaire absent, qu'après l'accomplissement des formalité prescrites par la loi du 11 ventôse an II.

Poitiers 5 juillet 1826. (J. av. 31. 233)

L'enfant naturel, quoique non héritier, peut assister à la levée des scellés.

Paris, 11 fructidor an II (S. 4. 2. 31; — C. n. 1;) — *sic* Toullier, t. IV, n° 281

Lorsque les héritiers légitimes offrent une somme suffisante pour l'acquittement des legs, l'exécuteur testamentaire ne peut demander la levée des scellés, ni y assister.

Bruxelles, 16 mars 1811. (S. 12. 41; — C. n 3. — D. a. 6. 134.)

L'allégation de la possibilité d'un testament olographe ne suffit pas pour intervenir à la levée des scellés; il faut, pour intervenir à la levée comme pour requérir l'apposition, avoir des prétentions apparentes.

Bruxelles, 18 mai 1807. (S. 15. 2. 202; C. n. 2; - D. a. 11. 878.)

585. *Nomination des notaires et experts.* — Le conjoint commun en biens, les héritiers, l'exécuteur testamentaire et les légataires universels ou à titre universel, pourront convenir du choix d'un ou deux notaires et d'un ou deux commissaires-priseurs ou experts; s'ils n'en conviennent pas, il sera procédé, suivant la nature des objets, par un ou deux notaires, commisaires-priseurs ou experts, nommés d'office par le Président du Tribunal de première instance. Les experts prêteront serment devant le Juge de paix.

(Art. 935 C. proc. c.)

Le droit de procéder à la prisée ou estimation des meubles après décès, spécialement lors des inventaires, appartient exclusivement aux commissaires-priseurs, greffiers de Justice de paix, notaires et huissiers.

Il n'est pas permis aux simples particuliers de faire de semblables prisées; sauf le cas et à raison de la nature des objets, où il y aurait nécessité d'appeler des experts ayant des connaissances spéciales.

(V° notre *Journal des Greffiers*, p. 130, année 1874.)

Les Greffiers de Justice de paix peuvent, en même temps qu'ils rédigent le procès-verbal de la levée des scellés, procéder comme experts-priseurs à l'estimation des objets inventoriés.

(Décision du Garde-des-Sceaux, 6 avril 1835.)

586. *Forme du procès-verbal de levée de scellés et inventaire.* — Le procès-verbal de levée contiendra :

1° La date;

2° Les noms, profession, demeure et élection de domicile du requérant;

3° L'énonciation de l'ordonnance délivrée pour la levée;

4° L'énonciation de la sommation prescrite par l'article 931 C. pr. civ.;

5° Les comparution et dires des parties;

6° La nomination des notaires, commissaires-priseurs et experts qui doivent opérer;

7° La reconnaissance des scellés, s'ils sont sains et entiers; s'ils ne le sont pas, l'état des altérations, sauf à se pourvoir, ainsi qu'il appartiendra, pour raison desdites altérations;

8° Les réquisitions à fins de perquisitions, le résultat desdites perquisitions, et toutes autres demandes sur lesquelles il y aura lieu de statuer.

(Art. 936 C. pr. civ.)

Les scellés seront levés successivement et au fur et à mesure de la confection de l'inventaire : ils seront réapposés à la fin de chaque vacation.

(Art. 937 C. pr. c.)

On pourra réunir les objets de même nature pour être inventoriés successivement suivant leur ordre; ils seront, dans ce cas, replacés sous les scellés.

(Art. 938 C. pr. c.)

S'il est trouvé des objets et papiers étrangers à la succession et réclamés par des tiers, ils seront remis à qui il appartiendra; s'ils ne peuvent être remis à l'instant, et qu'il soit nécessaire d'en faire la description, elle sera faite sur le procès-verbal de scellés, et non sur l'inventaire.

(Art. 939 C. pr. c.)

Si la cause de l'apposition des scellés cesse avant qu'ils soient levés, ou pendant le cours de leur levée, ils seront levés sans description.

(Art. 940 C. pr. civ.)

Le Juge de paix doit, malgré la demande ou le consentement de tous les héritiers, se refuser à lever les scellés sans description ni inventaire, lorsque au nombre de ces héritiers se trouve un mineur, même émancipé, et cela bien que celui-ci soit assisté de son père, administrateur de ses biens, ou son curateur.

Metz, 18 mars 1852. — (S. V. 52. 2. 615; — P. 52. 2. 189; — D. p. 53. 2. 14;) — Sic. Bioche, vo *Scellé*, no 91.

587. *Clôture simultanée du procès-verbal de levée de scellés et de l'inventaire.* — La clôture du procès-verbal de levée de scellés ne peut être requise et effectuée qu'avec la clôture de l'inventaire.

Ainsi, un notaire ne peut, même du consentement des parties, emporter les papiers d'une succession pour en faire l'inventaire dans son étude, lorsqu'il y a des mineurs même émancipés, des interdits, des absents même représentés par un notaire, des héritiers bénéficiaires ou n'ayant pas pris qualité.

588. *Apposition des scellés pendant et après la confection de l'inventaire.*— Lorsque l'inventaire sera parachevé, les scellés ne pourront être apposés, à moins que l'inventaire ne soit attaqué et qu'il ne soit ainsi ordonné par le Président du Tribunal.

Si l'apposition des scellés est requise pendant le cours de l'inventaire, les scellés ne seront apposés que sur les objets non inventoriés.

(Art. 923 C. proc. c.)

Les scellés peuvent être levés en l'absence du gardien.

589. *Délai pour faire inventaire et délibérer.* — L'héritier a trois mois pour faire inventaire, à compter du jour de l'ouverture de la succession;

Il a de plus, pour délibérer sur son acceptation ou sur sa renonciation, un délai de quarante jours, qui commenceront à courir du jour de l'expiration des trois mois donnés pour l'inventaire, ou du jour de la clôture de l'inventaire, s'il a été terminé avant les trois mois.

(Art. 795 C. c.)

Si cependant il existe dans la succession des objets susceptibles de dépérir ou dispendieux à conserver, l'héritier peut, en sa qualité d'habile à succéder, et sans qu'on puisse en induire de sa part une acceptation, se faire autoriser par Justice à procéder à la vente de ces effets.

Cette vente doit être faite par un officier public, après les affiches et publications réglées par les lois sur la procédure.

(Art. 796 C. c.)

Pendant la durée des délais pour faire inventaire et pour délibérer, l'héritier ne peut être contraint à prendre qualité, et il ne peut être obtenu contre lui de condamnation.

(Art. 797 C. c.)

590. *Procuration.* — Si la levée des scellés a lieu sans description, les procurations sous-signatures privées ou délivrées en brevet par les notaires demeurent annexées au procès-verbal.

Si, au contraire, la levée des scellés est suivie d'inventaire, c'est à l'inventaire que les procurations doivent rester annexées.

(Cir. Just. 3 avril 1827; — *Sic* nombreuses décisions judiciaires.)

591. *Expédition du procès-verbal d'apposition de scellés.* — Le Greffier ne pourra délivrer d'expéditions entières des procès-verbaux d'apposition et de levée de scellés qu'autant qu'il en sera expressément requis par écrit; mais il sera tenu de délivrer les extraits qui lui seront demandés.

(Vo *suprà*, no 524, pour l'expédition à donner au gardien.)

592. *Enregistrement.* (Vo nos 810 et s.)

NOMENCLATURE DES CAS DE LEVÉE DE SCELLÉS APRÈS DÉCÈS.

593. 1° Lorsque le conjoint prétend avoir droit à la succession de son conjoint décédé ;

2° Lorsque dans une succession il y a des absents, des mineurs et des interdits ;

3° Lorsque l'Etat prétend à la succession à défaut d'héritiers ;

4° Lorsque le défunt était dépositaire public ;

5° Lorsque le défunt était un officier supérieur ;

6° Lorsque le défunt était un évêque ou un archevêque ;

7° Lorsque le défunt était titulaire d'une cure ;

8° Lorsque les créanciers ont requis l'apposition ;

9° De la levée des scellés sans inventaire ;

10° De la levée des scellés avec ordonnance pour faire sommer les héritiers.

---

§ Ier. — De la levée des scellés, suivie d'inventaire, lorsque le conjoint prétend avoir droit à la succession de son conjoint décédé.

(Art. 769 C. c.)

OBSERVATIONS.

594. Le conjoint qui prétend droit à la succession de son conjoint décédé, après avoir fait apposer les scellés, doit les faire lever dans les trois mois de la date du décès, et faire faire inventaire.

(Art. 769 C. c.)

FORMULE.

595. L'an.......

Par-devant nous.. ..

S'est présentée.......

La dame.........

Laquelle comparante nous a exposé :

Que ledit sieur A........., son mari, est décédé, le........, en leur domicile commun, situé à........., sans laisser de parents au degré successible, ni d'enfant naturel ; que, par suite, la succession de ce dernier appartient à l'exposante, aux termes de l'art. 767 C. c. ;

Que la comparante, désirant vêtir les dispositions de l'article 769 du même Code, qui lui imposent l'obligation de faire faire inventaire dans les formes prescrites pour l'acceptation des successions sous bénéfice d'inventaire, nous requiert de fixer les jour et heure où il nous plaira procéder à la levée, avec description, des scellés que nous avons apposés au domicile de son défunt mari, suivant notre procès-verbal, en date du........ ;

Et, après lecture, la comparante a signé.

(Signature.)

Vu la réquisition ci-dessus et les dispositions de l'article 769 du Code civil ;

Nous, Juge de paix susdit et soussigné,

Ordonnons que nous nous transporterons immédiatement, *ou* le.........., commune de.........., au domicile du défunt A........, pour procéder, avec description, à la levée des scellés que nous y avons apposés ;

Et, après lecture, nous avons signé avec le Greffier.

(Signatures.)

En conformité de l'ordonnance par nous rendue ci-dessus et *sans désemparer*, ou le........, à........ heures, nous nous sommes transporté au domicile sus-indiqué du défunt A........, pour procéder, avec description, à la levée des scellés qui y ont été apposés ;

Arrivé sur les lieux, nous avons rencontré la requérante, le sieur X........., gardien des scellés, et M°........, notaire, chargé de la confection de l'inventaire,

Et, en leur présence, nous avons procédé comme suit :

Nous avons d'abord reconnu sains et entiers, et, comme tels levé les scellés apposés, au rez-de-chaussée, sur un armoire, dont la clef a été remise par le Greffier; et ce meuble ayant été ouvert, il a été fait inventaire de son contenu, sous la prisée de M°.........., Greffier de ladite Justice de paix ;

Nous avons ensuite fait le récollement des objets décrits et laissés en évidence dans le même appartement, et ces objets ayant été trouvés tels qu'ils ont été décrits et portés au procès-verbal d'apposition de scellés, ont également été prisés et inventoriés ;

Et attendu que la vacation est terminée et que l'inventaire n'est pas achevé, nous avons renvoyé la continuation de l'opération à........, toutes parties intimées de s'y trouver présentes ;

Il a été vaqué jusques à........,

De tout quoi, etc.

(Signatures.)

Et advenant ce jour........,

Nous, Juge de paix susdit et soussigné ;

En conformité de l'ajournement porté dans le procès-verbal qui précède,

Nous sommes transporté dans la maison sus-désignée, sise à.........., où, étant arrivé nous avons trouvé les requérants et les autres personnes denommées dans ledit procès-verbal, et, en leur présence, nous avons continué l'opération comme suit :

Premier étage.

Dans une chambre, éclairée par deux fenêtres sur un jardin,

Nous avons fait le recollement des objets qui y ont été laissés en évidence, et les ayant trouvés tels qu'ils ont été décrits dans notre procès-verbal de scellés, Me........, notaire, sous la prisée de........, en a fait l'inventaire;

Nous avons ensuite reconnu sains, et entiers et comme tels levé les scellés apposés sur : 1o........; 2o........; 3o........; ces meubles ayant été ouverts avec les clefs qui ont été remises par le Greffier, les effets qu'ils contenaient ont été inventoriés à mesure de ladite levée des scellés.

Si l'inventaire n'est pas terminé et qu'il y ait lieu à ajournement, on procédera comme à la fin de la première séance.

Si, au contraire, l'inventaire est achevé, on terminera ainsi :

Et, attendu que l'inventaire est terminé, et qu'il n'y a plus lieu à apposition de scellés, nous avons déchargé le gardien des scellés de la garde à lui confiée et le Greffier de celle des clés ;

Il a été vaqué jusques à..........;

De tout quoi, etc.

Nota. — Autre manière plus simple de procéder au recollement et à la levée des scellés, mais moins conforme aux prescriptions de la loi :

Au paragraphe *Premier étage*, etc., on pourrait dire .

Nous avons reconnu sains et entiers, et comme tels levé les scellés apposés dans le présent domicile; nous avons ensuite fait le recollement des objets décrits et laissés en évidence, et ayant trouvé le tout tel que cela est porté à notre procès-verbal d'apposition de scellés, Me......., notaire à......... sous la prisée de......, a commencé l'inventaire;

Et attendu que l'opération n'est pas terminée, nous avons réapposé les scellés ci-avant levés sur......, et la continuation de l'inventaire a été renvoyée à...., etc.

---

§ II. — De la levée des scellés suivie d'inventaire, lorsque parmi les héritiers se trouvent des mineurs, des interdits et des absents.

OBSERVATIONS.

596. Si les héritiers ou quelques-uns d'eux sont mineurs non émancipés, il ne sera pas procédé à la levée des scellés qu'ils n'aient été, ou préalablement pourvus de tuteurs, ou émancipés.

(Art. 929 C. proc. c.)

Les mineurs devront aussi être pourvus de subrogés-tuteurs, la levée des scellés et l'inventaire devant être faits en leur présence, aux termes de l'article 451 C. c.

Les mineurs émancipés devront aussi être pourvus de curateurs, car ils ne pourraient assister seuls à la levée des scellés et à l'inventaire.

Les femmes mineures émancipées par mariage ont pour curateur leur mari.

Les interdits étant assimilés aux mineurs, aux termes de l'article 509 C. c., ils doivent, comme ces derniers, être pourvus de tuteurs et de subrogés-tuteurs avant la levée des scellés et l'inventaire.

Les intéressés demeurant hors la distance de cinq myriamètres seront représentés à la levée des scellés et à l'inventaire par un notaire nommé d'office par le Président du Tribunal de première instance.

(Art. 931 C. proc. c.)

FORMULE.

597. L'an........

Par-devant nous......, Juge de paix...............

Ont comparu :

1° Le sieur A...., agissant au nom et en qualité de tuteur de Jean B...., enfant mineur, né du mariage de..... et de....., tous deux décédés ;

Qualité qui lui a été conférée suivant délibération du conseil de famille dudit mineur, prise devant cette Justice de paix, le... ......(enregistrée) ;

2° Le sieur C...., agissant en qualité de tuteur de Pierre B...., demeurant à.........., interdit, suivant jugement rendu par le Tribunal de première instance de.........., ledit jugement enregistré et ayant acquis l'autorité de la chose jugée ;

Ladite qualité de tuteur ayant été conférée audit sieur C...., suivant délibération du conseil de famille dudit sieur Pierre B...., prise, le...., devant la Justice de paix du canton de....... (enregistrée) ;

Agissant, ledit mineur Jean B...., le sieur Pierre B...., interdit, et le sieur

Adolphe B. ..., dont il sera ci-après parlé, tous les trois frères germains, héritiers chacun pour un tiers, du sieur Félix B....., leur oncle, propriétaire, décédé en son domicile, à......, le......, par représentation du sieur Raymond B...., leur père, décédé, frère du *de cujus*; le tout ainsi que cela résulte d'un acte de notoriété dressé par nous, le....., ou par Me...., notaire à..... (enregistré);

Lesquels comparants nous ont exposé :

Qu'après le décès dudit sieur Félix B.. .., les scellés ont été par nous apposés à son domicile sur les meubles et effets qui composent sa succession;

Que les comparants, désirant, pour se conformer aux prescriptions de la loi, faire procéder à un inventaire régulier des meubles, effets mobiliers et valeurs diverses qui composent la succession du défunt Félix B.... , nous requièrent de fixer les jour et heure où il nous plaira procéder à la levée avec description des scellés par nous apposés au domicile de ce dernier;

Et, après lecture, les comparants ont signé. (Signatures.)

Vu la réquisition ci-dessus, et y faisant droit,

Nous Juge de paix susdit et soussigné,

Ordonnons que nous nous transporterons, le......, à...... heures, au domicile du défunt Félix B.. .., situé à........, pour procéder à la levée, avec description, des scellés qui y ont été apposés, à la charge par les requérants d'y faire trouver tous ayant-droit.

Fait à..........., le............ (Signatures.)

Et avenant ce jour, 20 mai 1874, à.........,

Nous, Juge de paix susdit et soussigné,

En conformité de l'ordonnance par nous rendue ci-dessus,

Nous sommes transporté susdite commune de......., au domicile du défunt Félix B......;

Arrivé sur les lieux, nous avons trouvé :

1° Les requérants;

2° Le sieur........, subrogé-tuteur dudit mineur Jean B........, qualité qui lui a été conférée et qu'il a acceptée par la délibération sus-visée du.........;

3° Le sieur......., subrogé-tuteur dudit sieur Pierre B........, interdit, qualité qui lui a été conférée et qu'il a acceptée par la délibération également sus-visée du........;

4° Me........, notaire à........, désigné, par ordonnance de M. le Président du Tribunal de première instance de........, en date du......... (enregistrée), à l'effet de représenter le sieur Adolphe B......, demeurant actuellement à Alger;

5° Le sieur........, gardien des scellés;

Et 6° Me........, notaire à........, et Me........, commissaire-priseur, agréés l'un et l'autre par les parties, le premier pour procéder à la confection de l'inventaire et le second à la prisée des objets qui y seront sujets;

Et, en présence des sus-nommés, nous avons procédé comme suit :

(Ve pour le surplus *suprà*, formule n° 505.)

§ III. — De la levée des scellés suivie d'inventaire lorsque l'État prétend droit à la succession à défaut d'héritiers.

(Art. 769 C. c)

OBSERVATIONS.

598. L'administration des Domaines, qui prétend droit à la succession d'une personne décédée, est tenue de faire lever les scellés et de faire faire inventaire.

(Art. 769 C. c.)

FORMULE.

599. L'an....... ....

Par-devant nous.......

A comparu............

Le sieur........., receveur de l'enregistrement de.........,

Agissant au nom de l'administration de l'Enregistrement et des Domaines;

Lequel comparant nous a exposé :

Que le sieur A........ est décédé, le......, en son domicile situé à........, sans laisser ni parents au degré successible, ni enfant naturel, ni veuve;

Que, par suite, sa succession est acquise à l'État, aux termes de l'article 768 C. c.;

Que le comparant, au nom qu'il agit, désirant........;

(Le surplus comme à la formule *suprà*, n° 595.)

§ IV. — De la levée des scellés après le décès d'un dépositaire public : un Greffier de Justice de paix.

OBSERVATIONS.

600. Les héritiers feront procéder à la levée des scellés apposés sur les registres et minutes du Greffe aussitôt la nomination du nouveau titulaire ou d'un Greffier provisoire.

La levée des scellés sera suivie d'une énumération faite sur le procès-verbal de levée des scellés des registres, répertoires et minutes se trouvant dans le greffe ou dans tout autre local fourni par la municipalité locale pour recevoir en dépôt les registres et minutes du Greffe de la Justice de paix.

L'état des registres et répertoires sera indiqué, et s'il manque des minutes, cela sera également mentionné.

Remise sera faite des minutes et registres au nouveau titulaire ou au Greffier provisoire, qui en donnera décharge sur le procès-verbal.

Le procès-verbal de levée de scellés est écrit sur timbre et enregistré gratis.

(*Instruction de la Régie*, nos 1769 et 2361, § 5.)

FORMULE.

—

Procès-verbal de levée de scellés après le décès d'un Greffier.

(Loi du 25 ventôse an X, art. 61.)

601. L'an.... ....

Par-devant nous.... ....

Ont comparu.......

Les sieurs...........

Lesquels nous ont exposé ce qui suit :

Qu'après le décès de Me... ...., arrivé, le........ à........ rue, ..., les scellés ont été apposés d'office, dans un intérêt public, sur les minutes, livres et papiers afférents à son office de Greffier de la présente Justice de paix ;

Que les comparants, désirant, en leur qualité de seuls habiles à se dire et porter héritiers dudit feu......., faire procéder à la levée des scellés apposés sur les minutes et papiers composant le dépôt dont était chargé ce dernier, nous requièrent de fixer les jour et heure où il nous plaira procéder à cette opération ;

Et, après lecture, les comparants ont signé. (Signatures.)

Vu la requisition ci-dessus, et y faisant droit,

Nous, Juge de paix susdit et soussigné,

Ordonnons que nous nous transporterons immédiatement au Greffe de ladite Justice de paix, situé à........, pour procéder à la levée, avec description, des scellés qui ont été apposés sur les minutes, papiers et registres composant le dépôt confié à Me ......, à la charge par les requérants de faire trouver à cette opération le Greffier provisoire ou le nouveau Greffier de ladite Justice de paix.

Et, après lecture, nous avons signé avec le Greffier provisoire,

(Signatures.)

En conformité de l'ordonnance par nous rendue ci-dessus, et sans divertir à d'autres actes,

Nous, Juge de paix susdit et soussigné,

Nous sommes transporté à......., rue......, où est situé le Greffe de ladite Justice de paix, pour procéder à ladite opération ;

Étant arrivé, nous y avons rencontré les requérants et le sieur......., Greffier provisoire *ou* titulaire,

Et en la présence des sus-nommés, nous avons procédé comme suit :

Nous avons reconnu sains et entiers, et comme tels, levé les scellés apposés extérieurement sur la porte du greffe, situé au rez-de-chaussée de ladite maison, où il prend jour par une fenêtre sur la voie publique ; la dite porte ayant été ouverte avec la clé qui a été remise par le Greffier provisoire, nous sommes entré, et après examen nous avons constaté qu'il existe dans ledit greffe, comme dépendant du dépôt confié audit Me......, les objet suivants :

Minutes........

(Énumérer les années et dire si elles sont complètes.)

Répertoires et registres........

(Décrire les registres et dire dans quel état ils se trouvent.)

Notre opération étant terminée, nous avons remis les minutes, registres et autres documents qui viennent d'être inventoriés au sieur......., Greffier provisoire *ou* titulaire, qui le reconnait, s'en charge et en donne décharge auxdits sieurs......, héritiers du défunt......,précédent Greffier ;

Nous avons, en outre, déchargé le gardien des scellés de la garde à lui confiée,et le Greffier provisoire de celle des clés.

Il a été vaqué........

De tout quoi, nous avons fait et dressé le présent procès-verbal, qui, après lecture faite, a été signé par les comparants, ainsi que par nous et le Greffier.

Fait à....... les jour, mois et an que dessus.

Nota. — Ce procès-verbal peut servir de modèle pour la levée des scellés apposés après le décès de tous autres dépositaires publics.

Ce procès-verbal est écrit sur timbre et enregistré gratis.

(*Instruction de la Régie*, 1769 et 2361, § 5.—V° l'Apposition *suprà*, n°s 534 et 535.)

§ V. — De la levée des scellés après le décès des officiers généraux ou supérieurs, etc.

OBSERVATIONS.

(Art. 2 et 3 du décret du 13 nivôse an X.)

602. La levée des scellés aura lieu en présence ou à la

requête de l'officier qui devra être nommé, dans les dix jours de l'avis qu'il en aura reçu, par le général commandant la division.

L'inventaire ne devra contenir que les papiers, cartes, plans et mémoires militaires appartenant au gouvernement.

Ces objets, ainsi inventoriés, seront remis audit officier, sur son reçu. Il sera rendu compte au ministre de la guerre de ceux de ces objets qui appartiennent en propre au décédé. L'estimation en sera faite et la valeur en sera acquittée, à qui de droit, sur les fonds affectés au dépôt de la guerre. Le surplus desdits objets provenant du défunt sera délivré, de suite et sans frais, à ses héritiers ou ayant-droit.

Expéditions de l'inventaire et du reçu de l'officier seront adressées au Ministre de la guerre.

Les frais dus au Greffier pour ses vacations et ses rôles d'expédition sont acquittés sur les fonds affectés au dépôt de la guerre. A cet effet, le Greffier délivre deux états de frais qui sont rédigés l'un sur papier libre et l'autre sur papier timbré; ces états et deux expéditions du procès-verbal de levée de scellés, faites sur papier visé pour timbre gratis, sont remis dûment visés par le Juge de paix au payeur, qui effectue le payement des frais dus.

Le procès-verbal de la levée des scellés est aussi écrit sur timbre et enregistré gratis.

FORMULE.

603. L'an..........

Par-devant nous........

S'est présenté..........

Le sieur...............

Agissant comme habile à se dire et porter seul et unique héritier de M....., son père, colonel en activité ou en retraite, décédé à....., rue....., le......,

Lequel comparant nous a exposé :

Qu'après le décès dudit sieur......, son père, et le......, il a été par nous procédé à l'apposition des scellés sur les papiers militaires qui étaient en la possession dudit sieur......., son père, et qui intéressent l'État, et ce, conformément à l'article 1er du décret du 13 nivôse an X ;

Que le comparant, désirant qu'il soit procédé à la levée des scellés et à l'inventaire des papiers et de tous autres documents relatifs à la profession militaire dudit feu........, son père, nous requiert de fixer les jour et heure où il nous plaira procéder à cette opération ;

Et, après lecture, le comparant a signé.

(Signature.)

Vu la réquisition ci-dessus et les dispositions du décret du 13 nivôse an X,

Nous, Juge de paix susdit et soussigné,

Ordonnons que nous nous transporterons, le....., au domicile du défunt...., pour procéder à la levée des scellés et à l'inventaire des papiers militaires dont s'agit, à la charge toutefois par le requérant d'y faire trouver l'officier désigné par le général commandant la division, à l'effet d'être témoin à ladite levée de scellés et à l'inventaire des objets ci-dessus mentionnés.

Fait à......., les jour, mois et an que dessus.

(Signatures du Juge et du Greffier.)

Avenant ce jour.......

Nous, Juge de paix, susdit et soussigné,

En conformité de l'ordonnance par nous rendue ci-dessus, nous sommes transporté au domicile du défunt........, situé à......., rue........, pour procéder aux opérationn ordonnées ;

Étant arrivé, nous y avons rencontré le requérant et M........, chef d'escadron attaché à l'état-major de la 11e division militaire, délégué par le général commandant ladite division, pour assister audit inventaire ;

Et en présence des sus-nommés, nous avons procédé de la manière suivante :

Nous avons reconnu sains et entiers et comme tels, levé les scellés apposés sur les deux portes d'un cabinet de travail situé au premier étage et prenant jour sur........ par........;

Ces portes ayant été ouvertes avec les clefs qui ont été remises par le Greffier, nous sommes entré dans ladite pièce, et vérification faite des papiers délaissés par le défunt, il a été reconnu que les papiers et autres documents pouvant intéresser le Gouvernement sont les suivants.......;

Nous avons aussitôt remis à M....., qui le reconnaît, s'en charge et nous en a délivré un reçu, lesdits papiers et documents ci-avant inventoriés.

Notre opération étant terminée, nous avons déchargé le gardien de la garde à lui confiée et le Greffier de celle des clés ;

Il a été vaqué........

De tout quoi, nous avons fait et dressé le présent procès-verbal, qui, après lecture faite, a été signé par les comparants, ainsi que par nous et le Greffier.

Fait à........, les jour, mois et an que dessus.

(Vº l'Apposition *suprà*, nos 536 et 537.)

§ VI. — De la levée des scellés apposés, en vertu de l'article 37 du décret du 6 novembre 1813, dans les palais ou autres maisons occupés par un archevêque ou par un évêque décédé.

—

OBSERVATIONS.

604. Les scellés seront levés, et les inventaires faits, à la requête du commissaire à la vacance nommée par ordonnance du Président du Tribunal de première instance, et en présence des héritiers, ou eux dûment appelés, ou à la requête des héritiers, en présence du commissaire.

(Art. 39, décret du 6 novembre 1813.)

Le Juge de paix dressera procès-verbal des biens de la mense avant de les remettre au successeur du défunt. Ce procès-verbal constatera la remise de tous les effets mobiliers, ainsi que de tous titres, papiers et documents concernant la mense, et que les registres du commissaire ont été arrêtés par le Juge de paix.

(Art. 46, même décret.)

— —

FORMULE.

—

605. L'an.......

Par-devant nous.........

S'est présenté........

Le sieur.........

Agissant au nom et en qualité de commissaire à la vacance des biens de.....,

Lequel nous a exposé :

Que, par ordonnance rendue par M. le Président du Tribunal de première instance de......., en date du........, enregistrée et demeurée ci-annexée, il a été nommé curateur à vacance pour veiller à la conservation des droits de la mense et notamment pour faire constater l'état des réparations qui peuvent être à la charge de la succession de Monseigneur......., évêque ou archevêque, décédé à.......;

Que le comparant désirant, en sadite qualité, faire procéder à la levée des scellés et à l'inventaire des biens et droits dépendant de ladite mense, nous requiert de fixer les jour et heure où il nous plaira procéder à cette opération.

(Le surplus comme à la formule n° 603.)

NOTA. — Ce procès-verbal est écrit sur timbre et enregistré gratis.

(Solution de la Régie, 8 juillet 1868. — V° *suprà*, nos 538 et 539, l'Apposition.)

§ VII. — De la levée des scellés apposés, en vertu de l'article 16 du décret du 6 novembre 1813, dans les bâtiments occupés par le titulaire d'une cure, décédé.

OBSERVATIONS.

606. Les scellés seront levés, soit à la requête des héritiers, en présence du trésorier de la fabrique, soit à la requête du trésorier de la fabrique, en y appelant les héritiers.

Il sera procédé par le Juge de paix, en présence des héritiers et du trésorier, au recollement du précédent inventaire, contenant l'état de la partie du mobilier et les ustensiles dépendant de la cure, ainsi que des titres et papiers la concernant.

Expédition de l'acte de recollement sera délivrée au trésorier par le Juge de paix, avec la remise des titres et papiers dépendant de la cure.

Le Greffier n'a droit qu'au seul remboursement du papier timbré par lui employé pour la minute du procès-verbal d'apposition et de levée de scellés, et pour l'expédition.

(Art. 17, 18 et 19 du susdit décret du 6 novembre 1813.)

FORMULE.

607. L'an..........

Par-devant nous.........

A comparu..........

Le sieur....... ....

Agissant en qualité de trésorier de la fabrique de l'église de......

Lequel comparant nous a exposé ce qui suit :

Qu'après le décès arrivé, le......., à......., de M. l'abbé......., curé de la paroisse de......., les scellés ont été apposés au domicile de ce dernier ;

Que le comparant, désirant, conformément aux dispositions des articles 17 et 18 du décret du 6 novembre 1813, faire procéder à la levée desdits scellés, nous requiert de fixer les jour et heure où il nous plaira procéder à cette opération ;

Et, après lecture, le comparant a signé.

(Signature du requérant.)

Vu la réquisition ci-dessus et les dispositions du décret sus-visé du 6 novembre 1813,

Nous, Juge de paix susdit et soussigné,

Ordonnons que nous nous transporterons, le........., à la cure de l'église de........., sise à......., pour procéder à la levée des scellés dont s'agit, à la charge toutefois d'y faire trouver tous héritiers du défunt.

Fait à......, les jour, mois et an que dessus.

(Signatures du Juge et du Greffier.)

Avenant ce jour.......

Nous, Juge de paix susdit et soussigné,

En conformité de l'ordonnance par nous rendue ci-dessus, le.......

Nous sommes transporté susdite rue........, à la cure de ladite paroisse de..... pour procéder aux opérations dont s'agit ;

Arrivé à ladite cure, nous y avons rencontré :1° le requérant; 2° le sieur....; 3° le sieur.......; et 4° la dame veuve C......., ces trois derniers neveux du défunt et ses seuls et uniques héritiers;

Et en la présence des sus-nommés, nous avons procédé comme suit :

Nous avons d'abord reconnu sains et entiers, et comme tels, levé les scellés apposés sur un secrétaire en bois de noyer placé dans......, et après avoir ouvert ce meuble avec la clé qui a été remise par le Greffier, nous y avons trouvé les titres et papiers ci-après, qui appartiennent à la fabrique, et qui consistent en : un titre de rente de ...... etc. ;

Nous avons ensuite, dans ladite cure, fait le recollement et la description des objets et effets ci-après, appartenant également à la fabrique, et qui sont les suivants :

1° Un tableau à l'huile représentant la Naissance du Sauveur;

2° Un autre tableau à l'huile représentant la Sainte-Vierge, etc.

Notre opération étant terminée, nous avons remis au sieur......, trésorier de ladite fabrique, lequel le reconnaît et nous en donne décharge, les titres, papiers, meubles et effets ci-avant inventoriés, appartenant à ladite fabrique;

Nous avons ensuite déchargé le gardien des scellés de la garde à lui confiée et le Greffier de celle des clés.

Il a été vaqué jusques à........;

De tout quoi, nous avons fait et dressé le présent procès-verbal, qui, après lecture faite, a été signé par les comparants, nous et le Greffier.

Fait à....... etc.

(Signatures.)

NOTA. — Ce procès-verbal est écrit sur timbre et enregistré gratis.

(Solution de la Régie, 8 juillet 1868. — V° *suprà* n°s 540 et 541, l'Apposition.)

---

§ VIII.

Procès-verbal de levée de scellés après décès : — plusieurs héritiers, — créanciers opposants, — mineurs. — Délibération entachée de nullité, — sursis, — référé.

(Art. 930 C. pr. c.)

608. L'an mil huit cent soixante quinze, et le........., à ....heures du.............

Par-devant nous........., Juge de paix du canton de.........., assisté de M°........., Greffier de ladite Justice de paix,

S'est présenté en notre prétoire, sis à..........

Le sieur M......., demeurant et domicilié à........

Agissant au nom et en qualité de mandataire :

1° De la dame........, veuve du sieur A......, sans profession, demeurant et domiciliée à.........;

Agissant, cette dame, en qualité de tutrice naturelle et légale du mineur Pierre A....., né à....., le....., issu de son mariage avec le sieur A......., décédé à......., le..........;

2° Du sieur B......., demeurant et domicilié à..........;

3° De la dame........, épouse du sieur C......., et de celui-ci, demeurant et domiciliés ensemble à............ ;

4° Du sieur D......... ;

Aux termes d'une procuration sous signature privée, en date à..........., du.........., enregistrée le..........., f°........ v°........., c°........, par.........., qui a reçu......... ;

Cette procuration est demeurée annexée à un acte de notoriété dont il sera ci-après parlé;

Agissant, la dame C......., les sieurs B...... et D........, et le mineur Pierre A.........., comme seuls héritiers de la dame E......., décédée, veuve du sieur F.... ...,

Savoir : la dame C......., pour quatre huitièmes; le sieur B......., pour deux huitièmes; le sieur D....., pour un huitième, et le mineur Pierre A...., pour un huitième.

Ainsi que cela est constaté par un acte de notoriété dressé, le....., par Me......., second suppléant de ladite Justice de paix (enregistré.)

Agissant, le sieur C......, tant à cause des droits que sa qualité de mari peut lui conférer sur les biens de son épouse, que pour l'autoriser;

Lesquels comparants nous ont dit et exposé ce qui suit :

Qu'après le décès de la dame E. Ve F...le.... les scellés ont été apposés par nous, sur les meubles et effets dépendant de la succession de cette dernière;

Que les héritiers de ladite dame, voulant faire procéder à un inventaire régulier des biens composant la succession de cette dernière, nous requièrent de fixer les jour et heure où nous pourrons nous transporter à.........., pour procéder à la levée desdits scellés;

Et, après lecture faite, les comparants ont signé.

(Signatures.)

Vu les réquisitions ci-dessus et y faisant droit;

Nous, Juge de paix suppléant susdit et soussigné,

Ordonnons que nous nous transporterons immédiatement à........, pour procéder à la levée des scellés apposés après le décès de la dame Ve F......, à la charge par les requérants d'y faire trouver :

1° Le sieur Félix G......., demeurant et domicilié à.......;

2° La dame H......., épouse du sieur J......., et le sieur J........., demeurant et domiciliés ensemble à........,

Opposants à la levée desdits scellés, aux termes d'un acte en date du........, dressé par le Greffier de notre Justice de paix .... (enregistré);

3° Le sieur K......, demeurant et domicilié à........, pris en qualité de subrogé-tuteur du mineur Pierre A......., fonctions qui lui ont été conférées et qu'il a acceptées, suivant délibération du conseil de famille dudit mineur, prise, sous la présidence de M. le Juge de paix du canton de......., le.......;

Intimons les requérants de s'y trouver présents.

Fait à........, les jour, mois et an que dessus.

(Signatures du Juge de paix et du Greffier).

En conséquence de l'ordonnance que nous venons de rendre, et sans divertir à d'autres actes, nous sommes transporté à.......; nous y avons trouvé : 1° le sieur M......., mandataire de la dame veuve A......, des sieurs B...... et D......, et des époux C.... .., et 2° le sieur Félix G......., et les époux J........., opposants;

Le sieur M........ au nom qu'il agit, nous a représenté l'expédition de la délibération du conseil de famille qui a nommé subrogé-tuteur du mineur Pierre A......., le sieur K........ ;

Et attendu qu'il résulte de ladite délibération que le sieur K........, subrogé-tuteur du mineur Pierre A..... est parent de la tutrice de ce dernier, que même il est classé dans ladite délibération comme faisant partie du conseil de famille du côté maternel;

Considérant qu'aux termes de l'article 423 C. c., le subrogé-tuteur, hors le cas de frère germain, ce qui n'existe pas dans l'espèce, doit être pris du côté auquel n'appartient pas le tuteur;

Que, dès lors, la nomination du sieur K........, est entachée de nullité;

Considérant que la nullité dans la nomination du subrogé-tuteur vicie tous les actes auxquels il doit concourir nécessairement;

Que, dès-lors, la levée des scellés, et l'inventaire qui en est la conséquence, pourraient être annulés;

Qu'il est du devoir du magistrat qui préside à ces opérations de prévenir un pareil résultat;

Par ces motifs, nous, Juge de paix susdit et soussigné, disons qu'il sera sursis aux opérations de la levée des scellés apposés après le décès de la dame veuve F........, et, par suite, à l'inventaire, jusqu'à ce qu'un nouveau subrogé-tuteur au mineur soit nommé;

Mais attendu que le sieur M......, au nom de la dame veuve A......, nous requiert d'en référer à M. le Président du Tribunal de première instance de....

Nous, Juge de paix susdit et soussigné,

Ordonnons que nous nous transporterons, ce jour, à......, au Palais de Justice de.........., sis en cette ville........, pour qu'il soit statué par ce magistrat sur l'incident;

Intimons toutes parties d'y comparaître;

De tout quoi nous avons fait et dressé le présent procès-verbal, qui, après lecture faite, a été signé par les comparants, ainsi que par nous et le Greffier, à l'exception toutefois de la dame J......, qui, de ce faire par nous interpellée, a déclaré ne savoir.

Fait à Bordeaux, les jour, mois et an que dessus.

(Signatures.)

Advenant ce jour, 22 mars 1875, à......, nous......, Juge de paix susdit et soussigné, procédant, en conformité de l'ordonnance insérée dans notre procès-verbal ci-dessus, en date de ce jour, nous sommes transporté au Palais de Justice de cette ville, dans le cabinet de M. le Président du Tribunal, où nous avons trouvé ce magistrat et les parties......;

(Si les parties ne comparaissent pas, donner défaut contre elles.)

Et M. le Président, après avoir pris connaissance du référé porté devant lui, a rendu l'ordonnance suivante :

« Nous......., Président du Tribunal civil de....... , écrivant Me........, Greffier de ladite Justice de paix :

» Attendu que la délibération du conseil de famille du mineur Pierre A..... n'est pas attaquée;

» Que, dès-lors, il y a lieu d'en ordonner l'exécution et de passer outre aux opérations dont il s'agit;

» *Par ces motifs*, ordonnons et décidons que la levée des scellés et l'inventaire, après le décès de la dame veuve F...... , seront faits en présence du sieur K......., subrogé-tuteur nommé par la délibération prise devant M. le Juge de paix du canton de......., le...... ;

» Fait à........., au Palais de Justice, les jour, mois et an que dessus. »

» (Signatures du Président et du Greffier de la Justice de paix.) »

Ce fait, et pour procéder, ainsi qu'il est prescrit par l'ordonnance ci-avant transcrite, nous, Juge de paix susdit et soussigné, renvoyons à........., avec intimation à toutes parties de se trouver présentes ;

De tout quoi, nous avons fait et dressé le présent procès-verbal, qui, après lecture faite, a été signé par les comparants, ainsi que par nous et le Greffier ;

Fait à......, les jour, mois et an que dessus.

(Signatures.)

Et avenant ce jour......., nous, Juge de paix susdit et soussigné,

Procédant en conformité de l'ajournement inséré dans notre procès-verbal ci-dessus, en date du..........., nous sommes transporté à............., pour la continuation de notre opération ; nous y avons trouvé réunies les personnes mentionnées dans le susdit procès-verbal ;

Nous y avons, en outre, rencontré le sieur L...., gardien des scellés ; Me...., notaire, et Me...... commissaire-priseur, appelés et agréés par toutes parties pour la confection de l'inventaire.

Et en présence des personnes ci-dessus mentionnées, nous avons procédé comme suit :

(Continuer comme à la formule n° 595)

---

§ IX. De la levée des scellés sans inventaire.

OBSERVATIONS.

609. Lorsque tous les héritiers sont majeurs, présents ou représentés, et qu'ils possèdent la jouissance entière de leurs droits, le Juge de paix doit, à leur demande, lever les scellés purement et simplement.

FORMULE.

610. L'an........

Par-devant nous........

A comparu.............

Le sieur.................

Agissant comme habile à se dire et porter seul et unique héritier du sieur A...., son oncle, en son vivant négociant, décédé à......., le........., ainsi que cela résulte d'un acte de notoriété délivré par......, notaire, *ou* dressé par nous, le....... (enregistré);

Lequel comparant nous a exposé :

Que, désirant, en sadite qualité, faire procéder à la levée pure et simple des scellés apposés après le décès du défunt A...., et au domicile de ce dernier rue......, il nous requiert de fixer les jour et heure où il nous plaira procéder à cette opération;

Et, après lecture faite de la présente réquisition, le comparant a signé.

(Signature.)

Vu la réquisition ci-dessus et y faisant droit,

Nous, Juge de paix susdit et soussigné,

Ordonnons que nous nous transporterons immédiatement à....., rue......, au domicile du défunt A...., pour procéder à la levée pure et simple des scellés que nous y avons apposés ;

Et, après lecture, nous avons signé avec le Greffier. (Signatures.)

En conformité de l'ordonnance rendue par nous ci-dessus et sans divertir à d'autrss actes,

Nous, Juge de paix susdit et soussigné,

Nous sommes transporté au domicile du défunt A......, situé à...... rue... .... pour procéder à ladite levée de scellés;

Arrivé sur les lieux, nous y avons rencontré le requérant et le sieur......., établi gardien des scellés, et en la présence des sus-nommés, nous avons procédé comme suit :

Nous avons reconnu sains et entiers, et comme tels, levé les scellés apposés dans le présent domicile, nous avons ensuite fait le recollement des objets décrits et laissés en évidence et ayant trouvé le tout tel que cela est porté au procès-verbal d'apposition de scellés, nous avons mis le requérant en possession de tout, attendu qu'il déclare accepter purement et simplement la succession de défunt A....., son oncle;

Notre opération étant terminée, nous avons déchargé le gardien des scellés de la garde à lui confiée, et le Greffier de celle des clés;

Il a été vaqué jusqu'à.....

De tout quoi, nous avons fait et dressé le présent procès-verbal, qui, après lecture faite, a été signé par le requérant, le gardien des scellés, ainsi que par nous et le Greffier.

Fait à.......le........ (Signatures.)

§ X.

Procès-verbal de levée de scellés après décès, avec ordonnance pour faire sommer les héritiers.

611. L'an.......

Par-devant nous........

S'est présenté........

Le sieur G.........

Lequel comparant nous a exposé :

Que le sieur A...... est décédé, le....., en son domicile, situé en cette ville, rue......, laissant pour ses seuls et uniques héritiers l'exposant et les ci-après nommés, ses cousins issus de germains, savoir :

1° Le sieur B.....;

2° Le sieur C.....;

3° Le sieur D......, ce dernier encore mineur;

Qu'après le décès dudit sieur A......, et le même jour, les scellés ont été apposés par nous sur les meubles et effets mobiliers dépendant de sa succession et se trouvant dans la maison qu'il habitait, rue......., ainsi que cela est constaté par le procès-verbal de scellés, dressé le même jour;

Que l'exposant........, désirant faire procéder à un inventaire régulier des biens délaissés par ledit sieur......., nous requiert, sous toutes réserves généralement quelconques, notamment d'accepter sous bénéfice d'inventaire ou de répudier la part qu'il amende dans la succession de ce dernier, de fixer les jour et heure où nous pourrons nous transporter à......., pour procéder à la levée desdits scellés; pour notre ordonnance être signifiée à toutes parties intéressées, ainsi qu'au tuteur et au subrogé-tuteur du mineur D.......;

Et, après lecture faite, le comparant a signé.

(Signature.)

Vu la réquisition ci-dessus, et y faisant droit,

Nous, Juge de paix susdit et soussigné, ordonnons que nous nous transporterons le......, à......., heures du matin, dans la maison sise à....... pour procéder aux opérations requises,

A la charge par le sieur G....... :

1° De faire nommer un notaire pour représenter les sieurs B............ et C...... , qui demeurent hors la distance de cinq myriamètres, ou d'y faire trouver lesdits sieurs......., ou leurs fondés de pouvoirs;

2° De faire sommer ou d'y faire trouver soit en personne, soit par fondé de pouvoirs, le sieur F......., maître de chai, demeurant et domicilié à........, pris en qualité de tuteur du mineur D......., nommé à cette qualité, qu'il a acceptée, suivant délibération du conseil de famille du dit mineur, prise sous notre présidence, le...... ;

3° Le sieur I......., commis-négociant, demeurant et domicilié à........., pris en qualité de subrogé-tuteur dudit mineur D......., fonctions auxquelles il a été nommé par la délibération sus-visée, en date du......., et qu'il a acceptées, suivant acte dressé par nous le lendemain (enregistré);

Fait à......., en notre prétoire, les jour, mois et an que dessus;

(Signature.)

Et avenant ce jour........, à........ heures du....... ;

Nous, Juge de paix du canton de......., assisté de Me........, Greffier de ladite Justice de paix ;

Procédant en conformité de l'ordonnance par nous rendue, le......., nous sommes transporté à....... pour procéder à la levée des scellés apposés après le décès du sieur A.... ; nous y avons rencontré le requérant, lequel nous a dit :

Que, par exploit de....., huissier à....., en date du....., enregistré, il a fait donner sommation auxdits sieurs F.... et L....., dénommés, qualifiés et domiciliés dans ladite réquisition ;

Que, par ordonnance rendue par M. le Président du Tribunal de première instance de......, en date du......, enregistrée, sur la requête à lui présentée par l'exposant, ce magistrat a nommé pour représenter les sieurs B.... et C....., Me......, notaire à..... ;

Que, dans ces circonstances, le comparant, au nom qu'il agit, nous requiert de procéder tant en présence qu'en l'absence desdites personnes qui ont été sommées d'avoir à se trouver à ces lieu, jour et heure, pour assister à la levée des scellés apposés après le décès dudit sieur......, et à l'inventaire qui sera dressé par Me......, notaire à..... ;

Et, après lecture faite, le comparant a signé. (Signature.)

Se sont présentés lesdits sieurs G..... et F...., ci-dessus dénommés, et le sieur....., gardien des scellés ;

Mais le sieur L.... ne s'étant pas présenté, quoique dûment sommé, nous avons donné défaut contre lui et ordonné qu'il serait passé outre ;

S'est également présenté, Me......., notaire, commis pour représenter les sieurs B.... et C......, absents ;

Et en présence des susnommés nous avons procédé comme suit :

(Continuer comme à la formule *suprà*, n° 595.)

SECTION DEUXIÈME

DE LA LEVÉE DES SCELLÉS APRÈS FAILLITE

OBSERVATIONS.

612. *Délai.*— Dans les trois jours, les syndics requerront la levée des scellés et procéderont à l'inventaire des biens du failli, lequel sera présent ou dûment appelé.

(Art. 479 C. comm.)

Le délai de trois jours est franc; il court du jour de la nomination des syndics si les scellés ont été apposés auparavant, ou de l'apposition des scellés si elle a eu lieu depuis, conformément à l'article 468 du Code de commerce.

(Renouard, t. Ier, p. 470; — Lainné, p. 141; — Esnault, t. II, no 324; — Dalloz, t. XXIV, *eod. verb.*, no 457.)

613. *Levée de scellés, inventaire, prisée par le Greffier, cumul des fonctions et d'honoraires.* — L'inventaire sera dressé en double minute par les syndics, au fur et à mesure de la levée des scellés, et en présence du Juge de paix, qui le signera à chaque vacation. L'une de ces minutes sera déposée au greffe du Tribunal de commerce, dans les vingt-quatre heures; l'autre restera entre les mains des syndics.

Les syndics seront libres de se faire aider, pour la rédaction de l'inventaire comme pour l'estimation des objets, par qui ils jugeront convenable.

(Art. 480 C. comm.)

Dans la pratique, ce sont les Greffiers qui aident les syndics pour la rédaction du procès-verbal; ils écrivent une des deux minutes de l'inventaire et procèdent en même temps à la prisée.

La doctrine enseigne qu'il est dû aux Greffiers, pour cette double opération, un droit d'écritures et un droit de prisée, sans préjudice de leurs vacations comme Greffiers.

En cas de déclaration de faillite après décès, lorsqu'il n'aura point été fait d'inventaire antérieurement à cette déclaration, ou en cas de décès du failli avant l'ouverture de l'inventaire, il y sera procédé immédiatement dans les formes de l'article 480 ci-dessus, et en présence des héritiers, ou eux dûment appelés.

(Art. 481 C. comm.)

FORMULE.

Procès-verbal de levée de scellés.

614. L'an.......

Par-devant nous......., Juge de paix du......., assisté de Me....... Greffier de ladite Justice de paix,

S'est présenté en notre prétoire, sis à......,

Le sieur B......, demeurant et domicilié à......,

Agissant au nom et en qualité de syndic provisoire de la faillite du sieur X...., marchand, demeurant à......, rue......, ayant un magasin à bois, rue......,

Nommé à cette qualité par le jugement déclaratif de la faillite, rendu le...., par le Tribunal de commerce de...... (enregistré);

Lequel comparant nous a dit et exposé ce qui suit :

Que, désirant faire procéder à un inventaire régulier des meubles, effets mobiliers, titres, papiers et autres documents dépendant de ladite faillite, il nous requiert de fixer les jour et heure où nous pourrons nous transporter rue......, pour procéder à la levée des scellés apposés après la déclaration de ladite faillite, le......;

Et, après lecture faite, le comparant a signé.

(Signature.)

Vu la déclaration ci-dessus et y faisant droit,

Nous, Juge de paix susdit et soussigné, ordonnons que nous nous transporterons immédiatement rue......, pour procéder aux opérations requises, à la charge, par le requérant, d'y faire trouver le sieur......, failli, et le gardien des scellés.

Fait à......, les jour, mois et an que dessus.

(Signatures du Juge et du Greffier.)

En conséquence de la réquisition qui précède, et sans divertir à d'autres actes, nous nous sommes transporté rue......; nous y avons rencontré le sieur A......, failli, ainsi que le sieur C......, demeurant et domicilié à......, gardien des scellés, et, en leur présence, nous avons procédé ainsi qu'il suit :

Nous avons fait le recollement des objets laissés en évidence dans les diverses parties de la maison, et les ayant trouvés tels qu'ils sont décrits sur le procès-verbal de scellés, le syndic, sous la prisée de Me......, Greffier de ladite Justice de paix, expert nommé par lui, en conformité de l'article 480 du C. comm., a fait l'inventaire;

Nous constatons néanmoins, qu'une jument âgée d'environ cinq ans, robe bai, ne s'est pas retrouvée, le sieur C......, gardien des scellés, a déclaré que depuis l'apposition des scellés, cette jument était morte;

Nous nous sommes ensuite transporté rue......: nous y avons fait le recollement des objets laissés en évidence dans un chai à bois; et ayant trouvé ces objets tels qu'ils sont décrits dans le procès-verbal d'apposition de scellés, le syndic a continué l'inventaire;

Nous sommes ensuite revenu au domicile du failli, rue......, où nous avons reconnu sains et entiers, et comme tels, levé les scellés apposés sur un pupitre placé dans une cuisine :

Ce fait, le syndic a fait l'inventaire des papiers:

Et attendu que l'inventaire est terminé, nous avons déchargé le gardien des scellés de la garde à lui confiée, et le Greffier de celle des clés;

Il a été vaqué à ce qui précède jusques à....., par simple vacation sur les lieux.

De tout quoi, nous avons fait et dressé le présent procès-verbal, qui, après lecture faite, a été signé par le syndic, le failli, le gardien des scellés, ainsi que par nous et le Greffier.

Fait à......., les jour, mois et an que dessus.

(Signatures).

SECTION TROISIÈME

DE LA LEVÉE DES SCELLÉS DANS CERTAINS CAS PARTICULIERS

§ Ier. — De la levée des scellés en cas de séparation de biens.

OBSERVATIONS.

615. La femme, demanderesse en séparation de biens, étant autorisée à faire apposer les scellés, a le droit de faire procéder à la levée, conformément aux dispositions de l'article 930 C. de proc. c.

FORMULE.

616. *La formule de procès-verbal d'apposition de scellés* *en cas de demande en séparation de corps peut servir de modèle pour le cas actuel.*

(V° *infrà*, n° 618.)

§ II. — De la levée des scellés après une demande en séparation de corps.

OBSERVATIONS.

617. La femme, demanderesse en séparation de corps, qui, aux termes de l'article 270 C. c., a droit de requérir l'apposition des scellés sur le mobilier de la communauté, a droit également d'en demander la levée. (Arg., art. 930 C. proc. c.)

Angers, 16 avril 1853 (S. V. 53. 2. 295. — P. 53. 2. 255. — D. P. 53. 2. 140.)

Le mari a également le droit de demander la levée des scellés.

FORMULE

618. L'an........,

Par-devant nous........, Juge de paix du canton de.......;

S'est présenté............

Le sieur..........,

Agissant au nom et en qualité de fondé de pouvoirs de la dame Amélie C...., épouse du sieur B......, etc.;

Lequel comparant nous a dit et exposé :

Que le......, il a été, par nous, procédé à l'apposition des scellés sur les meubles et effets dépendant de la communauté desdits époux B.....;

Que sa mandante, désirant faire procéder à l'inventaire desdits meubles et effets mobiliers, il nous requiert de fixer les jour et heure où il nous plaira procéder à la levée, avec description, des scellés par nous apposés;

Et, après lecture, il a signé.

(Signature.)

Vu la réquisition ci-dessus,

Nous, Juge de paix susdit et soussigné,

Ordonnons que nous nous transporterons le......., à........, heures, pour procéder à ladite levée des scellés, à la charge par la dame B........ d'y faire trouver le sieur B......, son mari;

Fait à........, les jour, mois et an que dessus.

(Signatures du Juge et du Greffier.)

Et avenant ce jour......

Nous, Juge de paix susdit et soussigné,

En conformité de l'ordonnance par nous rendue ci-dessus,

Nous sommes transporté susdite rue....., pour procéder à la levée, avec description, de nosdits scellés;

Étant arrivé, nous avons rencontré le sieur....., mandataire de Mme B....., qui nous a fait connaître que, suivant cédule par nous rendue le......, sommation a été faite, suivant exploit de......, huissier en date du...... (enregistré), au sieur B ......, d'avoir à se trouver présent ces jour et heure, à ladite levée de scellés et à l'inventaire qui doit s'en suivre;

En conséquence, il nous requiert, en sadite qualité, de procéder auxdites opérations;

S'est également présenté, le sieur B......, lequel a déclaré consentir aux opérations de levée de scellés et d'inventaire dont s'agit;

Et aussitôt, en présence des sus-nommés, du sieur......, gardien des scellés, de Me......, notaire, chargé de la confection de l'inventaire, et de Me......, commissaire-priseur chargé de l'estimation, nous avons reconnu sains et entiers, et comme tels, levé les scellés apposés dans le présent domicile; nous avons ensuite fait le recollement des objets décrits et laissés en évidence dans ledit domicile, et ayant trouvé le tout tel que cela est porté au procès-verbal de scellés, Me......, notaire, sous la prisée de......, a commencé l'inventaire, etc., etc. (Le surplus comme à la formule *suprà*, no 614.)

---

§ III. — De la levée des scellés apposés en cas de demande en interdiction.

OBSERVATIONS.

619. L'administrateur provisoire où le tuteur ont seuls le droit de demander la levée des scellés apposés en cas d'interdiction.

(Art. 940 C. proc. c.)

FORMULE.

620. L'an......

Par-devant nous......

A comparu......

Le sieur......

Agissant au nom et en qualité d'administrateur provisoire de la personne et des biens du sieur A......, négociant, domicilié à......, rue......, mais placé, par suite d'aliénation mentale, dans l'établissement des aliénés de......,

Qualité qui lui a été conférée par jugement du Tribunal de première instance de......, en date du......, (enregistré),

Lequel comparant nous a exposé :

Que, désirant, en sadite qualité, faire procéder à la levée pure et simple des scellés apposés au domicile dudit sieur A......, il nous requiert de fixer les jour et heure où il nous plaira procéder à cette opération (Le reste comme à la formule no 610.)

---

§ IV. — De la levée des scellés en cas de saisie-exécution.

OBSERVATIONS.

621. Les observations que nous avons faites pour l'apposition des scellés en cas de saisie-exécution s'appliquent à la levée des scellés.

(Ve *suprà*, no 562.)

---

§ V. — De la levée des scellés apposés, en cas d'absence.

(Art. 114 C. c.)

OBSERVATIONS.

622. Lorsque les scellés auront été apposés, à la requête du ministère public, par suite de la disparition d'une personne, ils ne pourront être levés qu'à la requête des héritiers ayant fait déclarer l'absence ou ayant obtenu l'envoi en possession provisoire.

Dans ce cas, les scellés devront être levés et l'inventaire fait en présence du Procureur de la République ou d'un Juge de paix délégué par lui.

(Art. 126 C. c.)

Si l'absent reparaît, ils seront levés sans description.

FORMULE.

623. L'an............,

Par-devant nous...........,

S'est présenté....... ....,

Le sieur..................,

Lequel comparant nous a exposé :

Que, par jugement définitif, en date du.........., rendu par le Tribunal de première instance de......., l'absence du sieur....., son oncle, a été prononcée, et le comparant a été envoyé en possession provisoire des biens appartenant à ce dernier;

Que le comparant, désirant, conformément aux dispositions de l'article 123 du Code civil, faire procéder à la levée, avec description, des scellés qui ont été apposés au domicile dudit sieur........., son oncle, nous requiert de fixer les jour et heure où il nous plaira procéder à cette opération ;

Et, après lecture, le comparant a signé.

(Signature.)

Vu la réquisition ci-dessus et les dispositions de l'article 126 du Code civil;

Nous, Juge de paix susdit et soussigné,

Ordonnons que nous nous transporterons, le...., au domicile dudit sieur... (absent), pour procéder à la levée des scellés dont s'agit, en présence de M. le Procureur de la République près le Tribunal de première instance de......, ou d'un Juge de paix requis par ce magistrat.

Fait à......, le.......

(Signatures du Juge et du Greffier.)

Avenant ce jour.......

Nous, Juge de paix susdit et soussigné,

En conformité de l'ordonnance par nous rendue ci-dessus, nous sommes transporté au domicile dudit sieur......, situé à........, pour procéder à la levée, avec description, des scellés qui y ont été apposés ;

Arrivé sur les lieux, nous y avons rencontré : 1° le requérant; 2° M........, Juge de paix du canton de....., délégué par M. le Procureur de la République pour le représenter à la levée des scellés et à l'inventaire ; 3° le sieur........., gardien des scellés ; 4° Me......., notaire, etc.;

Et, en leur présence, nous avons procédé comme suit : — (V° *suprà*, formule n° 595.)

§ VI. — De la levée des scellés, lorsque parmi les héritiers se trouve un militaire absent.

OBSERVATIONS.

624. Un mois après l'avis qui lui en a été donné de l'apposition des scellés, si l'héritier militaire ne donne pas de ses nouvelles et n'envoie pas de procuration, l'agent national de la commune (le maire), dans laquelle le parent est décédé, convoquera sans frais, devant le Juge de paix, la famille, et à son défaut, les voisins et amis, à l'effet de nommer un curateur à l'absent.

Ce curateur provoquera la levée des scellés, assistera à leur reconnaissance, pourra faire procéder à l'inventaire et à la vente des meubles, en recevoir le prix, à la charge d'en rendre compte, soit au militaire absent, soit à son fondé de pouvoirs. Il administrera les immeubles en bon père de famille.

(Décret du 11 ventôse an II, art. 2 et 3.)

FORMULE.

Procès-verbal de levée de scellés, à la requête du curateur nommé à un militaire absent.

625. L'an.........

Par-devant nous.......

S'est présenté.........

Le sieur.............

Agissant en qualité de curateur du sieur B..., sergent-major au 45e régiment d'infanterie de ligne, en garnison à..........,

Qualité qui lui a été conférée par la famille dudit sieur B......., suivant délibération prise devant cette Justice de paix, le.......;

Lequel comparant nous a exposé : que, désirant faire procéder à la levée, avec description, des scellés qui ont été apposés au domicile du sieur A...., il nous requiert, en conformité de l'article 3 du décret du 11 ventôse an II, de fixer les jour et heure où il nous plaira procéder à cette opération.

Et, après lecture, le comparant a signé. (Signature.)

Vu la réquisition ci-dessus et les dispositions du décret du 11 ventôse an II, nous, Juge de paix susdit et soussigné, ordonnons que nous nous transporterons le......., à....... heures, commune de....., au domicile dudit sieur B..., pour procéder à la levée des scellés qui y ont été apposés.

Fait en notre prétoire, les jour, mois et an que dessus.

(Signatures du Juge et du Greffier.)

Avenant ce jour.........

Nous, Juge de paix susdit et soussigné,

En conformité de l'ordonnance par nous rendue ci-dessus, nous sommes transporté susdite commune de.. ...., au domicile dudit sieur B......., pour procéder à la levée des scellés dont s'agit ;

Arrivé sur les lieux, nous avons rencontré le requérant, le sieur........, gardien des scellés, Me........, notaire à......, chargé de la confection de l'inventaire ;

Et, en présence des sus-nommés, nous avons procédé comme suit :

Nous avons d'abord reconnu sains et entiers, et comme tels, levé les scellés apposés dans ledit domicile ;

Nous avons ensuite fait le recollement des objets décrits et laissés en évidence, et ayant trouvé le tout tel que cela est porté au procès-verbal de l'apposition des scellés, Me......, notaire, sous la prisée de Me......, Greffier de ladite Justice de paix, a commencé l'inventaire.

(Pour le surplus, Vo *suprà*, formule no 595.)

SECTION QUATRIÈME

PARTICULARITÉS.

---

§ Ier. — Levée partielle des scellés

(Art. 915 C. pr. c.)

OBSERVATIONS.

626. La levée partielle des scellés peut avoir lieu pour des causes urgentes ; en voici quelques-unes : 1o extraire, des papiers placés sous les scellés, une valeur, un billet venant à échéance et devant être présenté à l'encaissement, et, à défaut de paiement, devant être protesté pour conserver des garanties; 2° soigner des vins en danger de s'avarier; éteindre une incendie; délivrer un animal renfermé dans l'appartement; constater un bris de scellés.

Dans ces divers cas et autres, dont l'urgence sera reconnue, le Juge de paix rendra une ordonnance à la suite de la réquisition qui lui sera faite, et effectuera son transport.

Il n'est pas nécessaire d'appeler les héritiers ou autres ayant-droit à la levée partielle des scellés.

Lorsque le Juge de paix ne trouvera pas l'urgence assez évidente pour motiver la levée partielle et provisoire des scellés, il en sera référé au Président du Tribunal.

FORMULE.

627. Avenant ce jour......, à.......;

Par-devant nous.....,

A comparu........:

Le sieur X ...., demeurant à........, rue.......,

Lequel nous a exposé que le défunt A....., son oncle, possédait deux billets, l'un de 600 fr. et l'autre de 1,000 fr., souscrits par......., à l'ordre de......., qui les avait passés à celui dudit sieur A......; que ces billets arrivent à échéance le......., et qu'il y a urgence de les extraire des scellés sous lesquels ils ont été placés, pour en opérer le recouvrement, ou les faire protester, s'il y a lieu;

Que, dans ce but, l'exposant nous requiert de nous transporter au domicile du défunt A. ....., pour procéder à la levée partielle des scellés dont s'agit, à l'effet d'en extraire les valeurs ci-dessus mentionnées.

Et, après lecture, il a signé.

(Signature du requérant.)

Nous, Juge de paix susdit et soussigné;

Vu la réquisition ci-dessus et les dispositions de l'article 915 C. proc. c.;

Attendu l'urgence,

Ordonnons que nous nous transporterons immédiatement, ou le......., au domicile du défunt A......., pour extraire des scellés les deux billets en question, afin d'en opérer le recouvrement à leur échéance ou de les faire protester, si le cas l'exige;

Et, après lecture faite, nous avons signé avec le Greffier.

(Signatures.)

En conformité de l'ordonnance par nous rendue ci-dessus, et sans désemparer, nous nous sommes transporté au domicile sus-indiqué du défunt A......, où étant, sur les indications qui nous ont été fournies, nous avons reconnu sains et entiers, et comme tels, levé les scellés apposés sur une financière placée dans la chambre à coucher du défunt A......., située au premier étage; et après avoir ouvert ladite financière, nous avons fait la recherche des deux billets en question; et nous avons trouvé deux billets (décrire les deux billets); nous avons remis ces billets à X........, qui le reconnaît et s'en charge pour les faire encaisser ou protester, s'il y a lieu; nous avons, aussitôt après, réapposé nos scellés sur ladite financière;

Il a été vaqué jusques à.......;

De tout quoi, nous avons fait et dressé le présent procès-verbal, etc.

NOTA. — Ce procès-verbal doit être mis à la suite du procès-verbal d'apposition de scellés.

---

§ II. — Procès-verbal de levée de scellés lorsque les meubles sur lesquels les scellés avaient été apposés ont été transportés dans un autre canton.

OBSERVATIONS.

628. Le Juge de paix ne peut instrumenter hors de son canton ; mais lorsque les objets sur lesquels les scellés avaient été apposés ont été transportés dans un autre canton, le Président du Tribunal peut autoriser le Juge de paix à se rendre dans cet autre canton pour lever lesdits scellés.

FORMULE.

629. L'an..........

Par-devant nous..........

S'est présenté.......

Le sieur............

Lequel comparant nous a exposé :

Que le sieur....., demeurant à....., est décédé, le.... à...., laissant pour lui succéder, etc.....;

Que les scellés ont été par nous apposés au domicile de ce dernier sur les meubles et effets qui dépendent de sa succession;

Que, depuis l'apposition des scellés, les objets décrits et les meubles sur lesquels les scellés avaient été apposés ont été transportés à......, (indiquer le canton);

Que notre compétence ne s'étendant pas en dehors de notre canton, l'exposant a, à la date du......, obtenu de M. le Président du Tribunal de première instance de......... une ordonnance, enregistrée, qui nous autorise à nous transporter susdite commune de. ......, canton de......, pour procéder à la levée des scellés dont s'agit;

Que, dans cette situation, le comparant nous requiert de fixer les jour et heure où il nous plaira procéder à cette opération.

(Pour la continuation du procès-verbal, V° *suprà*, formule n°s 595 ou 610.)

§ III. — Des successions vacantes.

OBSERVATIONS.

630. Si dans les trois mois et quarante jours que l'article 795 du C. c. accorde à l'héritier pour faire inventaire et pour délibérer, il ne se présente personne qui réclame la succession, ou s'il n'y a pas d'héritier connu, ou si les héritiers connus y ont renoncé, cette succession est réputée vacante, aux termes de l'article 811 du C. c.

Le Juge de paix en informe le Procureur de la République, qui provoque, à son tour, la nomination par le Tribunal de première instance d'un curateur à la succession.

(Art. 812 C. c.)

Le curateur, aussitôt sa nomination connue de lui, requiert la levée des scellés, avec description, et fait, aux termes de l'article 813 du même Code, procéder à un inventaire régulier.

Le procès-verbal de levée de scellés est écrit sur papier visé pour timbre et enregistré en débet.

FORMULE.

Levée de scellés.

631. L'an...........

Par-devant nous..........

A comparu..........

Me......., avoué au Tribunal de première instance de....... (ou Greffier de la Justice de paix du canton de.......),

Agissant au nom et en qualité de curateur à la succession vacante du sieur......., décédé à......., le......,

Qualité qui lui a été conférée par jugement du Tribunal de première instance de...... ..., le........ (enregistré),

Lequel comparant nous a exposé :

Que, désirant faire procéder à un inventaire régulier des meubles, effets et valeurs diverses dépendant de la succession dudit sieur......, il nous requiert de fixer les jour et heure où il nous plaira procéder à la levée, avec description, des scellés par nous apposés au domicile du défunt........

Et, après lecture, le comparant a signé. (Signature.)

Vu la réquisition ci-dessus, le jugement y mentionné et les dispositions de l'article 813 du C. c.,

Nous, Juge de paix susdit et soussigné,

Ordonnons que nous nous transporterons, le........, au domicile du défunt..... situé à......., pour procéder à la levée, avec description, des scellés par nous apposés au domicile sus-indiqué dudit sieur......., ainsi que cela est constaté par notre procès-verbal, en date du...... (enregistré).

Fait à......., le......... (Signatures du Juge et du Greffier.)

Et avenant le..........,

Nous......., Juge de paix susdit et soussigné,

En conformité de l'ordonnance par nous rendue ci-dessus, nous sommes transporté au domicile dudit feu.. ..., situé à...... où étant, nous avons rencontré : 1° le requérant ; 2° le sieur.... ..., gardien des scellés ; 3° Me....., notaire, et Me....., commissaire-priseur, chargés, le premier de la confection de l'inventaire et le dernier de la prisée des objets qui y seront sujets ;

Et, en présence des sus-nommés, nous avons procédé comme suit :

(Le reste comme à la formule *suprà*, n° 595.)

CHAPITRE III

ACTES DIVERS

(Sous la dénomination « *Actes divers* », nous avons placé la série des actes extra-judiciaires qui se font en Justice de paix, et qui ne sont pas compris dans le livre Ier, ni dans les deux chapitres précédents du livre IIe.)

SOMMAIRE :

DIVISION EN DIX-HUIT PARAGRAPHES.

§ Ier. — Conciliation.

(Art. 51 C. proc. c.)

OBSERVATIONS.

632. Si, sur citation en conciliation, il intervient un arrangement entre les parties, il sera dressé un procès-verbal qui contiendra les conditions de cet arrangement.

Le procès-verbal de conciliation est un acte authentique

dans le sens de l'article 1317 C. c., et qui ne diffère des autres actes de même nature qu'en ce sens qu'il n'a pas le privilége de l'exécution parée et ne peut conférer hypothèque.

La partie au profit de laquelle les conventions insérées dans le procès-verbal ont été consenties, ne serait pas recevable à demander en Justice qu'il en fût dressé acte par-devant notaire, avec assignation d'hypothèque.

Levasseur, t. Ier, p. 118 ; — Carré et Chauveau, q. 232.

FORMULE.

Procès-verbal de conciliation.

633. L'an mil huit cent soixante-quinze, et le.....

Par-devant nous........., Juge de paix de.... .., assisté de Me........, Greffier de ladite Justice de paix.

S'est présenté en notre prétoire, sis à....... :

Le sieur.......

Lequel comparant nous a exposé :

Que, par exploit de......., huissier à... .., en date du...... (enregistré), il a fait citer le sieur....... pour l'audience de ce jour, et devant le présent Tribunal, pour, est-il dit dans cet exploit.......

(Copier la citation.)

S'est également présenté le sieur......., lequel a répondu : qu'il reconnait devoir au demandeur la somme que ce dernier lui réclame, mais qu'il est dans l'impossibilité de la payer immédiatement ;

Qu'il offre de payer cette somme, avec l'intérêt légal, par à-comptes de 25 fr. par mois, à compter du........, jour du payement du premier à-compte ;

Ledit sieur......., demandeur, a déclaré adhérer à la proposition faite par le sieur......, son débiteur, sous la réserve, acceptée par ce dernier, qu'en cas d'inexactitude de payement d'un seul à-compte à l'époque ci-avant fixée, tout ce qui restera dû, au moment du retard deviendra sur-le-champ exigible ;

Le sieur..... , défendeur, s'est également engagé à payer dans quinze jours, sous peine de la même déchéance des délais ci-avant accordés, le coût de la citation ci-avant relatée, ainsi que ceux du présent procès-verbal et d'une expédition qui en sera délivrée au sieur......., demandeur ;

Moyennant les conventions qui précèdent, les parties demeurent conciliées sur la contestation qui les divisait ;

De tout quoi, nous avons fait et dressé le présent procès-verbal, qui, après lecture faite, a été signé par les comparants, ainsi que par nous et le Greffier.

Fait à......., les jour, mois et an susdits.

(Signatures.)

§ II. — Non-conciliation.

(Art. 54 C. pr. c.)

OBSERVATIONS.

634. Lorsque les parties comparaissent en conciliation par citation devant le Juge de paix, s'il n'y a pas d'accord entre elles, il est dressé un procès-verbal sommaire de non-conciliation.

Le procès-verbal ne doit contenir aucune mention des dires, aveux ou dénégations des parties sur les points de faits litigieux entre elles. Cette prohibition est d'ordre public, et il ne peut y être dérogé par la volonté ou la tolérance du Juge de paix, ni par le consentement formel ou tacite des parties.

Orléans, 7 avril 1838. (S. V., 38. 2. 523. — D. P., 38. 2. 181. — P. 38. 1. 601.) *Sic*, Thomine, no 73; Carré, *Just. de paix*, t. IV, nos 2988 et s.; Bioche, vo *Prél. de conciliation*, no 94.

FORMULE.

635. L'an......

Par-devant nous......

S'est présenté......

Le sieur......

Lequel nous a dit et exposé ce qui suit :

Que, par exploit, en date à......, du...... (enregistré), le comparant a fait citer à comparaître, pour l'audience de ce jour et devant nous, le sieur......, pour se concilier, s'il est possible avec lui, sur l'action qu'il est dans l'intention de porter contre lui en justice devant les Tribunaux compétents, pour les causes énoncées dans ladite citation;

S'est également présenté le sieur......, défendeur.

N'ayant pu concilier les parties, nous les avons renvoyées à se pourvoir, ainsi qu'elles aviseront.

Et, après lecture, les comparants ont signé avec nous et le Greffier.

De tout quoi, etc ... ,

(Signatures.)

§ III. — Mention de non comparution sur citation en conciliation.

(Art. 58 C. proc. c.)

OBSERVATIONS.

636. En cas de non comparution de l'une des parties sur citation en conciliation, il en sera fait mention sur le registre du Greffe de la Justice de paix et sur l'original ou la copie de la citation.

Cette mention est signée par le Greffier seul.

(Arg., Tarif du 16 février 1807, art. 13.)

Le registre dont il est ici question est timbré.

Les mentions qui y sont faites sont dispensées de la formalité de l'enregistrement.

(7 juin 1808, décis. min. des fin.)

FORMULES.

Mention sur le registre du greffe.

637. Le Greffier de la Justice de paix du canton de. ...

Certifie que le sieur. ..., demeurant à.... , ne s'est pas présenté à l'audience du....., sur la citation en conciliation qui lui a été donnée, à la requête de . .., par exploit de....., huissier à...., en date du...... (enregistré).

B....., le...... 187.....

(Signature du Greffier.)

Mention à mettre sur la citation.

Le Greffier de la Justice de paix du canton de......

Certifie que le sieur. ... ne s'est pas présenté à l'audience de ce jour sur la citation en conciliation ci-contre.

B.. ..., le..... 187....

(Signature du Greffier.)

§ IV. — Arbitrages.

(Art. 1003 à 1019 C. pr. c.)

—

OBSERVATIONS.

638. L'arbitrage est une institution qui investit de simples particuliers du droit de juger une contestation qui leur est déférée par la volonté des parties.

639. L'arbitrage est toujours volontaire depuis la loi du 17 juillet 1856, qui a supprimé l'arbitrage forcé, prescrit par les articles 51 à 63 C. comm.

640. La nomination des arbitres se fait par un compromis, sous signatures privées, ou par acte devant notaire, ou par procès-verbal du Juge de paix dressé sur comparution des parties (article 7 C. pr. c.), ou à la suite d'une citation en conciliation.

641. Si les arbitres n'ont pas été autorisés à nommer un tiers-arbitre, ou s'ils n'ont pu s'accorder sur ce choix, la nomination appartient au Président du Tribunal qui doit connaître de l'exécution de la sentence arbitrale.

642. Les arbitres doivent suivre, dans la procédure, les délais et les formes établis par les Tribunaux, à moins qu'ils aient été nommés amiables compositeurs.

643. Les procès-verbaux des arbitres doivent être écrits sur timbre, à peine de vingt francs d'amende (aujourd'hui, vingt-cinq francs) pour chaque contravention.

(Art. 12 et 25, n° 5, L. 13 brumaire an VII. — L. 16 juin 1824, art. 10).

Il n'y a pas de délai de rigueur pour l'enregistrement des sentences arbitrales.

644. Si les arbitres rendent leurs sentences sur des actes non enregistrés, ils sont personnellement responsables des droits.

(L. 22 frimaire an VII, art. 47.)

645. Les sentences arbitrales, même celles qui ont trait au litige de la compétence du Juge de paix, doivent être déposées, dans les trois jours de leur date, au greffe du tribunal civil de première instance, dans le ressort duquel elles ont été rendues.

(Art. 1020 C. pr. c.)

646. Les Juges de paix peuvent-ils être nommés arbitres ?

Cette question est très controversée. Dans tous les cas, ils ne peuvent être arbitres salariés.

Paris, 11 mai 1829, (P. 29, t. 1er 1015.)

647. Les Greffiers de Justice de paix peuvent être nommés arbitres.

(Décision min., 12 août 1847, rapportée par Gillet, *Analyse des circulaires*, no 3072.)

FORMULE.

(1er MODÈLE.)

Nomination d'arbitres sur citation.

648. L'an mil huit cent soixante-quinze, et le......,

Par-devant nous......, assisté de Me......., Greffier.......,

S'est présenté en notre prétoire, sis à......,

Le sieur B........,

Lequel comparant nous a exposé :

Que, par exploit du ministère de......., huissier à........, en date du.... (enregistré), il a fait citer en conciliation le sieur...... pour l'audience du...., et devant le présent Tribunal, pour, est-il dit dans cet exploit : (demande en payement du prix de la mitoyenneté d'un mur) ;

S'est également présenté le sieur C...., défendeur, qui a dit : qu'il reconnaît devoir au sieur B.... le prix de la mitoyenneté du mur qui sépare sa propriété de celle du sieur B...., mais que le prix réclamé est exagéré ; que, si ce dernier persiste dans sa demande, il ne peut y avoir de conciliation ;

Le sieur B.... a répondu que le prix réclamé représente la moitié de la valeur dudit mur, et qu'il ne peut que persister dans sa demande ;

Les parties, à l'appui de leurs prétentions, ont fait valoir leurs moyens respectifs de défense ;

En cet endroit, les parties s'étant rapprochées par notre médiation, ont fait et arrêté le compromis suivant :

« Art. 1er. Les parties sont convenues de faire régler leur différend par la voie de l'arbitrage, et en dernier ressort.

» Art. 2. Les parties nomment pour leurs arbitres, savoir : le sieur B...., le sieur........, architecte, et le sieur C...., le sieur......, entrepreneur de bâtisses, auxquels ils donnent les pouvoirs nécessaires pour les juger, comme il est dit ci-dessus, en dernier ressort.

» Art. 3. Les arbitres sont tenus de prononcer leur décision, dans le délai d'un mois, sous peine d'annulation du présent compromis. En conséquence, les parties promettent de remettre respectivement dans le délai de quinze jours, aux arbitres, leurs pièces et mémoires ; faute de quoi, ils sont autorisés à juger sur la production d'une seule partie.

» Art. 4. Les arbitres sont dispensés d'observer aucune forme de Justice, ils pourront même juger comme amiables compositeurs ;

» Art. 5. En cas de partage, les arbitres sont autorisés à s'adjoindre un tiers-arbitre, qu'ils nommeront eux-mêmes.

» Le tiers-arbitre aura, comme les arbitres, la faculté de juger comme amiable compositeur et en dernier ressort. »

De tout quoi, etc.

FORMULE.

(2e MODÈLE.)

Nomination d'arbitres sur comparution volontaire.

649. L'an.......

Par-devant nous.......

Se sont présentés.....

1° Le sieur A.........

Et 2° le sieur B.......

Lesquels nous ont dit qu'ils comparaissent volontairement devant nous, en conformité des dispositions de l'article 7 du Code de procédure civile, pour nous soumettre le différend qui les divise, et dont voici les faits :

Le sieur A....... a fait construire, du consentement du sieur B......, un mur qui sépare leurs propriétés, situées à...... Les frais de construction de ce mur se sont élevés au chiffre de........, dont moitié doit être payée par le sieur B......; mais ce dernier s'étant refusé à acquitter cette somme, le sieur A........ était dans l'intention de l'appeler en justice, lorsque les parties sont convenues de se présenter devant nous pour tenter le préliminaire de conciliation.

Le sieur B,...... a fait connaître qu'il reconnaît devoir.....

(La suite comme à la formule précédente.)

---

§ V. — Acceptation de tutelle, ou de subrogé-tutelle, ou de curatelle, lorsque la personne nommée n'est pas présente à la délibération.

—

650. Lorsque la nomination du tuteur n'aura pas été été faite en sa présence, elle lui sera notifiée, à la diligence du membre de l'assemblée qui aura été désigné par elle; — la notification sera faite, dans les trois jours de la délibération, outre les délais de distance.

(Art. 882 C. proc. c.)

Ce délai est d'un jour par cinq myriamètres de distance entre le lieu où s'est tenue l'assemblée et le domicile du tuteur.

651. Pareille notification doit être faite aux subrogés-tuteurs et curateurs nommés en leur absence, mais la loi n'indique pas le délai dans lequel la notification de la délibération qui les a nommés doit leur être faite; — en l'absence de cette indication, il ne saurait y avoir de délai fatal.

Si les tuteurs, subrogés-tuteurs et curateurs, avertis de leur nomination, se présentent volontairement pour accepter, il en est dressé acte; toute notification devient dès lors inutile.

FORMULE.

—

Proces-verbal d'acceptation sur comparution volontaire.

652. L'an....

Pardevant nous......

S'est présenté.....

Le sieur.......

Lequel comparant nous a exposé :

Que, par délibération prise devant cette Justice de paix, le....., enregistrée, il a été nommé tuteur (subrogé-tuteur ou curateur) des mineurs : 1°.........; 2°........; 3°......,

Enfants issus du mariage du sieur........., décédé à........., le.... . et de la dame. ...., également décédée à........, le....... ;

Que le comparant, désirant accepter lesdites fonctions de......., se présente devant nous à cet effet, et nous requiert de lui en donner acte.

Et, après lecture, il a signé.

(Signature.)

Vu la réquisition ci-dessus et la délibération y mentionnée,

Nous, Juge de paix susdit et soussigné,

Avons reçu du comparant la déclaration qu'il nous a faite en ces termes :

« J'accepte les fonctions de....... qui m'ont été confiées par la délibération sus-visée du........, et je m'engage à les remplir avec zèle et fidélité. »

De laquelle déclaration, le comparant a requis acte, que nous lui avons octroyé.

De tout quoi, etc.

---

§ VI. — Dépôt d'actes de société.

(Loi du 24 juillet 1867.)

OBSERVATIONS.

653. *Art. 55.* « Dans le mois de la constitution de toute Société commerciale, un double de l'acte constitutif, s'il est sous-seing privé, ou l'expédition s'il est notarié, est déposé aux Greffes de la Justice de paix et du Tribunal de commerce du lieu où est établie la Société.

» A l'acte constitutif des Sociétés en commandite par actions et des Sociétés anonymes, sont annexées : 1° une expédition de l'acte notarié, constatant la souscription du capital social et le versement du quart; 2° une copie certifiée des délibérations prises par l'assemblée générale, dans les cas prévus par les articles 4 et 24.

» En outre, lorsque la Société est anonyme, on doit annexer à l'acte constitutif la liste nominative, dûment certifiée, des souscripteurs, contenant les noms, prénoms, qualités, demeures, et le nombre d'actions de chacun d'eux. » (1)

654. *Art. 61.* « Sont soumis aux formalités prescrites par l'article 55 :

» Tous actes et délibérations ayant pour objet la modification des Statuts, la continuation de la Société au-delà du terme

---

(1) L'acte de Société et ses annexes doivent être déposés au Greffe.

fixé pour sa durée, la dissolution avant ce terme et le mode de liquidation, tout changement ou retraite d'associés, et tout changement à la raison sociale.

» Sont également soumises aux dispositions des articles 55 et 56 les délibérations prises dans les cas prévus par les articles 19, 36, 46, 47 et 49 de la même loi. »

Ces dernières dispositions s'appliquent à la transformation des Sociétés en commandite en Sociétés anonymes ; à la dissolution de la Société en cas de perte des trois quarts du capital social ; aux Sociétés anonymes anciennes qui désirent se transformer en Sociétés anonymes dans les termes de la loi du 24 juillet 1867 ; aux Sociétés à responsabilité limitée qui veulent se convertir en Sociétés anonymes ; et à la modification du capital social pour la Société à capital variable.

Tous les actes ou délibérations se rapportant aux modifications ci-dessus, doivent être déposés au Greffe de la Justice de paix.

655. *Art. 63.* « Lorsqu'il s'agit d'une Société en commandite par actions, ou d'une Société anonyme, toute personne a le droit de prendre communication des pièces déposées au Greffe de la dite Justice de paix, ou même de s'en faire délivrer, à ses frais, l'expédition ou l'extrait par le Greffier. »

656. Le Greffier reçoit cet acte sans le concours du Juge de paix.

FORMULE.

Dépôt de l'expédition d'un acte de Société notarié.

657. L'an......

Par-devant nous......, Greffier de la Justice de paix du canton de......

A comparu au Greffe de ladite Justice de paix,

Le sieur......

Lequel comparant, en exécution des articles 55 et suivants de la loi du vingt-quatre juillet mil huit cent soixante-sept, nous a remis pour rester déposée au rang des minutes du Greffe de ladite Justice de paix, l'expédition d'un acte passé devant Me......, notaire à......, le...... (enregistré), entre M......, demeurant à......, et M......, demeurant à......, portant qu'il a été formé entre eux une Société en nom collectif, sous la raison......, pour le commerce de......, et dont le siége est établi à...... ;

Duquel dépôt le comparant a requis acte qui lui a été octroyé, et il a signé avec nous, après lecture.

Fait à......,

(Signatures.)

NOTA. — Cet acte peut être dressé à la requête de tout porteur — même du Commis-Greffier de la Justice de paix; — l'intervention du négociant n'est pas utile.

AUTRE FORMULE.

Dépôt d'un acte de Société sous signatures privées.

658. Par-devant nous, Greffier......

A comparu au Greffe.........

Le sieur..........

Lequel comparant, en exécution des articles, etc..... (Comme à la formule *suprà* n° 657.)

....

nous a remis, pour rester déposé au rang des minutes du Greffe de ladite Justice de paix, l'un des originaux d'un acte sous signatures privées, en date à..., enregistré à......., le........, f°........, par........, qui a reçu les droits, passé entre : 1°...... ; 2°....... ; 3°....... ; portant......

(Le reste comme la formule précédente.)

---

§ VII. — Dépôt de pièces.

OBSERVATIONS.

659. Il arrive fréquemment que le Greffier a à recevoir le dépôt de diverses pièces, telles que rapports d'experts, actes de naissance et de décès, etc.....

Nous donnons ci-après une formule d'acte de dépôt qui pourra servir de modèle pour les différents cas qui pourront se présenter.

Ces actes sont reçus exclusivement par le Greffier.

FORMULE.

660. L'an.........

Par-devant nous....., Greffier du canton de.....,

S'est présenté.....

Le sieur..........

Lequel nous a remis, pour rester déposé au rang des minutes du Greffe de ladite Justice de paix, le rapport qu'il a dressé, en vertu d'un jugement rendu par M. le Juge de paix du présent canton, le......, dans l'affaire pendante devant lui entre le sieur......, et le sieur......;

Lequel rapport, écrit sur deux feuilles, au timbre de......, porte la mention suivante : « Enregistré, etc..... »;

Duquel dépôt, le comparant a requis acte, que nous lui avons octroyé.

De tout quoi, etc.... ..

§ VIII. — Adoption par deux époux, l'adopté étant âgé de vingt-cinq ans et ayant encore ses père et mère.

(Art. 353 C. c.)

OBSERVATIONS.

661. Les conditions imposées, tant à celui qui veut adopter qu'à celui qui doit être adopté sont réglées par les articles 353 et suiv. C. c.

La personne qui se propose d'adopter et celle qui voudra être adoptée se présenteront devant le *Juge de paix du domicile* de l'adoptant pour y passer acte de leurs consentements respectifs.

Cet acte doit être homologué par le Tribunal.

(Nous ne donnons qu'une formule d'adoption ; elle servira de type pour tous les autres cas d'adoption.)

FORMULE.

Adoption.

662. L'an.........

Par-devant nous..........

Se sont présentés.......... :

La dame Marie Dublanc, épouse du sieur Edmond Darblade, et celui-ci, demeurant et domiciliés ensemble à......;

Agissant, ledit sieur Darblade, tant en son nom personnel qu'aux fins de l'autorisation de son épouse;

Lesquels comparants nous ont exposé :

Qu'étant sans enfants ni descendants légitimes, ils sont dans l'intention d'adopter comme de fait ils adoptent par le présent acte, la demoiselle Marie G...., sans profession, âgée de vingt-quatre ans, demeurant à......., avec ses père et mère, à laquelle ils ont, dans sa minorité, fourni des secours et donné des soins non interrompus pendant quatorze ans consécutifs;

En conséquence, ils se présentent devant nous à cet effet, et nous requièrent de leur donner acte de leur déclaration;

Et après lecture, ils ont signé.

(Signatures.)

Se sont également présentés :

1° La demoiselle Marie G.....;

Et 2° le sieur Bertrand G......, et la dame Marie-Cécile M......., épouse de ce dernier, ses père et mère;

Lesquels nous ont déclaré :

Les époux G......, consentir à l'adoption faite par lesdits époux Darblade, au profit de leur fille, et cette dernière adhérer avec reconnaissance à ladite adoption et se soumettre aux obligations imposées à l'adopté envers l'adoptant;

Et après lecture faite de leur déclaration, lesdits époux G......, et ladite demoiselle G......, leur fille, ont signé.

(Signatures.)

Vu les déclarations d'adoption, consentement et acceptation ci-dessus;

Vu aussi les actes de naissance des époux Darblade et de la demoiselle Marie G......, dont les expéditions en forme nous ont été représentées, desquels il résulte :

1° Que ledit sieur Darblade est âgé de cinquante-six ans, comme étant né le..........;

2° Que la dame Darblade est âgée de cinquante-deux ans, comme étant née le.........;

Et 3° que la demoiselle Marie G........, est âgée de vingt-quatre ans, comme étant née le.......;

Attendu qu'il résulte de ces divers actes que les époux Darblade ont plus de cinquante ans et plus de quinze ans que la demoiselle Marie G........;

Attendu que cette dernière est majeure et qu'elle est pourvue du consentement de ses parents, n'étant pas encore âgée de vingt-cinq ans;

Attendu qu'il résulte d'un acte de notoriété, par nous dressé, le........, sur l'attestation de sept témoins, que lesdits époux n'ont ni enfants ni descendants légitimes;

Vu, enfin, les dispositions de l'article 353 C. c.,

Nous, Juge de paix, susdit et soussigné,

Donnons aux comparants acte de leurs déclarations, à la charge par eux de se conformer aux dispositions des articles 351 et suiv. C. c.;

De tout quoi, nous avons fait et dressé le présent procès-verbal, etc.

---

§ IX. — Emancipation.

OBSERVATIONS.

663. Le mineur, âgé de quinze ans révolus, pourra être émancipé par son père ou, à défaut du père, par sa mère.

(Art. 477 C. c.)

664. Le père a le droit d'émanciper ses enfants sans l'autorisation de la mère.

665. La mère, en l'absence du père, peut émanciper ses enfants, alors surtout qu'il est démontré que le père, par suite de l'absence, est dans l'impossibilité de manifester sa volonté.

(Vo A. Carré, *Code des Juges de paix*, p. 483.)

666. Le père, après la séparation de corps, a seul le droit, à l'exclusion de la mère, d'émanciper ses enfants. Cependant, si cette émancipation n'a lieu que pour enlever à la mère la garde qui lui a été confiée de ses enfants, la nullité de l'acte d'émancipation peut être prononcée par les Tribunaux.

Tribunal de la Seine, 6 mars 1862 (S. V. 62. 2. 391); — *Sic*, Marcadé, art. 477, no 2.

667. Le père et la mère, destitués de la tutelle, conservent le droit d'émanciper leurs enfants.

Bordeaux, 7 janvier 1852 (S. V. 52. 2. 276; — P. 52. 1. 519; — D. P. 52. 2. 200); — *Sic* Demolombe, t. VIII, no 204; — Zachariæ, Aubry et Rau, t. Ier, § 120. p 485.

668. Le droit d'émanciper leurs enfants appartient aux père et mère naturels.

669. La faculté pour les père et mère d'émanciper leurs enfants mineurs n'est pas absolue; il appartient aux Tribunaux d'en surveiller l'exercice et d'en réprimer les abus.

(Tribunal de la Seine, 6 mars 1862, cité plus haut.)

670. L'émancipation peut être reçue par le Juge de paix du domicile de l'émancipant, ou par celui du lieu de l'ouverture de la tutelle.

FORMULE.

Émancipation par le père.

671. L'an.........

Par-devant nous,.......

S'est présenté........

Le sieur,.......

Lequel comparant nous a exposé :

Que, de son mariage avec la dame,....., demeurant avec lui, est né le....., un enfant prénommé Jean-Pierre;

Que le comparant, jugeant sondit fils, qui est encore mineur, mais âgé de quinze ans révolus, dans le cas d'être émancipé, déclare formellement lui conférer l'émancipation à compter de ce jour..., ainsi que la loi lui en donne le droit, et nous demande de lui en donner acte ;

Et, après lecture de la présente réquisition, le comparant a signé.

(Signature.)

Vu la déclaration ci-dessus, l'acte de naissance représenté et les dispositions de l'article 477 du Code civil.

Nous, Juge de paix susdit et soussigné,

Donnons acte au sieur....... de sa déclaration ;

De tout quoi, nous avons fait et dressé le présent procès-verbal, qui, après lecture faite, a été signé, etc.

Émancipation par la mère, lorsque le père a disparu.

(Art. 141 et 477 C. c.)

OBSERVATIONS.

672. (Vo *suprà*, no 665.)

FORMULE.

673. L'an mil huit cent soixante-quinze.......

Par-devant nous.....,

S'est présenté en notre prétoire, sis à........,

La dame Jeanne S....., épouse du sieur Pierre B....,

Laquelle comparante nous a exposé :

Que le sieur B...., son mari, est parti de........, son domicile, situé à....., le 20 mars 1859, sur le navire le.... ., pour la Nouvelle-Orléans (Etats-Unis);

Qu'immédiatement après son arrivée dans cette dernière ville, il est allé résider à....., près la Nouvelle-Orléans ;

Que, jusqu'au 15 août 1865, ledit sieur B.... a très régulièrement donné de ses nouvelles, soit à sa famille, soit à ses amis, soit aux personnes avec lesquelles il était en relations d'affaires ;

Mais que depuis cette époque, il a cessé de donner de ses nouvelles;

Que la comparante a vainement écrit pour savoir ce qu'il était devenu, mais que toutes ses démarches ont été infructueuses ;

Que les faits ci-dessus mentionnés résultent, d'ailleurs : 1° d'un acte de notoriété dressé par nous, sur l'attestation de quatre témoins, le..... (enregistré) ; 2° d'une lettre écrite à la comparante par M....., consul de France à la Nouvelle-Orléans, en date du.....; cette lettre dûment timbrée à l'extraordinaire et enregistrée à......., le........., est demeurée ci-annexée ;

Que du mariage de la comparante et dudit sieur B...., est né, entre autres enfants, un fils nommé Jacques B.... ;

Que la comparante, jugeant sondit enfant Jacques B..... dans le cas d'être émancipé, désire lui conférer l'émancipation, ainsi que lui en donnent le droit les articles 141 et 477 du C. c. ;

En conséquence, elle nous déclare formellement émanciper ce dernier, pour, par lui, jouir de tous les droits attachés à l'émancipation, et nous demande de lui en donner acte.

Et après lecture faite de la présente réquisition, la comparante a signé.

(Signature.)

Vu la réquisition ci-dessus, et les dispositions des articles 141 et 477 du C. c.; Vu aussi l'acte de naissance de Jacques B.... , dont une expédition, en due forme, nous a été représentée,

Nous, Juge de paix susdit et soussigné,

Donnons à la dame B..... acte de sa déclaration.

De tout quoi, etc.

Nota. — Le conseil de famille devra, après l'émancipation procéder à la nomination d'un curateur.

---

§ X. — Autorisation au mineur émancipé de faire le commerce.

(Art. 2 C. comm.)

OBSERVATIONS.

674. Tout mineur émancipé par son père ou sa mère, qui

voudra faire le commerce, devra y être autorisé par l'émancipant, et être âgé de dix-huit ans accomplis.

Cette autorisation est ordinairement mise à la suite du procès-verbal d'émancipation.

L'autorisation de faire le commerce, que peuvent accorder les père et mère à leurs enfants mineurs émancipés, n'est valable qu'autant qu'elle a lieu dans l'intérêt seul des enfants. — Par suite, est nulle et sans effet l'autorisation qu'une mère a donné à son enfant pour contracter avec elle une société commerciale.

Paris, 20 fév. 1858. (S V. 58. 2. 74. — P. 53. 367. — D. P. 2. 55.)

Le mineur qui a fait le commerce sans y être régulièrement autorisé ne peut être déclaré en faillite.

Cass, 17 mars 1853. (D. P. 53. 1. 114. — S. V. 53. 1.230. — P. 53. 1. 710.)

Le prodigue, pourvu d'un conseil judiciaire, ne peut être autorisé à faire le commerce.

Paris, 22 déc. 1862. (P. 63. 423. — S. V. 63. 2. 30.) — *Sic* Alauzet, t. I, n° 10; Demolombe, t. VIII. n°s 760 et s.

FORMULE.

675. L'an 1875 et le......

Par-devant nous.............

S'est présentée en notre prétoire, sis à....

La dame veuve........

Laquelle comparante nous a exposé :

Que de son mariage avec le sieur......, décédé......., est née, le......., une fille prénommée......

Que, par déclaration faite, ce jour, devant nous, ainsi que cela est constaté par le procès-verbal que nous en avons dressé (lequel n'est pas encore enregistré, mais qui le sera avant ou en même temps que les présentes), elle a déclaré émanciper sadite fille mineure, et il lui en a été donné acte ;

Que la comparante, jugeant à sadite fille mineure émancipée, aujourd'hui âgée de dix-huit ans révolus, l'intelligence nécessaire pour faire le commerce, nous déclare formellement lui accorder cette autorisation, et nous requiert de lui en donner acte;

Et, après lecture de la présente réquisition, la comparante a signé :

(Signature.)

Vu la déclaration ci-dessus, l'acte d'émancipation de ladite mineure, et les dispositions de l'article 2 C. comm.

Nous, Juge de paix susdit et soussigné,

Donnons à Mme veuve....... acte de sa déclaration ;

De tout quoi, nous avons fait et dressé le présent procès-verbal, qui, après lecture faite, a été signé par la comparante, ainsi que par nous et le Greffier.

Fait à......., etc.

(Signatures.)

§ XI. — Actes de notoriété.

OBSERVATIONS GÉNÉRALES.

676. L'acte de notoriété est celui qui est passé devant un officier public, et où sont constatées les déclarations de personnes ou de témoins qui attestent un fait notoire, afin de suppléer un acte écrit qu'on est hors d'état de produire.

677. Parmi les actes de notoriété, les uns sont attribués aux Juges de paix exclusivement ; d'autres aux Notaires exclusivement ; d'autres aux Juges de paix et aux Notaires concurremment.

Il est généralement admis que dans les cas où la loi n'a pas exprimé une intention contraire, on peut employer indifféremment le ministère des Notaires ou celui des Juges de paix pour dresser ces actes.

Ainsi, les Juges de paix ont compétence générale pour constater toutes espèces de faits relatifs aux décès, au droit de succéder, à l'identité des personnes, etc.

678. Voici *quelques actes de notoriété faits exclusivement par les Juges de paix :*

1o Acte de notoriété pour suppléer l'acte de naissance, en cas de mariage ;

(Art. 70 C. c.)

2o Acte de notoriété pour suppléer, au cas de mariage, l'acte de décès des ascendants du futur ou le jugement de déclaration d'absence.

(Art. 155 C. c.)

Cette disposition s'applique à l'enfant naturel reconnu ;

(Art. 158 C. c.)

3o Acte de notoriété afin de déclaration d'absence;

(Art. 115 et 116 C. c.)

4o Acte de notoriété à produire par les concessionnaires de terrains en Algérie;

(D. 23 avril 1852.)

5o Acte de notoriété ou certificat de propriété pour toutes sommes dues par l'État, le département et les communes, lorsqu'il n'y aura eu ni inventaire ni partage par acte public ou par testament.

(L. 28 floréal an VII, art. 6 — D. 18 septembre 1806.)

Dans le cas d'existence de ces derniers actes, c'est au notaire détenteur de la minute à délivrer les actes de notoriété ou certificats de propriété;

(*Ibid* — *Ibid.*)

6o Acte de notoriété à produire pour l'adoption;

(Art. 345 C. c.)

7o Acte de notoriété pour établir l'identité d'un militaire, lorsque dans les actes qu'il produit il y a des noms qui sont portés différemment que dans les actes de naissance;

(Instr. M. G.)

679. Dans tous les autres cas non spécifiés ci-dessus, et en l'absence de dispositions contraires, nous pensons, avec plusieurs auteurs, qu'il a été dans l'intention du Législateur d'attribuer aux Juges de paix une compétence *générale* à l'effet de dresser tous actes de notoriété relatifs aux décès, à l'absence et à l'identité des personnes, au droit de succéder, etc.......

680. Le nombre de témoins à produire varie suivant les cas.

Lorsque la loi n'a pas énoncé le nombre de témoins, il doit en être pris un nombre égal à celui nécessaire pour l'acte avec lequel l'acte à faire a le plus d'analogie.

Pour les actes dont nous donnons ci-après les modèles, nous indiquons, en tête de la formule, le nombre de témoins à produire.

681. En général les témoins d'un acte de notoriété doivent être Français, majeurs, savoir signer et être domiciliés dans l'arrondissement où l'acte est passé, c'est-à-dire réunir les qualités des témoins instrumentaires.

(Loi du 25 ventôse an XI, art. 9.)

La loi a cependant, dans le but de faciliter les mariages, établi une exception en faveur des actes de notoriété prescrits par l'article 71 C. c.

Dans ce cas : on peut, dit Bioche, indépendamment des parents du futur, admettre la déclaration :

1° De ses domestiques;

2° D'un étranger, même non autorisé à résider en France; il peut être témoin dans un acte de l'état-civil;

(Arg., art. 37 C. c.)

3° D'une femme, bien qu'elle ne puisse être témoin dans un acte de l'état-civil;

(Art. 37 C. c.)

Il s'agit d'une espèce d'enquête;

(Arg., art. 71 C. c.)

4° D'un mineur, surtout s'il a quinze ans révolus, il peut être entendu dans une enquête;

(Art. 285 C. pr. c.)

Et 5° d'un individu ne pouvant ou ne sachant signer.

682. Les personnes qui attestent la notoriété ne prêtent pas serment, n'étant pas, à proprement parler, des *témoins*.

683. Les actes de notoriété peuvent être délivrés en brevet.

(Loi du 25 ventôse an XI, art. 20.)

Mais, en général, l'acte est dressé en minute.

684. Tous les auteurs sont d'accord pour reconnaître que, pour les actes de notoriété, le Juge de paix doit être assisté du Greffier, d'où vacation accordée à ce dernier par le Tarif de 1807, articles 5 et 16.

685. La loi du 25 ventôse an XI, en attribuant aux notaires le droit de recevoir des actes de notoriété, n'a ni abrogé, ni modifié les dispositions de la loi du 28 floréal an VII, qui régit le mode de transmission des rentes sur l'État.

(Paris, 30 juillet 1853.)

Par suite, lorsqu'il n'y a ni inventaire ni partage, ni donation entre vifs, ni testament en la forme authentique réglant les droits des héritiers, c'est le Juge de paix seul du domicile du défunt qui a qualité pour délivrer aux ayant-droit l'acte de notoriété nécessaire pour la remise du nouvel extrait d'inscription,

(*Ibid.*)

Acte de notoriété délivré pour suppléer l'acte de naissance en cas de mariage.

(Art. 70, 71 C. c.)

(Cet acte est dressé sur l'attestation de sept témoins de l'un ou de l'autre sexe, parents ou non parents.)

OBSERVATIONS.

686. Cet acte doit être délivré par le Juge de paix du lieu de la naissance du futur ou par celui de son domicile réel.

Il est sujet à l'homologation.

(Art. 72 C. c.)

Lorsque cet acte intéresse les indigents, il doit être fait sur papier visé pour timbre et enregistré gratis.

(L. 10 décembre 1850.)

Le Greffier a droit, dans ce cas, aux mêmes émoluments que pour les cas ordinaires.

(V° notre *Journal des Greffiers*, année 1874, p. 84.)

FORMULE.

(1er MODÈLE.)

Acte de notoriété pour suppléer l'acte de naissance brûlé.

687. L'an mil huit cent soixante-quinze, et le.......

Par-devant nous.. ..

Se sont présentés,.......

1°........; 2°.........; 3°.........; 4°......; 5°........; 6°.......; et 7°........;

.......: ....

Lesquels témoins, tous majeurs, ainsi qu'ils nous l'ont dit et qu'il nous l'a apparu, nous ont déclaré et attesté qu'ils connaissent parfaitement le sieur.... ici présent, et qu'il est de notoriété à tous qu'il est né à......., le......., du mariage du sieur......... et de la dame.........;

Que ledit sieur......... est dans l'intention de contracter mariage avec la demoiselle........., mais qu'il ne peut rapporter à l'officier de l'état civil un extrait de l'acte de naissance qui lui est nécessaire ;

Que l'impossibilité où il se trouve de produire son acte de naissance provient d'un incendie qui a détruit tous les registres de l'état-civil de la commune de.. ....; le......... mil huit cent cinquante ;

Desquels faits que les témoins sus-nommés nous ont certifiés sincères et véritables, nous avons délivré le présent acte de notoriété pour suppléer l'acte de naissance dudit sieur...., à l'effet de contracter mariage, en conformité des articles 70 et 71 du Code civil, à la charge cependant de l'homologation prescrite par l'article 72 du même Code ;

De tout quoi, etc.

FORMULE

(2ème MODÈLE.)

Acte de notoriété pour suppléer l'acte de naissance d'une personne non inscrite.

(Art. 70 et 71 C. c.)

688. L'an..........

Par-devant nous........

S'est présenté en notre prétoire, sis à...........

Le sieur................,

Lequel comparant nous a exposé :

Qu'il est né à......., le......., du mariage du sieur........, décédé le....., avec la dame......, aussi décédée, le......, à.......;

Qu'il est dans l'intention de contracter mariage, mais qu'il se trouve dans l'impossibilité de se procurer son acte de naissance, par le motif qu'il n'aurait pas été inscrit sur les registres de l'état-civil de ladite commune de......;

Que, dans cette situation, il se voit forcé de le suppléer par un acte de notoriété, délivré en conformité des dispositions des articles 70 et 71 du C. c.;

Qu'à cette fin, il a, de notre agrément verbal, convoqué pour ces lieu, jour et heure, les sept témoins ci-après, dont il nous prie de recevoir les déclarations ;

Et après lecture, le comparant a signé. (Signature.)

Et aussitôt, ont comparu les susdits témoins, savoir :

1°......; 2°.......; 3°.......; 4°......; 5°......; 6°......; 7°.....;

....

Lesquels témoins, tous majeurs, nous ont déclaré et attesté connaître parfaitement le sieur........, ici présent, et savoir qu'il est né à........, le........, du mariage du sieur........, et de la dame........ ;

Et qu'il est à leur connaissance que ledit sieur........ ne peut obtenir la représentation de son acte de naissance, attendu qu'il n'a pas été inscrit sur les registres de l'état-civil de la commune de....... ;

Desquels faits, que les témoins sus-nommés nous ont certifiés sincères et véritables, nous avons délivré le présent acte de notoriété, pour suppléer l'acte de naissance dudit sieur........, à l'effet de contracter mariage, en conformité des articles 70 et 71 du C. c, à la charge cependant de l'homologation prescrite par l'art. 72 du même Code.

De tout quoi, etc.

Acte de notoriété pour suppléer l'acte de naissance d'un étranger.

(Art. 70 et 71 C. c., par analogie.)

Avis du Conseil d'État, 27 messidor an XIII.

Cet acte doit être délivré par le Juge de paix du domicile du réclamant, sur l'attestation de sept témoins

---

FORMULE.

689. L'an mil huit cent soixante-quinze, et le........

Par-devant nous, Juge de paix......, assisté.....,

Se sont présentés....... :

1°.......; 2°.......; 3°......; 4°.......; 5°......; 6°......; et 7°......

....

Lesquels témoins, tous majeurs, réfugiés espagnols, pour rendre hommage à la vérité, nous ont certifié et attesté qu'ils connaissent parfaitement le sieur........, manœuvre, demeurant à........, rue........, et qu'il est né à Madrid (Espagne), en l'année 1853, du légitime mariage du sieur......, et de la dame........., décédés l'un et l'autre à Madrid, savoir : le sieur.........., le.............., et la dame.........., en l'année 1858;

Que ledit sieur...... est dans l'impossibilité de se procurer son acte de naissance, ne pouvant, en sa qualité de réfugié politique communiquer avec les autorités de son pays natal ;

Desquels faits que les témoins comparants nous ont certifiés sincères et véritables, nous avons délivré le présent acte de notoriété pour suppléer l'acte de naissance dudit sieur......, à l'effet de contracter mariage, conformément aux dispositions des articles 70 et 71 C. c., à la charge cependant de l'homologation prescrite par l'article 72 du même Code ;

De tout quoi, etc.

Acte de notoriété pour suppléer au consentement du père absent.

(Art. 149 et 155 C. c.)

OBSERVATIONS.

690. Cet acte de notoriété est fait sur la déclaration de quatre témoins appelés d'office par le Juge de paix du lieu du domicile du père.

Il n'est pas soumis à l'homologation.

FORMULE.

691. L'an mil huit cent soixante-quinze, et le,.....

Par-devant nous,.......

Se sont présentés en notre prétoire sis à.......

1o Le sieur.......

2o.......; 3o.......; et 4o.......;

Lesquels témoins, appelés par nous d'office, tous majeurs, ainsi qu'ils nous l'ont dit et qu'il nous l'a apparu, pour rendre hommage à la vérité, nous ont certifié et attesté avoir parfaitement connu le sieur Jean B......., verrier, et savoir qu'il est parti de son domicile, situé à......., dans le courant de l'année 1848, sans faire connaître à sa famille le lieu où il allait fixer sa résidence;

Que, malgré les recherches les plus actives de la famille dudit sieur B..., il a été impossible de savoir ce que celui-ci était devenu;

Qu'il n'a été fait, jusqu'à présent, aucune démarche pour faire constater légalement l'absence dudit sieur B..... ;

Que du mariage dudit sieur B......, avec la dame Marie C....., sans profession, demeurant actuellement à......, est née, le.. .., une fille prénommée Anne;

Que ladite Anne B......., étant dans l'intention de contracter mariage et ne pouvant rapporter le consentement, qui lui est nécessaire, de son père, il y a lieu de suppléer à ce consentement par un acte de notoriété délivré, suivant les dispositions des articles 149 et 155 C. c.;

De tout quoi, etc.

Acte de notoriété pour suppléer au consentement de la mère absente d'un enfant naturel reconnu par elle.

(Art. 155 et 158 C. c.)

(Cet acte contient la déclaration de quatre témoins appelés d'office par le Juge de paix du dernier domicile de la mère.)

FORMULE.

692. L'an mil huit cent soixante-quinze, et le....... ....,

Par-devant nous.......

Se sont présentés.......;

1° Le sieur.......;

2°........; 3°........; et 4°........;

Lesquels témoins, appelés par nous d'office, tous majeurs, ainsi qu'ils nous l'ont dit et qu'il nous l'a apparu, pour rendre hommage à la vérité, nous ont certifié et attesté avoir parfaitement connu la demoiselle Marie G......., sans profession, et savoir que cette dernière est partie, en l'année mil huit cent cinquante-trois, dans le mois de........., de son domicile, situé à...... ., sans faire connaître le lieu où elle avait l'intention de fixer son nouveau domicile ou sa résidence;

Que, malgré les recherches les plus actives qui ont été faites, il a été impossible de savoir ce que ladite demoiselle Marie G....... était devenue;

Que, jusqu'à ce jour, il n'a été fait aucun acte pour faire constater légalement l'absence de cette dernière;

Que le......., est née à......., la nommée Anne G......., de père inconnu et de ladite demoiselle Marie G......., qui l'a reconnue, suivant acte fait à la mairie de......, le......., enregistré le......., f°......, par......;

Desquels faits, que les témoins comparants nous ont certifiés sincères et véritables, nous avons délivré le présent acte de notoriété pour servir à ladite demoiselle A. G......, aux fins de son futur mariage, suivant les dispositions des articles 155 et 158 du Code civil;

De tout quoi, etc.

Acte de notoriété pour suppléer l'acte de naissance d'un enfant naturel non reconnu et non inscrit.

(Art. 70 et 71 C. c.)

(Cet acte est reçu par le Juge de paix du domicile du réclamant sur l'attestation de sept témoins.)

FORMULE.

—

693. L'an 1875, et le......

Par-devant nous......, Juge de paix......, assisté de Me......

Se sont présentés :

1° Le sieur......;

2°......; 3°......; 4°......; 5°......; 6°......; 7°......;

Lesquels témoins, tous majeurs, nous ont déclaré et attesté qu'ils connaissent parfaitement le sieur......, et savoir qu'il est né à......, le......, de père et mère inconnus ;

Que ledit sieur ne peut représenter son acte de naissance à l'officier de l'état-civil pour contracter mariage, car il est certain qu'il n'a pas été inscrit sur les registres de l'état-civil de ladite commune de.....;

Desquels faits, que les témoins sus-nommés nous ont certifiés sincères et véritables, nous avons délivré le présent acte de notoriété pour suppléer l'acte de naissance dudit sieur......, à l'effet de contracter mariage, en conformité des articles 70 et 71 du C. c., à la charge cependant de l'homologation prescrite par l'article 72 du même Code ;

De tout quoi, nous avons fait et dressé le présent procès-verbal, sur la réquisition du sieur....., et ce sur ce papier visé pour timbre gratis, conformément à l'article 4 de la loi du 10 décembre 1850, attendu l'indigence dudit sieur......, ainsi que cela est constaté par un certificat d'indigence délivré par le commissaire de police de......, lequel certificat a été visé et approuvé par nous, le......;

Ledit sieur......, justifiant, en outre, qu'il n'est pas imposé, ainsi que cela résulte d'un certificat à lui délivré, le......, par le Receveur des contributions directes de.....;

Et après lecture faite, les témoins sus-nommés ont signé, etc.....

(Signatures.)

Acte de notoriété à fin de déclaration d'absence.

(Art. 115 et 116 C. c.)

(Cet acte est dressé sur l'attestation de quatre témoins.)

OBSERVATIONS.

694. Pour constater l'absence d'une personne qui aura cessé de paraître à son domicile depuis quatre ans, le Tribunal réclame souvent l'acte de notoriété suivant :

FORMULE.

695. L'an 1875, et le.....,

Par-devant nous......

Se sont présentés......

1°........ ;

2°...... ; 3°...... ; 4°........ ;

Lesquels témoins, majeurs et Français, pour rendre hommage à la vérité, nous ont certifié et attesté avoir parfaitement connu la demoiselle Marie C....., couturière, ayant demeuré à......, rue......, et savoir qu'elle a cessé de paraître au lieu de son domicile sus-indiqué, depuis plus de quatre ans, et que malgré les recherches les plus actives qui ont été faites par sa famille, il a été impossible de savoir ce qu'elle était devenue ;

Desquels faits, que les témoins sus-nommés nous ont certifiés sincères et véritables, nous avons délivré le présent acte de notoriété, à la réquisition du sieur...... ;

Et, après lecture, les témoins sus-nommés et ledit sieur......, ont signé avec nous et le Greffier.

(Signatures.)

Acte de notoriété pour constater qu'une personne décédée ne laisse pas d'héritiers à réserve.

(Cet acte est dressé, sur l'attestation de deux témoins, par le Juge de paix du domicile du décédé.)

FORMULE.

696. L'an.... ....,

Par-devant nous........,

Se sont présentés........:

1°........;

2°........;

Lesquels témoins, majeurs et Français, pour rendre hommage à la vérité, nous ont certifié et attesté avoir parfaitement connu le sieur........

Et savoir qu'il est décédé à........, le........, sans avoir fait de dispositions testamentaires;

Qu'après son décès, il n'a point été dressé d'inventaire;

Et qu'il n'a laissé ni ascendants ni descendants, et, par suite, aucun héritier à réserve;

En foi de quoi, etc.

Acte de notoriété, après décès, constatant le nombre et la qualité des héritiers du défunt, en ligne directe.

(Art. 748 C. c.)

(Cet acte est délivré, sur l'attestation de deux témoins, par le Juge de paix du domicile du défunt.)

FORMULE.

697. L'an mil huit cent soixante-quinze, et le.. ....,

Par-devant nous.... ... ,

Se sont présentés........ :

1° Le sieur...........;

Et 2°........;

Lesquels témoins, majeurs et Français, pour rendre hommage à la vérité, nous ont certifié et attesté avoir paraitement connu le sieur........, ayant demeuré à........, et en dernier lieu à........, où il est décédé, le........, célibataire *ab intestat;*

Qu'après son décès, il n'a point été dressé d'inventaire;

Et qu'il a laissé pour lui succéder et pour ses seuls et uniques héritiers:

Pour une moitié ou un quart chacun :

Le sieur......., et la dame........., son épouse, ses père et mère, demeurant à........;

Et pour l'autre moitié, le sieur. ....., son frère germain, issu, du même mariage que lui, desdits époux........, ci-avant dénommés;

En foi de quoi, nous avons délivré le présent acte de notoriété pour servir et valoir aux fins de droit; et, après lecture, les témoins sus-nommés ont signé avec nous et le Greffier.

Fait à........, etc.

(Signatures.)

Acte de notoriété constatant le nombre et la qualité des héritiers en ligne collatérale.

(Art. 750 C. c.)

(Cet acte est dressé, sur l'attestation de deux témoins, par le Juge de paix du domicile du défunt)

FORMULE.

698. L'an........

Par-devant nous...........

Se sont présentés.....

1° le sieur...........;

2°........;

Lesquels témoins, majeurs et français, pour rendre hommage à la vérité, nous ont certifié et attesté avoir parfaitement connu le sieur......., décédé à......, le....., et savoir :

Qu'il était veuf, sans enfants, de.....;

Qu'il n'a laissé ni ascendants, ni frères ou sœurs, ni descendants d'eux ;

Qu'il n'a point fait de dispositions testamentaires ;

Qu'après son décès, il n'a point été dressé d'inventaire ;

Et qu'il a laissé, pour lui succéder et pour ses seuls et uniques héritiers :

Dans la ligne paternelle, et pour la moitié de la succession qui est dévolue à cette ligne :

1° Le sieur....... ;

2° La demoiselle......

Frère et sœur, ses cousins au cinquième degré, comme étant les enfants de.......; lequel était cousin au quatrième degré du père du *de cujus*;

Et dans la ligne maternelle, pour l'autre moitié de la succession qui lui est dévolue :

Le sieur........, cousin issu de germains du *de cujus*, lequel avait pour auteur le sieur......., frère de la mère du défunt;

En foi de quoi, nous avons délivré le présent acte de notoriété, pour servir et valoir aux fins de droit, et, après lecture, les témoins sus-nommés ont signé avec nous et le Greffier.

Fait à........

Acte de notoriété à produire dans les cas de sommes dues par l'Etat, le département ou les communes.

(L. 28 floréal an VII, art. 6. — Décret 18 septembre 1806.)

(Cet acte est délivré, sur l'attestation, de deux témoins, par le Juge de paix du domicile du décédé.)

FORMULE.

699. L'an mil huit cent soixante-quinze, et le......,

Par-devant nous.......

Se sont présentés..... :

1°..... ... ;

2°......... ;

Lesquels témoins, majeurs et Français, pour rendre hommage à la vérité, nous ont certifié et attesté avoir parfaitement connu le sieur......., et savoir qu'il est décédé en son domicile, situé en cette commune, le....... ;

Qu'il n'a point laissé de dispositions testamentaires

Qu'après son décès, il n'a point été dressé d'inventaire ;

Et qu'il a laissé pour lui succéder et pour ses seuls héritiers :

1°.......... ;

2°.......... ;

En foi de quoi, nous avons délivré le présent acte de notoriété, pour servir et valoir aux fins de droit ;

Et après lecture, etc. (Signature.)

Acte de notoriété à produire en cas d'adoption par les époux adoptants, constatant qu'ils n'ont ni enfants ni descendants légitimes.

(Art. 343 C. c.)

(Cet acte est dressé, sur l'attestation de deux témoins, par le Juge de paix du domicile de l'adoptant.)

FORMULE.

700. L'an mil huit cent soixante-quinze, et le.......,

Par-devant nous........, Juge de paix......., assisté de M°.......,

Se sont présentés........ :

1°........; 2°........;

Lesquels témoins, majeurs et Français, pour rendre hommage à la vérité, nous ont certifié et attesté connaître parfaitement le sieur B......., et la dame Marie C......., son épouse, demeurant ensemble à........ et savoir qu'ils sont unis en premier mariage, qu'ils n'ont eu aucun enfant de leur union et qu'ils n'ont aucun descendant légitime;

En foi de quoi, nous avons délivré le présent acte de notoriété........... pour servir aux fins de droit;

Et, après lecture, etc.

Acte de notoriété, en cas d'adoption, constatant que l'adoptant a fourni des secours à l'adopté.

(Art. 345 C. c.)

(Cet acte est dressé, sur l'attestation de sept témoins, par le Juge de paix du domicile de l'adoptant.)

FORMULE.

701. L'an mil huit cent soixante-quinze, et le...........,

Par-devant nous,........,

Se sont présentés.......:

1°......; 2°......; 3°.......; 4°.......; 5°......; 6°.......; et 7°.......;

Lesquels témoins, majeurs et Français, pour rendre hommage à la vérité, nous ont certifié et attesté connaître parfaitement le sieur Louis B........, né à.........., le.........., du sieur B........ et de la dame........., tous deux décédés, et savoir : que ledit sieur Louis B........ a été, dès l'âge de dix ans, élevé par le sieur X........, qui lui a fourni, jusqu'à ce moment, des soins non interrompus comme à son propre enfant;

En foi de quoi, nous avons délivré le présent acte de notoriété pour servir et valoir aux fins de droit;

Et, après lecture, etc.

Acte de notoriété pour constater l'absence du père, lorsque la mère demande la rentrée de son fils, militaire, à titre de soutien de famille.

(Art. 135 C. c., par analogie.)

OBSERVATIONS.

702. L'Administration de la guerre demande la production d'un acte de notoriété dans le cas ci-dessus.

(Cet acte est dressé, sur l'attestation de quatre témoins, appelés d'office par le Juge de paix du domicile de la mère.)

FORMULE.

703. L'an.........

S'est présentée........ :

La dame Marie Saigne, épouse du sieur Etienne........, demeurant à......

Laquelle comparante nous a exposé :

Que le sieur........ son mari, avec lequel elle demeurait à......., a quitté cette ville, le onze décembre mil huit cent cinquante-cinq, se rendant à Montévideo ;

Que, depuis lors, et malgré les plus actives recherches, l'exposante n'a pu recueillir aucune nouvelle de lui ;

Que de leur mariage est issu un fils, le sieur Sévère-Adolphe....... ;

Que ce dernier, seul soutien de l'exposante, est au service militaire depuis l'année mil huit cent soixante-onze ;

Que l'exposante a l'intention de demander la rentrée de son fils dans ses foyers, à titre de soutien de famille ;

Mais que, pour faire cette demande, elle doit produire un acte de notoriété constatant la disparition de son mari ; et que cet acte doit être dressé dans les formes prescrites par l'article 155 du Code civil ;

Que c'est à cette fin qu'elle a amené devant nous les quatre témoins ci-après nommés, dont elle nous requiert de recevoir la déclaration ; — et elle a signé.

(Signature.)

Et à l'instant ont comparu :

1°....... ; 2°.......... ; 3°........... ; 4°......... ;

Lesquels témoins, majeurs et Français, appelés par nous d'office, pour rendre hommage à la vérité, nous ont certifié et attesté avoir parfaitement connu le sieur....., ayant demeuré à...., rue......., et savoir qu'il est parti, le onze décembre mil huit cent cinquante-cinq, de son domicile sus-indiqué, se rendant à Montévidéo ;

Et que, depuis lors, malgré les recherches les plus actives de sa famille, il a été impossible de savoir ce qu'il était devenu ;

Que de son mariage avec la dame........, demeurant actuellement à......., sont nés cinq enfants, dont l'aîné est au service, et les quatre autres sont encore fort jeunes, le plus âgé de ces derniers n'ayant atteint que sa quinzième année ;

Que les moyens d'existence de la dame....... et de ses enfants consistent en : 1°......... ; 2°........ ; 3°........ ;

Que ces ressources sont insuffisantes à ladite dame....... pour nourrir et élever sa nombreuse famille ;

Et que son fils aîné, le sieur......., actuellement sous les drapeaux, lui est indispensable comme soutien de famille ;

En foi de quoi, nous avons délivré le présent acte de notoriété, etc.

Acte de notoriété pour établir l'identité d'un militaire, lorsque dans les actes qu'il produit il y a des noms qui sont portés différemment que dans son acte de naissance.

(Inst. minist. de la guerre.)

(Cet acte est délivré sur l'attestation de sept témoins par le Juge de paix du domicile du militaire.)

FORMULE.

704. L'an mil huit cent soixante-quinze, et le.......,

Par-devant nous,........, assisté de Me.......

Se sont présentés en notre prétoire sis à.......

1o...........;

2o.......; 3o......; 4o........; 5o.......; 6o........; et 7o......;

Lesquels témoins, ayant toutes les qualités requises, pour rendre hommage à la vérité, nous ont certifié et attesté connaître parfaitement le sieur Louis Normand, soldat au 23e régiment de ligne, en garnison à......, et ayant son domicile dans la commune de........, et savoir que c'est par erreur que le nom patronimique dudit sieur Louis Normand a été écrit sur 1o......; 2o......; (indiquer les actes où se trouvent les erreurs), Raymond au lieu de Normand, qui est son véritable nom; et qu'il y a identité de personne entre celle désignée dans l'acte de naissance délivré à la mairie de........, le.........., et les pièces sus-mentionnées.

En foi de quoi, nous avons délivré le présent acte de notoriété, etc.

Acte de notoriété pour obtenir une concession de terrain en Algérie.

(Décret du 23 avril 1852.)

OBSERVATIONS.

705. Le Juge de paix compétent est celui du domicile de la personne qui réclame l'acte.

Le décret n'indique pas le nombre de témoins à produire ; on peut, à notre avis, et indifféremment, en prendre quatre ou deux ;

Cet acte de notoriété est délivré en brevet; il est écrit sur papier timbré et enregistré au droit fixe de 1 fr. 50 c. en principal.

Il est dû au Greffier pour cet acte 2 francs d'honoraires.

FORMULE.

706. L'an........

Par-devant nous........

A comparu........

Le sieur...........

Lequel comparant nous a exposé :

Qu'il est dans l'intention de demander au gouvernement français la concession d'un lot de terrain dans la province de...... (Algérie) ;

Mais qu'il doit, aux termes du décret du 23 avril 1852, faire constater ses ressources pécuniaires par un acte de notoriété délivré sur l'attestation de témoins ;

Qu'à cette fin, et de notre agrément verbal, il a amené devant nous les témoins ci-après nommés, dont il nous requiert de recevoir la déclaration.

Et il a signé..... (Signature.)

Et, à l'instant, se sont présentés les témoins dont s'agit, savoir :

1° Le sieur........ ;

2°......., 3°........ ; et 4°.......;

Lesquels témoins, majeurs et français, pour rendre hommage à la vérité, nous ont certifié et attesté connaître parfaitement le sieur......;

Qu'il est à leur connaissance qu'il possède une somme de......, actuellement disponible ;

Et qu'il se propose d'employer cette somme à faire valoir la concession du terrain qu'il sollicite du gouvernement, et à remplir les charges qui lui seront imposées par le titre de concession ;

Desquelles déclarations et attestations, nous avons délivré le présent acte de notoriété, pour servir audit sieur......., conformément au décret du 23 avril 1852,

De tout quoi, etc.

Acte de notoriété pour constater des erreurs de dates.

FORMULE

707. L'an.......

Par-devant nous......

Se sont présentés......

1°......; 2°......; 3°......; 4°......;

Lesquels témoins, ayant toutes les qualités requises, pour rendre hommage à la vérité, nous ont certifié et attesté avoir parfaitement connu : 1° Le sieur Jean Darblade, âgé de 49 ans, marchand, époux de Cécile Arnaudin, demeurant en son vivant, à..... ; et 2° ladite dame Cécile Arnaudin, et savoir : que ledit Jean Darblade est décédé dans ce dernier domicile, le cinq septemble mil huit cent quarante-neuf, et que sa veuve, Cécile Arnaudin, est décédée en cette ville, rue......, le vingt-trois octobre mil huit cent soixante-dix, à trois heures du matin;

Et que c'est par erreur : 1° que dans l'acte constatant le décès de Jean Darblade, dressé à la mairie de......, le cinq septembre mil huit cent quarante-neuf, ledit Darblade a été déclaré âgé de trente-huit ans, alors qu'il avait atteint cet âge le six mars mil huit cent trente-huit, lors de la naissance de Marie-Élisa Darblade, sa fille, ainsi que cela est constaté par l'acte de naissance de cette dernière ;

Et 2° que c'est aussi par erreur que, dans l'acte constatant le décès de ladite Cécile Arnaudin, veuve Jean Darblade, dressé à la mairie de........., le vingt-trois octobre mil huit cent soixante-dix, il a été dit que la déclaration dudit décès a été reçue ledit jour vingt-trois octobre, à deux heures du matin, alors que le décès n'a eu lieu qu'une heure après, c'est-à-dire à trois heures ;

Et que cette énonciation de *deux heures du matin* doit être remplacée par celle-ci : *deux heures de l'après-midi*, circonstance pleine de probabilité et assez présente encore à la mémoire des deux premiers témoins, pour être surtout attestée par eux d'une manière toute particulière ;

Desquels faits, que les témoins sus-nommés nous ont certifiés sincères et véritables, nous avons délivré le présent acte de notoriété pour servir et valoir aux fins de droit ;

Et après lecture, les témoins sus-nommés ont signé avec nous et le Greffier.

Fait à......, les jour, mois et an que dessus.

(Signatures.)

§ XII. – CERTIFICATS DE PROPRIÉTÉ.

OBSERVATIONS GÉNÉRALES.

708. On appelle certificat de propriété l'acte par lequel un officier public atteste le droit de propriété ou de jouissance d'une ou de plusieurs personnes sur le capital ou les arrérages d'une rente inscrite au grand-livre de la dette publique, sur un cautionnement versé au Trésor, sur les décomptes des arrérages des rentes et pensions viagères sur l'État, éteintes par le décès des titulaires, etc.

709. *Notaire.* — Lorsqu'il y a eu inventaire ou partage public, ou transmission gratuite, à titre entre vifs ou testamentaire, le certificat de propriété est délivré par le notaire détenteur de la minute ou de l'original de l'acte.

(Loi 28 flor. an VII, art. 6. — Décret 18 sept. 1806, art. 1er.)

710. *Juge de paix.* — Lorsqu'il n'existe aucun acte authentique établissant les droits du nouveau propriétaire, le certificat de propriété ou acte de notoriété est délivré par le Juge de paix du domicile du décédé, sur l'attestation de deux citoyens.

(L. 28 flor. an VII, art. 6. — Décret, 18 sept. 1806, art. 1er.)

711. *Greffier.* — Si la mutation s'est opérée par jugement, le Greffier, dépositaire de la minute, doit délivrer ce certificat.

(L. 28 flor. an VII.)

712. Quant aux successions ouvertes à l'étranger, les certificats, délivrés par les magistrats autorisés par les lois du pays, sont admis, lorsqu'ils sont légalisés par l'agent du gouvernement français.

(Art. 6 de la loi du 28 floréal an VII.)

713. Délai pour l'enregistrement des certificats (Vo no 816.)

714. Inscription au répertoire (Vo no 816.)

715. Enregistrement des certificats relatifs aux pensions, rémunérations et secours (Vo no 846.)

716. Usage des certificats en Justice (Vo no 846.)

717. Certificats relatifs aux sommes dues par les communes : l'enregistrement (Vo no 846.)

718. *Prescription.* — Les arrérages des rentes perpétuelles et viagères et pensions se prescrivent par cinq ans.

(Art. 2277 C. c.)

On pourra pour les certificats de propriété suivre le modèle placé à la suite du décret du 18 septembre 1806 ; mais comme ce modèle n'est pas toujours accepté sans difficulté dans les bureaux de l'Administration des finances, nous donnons des modèles de certificats tels qu'ils sont souvent prescrits par la

Recette générale du département de la Gironde, où les formalités sont remplies avec beaucoup de régularité.

719. Un notaire ne peut délivrer un certificat de propriété d'inscription de rente, au profit d'un successible, que d'après les dispositions de la loi du 28 floréal an VII.

(Tribunal civil de la Seine, 12 janvier 1853.)

C'est-à-dire lorsqu'il y a inventaire, partage, acte de transmission ou testamentaire.

Concours du Greffier à la rédaction des certificats de propriété.

Le Greffier doit-il son assistance aux certificats de propriété?

720. Cette question est controversée.

Ceux qui soutiennent la négative disent :

L'assistance du Greffier aux certificats de propriété ne serait due qu'autant que ces actes seraient des actes de notoriété; — or, il n'en est rien; — il y a entre ces deux actes une différence notable qui fait du certificat de propriété l'œuvre personnelle du juge et qui exclut le concours du Greffier.

Puis, disent-ils, le modèle officiel du certificat mis à la suite du décret du 18 septembre 1806, sur le mode de remboursement des cautionnements des titulaires décédés ou interdits, ne parle pas du Greffier, preuve que l'assistance de ce dernier n'est pas nécessaire;

Et de là ils arrivent à conclure que l'assistance du Greffier n'est pas utile pour aucun des nombreux certificats de propriété qui se font dans les Justices de paix.

Ces objections faites pour écarter le concours du Greffier sont loin d'être fondées, il nous sera, croyons-nous, facile de le prouver.

PREMIÈRE OBJECTION.

Le certificat de propriété n'est pas un acte de notoriété.

C'est ici le cas de bien se pénétrer de la signification de ces actes.

On appelle *acte de notoriété* l'acte par lequel un Juge de paix ou un notaire constate, sur la déclaration de personnes qui en ont connaissance, l'existence et la vérité notoire de certains faits. *Ces actes,* disent Paul Dupont, Levasseur, de Foulan, *ne sont à proprement parler que des certificats.*

D'autres auteurs, plus explicites, M. Million notamment, disent, en propres termes, que *le certificat de propriété n'est autre chose qu'un acte de notoriété.*

La loi aussi désigne le *certificat de propriété* sous le nom d'*acte de notoriété ;* nous en trouvons deux exemples, entre autres, dans la loi du 28 floréal an VII et dans le décret du 18 septembre 1806, dont voici les termes :

« Le Juge de paix délivrera *un certificat de propriété* ou *acte de notoriété.* »

Ainsi, il n'est pas douteux que la loi n'a entendu établir aucune distinction entre le certificat de propriété et l'acte de notoriété.

Au surplus, comment en serait-il autrement ? ces deux actes se font dans le même but, dans les mêmes circonstances et en remplissant les mêmes formalités.

Mais, disent certains auteurs, pour repousser le concours du Greffier, la loi du 28 floréal an VII et le décret du 18 septembre 1806 ont confondu en prenant le certificat de propriété pour l'acte de notoriété.

Cette raison, qui présente à la fois de la hardiesse et de la naïveté, ne supporte pas la discussion.

Autrement, où en serions-nous s'il suffisait, pour éluder la loi et se soustraire à ses obligations de dire : *le législateur s'est trompé, — il a pris une chose pour une autre.*

Non, les législateurs de floréal an VII et de septembre 1806 n'ont pas confondu, et ils ont dit vrai en appelant *acte de notoriété le certificat de propriété,* — car s'il y avait eu erreur, depuis soixante-huit ans que ces lois existent, on s'en serait aperçu et la rectification en aurait été réclamée.

Donc, pas le moindre doute que le certificat de propriété est un véritable acte de notoriété.

Par suite, le concours du Greffier est nécessaire pour cet acte, puisque la loi accorde à ce dernier vacation pour l'acte de notoriété.

(Art. 5 et 16, Tarif du 16 février 1807.)

—

DEUXIÈME OBJECTION.

Le modèle officiel de certificat de propriété mis à la suite du décret du 18 septembre 1806, qui règle la matière, ne parle pas du Greffier, — preuve, dit-on, que l'assistance de ce dernier n'est pas nécessaire.

Il ne nous sera pas plus difficile de réfuter cette objection que la première.

Voici d'abord comment est conçu le modèle officiel qui nous est opposé :

« Je soussigné (nom, prénoms), Juge de paix du canton de....., arrondissement de......, certifie, etc. »

Si on prend à la lettre ce modèle de certificat, il est certain que ceux qui combattent l'assistance du Greffier, paraissent avoir raison; mais en recherchant l'esprit de la loi, on ne tarde pas à s'apercevoir du contraire.

En effet, y a-t-il utilité de mentionner dans un acte l'assistance du Greffier? — Si cette utilité existe, nous devons la trouver dans la loi.

Prenons des exemples : articles 70 et 155 C. c. :

L'acte de notoriété, disent ces articles, sera délivré *par le Juge de paix.*

Est-il parlé de l'assistance du Greffier? Non.

Aux dispositions des lois qui régissent les conseils de famille, est-il parlé du Greffier? Pas davantage.

Aux ordonnances, est-il dit un seul mot du Greffier? Non.

Nous pourrions multiplier ces exemples.....

Et cependant l'assistance du Greffier est nécessaire pour la validité des actes que nous venons d'énumérer.

La Cour d'appel de Paris et celle de Montpellier, par deux arrêts, aux dates des 17 avril 1847 et 3 janvier 1857, ont décidé que l'absence de la signature du Greffier au bas d'une ordonnance n'était pas une cause de nullité, *mais qu'il fallait que l'assistance du Greffier fût prouvée;* — et ces arrêts ont reconnu que cette assistance était suffisamment établie par cette circonstance que le Greffier a eu l'acte en mains pour le répertorier sur les registres du Greffe.

Dès lors, si cette présomption suffit pour établir l'assistance du Greffier, nous ne voyons pas l'utilité qu'il y a de la mentionner d'une manière expresse dans une formule et à chaque texte de loi.

Aussi nous ne sommes nullement surpris que l'auteur du décret de 1806, n'ait pas cru devoir mentionner l'assistance du Greffier dans le modèle d'acte mis à la suite de ce décret, modèle qui n'est qu'une formule d'acte de comptabilité et d'administration.

De ce qui précède, il résulte que, de l'absence de cette mention d'assistance, on ne peut rien induire contre le droit à cette assistance.

Ces deux premières objections réfutées, la troisième, qui tend à exclure l'assistance du Greffier de tous autres certificats de propriété, tombe d'elle-même; aussi nous abstiendrons-nous de démontrer son manque de justesse et d'application.

Enfin, il nous reste, à l'appui de notre opinion, à faire valoir une dernière raison, qui n'est pas la moins puissante de toutes, et qui résulte de la loi même; la voici :

« *Le Juge de paix sera,* » dit l'article 1040 du Code de procédure civile, « *assisté du Greffier dans tous les actes de son* » *ministère.* »

On ne dira pas que cet article ne s'applique pas aux Justices de paix, car il se trouve placé au chapitre des dispositions générales; dès lors, il embrasse toutes les matières du Code, et l'une de ces matières, le livre Ier, a pour titre et pour objet *la Justice de paix.*

Il existe, en outre, une décision du Ministre de la Justice, du 27 septembre 1808, qui porte :

« *C'est toujours le Greffier qui doit rédiger, sous l'inspection » ou sous la dictée du Juge : cela est conforme à la dignité du » magistrat, puisque la considération qui doit toujours l'envi- » ronner pourrait être affaiblie s'il était obligé de tenir la plume » lui-même.* »

En présence de telles dispositions, dont la clarté et la précision ne laissent rien à désirer, il reste acquis que le certificat de propriété n'est pas un acte personnel du Juge, mais bien *un acte de son ministère qui exige le concours du Greffier.*

MODÈLES DIVERS DE CERTIFICATS DE PROPRIÉTÉ.

Remboursement des cautionnements des titulaires décédés ou interdits.

(Décret du 18 septembre 1806.

OBSERVATIONS.

721. Art. 1er. — La caisse d'amortissement est autorisée à rembourser les cautionnements des titulaires décédés ou interdits aux héritiers et ayant-droit sur simple rapport : 1°...... ; 2°...... :

3° Et d'un certificat ou d'un acte de notoriété, contenant les nom, prénoms et domicile des héritiers et ayant-droit, la qualité en laquelle ils procèdent et possèdent, l'indication de leurs portions dans le cautionnement à rembourser, et l'époque de leur jouissance.

722. Ce certificat devra être délivré par le Notaire, le Juge de paix ou le Greffier, suivant les règles tracées par la loi du 28 floréal an VII, et du décret du 18 septembre 1806, que nous avons indiquées ci-dessus. — Il sera enregistré au simple droit et devra être légalisé par le Président du Tribunal de première instance.

Premier modèle officiel du certificat à délivrer par le Greffier seul.

(Bulletin des lois 1806, n° 122)

—

723. Je soussigné (*nom et prénoms*), Greffier du Tribunal de......., département de...., certifie, conformément au décret impérial du....., que par jugement dudit Tribunal, en date du...., tel *ou* tels (*noms, prénoms et qualités*), a *ou* ont été déclarés propriétaires du cautionnement fourni par le sieur (*nom, prénoms et qualité*), et que ledit........, *ou* lesdits........, a *ou* ont droit de recevoir le remboursement dudit cautionnement en capital et intérêts.

Fait à......

NOTA. — Ce certificat énoncera la portion afférente à chacun des ayant-droit ; la qualité dans laquelle cette portion lui est dévolue ; s'il est comme héritier donataire, légataire ou créancier. Il contiendra les noms des tuteurs des mineurs, s'il en existe ; et enfin, il devra être légalisé par le Président.

Deuxième modèle officiel du certificat à délivrer par le Juge de paix annexé au même décret.

(Bulletin des lois 1806, n° 122.)

—

724. Je soussigné (*nom et prénoms*), Juge de paix du canton de........, arrondissement de........, département de........, certifie, conformément au décret impérial du 18 septembre 1806, et sur l'attestation de (*noms, prénoms, qualités et résidences des deux témoins*), que le sieur (*nom, prénoms et qualités du titulaire*), est décédé à........., le........, *ab intestat*; qu'après son décès, il n'a pas été fait d'inventaire, et que la dame...., sa veuve, demeurant à....., *ou* que tel *ou* tels (*mettre les noms, prénoms, qualités et résidences*), son seul héritier *ou* ses seuls héritiers, est propriétaire *ou* sont propriétaires du capital et des intérêts du cautionnement que ledit sieur..... a fourni en sa dite qualité, et qu'il a *ou* qu'ils ont droit d'en recevoir le remboursement.

(Ce certificat énoncera la portion afférente à chacun des ayant-droit; et s'il y a des mineurs, les noms des tuteurs qui ont le droit de toucher pour eux.)

Fait à......

NOTA. — Ces sortes de certificats de propriété ne doivent et ne peuvent être délivrés par un Juge de paix qu'autant qu'il n'existe aucun acte de transmission de propriété passé devant notaire ; s'il en existe, ils doivent être délivrés par les notaires détenteurs des minutes desdits actes.

Ce certificat doit être légalisé.

Troisième modèle de certificat de propriété conforme au modèle officiel donné par le décret du 18 septembre 1806.

(Ce modèle de certificat est celui qui est le plus généralement adopté.)

725. L'an........,

Nous.......,

Certifions, conformément à la loi du 21 floréal an VII, sur l'attestation des sieurs......, (noms, prénoms, qualités et résidences des deux témoins),

Que le sieur Pierre M......, en son vivant cordonnier, est décédé à......., en son domicile, rue..... , le......, *ab intestat ;*

Qu'après son décès, il n'a pas été fait d'inventaire ;

Et qu'il a laissé pour lui succéder, et pour ses seuls et uniques héritiers, ses quatre enfants ci-après nommés, issus de son mariage avec la dame......, décédée, savoir :

1°..... ; 2°...... ; 3°...... ; 4°...... ;

Et que, par suite, le titre de rente transcrit ci-après, appartient aujourd'hui en toute propriété, ainsi que les arrérages échus et à échoir, et pour un quart chacun, à ses quatre enfants sus-nommés.

TITRE DE RENTE SUS-MENTIONNÉ

DETTE PUBLIQUE

Rente trois pour cent.

Inscription départementale faisant partie de la rente portée au Grand-Livre des trois pour cent.

AU NOM DE LA TRÉSORERIE GÉNÉRALE

N° 69513. Somme de rente : 350 fr.

M. Pierre M..... a droit à la somme de trois cent cinquante francs de rente à prendre sur l'inscription collective ci-dessus désignée, avec jouissance des arrérages, à compter du 1er avril 1872.

A......, le 7 juin 1872.

Le Trésorier-payeur général,

Par procuration :

Signé X...

En foi de quoi, nous avons délivré le présent certificat pour servir et valoir aux fins de droit ;

Et, après lecture, etc.........

Transfert de la dette publique.

(Loi du 28 floréal an VII.)

OBSERVATIONS.

726. En cas de mutation d'un titre de rente, le nouvel extrait d'une inscription sera délivré à l'ayant-droit sur le simple rapport de l'ancien extrait d'inscription, et *d'un certificat de propriété* délivré suivant les règles établies n°s 708 et s.

727. Ce certificat doit être enregistré au droit de 1 fr. 50 c. en principal, et légalisé par le président du Tribunal de première instance de l'arrondissement du décédé.

728. Comme ce certificat est l'objet de constantes difficultés de la part des Receveurs généraux et de la Cour des Comptes, nous donnons, ainsi que nous l'avons dit *suprà* n° 713, plusieurs modèles que nous appliquons à différents cas. Ces modèles sont très exacts et très-complets; ils sont faits d'après les instructions de la Recette générale du département de la Gironde, où les formalités sont scrupuleusement observées.

Voici les formalités premières exigées à Bordeaux avant de rédiger un certificat de propriété :

1° Dresser un acte de notoriété distinct du certificat de propriété et dont les modèle se trouvent n°s 696-698.

2° Opérer le dépôt, dans les minutes du Greffe, de l'acte de décès du propriétaire du titre (voir *suprà* formule n° 660) ; et s'il y avait erreur dans les noms, il faudrait aussi déposer l'acte de naissance du décédé ;

3° On transcrit, *in extenso*, en tête du certificat de propriété, le titre de rente.

FORMULES.

Certificat de propriété lorsque le défunt ne laisse que des enfants pour héritiers.

729. DETTE PUBLIQUE.

Rente trois pour cent.

Inscription départementale faisant partie de la rente portée au Grand-Livre des trois pour cent,

AU NOM DE LA TRÉSORERIE GÉNÉRALE.

N° 69543. Somme de rente : 350 fr.

M. Pierre a droit à la somme de trois cent cinquante francs de rente, à prendre dans l'inscription collective ci-dessus désignée, avec jouissance des arrérages, à compter du 1er avril 1872.

A........, le 7 juin 1872.

Le Trésorier-payeur général,

Par procuration de......... :

Signé : X.......

L'an.......,

Nous, Juge de paix........., assisté de Me......., Greffier de ladite Justice de paix,

Certifions, sur l'attestation des sieurs :........

Que le sieur Pierre...., en son vivant, cordonnier, est décédé à....., en son domicile, rue........., le........., ainsi que cela résulte de son acte de décès dont une expédition dûment en règle, est demeurée annexée à un acte de dépôt dressé par le Greffier de notre Justice de paix, le.........(enregistré) ;

Qu'il n'a point fait de dispositions testamentaires ;

Qu'après son décès, il n'a point été dressé d'inventaire ;

Et qu'il a laissé pour lui succéder, et pour ses seuls héritiers, un quart chacun, ses quatre enfants ci-après nommés, savoir :

1° La dame Jeanne-Genny, majeure, sansprofession, épouse du sieur Pierre ......, avec lequel elle demeure à......., rue......;

2° Le sieur Jean......, majeur, sans profession, demeurant à....., rue....;

3° Le sieur Auguste...., majeur, maître de chai, demeurant à...., rue....;

4° La dame Jeanne-Aimée....., majeure, sans profession, veuve Félix...., demeurant à........, rue........;

Le tout, ainsi que cela résulte d'un acte de notoriété, dressé par nous, le dix du courant, sur l'attestation de deux témoins..... (enregistré);

Et que, par suite, le titre de rente, transcrit en tête des présentes, appartient aujourd'hui en toute propriété, ainsi que les arrérages échus et à échoir, savoir :

1° A madame Pierre...., née..... pour un quart, soit...F.	87 50
2° A Jean,......, pour un quart, soit......................	87 50
3° A Auguste......, pour un quart, soit..................	87 50
4° A madame Félix,...., née......, pour un quart, soit....	87 50
Total égal..........F.	350 »

En foi de quoi, nous avons délivré le présent certificat pour servir et valoir aux fins de droit;

Et, après lecture, les témoins sus-nommés ont signé avec nous et le Greffier.

Fait à...... le.....

(Signatures des témoins, du Juge et du Greffier.)

Certificat de propriété lorsque le défunt laisse pour recueillir sa succession : sa mère, un enfant naturel reconnu et des frères et sœurs, — et redressement d'erreurs dans les noms.

(Certificat pour trois titres de rente.)

730. DETTE PUBLIQUE.

Rente trois pour cent.

I.

Inscription départementale faisant partie de la rente portée au Grand-Livre des trois pour cent.

AU NOM DE LA RECETTE GÉNÉRALE.

N° 7675. Somme de rente : 23 fr.

Mlle Maumelat (Adèle), fille majeure, a droit à la somme de vingt-trois francs de rente, à prendre dans l'inscription collective ci-dessus désignée, avec jouissance des arrérages, à compter du 1er juillet 1862.

A........, le 7 août 1872.

Le Receveur général,

Par procuration :

(Signé).

II.

Inscription départementale faisant partie de la rente portée au Grand-Livre des trois pour cent

AU NOM DE LA RECETTE GÉNÉRALE.

N° 23300. Somme de rente : 20 fr.

Mlle Maumelat (Adèle), fille majeure, a droit à la somme de vingt francs de rente à prendre dans l'inscription collective ci-dessus désignée, avec jouissance des arrérages à compter du 1er janvier 1864.

A ...., le 17 février 1864.

Le Receveur général,
(*Signé*) Illisible.

III.

Inscription départementale faisant partie de la rente portée au Grand-Livre des trois pour cent

AU NOM DE LA RECETTE GÉNÉRALE.

N° 41975. Somme de rente : 25 fr.

Mlle Maumelat (Adèle), fille majeure, a droit à la somme de vingt-cinq francs de rente, à prendre dans l'inscription collective ci-dessus désignée, avec jouissance des arrérages à compter du 1er janvier 1868.

A ...., le 4 février 1868.

Le Receveur général,
(*Signé*) Illisible.

L'an mil huit cent............

Nous..........., Juge de paix......., assisté de Me..........., Greffier de ladite Justice de paix,

Certifions, sur l'attestation des sieurs........, 1°.......; 2°.......,

Que la demoiselle Marie Momela, appelée en famille Adèle, majeure, célibataire, demeurant en son vivant à......., rue........, chez M. Léon Colin, est décédée sur le domaine dit des Carmes, que ce dernier possède commune de........., le.........., ainsi que cela résulte de son acte de décès, dont une expédition, dûment en règle, est demeurée annexée à un acte de dépôt dressé par le Greffier de notre Justice de paix, le..... ;

Qu'elle n'a point fait de dispositions testamentaires ;

Qu'après son décès, il n'a point été dressé d'inventaire ;

Et qu'elle a laissé pour lui succéder et pour ses seuls et uniques héritiers :

1° Pour un quart, ou huit trente-deuxièmes :

La dame Marie......., sa mère, sans profession, veuve du sieur Guillaume Momela, demeurant à...... ;

2° Pour deux quarts, ou une moitié, ou seize trente-deuxièmes :

Le sieur Higin-Nipot Momela, sans profession, demeurant à......., fils naturel de la *de cujus*, Adèle Momela, et reconnu par elle, suivant acte fait à la mairie de......, le...... ;

Et 3° pour le dernier quart, ou un trente-deuxième, chacun :

1° Le sieur Jean Momela, son frère, cultivateur, demeurant à...... ;

2° La dame Marie Momela, sa sœur, majeure, sans profession, épouse du sieur Pierre......, cultivateur, avec lequel elle demeure à...... ;

3° La demoiselle Louise Momela, sa sœur, majeure célibataire, sans profession, demeurant à...... ;

4° Le sieur Romain Jean Momela, son frère, majeur, tonnelier, demeurant à...... ;

5° Le sieur Pierre Momela, son frère, majeur, marin, demeurant à...... ;

6° La dame Cécile Momela, sa sœur, majeure, sans profession, épouse du sieur Ovide....., boulanger, avec lequel elle demeure à...... ;

7° Le sieur Firmin Momela, son frère, majeur, tailleur d'habits, demeurant à...... ;

Et 8° Etienne Momela, son neveu, mineur, âgé de cinq ans, fils légitime et unique du sieur Jean Momela, décédé, autre frère de la *de cujus* Marie Momela, et placé sous la tutelle légale de sa mère, la dame Marie...., sans profession, veuve de Jean Momela, demeurant à.... ...., ainsi que cela résulte d'une délibération du conseil de famille dudit mineur, prise devant la Justice de paix du canton de......, le...... (enregistrée);

Le tout ainsi que cela résulte d'un acte de notoriété dressé par M°......., notaire à......, le......, et dont une expédition nous a été représentée.

Il résulte également dudit acte de notoriété, que la *de cujus* était habituellement connue sous les prénoms de Marie-Adèle, et que c'est par erreur que le nom patronymique de cette dernière a été écrit sur son acte de décès, dressé à la mairie de......., le 9 octobre 1871, et sur les titres de rente ci-avant décrits, *Maunielat*, au lieu de l'avoir été *Momela*, qui est la seule et véritable orthographe du nom, ainsi que cela résulte de son acte de naissance dressé à la mairie de la commune de......, le......, dont une expédition en règle est demeurée annexée à un acte de dépôt dressé, ce jour, par le Greffier de notre Justice de paix (non encore enregistré, mais qui le sera avant ou en même temps que le présent);

Que par suite, le capital que représentent ces trois titres de rente, transcrits en tête des présentes, appartient aujourd'hui en toute propriété, ainsi que les arrérages échus et à échoir, savoir :

Pour huit trente-deuxièmes, ou un quart, à la dame veuve Guillaume Momela ;

Pour seize trente-deuxièmes, ou deux quarts, à Higin-Nipot Momela ;

Et pour l'autre quart, ou un trente-deuxième, chacun, à Jean Momela, Romain-Jean Momela, Pierre Momela, Firmin Momela, Etienne Momela, aux dames Pierre et Ovide..... , et à la demoiselle Louise Momela.

En foi de quoi, etc......

Certificat de propriété lorsque le défunt laisse pour héritiers ses père et mère et des frères et sœurs, — et redressement d'erreurs dans les noms.

—

731. DETTE PUBLIQUE

Rente trois pour cent.

Inscription départementale faisant partie de la rente portée au Grand-Livre des trois pour cent,

AU NOM DE LA RECETTE GÉNÉRALE

N° 56868. Somme de rente : 40.

Mlle Comminal (Rosalie), fille majeure, a droit à la somme de quarante francs de rente, à prendre dans l'inscription collective ci-dessus désignée, avec jouissance des arrérages, à compter du......

Fait à......., le.......

Le Receveur Général,

Signé.....

—

L'an.......

Nous, Juge de paix de......., assisté de Me........, Greffier de ladite Justice de paix,

Certifions, sur l'attestation des sieurs........ :

1°...... ; 2°..... ;

Que la demoiselle Marie Rosalie Couminal, louant ses services, demeurant en son vivant à......, rue......, est décédée à....... le........, ainsi que cela résulte de son acte de décès, dont une expédition, dûment en règle, est demeurée annexée à un acte de dépôt dressé par le Greffier de notre Justice de paix, le.......; (enregistré);

Qu'elle n'a point fait de dispositions testamentaires ;

Qu'après son décès, il n'a point été dressé d'inventaire ;

Et qu'elle a laissé pour lui succéder, et pour ses seuls et uniques héritiers :

Pour *une moitié ou deux huitièmes chacun* :

Le sieur François-Antoine Couminal, et la dame Anne-Marie Sicard, son épouse, ses père et mère, cultivateurs, demeurant ensemble à......;

Et, pour l'*autre moitié ou un huitième chacun* :

Ses frères et sœurs germains ci-après nommés, savoir :

1° Le sieur Couminal, majeur, cultivateur, demeurant susdite commune de.......... ;

2° Le sieur Adrien-Joseph Couminal, majeur, cultivateur, demeurant également à...... ;

3° La dame Marie-Justine Couminal, majeure, sans profession, épouse du sieur Jean-François Marie, cultivateur, avec lequel elle demeure à...... ;

4° La dame Marie-Anne Couminal, majeure, sans profession, épouse du sieur Jean........, cocher, avec lequel elle demeure à.......,

Le tout, ainsi que cela résulte d'un acte de notoriété dressé par nous, le 10 mai 1874, sur l'attestation de deux témoins (enregistré);

Et que, par suite, le titre de rente, transcrit en tête des présentes, appartient en toute propriété, ainsi que les arrérages échus et à échoir :

1° A François-Antoine Couminal, pour deux huitièmes, soit, F.	10	»
2° A Anne-Marie Sicard, épouse Couminal, pour deux huitièmes, soit..	10	»
3° A Auguste Couminal, pour un huitième, soit.............	5	»
4° A Adrien-Joseph Couminal, pour un huitième, soit.......	5	»
5° A Marie-Justine Couminal, épouse Marie, pour un huitième, soit..	5	»
6° A Marie-Anne Couminal, épouse Jean....., pour un huitième, soit..	5	»
Total égal, huit huitièmes.....F.	40	»

Nous certifions, en outre, que c'est par erreur que le nom patronymique de la défunte Marie-Rosalie Couminal a été écrit : 1° sur le titre de rente sus-transcrit, Commlnal avec deux *m*, au lieu de Couminal avec un *u* et un *m* seulement;

2° Sur son acte de décès dressé à la Mairie de........., le 26 décembre 1871, Cominade, au lieu de Couminal;

Et que c'est aussi par erreur que sur le susdit titre de rente et sur l'acte de décès sus-mentionnés, la défunte a été seulement prénommée Rosalie, au lieu de l'avoir été avec les deux prénoms qui lui appartiennent, Marie-Rosalie;

Le tout ainsi que cela résulte : 1° de l'acte de naissance de ladite Marie-Rosalie Couminal, dont une expédition, dûment en règle, est demeurée annexée à l'acte de dépôt sus-mentionné, dressé le......., par le Greffier de notre Justice de paix; et 2° de l'acte de notoriété sus-relaté, dressé par nous, le dix mai mil huit cent soixante-quatorze.

En foi de quoi, etc.

Certificat de propriété lorsque le défunt laisse pour héritiers deux enfants et sa veuve, avec laquelle il était marié sous le régime de la communauté légale, n'ayant pas passé de contrat.

732. DETTE PUBLIQUE,

Cinq pour cent

(Extrait d'inscription au Grand-Livre.)

N° 5258 (Série 8°.) Rente : 60 fr.

Le Directeur de la dette inscrite certifie que Dubois (Jean) a droit, à compter du 1er juillet 1871, aux arrérages de la présente inscription, et est inscrit sur le Grand-Livre des cinq pour cent, pour une rente annuelle de soixante francs, avec jouissance des arrérages, à compter du 16 novemtre 1871.

Paris, le 8 novembre 1871.

—

L'an mil huit cent soixante-treize, et le.......

Nous......., Juge de paix de.........., assisté de Me..........., Greffier de ladite Justice de paix,

Certifions, sur l'attestation des sieurs :

1°.............; 2°...........;

Que le sieur Jean....., tonnelier, est décédé en son domicile, situé en cette ville, rue......, le......, ainsi que cela résulte de son acte de décès, dont une expédition en règle est demeurée annexée à un acte de dépôt dressé, le ......, par le Greffier de notre Justice de paix (enregistré);

Qu'il n'a point fait de dispositions testamentaires;

Qu'après son décès, il n'a pas été dressé d'inventaire;

Et qu'il a laissé pour lui succéder, et comme ayant seuls droit à l'entier émolument composant sa succession, les ci-après nommés, savoir :

1° La dame Marie....., sans profession, sa veuve, demeurant à.......,

Ayant droit à la moitié des biens composant la succession de son défunt mari, attendu qu'ils étaient mariés sous le régime de la communauté légale, comme n'ayant pas passé de contrat de mariage;

2° Et pour ses seuls et uniques héritiers, pour une moitié chacun :

1° La demoiselle Louise.........., sa fille, majeure, célibataire, couturière, demeurant à........;

2° Le sieur Alphonse-Pierre..., son fils, majeur, tonnelier, demeurant à...;

Ainsi que cela résulte d'un acte de notoriété dressé par nous, le......., sur l'attestation de deux témoins (enregistré);

Et que, par suite, le titre de rente transcrit en tête des présentes appartient en toute propriété, ainsi que les arrérages échus et à échoir :

1° A Marie....., veuve Jean...., pour deux quarts, soit. F.	30	»
2° A Louise......, pour un quart, soit....................	15	»
3° Et à Alphonse-Pierre......, pour un quart, soit.........	15	»
Total égal, ou quatre quarts, ou.....F.	60	»

En foi de quoi, etc.

—

Certificat de propriété pour des honoraires dus par l'Etat.

—

FORMULE.

733. L'an..........

Nous......, Juge de paix de......, assisté de......, Greffier de ladite Justice de paix,

Certifions, en exécution des lois et sur l'attestation de :

1°......;

2°......

Que le sieur Sébastien P..., ingénieur civil, est décédé dans son domicile, à..., le......, *ab intestat;* qu'après son décès, il n'a point été fait d'inventaire et qu'il n'a laissé pour lui succéder que :

1° La dame......, sa mère et son héritière pour un quart;

2° M. Pierre Ernest P..., substitut de M. le Procureur de la République, demeurant et domicilié à......, son frère et son héritier pour les trois quarts restants;

Que la dame veuve.... et le sieur Pierre-Ernest P..., en leurs dites qualités, ont droit à l'entière succession dudit sieur Sébastien P..., et notamment : 1° à une somme de quatre-vingt-six francs vingt-cinq centimes à lui due par l'État pour ses honoraires, en qualité d'expert dans les communes de.. ...., et de...... ; 2° à une autre somme de trois cent quatre-vingt-dix francs à lui due par l'État, pour ses honoraires, en la même qualité, dans les mêmes communes; lesquelles sommes sont représentées : la première, par un mandat délivré par le préfet de......, le......., sous le n° 8,507; la seconde, par un autre mandat, délivré également par M. le Préfet de. ...., le....., sous le n° 7,995.

En foi de quoi, nous avons délivré le présent certificat de propriété, sur la réquisition dudit sieur Pierre-Ernest P. ., qui a déclaré se porter fort pour ladite dame veuve......, et après lecture faite, les témoins, et le sieur Pierre-Ernest P.... ont signé avec nous et le Greffier.

Fait à......, les jour, mois et an que dessus.

(Signatures.)

Certificat de propriété pour toucher le solde des arrérages d'une pension de retraite d'un employé des Douanes.

FORMULE.

734. L'an........,

Nous......., Juge de paix de......., assisté de M°......, Greffier de ladite Justice de paix,

Certifions, sur l'attestation des sieurs :

1°.......;

2°.......;

Que le sieur Pierre D......, retraité des Douanes, est décédé dans son domicile, situé en cette ville, rue......, n°..., le.......;

Qu'il n'a point fait de dispositions testamentaires; qu'après son décès, il n'a point été dressé d'inventaire;

Et qu'il a laissé, pour lui succéder et pour ses seules et uniques héritières, chacune pour un cinquième, ses cinq filles ci-après nommées, savoir :

1°......; 2°.....; 3°..... ; 4°..... : 5°.....;

Et, qu'en leur qualité sus-énoncée, et dans les proportions sus-indiquées, les sus-nommées sont aujourd'hui propriétaires du solde des arrérages de la pension de retraite dont jouissait le sieur Pierre D........, leur père, en sa qualité d'ancien douanier;

En foi de quoi, nous avons délivré le présent certificat pour servir et valoir aux fins de droit, et ce, à la réquisition des héritiers *(ou de l'un d'eux se portant fort pour les autres)*, qui nous ont déclaré que, depuis l'obtention de sa pension jusqu'au jour de son décès, ce pensionnaire n'a joui d'aucun traitement, sous quelque dénomination que ce soit, ni d'aucune autre pension ou solde de retraite, soit à la charge de l'État, des départements ou des communes, soit sur les fonds de la caisse des Invalides de la guerre ou des Invalides de la marine, si ce n'est *(indiquer si le pensionnaire jouissait d'une autre pension ou d'un autre traitement quelconque)*;

Et, après lecture, les témoins sus-nommés ont signé avec nous et le Greffier.

Fait à......., les jour, mois et an que dessus. (Signatures.)

Ce certificat est écrit sur timbre et ne s'enregistre pas. (V° n° 846.)

Certificat de propriété pour toucher une somme placée à la Caisse d'épargnes, lorsque le défunt laisse des ascendants pour seuls héritiers

FORMULE.

735. L'an......

Nous, Juge de paix du canton de......., assisté de M°......, Greffier, etc.,

Certifions, sur l'attestation des sieurs :

1°.......; 2°.......;

Que le sieur Albert L......., célibataire, commis-négociant, est décédé à ...., le........;

Qu'il n'a point fait de dispositions testamentaires;

Qu'après son décès, il n'a pas été dressé d'inventaire;

Et qu'il a laissé, pour lui succéder et pour ses seuls et uniques héritiers :

1° Pour une moitié, le sieur François-L....., son père, demeurant à......;

2° Pour l'autre moitié ou un quart chacun, le sieur Jean M..... et la dame Marie......., son épouse, demeurant et domiciliés ensemble à......., aïeul et aïeule maternels dudit feu Albert L.....;

Et que, en leur qualité sus-énoncée et dans les proportions sus-indiquées, les sus-nommés sont aujourd'hui propriétaires de la somme de...... (ensemble les intérêts échus et à échoir), placés à la Caisse d'épargnes de......, au nom de Albert L......., sous le numéro 525 du livret.

En foi de quoi, nous avons délivré le présent certificat pour servir et valoir aux fins de droit;

Et, après lecture, les témoins sus-nommés ont signé avec nous et le Greffier.

Fait à....., les jour, etc.

(Signatures.)

Certificat de propriété pour toucher une somme placée à la Caisse d'épargnes, lorsque le défunt ne laisse que son père et sa mère.

FORMULE.

736. L'an..........

Nous.........., Juge de paix de. . . .., assisté de M°.... .., Greffier de ladite Justice de paix,

Certifions, sur l'attestation de :

1°........; 2°.......,

Que le sieur Jean-Victor C......., tonnelier, est décédé *ab intestat,* le premier janvier mil huit cent quarante-trois, dans le domicile qu'il habitait, rue.........;

Qu'après son décès, il n'a point été fait d'inventaire, et qu'il n'a laissé pour lui succéder que :

1° Le sieur Jean Bernard;

2° La dame Catherine......., épouse du sieur Jean Bernard, demeurant et domiciliés ensemble commune de.... ....,

Père et mère dudit Jean-Victor, dont ce dernier était l'unique enfant;

Que lesdits sieur et dame Jean Bernard ont droit à l'entière succession dudit Jean-Victor C.., et notamment à la somme de trois cent treize francs quarante-trois centimes (ensemble les intérêts échus et à échoir), que ledit sieur Jean-Victor C....... avait placée à la Caisse d'épargnes et de prévoyance de.....,sous le n°..... du livret;

En foi de quoi, nous avons délivré le présent certificat, que nous avons signé, avec le Greffier et les deux témoins, après lecture.

Fait à......., les jour, mois et an que dessus.

(Signatures.)

Certificat de propriété lorsque le défunt laisse pour héritiers un frère et deux neveux.

(Caisse d'Epargnes.)

FORMULE.

737. L'an............,

Nous..... .., Juge de paix de......., assisté de M°......, Greffier de ladite Justice de paix,

Certifions, sur l'attestation des sieurs :

1°.......;

2°.......,

Que le sieur Pierre B....., retraité des Douanes, est décédé en son domicile, situé en cette ville, rue......, le......;

Qu'il n'a point fait de dispositions testamentaires;

Qu'après son décès il na point été dressé d'inventaire;

Et qu'il a laissé, pour lui succéder et pour ses seuls et uniques héritiers :

Pour une moitié :

La demoiselle B......., sa sœur, majeure, célibataire, tailleuse en robes, demeurant à...... ;

Et pour l'autre moitié, ou un quart chacun;

Le sieur Jean B......, ferblantier, demeurant à......,

Et la dame Jeanne B......, épouse du sieur L......., portefaix, avec lequel elle demeure à......,

Ses neveu et nièce, seuls enfants de Joseph B......., son frère, décédé et représentant celui-ci;

Et qu'en leur qualité sus-énoncée et dans les proportions sus-indiquées, les sus-nommés sont aujourd'hui propriétaires de la somme de mille francs (ensemble les intérêts échus et à échoir), placée à la Caisse d'épargnes de...., au nom de Pierre B......, sous le numéro du livret douze mille trois cent trente-six (12336);

En foi de quoi, nous avons délivré le présent certificat, qui après lecture faite, a été signé par les témoins sus-nommés, nous et le Greffier.

(Signatures.)

---

§ XIII. — Déclaration d'incendie.

OBSERVATIONS.

738. Les Compagnies d'assurances mettent dans leurs polices une clause, en vertu de laquelle l'assuré incendié doit, dans les vingt-quatre heures du sinistre, se présenter devant le Juge de paix pour y faire la déclaration des dommages, des causes et de la durée de l'incendie, et des moyens employés pour arrêter les progrès du feu.

La déclaration d'incendie n'est prescrite par aucune loi, décret ni ordonnance; mais cet acte est tellement devenu en usage, que le Juge de paix ne pourrait, sans inconvénient, se refuser à le recevoir.

Le Juge de paix compétent pour recevoir la déclaration est celui du lieu de l'incendie.

FORMULE.

Déclaration par le propriétaire.

739. L'an 1875, et le.........,
Par-devant nous.......,
S'est présenté en notre prétoire sis à........,
Le sieur............,
Lequel comparant nous a exposé :
Qu'il est propriétaire de la maison située à......, rue......, n°......, verbalement louée au sieur...... ;
Que le......, vers les onze heures du soir, un incendie s'est déclaré dans une pièce obscure, située au rez-de-chaussée de ladite maison, à toucher la cuisine ;
Que le feu a détruit entièrement ladite maison ;
Que le comparant évalue les pertes que vient de lui causer ce sinistre à la somme de......, pour le remboursement de laquelle il fait toutes réserves contre qui de droit ;
Le comparant ajoute que le feu, qui a duré, environ deux heures, a été éteint par les voisins, les habitants et les pompiers de la ville, accourus avec empressement sur les lieux du sinistre ;
Ajoute encore l'exposant que, n'habitant pas sur les lieux, il ne saurait indiquer la cause de l'incendie ;
Nous avons donné au comparant acte de sa déclaration, qu'il nous a affirmée être sincère et véritable ;
De tout quoi, etc......

Autre déclaration d'incendie par le locataire.

FORMULE.

740. L'an......
Par-devant nous......
S'est présenté......
Le sieur......
Lequel nous a dit et exposé ce qui suit :
Qu'il tient, à titre de location verbale, du sieur......., une maison située à......, rue......, n°.....;
Que le........, vers les onze heures du soir, un incendie s'est déclaré dans une pièce obscure située au rez-de-chaussée de ladite maison, à toucher la cuisine ;
Que le feu a détruit entièrement ladite maison et tous les meubles et effets

mobiliers qui la garnissaient appartenant à l'exposant, sauf cependant quelques linges et objets de literie, presque sans valeur, qui ont été sauvés, mais qui ont été avariés ;

Que le comparant évalue les pertes que vient de lui causer ce sinistre à la somme de........, pour le remboursement de laquelle il fait toutes réserves contre qui de droit ;

Le comparant ajoute que le feu, qui a duré, environ deux heures, a été éteint par les voisins, les habitants et les pompiers de la ville, accourus avec empressement sur les lieux du sinistre ;

Quant à la cause de l'incendie, le comparant explique que, vers les neuf heures du soir, sa domestique est allée avec une lumière dans la chambre obscure, dont il est ci-avant mention, pour y prendre du bois à brûler, et qu'on pourrait supposer qu'une étincelle se serait dégagée de la lumière et aurait occasionné l'incendie ;

Nous avons donné au comparant acte de sa déclaration, qu'il nous a affirmée être sincère et véritable ;

De tout quoi, etc...

§ XIV. — Déclaration de tiers-saisi.

(Art. 571 C. proc. civ.)

OBSERVATIONS.

741. Le tiers-saisi assigné fera sa déclaration et l'affirmera au Greffe, s'il est sur les lieux ; si non, devant le Juge de paix de son domicile.

La déclaration affirmative n'a pas besoin d'être faite sous serment.

FORMULE.

742. L'an mil huit cent soixante-quinze, et le........,

Par-devant nous.........,

S'est présenté.............,

Le sieur C.................,

Lequel comparant nous a exposé :

Que, par exploit de......., huissier à........, en date du...... (enregistré), le sieur A.... .., a déclaré saisir-arrêter, entre ses mains, toutes les sommes ou valeurs généralement quelconques qu'il a ou aura, doit ou devra pour quelques causes et à quelque titre que ce soit, au sieur B........, notamment les appointements qui lui sont ou seront dus pour gestion des biens du comparant ;

Que cette saisie-arrêt a été dénoncée audit sieur B........, le........, suivant exploit (enregistré) de... ...., huissier à..........., avec assignation en validité devant le Tribunal de première instance de.........;

Que cette dénonciation de saisie-arrêt et cette assignation en validité ont été signifiées au comparant, le........, suivant exploit (enregistré) du ministère dudit........., huissier;

Que cet acte porte, en outre, assignation par le comparant d'avoir à se présenter devant le susdit Tribunal de........, à l'effet de faire, conformément à la loi, la déclaration des sommes qu'il peut devoir audit sieur B..... ;

Que le comparant, voulant profiter de la faculté que lui donne l'article 571 C. proc. c., de faire sa déclaration devant le Juge de paix de son domicile, se présente devant nous à cet effet, et nous déclare, tout dol, fraude et équivoque cessant :

Que le traitement annuel du sieur B. ....., pour la gestion du domaine du comparant, situé à............, est, à raison de deux mille quatre cents francs par an;

Que ledit sieur B....... recevait régulièrement, à la fin de chaque mois, le douzième de son traitement; mais que, par suite de ladite saisie-arrêt, le comparant doit aujourd'hui, au sieur B............, quatre cents francs pour deux mois de traitement échus, le...... ;

Que le comparant est prêt à verser, dans les mains de qui de droit, la somme qu'il doit en ce moment audit sieur B.....;

Le comparant ajoute, pour se conformer à la loi, qu'il n'est débiteur dudit sieur B...... d'aucune autre somme, à quelque titre que ce soit;

Qu'il n'existe dans ses mains, au préjudice du sieur B......, aucune saisie-arrêt que celle qui fait l'objet des présentes;

Qu'il se réserve expressément de répéter contre qui de droit les frais de la présente déclaration et ceux qui en seraient la suite;

Déclare, en outre, le comparant, qu'il offre de communiquer, sur récépissé, d'avoué à avoué, ou par la voie du Greffe, les documents relatifs à la présente déclaration, et que dans le cas où ses dires seraient contestés, il entend formellement user du bénéfice que lui accorde l'article 570 C. proc. c., de faire juger le différend par les Juges de son domicile;

Nous avons donné au comparant acte de ses déclarations, qu'il nous a affirmées être sincères et véritables;

De tout quoi, etc.

---

§ XV. — Francisation de navires.

OBSERVATIONS.

743. Quand on a fait construire un navire, il faut obtenir au bureau de la Douane du port dont il dépendra, un acte qui en contienne la description et constate qu'il a été solidement construit et bien mesuré.

Cet acte, qu'on nomme acte de *francisation*, a pour but de mettre le gouvernement à même de connaître l'état de la marine marchande, d'empêcher les étrangers de posséder plus de 50[100es d'un navire français, de fournir les indications nécessaires à énoncer dans les congés, et de donner à l'administration les moyens de faire condamner les propriétaires de navires mal construits.

(Pardessus, no 604.)

744. *Nom du navire.* — En même temps que l'acte de francisation est délivré, on donne au navire un nom qui ne peut être changé qu'après une nouvelle déclaration.

(Pardessus, no 604.)

745. Aux termes de l'article 2 de la loi du 21 septembre 1793, (27 vendémiaire an II,) tout bâtiment, pour être réputé français, devait appartenir entièrement à des Français.

Mais cet article 2 a été abrogé par l'article 11 de la loi du 9-13 juin 1845, qui permet à tout étranger d'être propriétaire de la moitié d'un navire français.

746. L'acte de francisation doit être précédé d'une déclaration faite, devant le Juge de paix, par le propriétaire du navire, dans laquelle déclaration sont relatés les noms des divers propriétaires du navire, leur nationalité et la quantité que chacun d'eux possède dans ledit navire.

747. La déclaration est faite sous la foi du serment.

Le serment est personnel et ne saurait être prêté par mandataire.

748. Le Juge de paix compétent pour recevoir la déclaration est celui du port où doit être attaché le navire. Lorsqu'il y a plusieurs Juges de paix dans la ville du port où doit être attaché le navire, la déclaration est reçue indifféremment par l'un ou l'autre de ces Juges de paix.

749. Le certificat de Jauge doit être littéralement transcrit dans le procès-verbal.

750. Si le navire vient à passer dans les mains d'un nouveau propriétaire, ce dernier doit faire une pareille déclaration.

751. Si l'acte de francisation est perdu, le propriétaire en obtiendra un nouveau, en observant les mêmes formalités que pour l'obtention du premier.

(Loi du 27 vendémiaire an II, art. 2).)

Déclaration de propriété de navire lorsque le bâtiment appartient uniquement à des français

FORMULE

752. L'an mil huit cent soixante-quinze. et le.......

Par-devant nous......., Juge de paix........, assisté de Me....... Greffier..........

S'est présenté en notre prétoire, sis à........

Le sieur......, armateur, demeurant à.......

Lequel comparant nous a exposé :

Que par les sieurs......, constructeurs maritimes à. ... , il a fait construire, conjointement avec les ci-après nommés, un navire à trois-mâts, auquel il fait porter le nom de......, et qu'il déclare attacher au port de....;

Que les intéressés dans le navire sont :

1° Le comparant, pour 50 centièmes, ci........................	50/100
2° Le sieur....., négociant, demeurant à......, pour 24 centièmes, ci......	24/100
3° Le sieur......, capitaine au long-cours, demeurant à..... pour 26 centièmes, ci..	26/100
Total égal : cent centièmes, ci........................	100/100

Qu'aucune autre personne quelconque n'y a droit, titre, intérêt, portion ou propriété;

Que les sus-nommés, voulant être reconnus propriétaires dudit navire et le faire naviguer tant au petit et au grand cabotage qu'au long-cours, et sous pavillon français, le comparant, tant en son nom personnel qu'au nom de ses co-intéressés, pour lesquels il déclare se porter fort, nous requiert de le recevoir à la prestation de serment prescrit en pareil cas;

En conséquence, nous avons pris et reçu du comparant le serment qu'il nous a fait en ces termes, la main droite levée à Dieu :

« Je jure et affirme que MM.... et moi, seuls propriétaires dudit navire » le....., sommes citoyens français et soumis aux lois de France, et qu'aucun » étranger n'est directement ou indirectement intéressé dans le susdit bâti» ment. »

Un certificat de jauge, délivré à......, le......, par MM. les vérificateurs des Douanes, nous a été représenté, lequel porte (transcrire le certificat) ;

Nous avons donné au comparant, au nom qu'il agit, acte de ses déclaration et affirmation ;

De tout quoi, etc.

Déclaration de propriété de navire, lorsque le bâtiment appartient en partie à des étrangers et à des maisons de commerce françaises qui ont des associés étrangers.

FORMULE.

753 L'an 1875, et le......,

Par-devant nous........,

A comparu...........,

Le sieur...... ....,

Agissant au nom et en qualité d'un des chefs de la maison de commerce connue à......, sous la raison sociale......, dont le siège est situé à.. ..., rue......,

Lequel comparant nous a exposé :

Que par le sieur......., constructeur maritime à......, sa maison de commerce a, conjointement, avec les ci-après nommés, fait construire un bateau à vapeur, auquel a été donné le nom de......, et qu'ils déclarent attacher au port de...... ;

Que les intéressés dans ledit navire sont :

1° La maison de commerce de l'exposant, pour vingt-cinq centièmes, ci..	25/100
2° La maison de commerce, N.-J. et fils, pour vingt-cinq centièmes, ci..	25/100
3° Le sieur F...., agent de change, demeurant à......., pour vingt-cinq centièmes, ci	25/100
Et 4° le sieur M......, capitaine au long-cours, demeurant à......, pour vingt-cinq centièmes, ci........	25/100
Total égal : cent centièmes, ci..............................	100/100

Que la maison de commerce de l'exposant est composée :

1° Du sieur G... ; 2° du sieur L... tous deux, Anglais, intéressés dans ladite maison, chacun pour deux huitièmes ;

3° Du sieur Pierre P... ; et 4° du sieur R..., ces deux derniers Français, intéressés dans ladite maison de commerce, ensemble pour quatre huitièmes ;

En sorte que lesdits sieurs G... et L...., Anglais, ne sont intéressés dans ledit bateau à vapeur que pour un huitième ;

Que ladite maison de commerce N.-J. et fils est composée :

1° Du sieur N.-J. Français, intéressé dans cette maison de commerce pour 118/160es ;

2° Du sieur Léon C..., Anglais, intéressé dans ladite maison de commerce pour 12/160es ;

3° Du sieur John..., Anglais, intéressé dans ladite maison de commerce pour 30/160es ;

En sorte que lesdits Léon C..., et John..., ne sont intéressés dans ledit bateau à vapeur que pour 42/640es ;

Que, dès lors, lesdits sieurs 1° G...., 2° L....; 3° Léon C..., et 4° John...., tous Anglais, ne sont intéressés dans ledit bateau à vapeur que pour 122/640e ;

Et les sieurs : 1°.....; 2°.....; 3°.....; 4°....., et 5°....., Français, possèdent dans le navire 518/640es ;

Qu'aucune autre personne quelconque n'y a droit, titre, intérêt, portion ou propriété ;

Que les sus-nommés, voulant être reconnus propriétaires dudit bateau à vapeur et le faire naviguer, tant au petit et grand cabotage qu'au long-cours, et sous pavillon français, le comparant, tant en son nom personnel qu'au nom de ses co-associés et co-intéressés, pour lesquels il déclare se porter fort, nous demande de le recevoir à la prestation de serment prescrit en pareil cas ;

En conséquence, nous avons pris et reçu du comparant le serment qu'il nous a fait en ces termes, la main droite levée à Dieu :

« Je jure et affirme, qu'à l'exception de MM......., qui sont sujets anglais, » et n'ont d'intérêt dans ledit bateau à vapeur que pour 122/640es, les autres intéressés dans ledit navire, MM..... et moi, sommes citoyens Français et » soumis aux lois de France, et qu'aucun autre étranger, n'est directement, ni » indirectement intéressé dans le susdit bâtiment. »

Un certificat de jauge, etc.

(Le reste comme à la formule précédente.)

---

§ XVI. — Serments.

Serments des fonctionnaires publics.

OBSERVATIONS.

754. *Définition.* — La prestation de serment est un acte solennel par lequel on jure de remplir avec fidélité et exactitude les fonctions dont on se trouve investi.

Nécessité du serment. — L'obligation du serment est impérieuse; les lois des 25 ventôse an VII, article 47, et 21 ventôse an VIII, article 1, ont formellement interdit aux fonctionnaires publics d'entrer en fonctions avant d'avoir prêté serment, et le Code pénal est venu donner une sanction à ces dispositions en prononçant une peine contre tout fonctionnaire qui les viole.

« Tout fonctionnaire public, porte l'article 106, qui sera entré en exercice de ses fonctions sans avoir prêté le serment, pourra être poursuivi et sera puni d'une amende de 16 à 150 francs. »

755. Le serment politique a été supprimé par le décret du 5 septembre 1870.

756. Les Greffiers de Justice de paix et des Tribunaux de simple police prêtent serment devant le Juge de paix de leur canton ; une expédition de cet acte est envoyée au Procureur de la République qui en fait faire le dépôt au Greffe du Tribunal de première instance.

(Loi du 24 août 1790, titre IX, art. 5.)

Cette expédition est délivrée sans frais.

(Circ. Min. Just., 23 juillet 1823, rapportée par Gillet, *Analyse des circulaires*, no 1689.)

757. Il en est de même de leurs commis-greffiers.

758. Ordinairement, les autres employés ou fonctionnaires de l'État prêtent serment devant le Tribunal de première instance dans le ressort duquel ils doivent exercer leurs fonctions.

759. Cependant sont autorisés à prêter serment devant le Juge de paix du lieu où ils doivent exercer leurs fonctions : les receveurs de l'Enregistrement, les experts et tous autres qui, à raison de leurs emplois ou fonctions sont assujettis par les lois à une prestation préalable de serment, lorsqu'il ne résident pas dans la commune où le Tribunal civil du département est établi.

(Loi du 16 thermidor an IV, art. 1er.)

Il est dressé acte de ces prestations de serment; les employés ou autres en envoient tout de suite l'extrait au Greffe du Tribunal civil pour y être enregistré.

(Art. 2, Circ. min., fin. 936 et 1500.)

760. Sont également autorisés, par diverses décisions ministérielles, à prêter serment devant les Juges de paix : les débitants de tabacs et de poudre, les receveurs buralistes, les employés des postes, de la régie, des contributions indirectes, les gardes-champêtres des communes et des particuliers, les gardes-ventes ou facteurs des bois et forêts, et les préposés de l'octroi.

761. La simple mention du serment doit être inscrite sur la commission de l'employé ou fonctionnaire.

762. Il n'est rien dû au Greffier pour cette mention, non plus que pour le procès-verbal de prestation de serment. Nous ne donnons que trois formules de serment de fonctionnaires, elles pourront servir dans tous les cas où une disposition spéciale n'est pas exigée dans la formule.

Serment d'un Greffier de Justice de Paix.

OBSERVATIONS.

763. Avant d'être admis au serment, le Greffier de Justice de paix est obligé de fournir un cautionnement, et d'en produire la quittance.

(L. 28 avril 1816; art. 88, 92 et 96.)

FORMULE DE SERMENT

764. L'an.......,

Par-devant nous.......,

Juge de paix......., assisté du sieur......., Greffier provisoire de ladite Justice de paix,

S'est présenté en audience publique :

Le sieur A.........,

Lequel comparant nous a exposé :

Que, par décret du Président de la République, en date du........., il a été nommé Greffier de la présente Justice de paix, en remplacement de Me......., démissionnaire en sa faveur;

Que le comparant, désirant, aux termes de la loi des 16 24 août 1790, art. 5, prêter avant d'entrer en fonctions, le serment prescrit par cette loi, se présente devant nous à cet effet, et nous requiert de lui en donner acte.

Et après lecture, il a signé. (Signature.)

Vu la réquisition ci-dessus, le décret y mentionné, lequel est écrit sur une feuille timbrée à l'extraordinaire, aux droits de 1 fr. 80.;

Vu les dispositions de la loi sus-visée,

Nous, Juge de paix susdit et soussigné,

avons reçu du comparant le serment qu'il nous a fait en ces termes, la main droite levée à Dieu :

« Je jure et promets de bien et loyalement remplir mes fonctions de Greffier, » et d'observer en tout les devoirs qu'elles m'imposent. »

Dont acte ;

De tout quoi, etc, etc.

Serment d'un Commis-Greffier de Justice de paix.

OBSERVATIONS.

765. Une circulaire du Grand-Juge (Ministre de la Justice), du 24 pluviôse an XII, et un arrêt de la Cour de cassation, du 6 novembre 1817, autorisent les Greffiers des Justices de paix à avoir un Commis-Greffier.

(Ve notre *Journal des Greffiers*, année 1874, n° 7.)

FORMULE.

766. L'an. ....

Par-devant nous.......

S'est présenté, en audience publique.......,

Me........, Greffier de ladite Justice de paix,

Lequel comparant nous a exposé :

Qu'il a choisi pour Commis-Greffier, le sieur.........., ici présent, et qu'il nous prie de vouloir bien admettre ce dernier au serment qu'il doit prêter avant d'entrer en fonctions,

Et, après lecture, il a signé.

(Signature.)

Vu la réquisition ci-dessus et les dispositions de la loi :

Nous, Juge de paix susdit et soussigné,

Avons reçu du sieur.........., qui nous est présenté comme Commis-Greffier, le serment qu'il nous a fait en ces termes, la main droite levée à Dieu :

« Je jure et promets de bien et loyalement remplir mes fonctions et d'obser-
» ver en tout les devoirs qu'elles m'imposent. »

Dont acte.

De tout quoi, etc.

Serment d'un débitant de tabacs.

FORMULE.

767. L'an mil huit cent soixante-quinze, et le.........

Par-devant nous......

S'est présenté.....

Le sieur.......

Lequel comparant nous a exposé :

Que, par arrêté du Directeur général des contributions indirectes, en date du......., il a été nommé débitant de tabacs dans la commune de........ ;

Que le comparant, désirant, aux termes des lois des 25 ventôse an VII, article 47, et 21 ventôse an VIII, article 1er, avant d'entrer en fonctions, prêter le serment prescrit par ces lois, se présente devant nous à cet effet, et nous requiert de lui en donner acte ;

Et, après lecture, le comparant a signé,

(Signature.)

Vu la réquisition ci-dessus, la Commission y mentionnée, laquelle est dûment timbrée à l'extraordinaire, et les dispositions des lois sus-visées,

Nous, Juge de paix susdit et soussigné,

Avons reçu du comparant le serment qu'il nous a fait en ces termes, la main droite levée à Dieu :

« Je jure et promets de bien et loyalement remplir mes fonctions et d'obser-
» ver en tout les devoirs qu'elles m'imposent. »

Dont acte.

De tout quoi, etc.

---

§ XVII. — Ventes publiques de meubles aux enchères.

OBSERVATIONS GÉNÉRALES.

Différents cas où il y a lieu de vendre aux enchères.

768. Il y a lieu de vendre aux enchères :

1° Le mobilier saisi ;

(Art. 617 C. pr. c.)

2° Le mobilier qui dépend d'une succession ou d'une communauté :

(Art. 1476 C. c.)

Lorsque la majorité des co-héritiers juge la vente nécessaire pour l'acquit des dettes et charges de la succession, ou lorsqu'il y a des créanciers saisissants ou opposants ;

(Art. 826 C. c.)

Lorsque les parties ne sont pas majeures, ou lorsqu'il y a des tiers intéressés ;

(Art. 952 C. pr. c.)

Lorsqu'un présomptif héritier, avant d'avoir pris qualité, obtient du Président l'autorisation de vendre un mobilier dispendieux et difficile à conserver ;

(Art. 796 C. c. et 986 C. pr. c.)

Lorsqu'il y a un héritier bénéficiaire ;

(Art. 805 C. c. et 989 C. pr. c.)

Lorsque la femme ne veut être tenue des dettes de la communauté que jusqu'à concurrence de son émolument ;

(Art. 1483 C. c.)

Enfin, lorsque la succession est vacante ;

(Art. 1000 C. pr. c.)

3° Le mobilier d'un absent ;

(Art. 126 C. c.)

4° Le mobilier d'un mineur ;

(Art. 452 C. c.)

5° Le mobilier d'un interdit ;

(Art. 509 et 452 C. c.)

6° Le mobilier d'un failli,

(Art. 486 C. comm.)

Et 7° le mobilier faisant partie d'une donation faite à charge de restitution ;

(Art. 1062 C. c.)

769. Les officiers publics qui, *seuls*, peuvent être appelés à faire des ventes publiques de meubles, volontaires ou forcées, sont :

1° Les Commissaires-priseurs ;

(L. 25 vent. an IX ; — 23 avril 1816, art. 1er et 89.)

2° Les Notaires, Greffiers de Justice de paix et Huissiers ;

(L. 17 sep. 1793 ; — Décret du 14 juin 1813.)

3° Les Courtiers de commerce ;

(Art. 486 C. com. ; — Décrets du 22 avril 1811, 17 avril 1812, et ordonnance du 9 avril 1819.)

770. Les Commissaires-priseurs ont le privilége des ventes de meubles dans le lieu de leur établissement, et sont en concurrence avec les autres officiers ministériels dans l'étendue du ressort.

771. Les ventes publiques volontaires, soit à terme, soit au comptant, de fruits et de récoltes pendant par racines et des coupes de bois taillis, sont faites en *concurrence* et au choix des parties par les Notaires, Commissaires-priseurs, Greffiers de Justice de paix et Huissiers, *même dans le lieu de la résidence* des Commissaires-priseurs.

(Loi 5 juin 1851, art. 1er.)

772. Les Notaires ont le droit *exclusif* de procéder aux ventes aux enchères :

1° De matériaux des édifices à démolir, matières à extraire des mines et minières ;

(Cass. 10 déc. 1828 ; — 8 juin 1831.)

2° D'objets incorporels, tels que fonds de commerce, brevet d'invention, droit à bail, achalandage d'un établissement de commerce, créances, actions.

773. La vente des meubles et des effets du failli se fait par les Commissaires-priseurs, ou, à leur défaut, par les Notaires, Greffiers de Justice de paix et Huissiers; celle des marchandises a lieu par la classe d'officiers ministériels désignée par le Juge-commissaire de la faillite.

(L. 25 juin 1841, art. 4.)

Le Juge-commissaire ne peut désigner la classe des Notaires, Greffiers ou Huissiers dans les lieux où il existe des Commissaires-priseurs pour procéder à la vente des marchandises neuves dépendant d'une faillite.

(Cass. 5 janvier 1846.)

774. Les ventes volontaires aux enchères de marchandises neuves en gros, autorisées ou ordonnées par la Justice consulaire, seront faites par le ministère des Courtiers. Néanmoins, il appartient toujours au Tribunal, ou au Juge qui autorise ou ordonne la vente, de désigner pour y procéder, une autre classe d'officiers publics; dans ce cas, l'officier public, quel qu'il soit, est soumis aux dispositions qui régissent les Courtiers, relativement aux formes, aux tarifs et à la responsabilité.

(Loi 3-9 juillet 1861, art. 2.)

775. Les Maires procèdent à la vente du mobilier des communes, des hospices et des fabriques.

(Déc. Min. fin., 16 germinal, 17 frimaire an VII; — Inst. Reg. 15 avril 1820, n° 927; — Déc. 13 décembre 1808.)

776. Les Régisseurs des octrois municipaux procèdent eux-mêmes aux ventes d'objets saisis par leurs préposés, pourvu que ces ventes n'excèdent pas 200 francs.

777. Les Préposés de la Régie ont le droit de procéder à la vente aux enchères : du mobilier de l'État, des effets militaires hors de service, des effets mobiliers déposés aux greffes à l'occasion de procès civils ou criminels, et de tous les papiers et objets devenus inutiles aux administrations financières, à l'exclusion des Commissaires-priseurs, Notaires, Greffiers et Huissiers.

Formalités à remplir pour arriver aux ventes publiques et aux enchères.

778. Si tous les héritiers sont majeurs et d'accord, et qu'il n'y ait point de tiers intéressé, les vendeurs ne sont obligés à aucune des formalités judiciaires prescrites par les articles 945 et suivants C. proc. c.

L'officier public vendeur n'a, avant la vente, d'autre obligation à remplir que de faire sa déclaration au bureau de l'Enregistrement.

Dans tous les autres cas, les formalités prescrites par les articles 945 à 951 sus-visés devront être observées.

779. La vente doit être précédée d'une déclaration au bureau de l'Enregistrement dans l'arrondissement duquel la vente doit avoir lieu.

(L. 22 pluviôse an VII, art. 2.)

L'omission de cette formalité est punie d'une amende que la loi du 22 pluviôse an VII avait fixée à 100 francs, mais qui a été réduite à 20 francs (aujourd'hui 25 francs) par l'article 10 de la loi du 16 juin 1824.

780. Copie de cette déclaration est inscrite en tête du procès-verbal de vente, et l'extrait délivré par le Receveur de l'Enregistrement doit demeurer annexé à ce même procès-verbal de vente.

781. La vente est, en outre, annoncée, un jour au moins avant celui indiqué pour la vente par quatre placards affichés, l'un au lieu où sont les effets, l'autre à la porte de la Mairie, le troisième au marché du lieu, ou au marché le plus voisin, et le quatrième à la porte du prétoire de la Justice de paix.

(Art. 617 C. proc. c.)

782. *Rédaction des placards.* — Aux termes de l'article 38, paragraphe 2, du Tarif du 16 février 1807, et aux termes de l'article 1er, no 3, de la loi du 18 juin 1843, sur le Tarif des Commissaires-priseurs, la rédaction des placards (original et copies) appartient à l'officier vendeur ; par conséquent, au Greffier de paix procédant à la vente.

La jurisprudence de la Cour de cassation est d'ailleurs conforme aux prescriptions des lois ci-dessus visées ; — en effet, la Cour suprême, par un arrêt à la date du 23 juin 1852, a décidé que la rédaction des placards appartient à l'officier vendeur, et que l'apposition seule de ces placards appartient aux Huissiers.

783. Quant à la rédaction du procès-verbal d'apposition, appartient-elle à l'officier vendeur ou à l'Huissier ?

La question est controversée :

La Cour de Bordeaux, par un arrêt, à la date du 6 août 1835, s'est prononcée en faveur du Greffier ;

Le Tribunal civil de Périgueux, par un jugement, à la date du 29 novembre 1863, a décidé le contraire.

Au milieu de cette controverse et malgré l'autorité de l'arrêt de la Cour de Bordeaux, et aussi malgré l'avis contraire de certains auteurs, nous pensons que l'Huissier, qui appose les placards, a seul qualité pour en constater l'apposition, le procès-verbal qu'il dresse à cette fin, étant la conséquence naturelle de son opération.

784. La vente doit, en outre, être annoncée par la voie des journaux dans les villes où il y en a.

(Art. 617 C. proc. c.)

785. On doit appeler à la vente les parties ayant droit d'assister à l'inventaire et qui demeurent ou auront élu domicile dans la distance de cinq myriamètres.

786. Il ne sera pas utile d'appeler des intéressés demeurant ou ayant élu domicile hors cette distance, ni de les faire représenter par un Notaire.

(Art. 950 C. pro. c.)

787. Il n'est pas nécessaire non plus d'appeler à la vente les créanciers opposants.

(Art. 615 C. proc. c.)

788. La vente, après décès, doit se faire dans l'endroit où sont les effets, à moins qu'il en ait été autrement ordonné par le Président du tribunal dans son ordonnance autorisant la vente.

789. S'il s'élève des difficultés avant l'ouverture de la séance pour la vente, la partie la plus diligente assigne les autres en référé; si, au contraire, les difficultés s'élèvent pendant la vente, c'est l'officier public chargé d'y procéder qui fait le référé sur son procès-verbal, comme en matière de scellés.

(V° *suprà*, n° 568.)

Le Président rend alors son ordonnance sur le procès-verbal même.

790. L'officier public doit être assisté de deux témoins sachant signer, et domiciliés dans la commune où se fait la vente.

(L. 22 pluv. an VII, art. 5, § 3.)

Le prix de chaque objet adjugé sera écrit en toutes lettres et tiré hors ligne en chiffres. Les noms et demeures des adjudicataires doivent également être indiqués.

791. L'officier vendeur qui procède à la vente d'un mobilier dont l'inventaire a eu lieu, et qui n'est pas enregistré, n'est pas en contravention s'il ne mentionne pas cet inventaire dans son procès-verbal de vente.

(Tribunal de la Seine, 6 février 1850.)

792. Tout objet vendu dont le paiement n'a pas lieu immédiatement, est revendu pour le compte de l'acquéreur, qui doit la différence du prix, s'il y en a, entre cette adjudication et la suivante. Mais si l'acquéreur a pris possession de l'objet vendu, l'officier vendeur ne peut poursuivre le montant du paiement du prix de l'adjudication que par les voies ordinaires.

793. Lorsque la vente des meubles doit contenir des matières d'or et d'argent, l'officier vendeur doit en faire la déclaration au préposé de la Régie des contributions indirectes; un employé de la Régie assiste à la vente et est chargé de sauvegarder les droits du Trésor.

(L. 10 brumaire an VI.)

Une circulaire du Directeur des Contributions indirectes, en date du 28 juin 1823, a légèrement modifié cette loi dans son application, en décidant que ce ne serait qu'après l'adjudication que les matières d'or et d'argent seraient essayées, poinçonnées et soumises à la perception du droit, à moins que, pour se dispenser de ces obligations, l'adjudicataire ne déclare qu'il ne veut pas conserver dans leur forme les objets qui lui ont été adjugés, auquel cas ces objets seront immédiatement brisés.

Mais, dans le cas contraire, les objets vendus devront être retenus, pour être soumis au poinçonnage, par l'officier vendeur, s'il n'y a pas d'employé de la Régie présent à la vente.

794. Le procès-verbal de vente doit être signé par les parties en cause présentes à la vente, par les témoins instrumentaires et par l'officier public.

795. L'officier public ne peut, par lui ou par une personne interposée, se rendre adjudicataire des objets mis en vente.

(Art. 1596 C. c.)

796. L'autorité municipale a le droit d'interdire tout affichage, sans autorisation, lorsqu'il s'agit de ventes volontaires; mais cette prohibition demeure sans application aux affiches prescrites par la loi dans les ventes judiciaires.

797. Lorsqu'il y a opposition à la délivrance des deniers de la vente, le dépôt doit en être fait à la Caisse des dépôts et consignations dans la huitaine qui suit le mois écoulé à partir du jour de la vente.

(Art. 656 et 657 C. pr. c.; — Ord. 3 juillet 1816, art. 1er.)

A défaut de consignation, une contrainte peut être décernée par la Caisse contre l'officier vendeur, qui doit être condamné à payer les intérêts qu'aurait payés la Caisse des consignations, et qui peut, en outre, être révoqué.

(Art. 9 et 10, Ord. 3 juillet 1816; — Cass., 21 juin 1825.)

798. La police de la salle de vente appartient à l'officier vendeur, qui a droit de requérir la force publique pour réprimer les désordres qui pourraient se produire. Procès-verbal de ces désordres et des moyens employés pour les réprimer doit être dressé par l'officier public chargé de la vente, lequel le transmet à M. le Procureur de la République.

799. Les lois des 5-18 août 1791 et 12 novembre 1808 obligent les officiers publics qui procèdent à des ventes publiques à verser entre les mains du percepteur des contributions ce qui peut être dû par les propriétaires des meubles vendus.

800. La responsabilité des officiers ministériels pour le prix des ventes dure trente ans.

(Thomine, no 593.)

801. Les honoraires qui sont dus au Greffier sont réglés par le Tarif des Commissaires-priseurs.

Loi du 18 juin 1843.

802. *Enregistrement.* — Aux termes de l'article 69 § 5, n° 1 de la loi du 22 frimaire an VII, sont assujetties au droit de 2 fr. pour 100 les ventes de meubles, récoltes de l'année sur pied, coupes de bois taillis et de haute futaie, et autres objets mobiliers généralement quelconques.

803. *Faillite.* — Aux termes de l'article 12 de la loi du 24 mai 1834, la vente des meubles *après faillite* n'est assujettie qu'au droit d'enregistrement de 50 centimes pour 100.

804. *Vente de marchandises neuves faites en gros* — Aux termes de la loi du 28 mai 1858, la vente aux enchères des marchandises neuves faites en gros sont soumises au droit d'enregistrement de 10 centimes pour 100.

805. Le délai d'enregistrement pour ces dernières ventes est de dix jours.

(*Vo pour plus de détails* nos 810 à 818.)

Procès-verbal de vente volontaire.

FORMULE.

806. *Extrait du registre des déclarations préalables aux ventes de meubles.*

Du......... 1874.

A comparu........:

Me........ Greffier, etc...... (Copier la déclaration de vente faite à l'Enregistrement.)

L'an.........., à la requête de.........,

Il va être, par nous......, Greffier de la Justice de paix du canton de......, procédé à la vente, aux enchères publiques, de divers meubles et effets mobiliers appartenant audit sieur........

La présente vente aura lieu dans........ (Indiquer l'endroit.)

Pour parvenir à ladite vente, nous avons fait notre déclaration au bureau de l'Enregistrement, ainsi que cela résulte de la copie ci-dessus transcrite, dont un extrait est demeuré ci-annexé.

Nous avons été dispensé de remplir toutes formalités judiciaires. Nous indiquons seulement, pour ordre, que nous avons fait annoncer ladite vente par des affiches particulières et par des insertions dans les journaux de.........

Et nombre suffisant d'enchérisseurs s'étant présentés, nous avons, en présence du requérant et des sieurs......, témoins instrumentaires par nous, exprès requis, mis en vente et adjugé, au plus offrant et dernier enchérisseur, les objets dont le détail suit, après avoir fait annoncer publiquement, à plusieurs reprises, à haute et intelligible voix, qu'il serait perçu, en sus du prix d'adjudication, 5 p. 100 pour frais de vente :

N° 1. Une table en bois d'acajou, adjugée au sieur Paul Bernard, cultivateur, demeurant à.........; pour quinze francs, ci......................	15 »
N° 2	» »
N° 3	» »
TOTAL de la vente, six cents francs, ci.......	600 »

Et, attendu que la vente est terminée, nous l'avons close, et le produit, qui s'est élevé à la somme de six cents francs, est resté en nos mains pour en rendre compte à qui de droit.

Il a été vaqué jusques à..........

De tout quoi, nous, etc.

Fait à........., etc.

(Signature.)

NOTA. — En marge de ce procès-verbal et avant son enregistrement, le Greffier doit mentionner s'il y a opposition à la délivrance des deniers de la vente.

(Ord. 3 juillet 1816, art. 7.)

L'omission de cette mention le rend passible de peines disciplinaires. La mention de non opposition se fait en ces termes :

Je, soussigné, déclare n'avoir pas reçu d'opposition à la délivrance des deniers de la vente.

B........, le.......... 1874.

(Signature.)

La mention contraire se fait ainsi :

Je, soussigné, déclare avoir reçu, à la requête du sieur......, opposition à la délivrance des deniers de la vente, suivant exploit de......., huissier, en date du....... (enregistré).

B........, le........, 1874.

(Signature.)

Procès-verbal de décharge du prix de vente.

(Ce procès-verbal se met à la suite de celui de la vente.)

FORMULE.

807. Et, avenant ce jour......

Par-devant nous......, Greffier, etc

A comparu......

Le sieur......, lequel nous a requis de lui rendre compte de la vente par nous faite, le......, ainsi que cela est constaté par le procès-verbal ci-dessus;

Déférant à cette réquisition, nous avons procédé audit compte comme suit :

Il a été vendu pour une somme de six cents francs, ci.....................................F.			600 »
De cette somme, il convient de déduire les frais et payements ci-après :			
1° Frais de vente.			
Timbre de la déclaration de vente, soixante centimes, ci..	» 60		
Timbre et enregistrement du procès-verbal de vente, ci..	» »		
....	» »		
Total des frais.....F.	70 »		
A imputer sur les frais les 5 p. 100 payés par les acheteurs, trente francs, ci.......................F.	30 »		
Reste net pour les frais, quarante francs, ci....F.	40 »	40 »	
2° Payements divers.			
Frais d'apposition et de levée des scellés, quarante francs, ci.....................................F.	40 »		
Payé au gardien des scellés, vingt-cinq francs, ci..	25 »		
Payé pour frais funéraires, quatre-vingts francs, ci.	80 »		
....	» »		
Total des payements divers, deux cents francs, ci...F.	200 »	200 »	
Total des frais et payements divers, deux cent quarante francs, ci.....................................F.		240 »	240 »
Reste net, trois cent soixante francs, ci........F.			360 »

Le comparant, après avoir pris connaissance du présent compte, a déclaré l'approuver dans tout son contenu, et fixer le reliquat des sommes qu'il a à recevoir à celle de trois cent soixante francs, que nous lui avons à l'instant comptée, qu'il a retirée, et dont il nous donne quittance pleine et entière comme de toutes choses relatives à ladite vente, reconnaissant avoir reçu les pièces justificatives au présent compte.

De tout quoi, etc.

(Signatures du requérant et du Greffier.)

Procès-verbal de vente mobilière faite par autorité de Justice, suivie du dépôt à la Caisse des consignations.

FORMULE.

808. *Extrait du registre des déclarations préalables aux ventes de meubles.*

Du...... 1874.

A comparu....

M°......, Greffier de la Justice de paix du canton de......, etc. (Copier la déclaration de vente faite au bureau d'Enregistrement.)

L'an......, à midi,

A la requête :

1° Du sieur A..... ;

2° Du sieur B..... ;

Et 3° du sieur C...... ;

Agissant, ce dernier, au nom et en qualité de tuteur datif du mineur Jean-Jules D....., né à....., le....., du mariage de....., et de..... tous deux décédés ;

Ladite qualité de tuteur ayant été conférée audit sieur C..... suivant délibération du conseil de famille dudit mineur D....., prise devant la Justice de paix du canton de....., le..... (enregistrée) ;

Agissant, lesdits sieurs B..... et C....., et ledit mineur D....., comme habiles à se dire et porter seuls et uniques héritiers du sieur Jean F....., leur oncle et grand-oncle, par représentation de....., ainsi que cela résulte d'un acte de notoriété délivré, sur l'attestation de deux témoins, le......, par M. le Juge de paix du canton de...... (enregistré) ;

Et en présence du sieur X....., pris au nom et en qualité de subrogé-tuteur dudit mineur D....., qualité qui lui a été conférée suivant la délibération susvisée du..... ;

Et en vertu d'une ordonnance rendue, le....., par M. le Président du Tribunal de première instance de..... (enregistrée et demeurée ci-annexée) ;

A la conservation des droits et intérêts de qui il appartiendra, il va être par nous....., Greffier de la Justice de paix du canton de...., procédé à la vente, aux enchères publiques, des objets et effets dépendant de la succession dudit sieur Jean F....., décédé à....., le.....

La vente sera faite sur les lieux où se trouvent lesdits objets, à...... (*Si l'ordonnance du Président porte que la vente aura lieu dans un autre local, l'indiquer.)*

Pour parvenir à ladite vente, nous avons fait notre déclaration au bureau de l'Enregistrement, ainsi que cela résulte de la copie ci-dessus transcrite, dont un extrait est demeuré ci-annexé ;

Nous avons, en outre, fait annoncer ladite vente : 1° par les affiches et placards voulus par la loi, ainsi que cela est constaté par le procès-verbal......, demeuré ci-annexé ;

Et 2° par diverses insertions dans les journaux de..... (*Indiquer les journaux.*)

En conséquence, et attendu que toutes les formalités voulues par la loi ont été exactement remplies, nous avons fait battre le tambour, et nombre suffisant d'enchérisseurs s'étant présenté, nous avons, en présence des requérants, du sieur......, subrogé-tuteur, et des sieurs......, témoins instrumentaires par nous, exprès requis, mis en vente et adjugé, au plus offrant et dernier enchérisseur, les objets dont le détail suit :

(S'il y a des conditions particulières, les indiquer ici.)

(Voir la formule précédente pour la suite du procès-verbal.)

Procès-verbal de versement à la Caisse des dépôts et consignations.

FORMULE.

809. Et avenant ce jour........,

Nous.........., Greffier du canton de............,

Certifions nous être transporté dans les bureaux de M. le Receveur général des finances et receveur particulier de la Caisse des dépôts et consignations du département de........, sis à........, à l'effet de remettre entre les mains de ce fonctionnaire le solde du produit net de la vente constatée par le procès-verbal qui précède;

Mais, avant de faire cette remise de fonds, nous avons établi comme suit le décompte de ladite vente :

(V° *suprà*, formule de décharge n° 807.) Aux frais mentionnés à cette décharge, il y a lieu d'ajouter les suivants, auxquels a donné lieu la consignation :

Vacation pour consignation, cinq ou six francs, ci. F.	5	»
Expédition de la décharge, cinq francs soixante centimes, ci.	5	60
Timbre du récépissé, trente centimes, ci.	»	30
Enregistrement du récépissé, trois francs soixante-quinze centimes, ci.	3	75
Total. F.	14	65

Cette consignation est ainsi faite pour nous conformer à la loi, attendu qu'il a été formé entre nos mains opposition à la délivrance des deniers de la vente, ainsi que cela résulte........

(Indiquer les exploits d'opposition.)

Et que cette opposition n'a pas été levée dans le mois de la vente.

Nous avons remis à M. le Receveur général, qui nous en a fourni récépissé, ladite somme de..........;

De tout quoi, nous avons fait et dressé le présent procès-verbal de consignation.

Fait à........., dans les bureaux de M. le Receveur général, sis à......., les jour, mois et an susdits, en parlant à........, son fondé de pouvoirs, qui a visé notre minute conformément à la loi.

(Signature du Greffier.)

Vu et reçu copie par nous, Receveur général du département de.......

Par procuration :

(Signature du fondé de pouvoirs.)

NOTA. — Le récépissé délivré par M. le Receveur général doit être visé par le Préfet, et enregistré. Il est ensuite annexé au procès-verbal de décharge.

VICES RÉDHIBITOIRES.

(Nous ne nous occupons ici que des vices rédhibitoires dans les ventes d'animaux domestiques.)

809 *bis*. On appelle vices rédhibitoires les défauts essentiels dans l'organisation d'un animal, existant au moment de la vente ou de l'échange, et qui motivent la résiliation.

Cette matière est régie par la loi des 20 et 26 mai 1838.

Les maladies ou défauts qui donnent lieu, aux termes de cette loi, à l'action rédhibitoire, sont les suivants :

Pour le cheval, l'âne ou le mulet : la fluxion périodique des yeux, l'épilepsie ou mal caduc, la morve, le farcin, les maladies anciennes de poitrine ou vieilles courbatures, l'immobilité, la pousse, le cornage chronique, le tic sans usure des dents, les hernies inguinales intermittentes, la boiterie intermittente pour cause de vieux mal.

Pour l'espèce bovine : La phthisie pulmonaire, l'épilepsie ou mal caduc, les suites de la non délivrance, le renversement du vagin ou de l'utérus, après le part chez le vendeur.

Pour l'espèce ovine : La clavelée, etc.

(V° L. 20 mai 1838, art. 1er, § 4.)

Le délai pour intenter l'action rédhibitoire sera, non compris le jour fixé pour la livraison, de *trente jours* pour le cas de fluxion périodique des yeux ou d'épilepsie ou mal caduc, de *neuf jours* pour tous les autres cas.

(Même loi, art. 3.)

Le délai est augmenté d'un jour par cinq myriamètres de distance, entre le domicile du vendeur et le lieu où se trouve l'animal.

Le Juge de paix du lieu où se trouve l'animal nomme immédiatement, suivant l'exigence des cas, un ou trois experts, sur la requête à lui présentée par l'acheteur.

L'expert prête serment devant le Juge de paix.

Le rapport de l'expert (après avoir été enregistré) est déposé au Greffe de la Justice de paix.

Compétence. — S'il y a eu *acte de commerce*, l'action rédhibitoire est portée devant le Tribunal de commerce.

Dans le cas contraire, l'action est portée devant le Juge de paix du domicile du défendeur, si le prix de vente ne dépasse pas 200 francs.

Et dans le cas où il serait supérieur à cette somme, l'action est portée devant le Tribunal civil.

Expédition. — Le Greffier délivre expédition du rapport des experts et de la prestation de serment lorsque l'action est portée devant les Tribunaux de commerce ou de première instance.

FORMULES.

I

Requête au Juge de paix pour obtenir la nomination d'un expert.

A Monsieur le Juge de paix du canton de..........

Monsieur le Juge de paix,

Le sieur........., demeurant à..........., a l'honneur de vous exposer :

Qu'il a acheté, le 3 février 1875, au sieur........ etc., un cheval poil bai, âgé de cinq ans, moyennant la somme de.......;

Que ce cheval est atteint du vice rédhibitoire connu sous le nom de *morve*;

Que, désirant faire constater ce vice rédhibitoire, il nous requiert de nommer un expert, à l'effet de procéder à la visite dudit cheval.

Et ferez justice.

(Signature.)

ORDONNANCE.

Nous......., Juge de paix du canton de.........

Vu la requête qui précède et l'article 5 de la loi du 20 mai 1838,

Nommons le sieur......., vétérinaire, demeurant à....., à l'effet de procéder à la visite du cheval désigné dans la requête ci-dessus, constater son état, les vices et maladies dont il peut être atteint, et du tout dresser procès-verbal;

Dit que ledit expert sera sommé à comparaître devant nous, le......, pour prêter serment, avant de procéder à l'expertise;

Le tout en présence du vendeur ou lui dûment appelé.

Fait à........, le.........

(Signatures du Juge de paix et du Greffier.)

II

Prestation de serment.

L'an mil huit cent soixante-quinze, et le.........

Par-devant nous...........

S'est présenté.....

Le sieur......., vétérinaire, etc.

Lequel comparant nous a exposé :

Que, par ordonnance par nous rendue, le....., il a été nommé expert à l'effet de visiter un cheval que le sieur....... a vendu, le......., au sieur........ et que ce dernier prétend atteint du vice rédhibitoire connu sous le nom de...;

Que, conformément à ladite ordonnance, le comparant, ayant été sommé pour ces lieu, jour et heure, à l'effet de prêter serment avant de remplir la mission qui lui a été confiée, se présente devant nous à cet effet, et nous requiert de lui en donner acte.

Et, après lecture, il a signé,

(Signature.)

Vu la réquisition ci-dessus et l'ordonnance y mentionnée,

Nous, Juge de paix susdit et soussigné,

Avons reçu, en présence des sieurs...... (1) du sieur......, vétérinaire, le serment qu'il nous a fait en ces termes, la main droite levée à Dieu :

« Je jure de remplir, en mon âme et conscience, avec zèle et fidélité la mission qui m'a été confiée par l'ordonnance sus-visée.

Dont acte.

Et aussitôt ledit sieur......, expert, a déclaré qu'il se transporterait, le..... à......, pour commencer son expertise, les parties étant intimées de s'y trouver présentes ;

De tout quoi, etc.

---

(1) Si le défendeur a été sommé d'assister à la prestation de serment on fait mention de la sommation, de la comparution ou du défaut.

CHAPITRE IV

LOIS ET INSTRUCTIONS

SUR L'ENREGISTREMENT ET LE TIMBRE

—

SOMMAIRE :

—

DIVISION :

---

§ Ier. — Lois et instructions sur l'enregistrement.

810. Les droits d'enregistrement sont *fixes* ou *proportionnels* suivant la nature des actes.

811. Le droit *fixe* s'applique aux actes, soit civils, soit judiciaires ou extra-judiciaires, qui ne contiennent ni obligation, ni libération, ni condamnation.

(L. 22 frimaire an VII, art. 3.)

812. Le droit *proportionnel* est établi pour les obligations, libérations et condamnations. Il est assis sur les valeurs.

813. Il n'y a point de fraction de centime dans la liquidation du droit proportionnel. Lorsqu'une fraction de somme ne produit pas un centime de droit, le centime est perçu au profit du Trésor.

(L. 22 frimaire an VII, art. 5.)

814. La perception du droit proportionnel suit les sommes et valeurs, de vingt francs en vingt francs, inclusivement et sans fraction.

(L. 27 ventôse an IX, art. 2.)

815. Tous les actes de la Justice de paix sujets à l'enregistrement sont enregistrés sur les minutes.

(L. 22 frimaire an VII, art. 7; — L. 28 avril 1816, art. 38.)

816. *Délai pour l'enregistrement.* — Le délai pour faire enregistrer les actes est de vingt jours.

(L. 22 frimaire an VII, art. 20, § 4.)

Le délai pour l'enregistrement d'un procès-verbal d'apposition ou de levée de scellés ayant plusieurs séances, court du jour de chaque séance; mais le Greffier, en soumettant à l'enregistrement une séance, est tenu de faire enregistrer toutes les séances portées au procès-verbal.

Le délai pour l'enregistrement d'un procès-verbal d'enquête ayant plusieurs séances ne court, aux termes d'instructions ministérielles, que du jour où le procès-verbal a été régulièrement clos.

Le délai pour l'enregistrement des actes sous-signature privée, portant transmission de propriété ou d'usufruit de biens immeubles, les baux à ferme ou à loyer, sous-baux, cessions et subrogations de baux, et les engagements, aussi sous-signature privée, de biens de même nature, doivent être enregistrés dans les trois mois de leur date.

(L. 22 frimaire an VII, art. 22.)

Il n'y a pas de délai de rigueur, pour l'enregistrement des procurations et autres actes, que ceux mentionnés ci-dessus.

(L. 22 frimaire an VII, art. 23.)

Les officiers publics ne sont pas tenus de porter sur le répertoire ni de soumettre à l'enregistrement dans un délai déterminé, les certificats de propriété qu'ils délivrent pour constater les droits des héritiers, et pour parvenir notamment au paiement des sommes dues par le Trésor à l'auteur d'une succession.

D. m. f. 1er août 1821 ; 3865, J. N. ; 3325, 5803, 7010, J. E.

Le délai pour l'enregistrement des déclarations de succession est de six mois, lorsque le décès a eu lieu en France, à compter du jour du décès.

(L. 22 frimaire an VII, art. 24.)

817. *Pour les absents.* — Le délai de six mois court à partir de l'envoi en possession.

(L. 28 avril 1816, art. 40.)

Dans les délais fixés ci-dessus, le jour de la date de l'acte ou celui de l'ouverture de la succession n'est pas compté. — Si le dernier jour du délai se trouve être un dimanche, un jour de fête légale, ou le 1er janvier, ces jours-là ne sont pas comptés non plus.

818. *Des peines pour défaut d'enregistrement.* — Les Greffiers qui auront négligé de soumettre à l'enregistrement, dans le délai fixé, les actes qu'ils sont tenus de présenter à cette formalité, payeront personnellement, à titre d'amende, et pour chaque contravention, une somme égale au montant du droit.

Ils acquitteront en même temps le droit, sauf leur recours, pour ce droit seulement, contre la partie.

(L. 22 frimaire an VII, art. 35.)

819. Il est néanmoins fait exception aux dispositions de l'article précédent, quant aux jugements, lorsque les parties n'auront pas consigné aux mains des Greffiers, dans les vingt jours, le montant des droits fixés par la loi. Dans ce cas, le recouvrement en est poursuivi contre les parties par les Receveurs; et elles supporteront encore les peines de droit. Pour cet effet, les Greffiers fournissent aux Receveurs de l'enregistrement, dans les dix jours qui suivent l'expiration du délai, des extraits par eux certifiés des jugements dont les droits ne leur auront pas été remis par les parties, à peine d'une amende de cinq francs (non compris les 2 décimes 1/2), et d'être, en outre, personnellement contraints au payement des doubles droits.

(L. 22 frimaire an VII, art. 37, et 16 juin 1824, art. 10.)

Ces extraits sont fournis sur papier non timbré.

Il est délivré aux Greffiers, par le Receveur de l'enregistrement, des récépissés sur papier libre de ces extraits. Ces récépissés sont inscrits sur le répertoire.

(L. 28 avril 1816, art. 38.)

820. Le Greffier qui a négligé de faire enregistrer, dans le délai de vingt jours un acte devant être enregistré *en débet*, est passible du droit en sus; le droit simple est dû par les parties.

(Sol, 4 avril 1868, no 2800.)

Si le Greffier a omis de faire enregistrer, dans le délai, un acte qui doit être enregistré *gratis*, il est passible d'une amende de 5 fr., + 2 décimes 1/2, 1 fr. 25 = 6 fr, 25.

(L. 22 frimaire an VII, art. 35 et 37; — L. 16 juin 1824, art. 10.)

821. Les Greffiers ne peuvent délivrer en brevet, copie ou expédition, aucun acte soumis à l'enregistrement, ni faire aucun acte en conséquence, avant qu'il ait été enregistré, quand même le délai pour l'enregistrement ne serait pas encore expiré, à peine d'une amende, qui était de 50 fr. aux termes de l'article 41 de la loi du 22 frimaire an VII, mais qui a été réduite à 10 fr. par la loi du 16 juin 1824, art. 10, + 2 décimes 1/2, 2 fr. 50. Total, 12 fr. 50.

822. Sont exceptés les actes reçus par le même Juge ou par le même Greffier, et dont le délai de l'enregistrement ne serait pas encore expiré; il suffira d'en énoncer la date avec la mention que ledit acte sera présenté à l'enregistrement en même temps que celui qui contient ladite mention; mais l'enregistrement du second acte ne pourra avoir lieu avant celui du premier, à peine d'une amende de 10 fr., + 2 décimes 1/2. Total, 12 fr. 50.

(L. 22 frimaire an VII, art. 41 ; — L. 28 avril 1816, art. 56 ; — L. 16 juin 1824, art. 10.)

La Cour de cassation, par un arrêt, à la date du 11 novembre 1811, a cependant décidé que le Greffier se rend passible d'amende lorsqu'il procède à la levée des scellés, à la requête d'un tuteur, avant l'enregistrement de la nomination du tuteur.

823. Le Greffier ne peut faire ou rédiger un acte, en vertu d'un acte sous-signature privée, ou passé en pays étranger, l'annexer à ses minutes, ni le recevoir en dépôt, ni en délivrer extrait, copie ou expédition, s'il n'a été préalablement enregistré. Il ne pourra non plus faire usage, en justice, d'aucune procuration ou autre acte passé en pays étranger ou dans les colonies françaises, qu'il n'ait acquitté les mêmes droits que s'ils avaient été souscrits en France, à peine d'une amende de 10 fr. + 2 décimes 1/2, et de répondre personnellement du droit.

(L. L. 22 frimaire an VII, art. 42 ; — 28 avril 1816, art. 58, et 16 juin 1824, art. 10.)

824. Il est également défendu, sous la même peine de 10 fr., non compris les décimes, à tout Greffier, de recevoir aucun acte en dépôt sans dresser acte de ce dépôt.

(L. 22 frimaire an VII, art. 43 ; — L. 23 juin 1824, art. 10.)

825. Il doit être fait mention dans toutes les expéditions des actes de la quittance des droits, par une transcription littérale et entière de cette quittance.

826. Pareille mention doit être faite dans les minutes qui se font en vertu d'actes sous-signature privée ou passés en pays étranger. — Chaque contravention sera punie par une amende de cinq francs, non compris les décimes.

(L. 22 frimaire, an VII, art. 44 ; — L. 16 juin 1824, art. 10.)

827. Dans le cas de fausse mention d'enregistrement,

soit dans une minute, soit dans une expédition, le délinquant est condamné aux peines prononcées pour le faux.

(C. pén., art. 145 et s.; — L. 22 frimaire an VII, art. 46.)

828. Il est défendu aux Juges de rendre aucun jugement sur des actes non enregistrés, à peine d'être personnellement responsables des droits.

(L. 22 frimaire an VII, art. 47.)

Le Juge est également responsable des contraventions qui existent dans les actes écrits sous sa dictée.

(Décisions du Min. des fin. des 12 nov. 1845 et 6 août 1810.)

829. Les blancs, ratures, surcharges, interlignes et additions, et l'omission de l'approbation des renvois constituent pour le Greffier des inexactitudes et non des *contraventions* susceptibles d'être punies.

830. *Actes produits en cours d'instance.* — Lorsqu'il sera produit, en cours d'instance, des écrits, billets, marchés, factures acceptées, lettres ou tout autre titre émané du défendeur, qui ne seraient pas enregistrés, le double droit sera dû et pourra être exigé ou perçu lors de l'enregistrement du jugement intervenu.

(L. 28 avril 1816, art. 57.)

831. *Dépôt au greffe des actes produits.* — Lorsqu'il sera produit devant la Justice de paix des actes non enregistrés, le Juge de paix devra, d'office, ordonner le dépôt au greffe de ces actes, pour être immédiatement soumis à la formalité de l'enregistrement.

(L. 23 août 1871, art. 16.)

Le Greffier doit dresser acte du dépôt de ces actes.

(L. 22 frimaire an VII, art. 43.)

L'acte de dépôt doit être enregistré en même temps que la pièce déposée.

832. *Répertoire.* — Les Greffiers doivent tenir un répertoire à colonnes, sur lequel ils sont tenus d'inscrire, jour par jour, sans blanc ni interligne, et par ordre de numéros, tous les actes et jugements *qui doivent être enregistrés*, à peine d'une amende de cinq francs pour chaque omission, non compris les 2 décimes 1/2.

(L. 22 frimaire, an VII, art. 49; — L. 16 juin 1824, art. 10.)

Chaque article du répertoire doit contenir : 1° son numéro; 2° la date de l'acte; 3° sa nature; 4° les noms et prénoms des parties et leur domicile; 5° la relation de l'enregistrement.

(L. 22 frimaire an VII, art. 50.)

Les Greffiers sont tenus de présenter, tous les trois mois, et dans les premiers dix jours du mois, leurs répertoires aux Receveurs de l'enregistrement de leur résidence, qui les visent et qui énoncent dans leur *visa* le nombre des actes inscrits, à peine d'une amende de dix francs, non compris les 2 décimes 1/2.

(L. 22 frimaire an VII, art. 51; — L. 16 juin 1824, art. 10.)

Indépendamment de la représentation ordonnée ci-dessus, les Greffiers sont tenus de communiquer leurs répertoires, à toute réquisition, aux Préposés de l'enregistrement qui se présenteront chez eux pour les vérifier, à peine d'une amende de dix francs, en cas de refus, non compris les 2 décimes 1/2.

(L. 22 frimaire an VII, art. 52; — L. 16 juin 1824, art. 10.)

Les répertoires sont cotés et parafés par le Juge de paix.

(L. 22 frimaire an VII, art. 53.)

833. *De la prescription.* — Le délai général pour la prescription est de deux ans.

(L. 22 frimaire an VII, art. 61.)

Il y a quelques cas particuliers où il est de : un, deux, cinq et dix ans; — exemple :

1° Il est d'un an pour les estimations faites dans les expertises;

(L. 22 frimaire, an VII, art. 17.)

2° De deux ans pour l'insuffisance des déclarations en matière de succession;

(L. 22 frimaire, an VII, art. 61.)

3° De cinq ans pour les omissions dans les déclarations de succession;

(L. 18 mai 1850. art. 11.)

4° Et de dix ans pour les successsions non déclarées.

(L. 1850, art. 11.)

Les Receveurs de l'enregistrement ne peuvent délivrer d'extraits de leurs registres que sur une ordonnouce du Juge de paix, lorsque ces extraits ne sont pas demandés par quelqu'une des parties contractantes, ou leurs ayant-cause. Il leur sera payé 1 franc pour recherche de chaque année indiquée, et 50 centimes par chaque extrait, outre le papier timbré ; ils ne pourront rien exiger au-delà.

DE LA FIXATION DES DROITS.

834. *Droits fixes.* — Les droits fixes auxquels étaient assujettis les actes civils ou judiciaires, avant la loi du 28 février 1872, ont été augmentés de moitié par cette dernière loi, article 4.

Décimes et demi-décime. — La loi du 23 août 1871 a établi le second décime; celle du 31 décembre 1873 a établi le demi-décime en sus.

Actes sujets à un droit fixe de un franc cinquante centimes, + 2 décimes 1/2, 38 c = 1 fr. 88 c.

835. 1° Jugements préparatoires, interlocutoires ou d'instruction ;

2° Jugements définitifs qui ne sont pas sujets à un droit plus élevé par des dispositions spéciales ;

3° Certificats de propriété auxquels concourt le Greffier ;

4° Ordonnances (à l'exception de celles qui, en matière de scellés, reçoivent immédiatement leur application, c'est-à-dire qui sont exécutées, *sans divertir à d'autres actes* ; elles ne sont pas sujettes à l'enregistrement ;

(Déc. Min. 17 février 1814.)

5° Oppositions à la levée des scellés ;

6° Dépôts d'acte de société et actes divers ; — (La loi du 22 frimaire an VII, art. 68, § Ier, n° 26, a tarifé au droit de 1 fr. les dépôts d'acte et pièces chez les officiers publics ; celle du 28 avril 1816, art. 43, a élevé ce droit à 2 fr.; mais il a été fait une exception en faveur des dépôts et consignations faits dans les greffes des Tribunaux, le droit est de 1 fr. (L. 22 frimaire an VII, art. 68, § Ier, n°s 46 et 51); aujourd'hui, 1 fr. 50, non compris les 2 décimes 1/2;

(L. L. 23 août 1871 et 31 décembre 1873.)

7° Serments d'experts nommés par jugements de Justice de paix;

8° Contrats d'apprentissage;

9° Actes de notoriété pour concession en Algérie;

10° Exécutoires pour obtenir payement des frais de timbre et d'enregistrement dus aux Greffiers;

11° Procès-verbaux de carence en matière d'apposition de scellés, quel que soit le temps employé à leur rédaction;

12° Procès-verbal de conciliation lorsqu'il ne contient aucune disposition donnant ouverture à un droit proportionnel;

13° Procès-verbal de non-conciliation pur et simple.

Actes sujets à un droit fixe de trois francs, + 2 décimes 1/2, 75 c. = 3 fr. 75 c.

836. 1° Jugements portant renvoi ou décharge de demande, débouté d'opposition, validité de congé, expulsions, condamnation à réparation d'injures personnelles : lorsque, pour ce dernier cas, le droit proportionnel de 2 p. 100 sur le montant de la condamnation est inférieur à 3 fr.; et généralement tous ceux qui, contenant des dispositions définitives, ne donnent pas ouverture au droit proportionnel.

2° Procès-verbaux dressés après faillite, quel que soit le nombre des vacations;

3° Procès-verbaux de carence, lorsqu'ils contiennent le détail de quelques objets et qu'ils constatent l'établissement d'un gardien;

(Sol. du 10 février 1831; — *Rep. gén.* n° 11538.)

4° Nominations d'experts hors jugement;

5° Certificats de propriété faits par le Juge de paix en dehors des voies judiciaires;

(V° Garnier, *Journal de l'Enregistrement*, n° 15254.)

6° Acte de notoriété;

7° Procès-verbal de bornage;

« Lorsque le procès-verbal est dressé, à la requête de plusieurs propriétaires, *ayant des intérêts distincts*, il donne ouverture à *autant de droits qu'il y a de requérants.* »

8° La révocation de l'émancipation par le père ou la mère;

9° Procurations;

10° Lettres missives qui ne contiennent ni obligations ni quittance;

11° Les actes de prestation de serment des gardes particuliers et des agents salariés par l'État, les départements et les communes dont le traitement et ses accessoires n'excèdent pas 1,500 francs.

(L. 28 février 1872, art. 4.)

Actes sujets à un droit fixe de 4 fr. 50 c., + 2 décimes 1/2, 1 fr. 13 c. = 5 fr. 63 c.

837. 1° Ordonnances rendues sur référé par les Présidents des Tribunaux civils;

2° Procès-verbaux de prorogation de compétence,

3° Prestation de serment des Greffiers de paix, Commis-Greffiers et Huissiers des Juges de paix; des gardes des Douanes, gardes-forestiers, gardes-champêtres, débitants de tabacs, de poudre et des receveurs buralistes;

4° Les compromis et nominations d'arbitres hors jugement, ne contenant aucune obligation de sommes et valeurs donnant lieu au droit proportionnel;

5° Les jugements définitifs rendus en dernier ressort, sur prorogation de compétence.

Actes sujets à un droit fixe de 6 fr., + 2 décimes 1/2, 1 fr 50 c. = 7 fr. 50 c.

838. 1° Les procès-verbaux d'apposition, de reconnaissance et de levée de scellés, après décès;

(Il est dû un droit pour chaque vacation, dont aucune ne peut excéder quatre heures.)

(Décret du 10 brumaire an XIV; — V° *Bulletin des lois 63*, 4e série, n° 1100; — Inst., n° 296.)

2° Les avis de parents (ils ne sont assujettis qu'à un *seul droit*, quel que soit le nombre de dispositions qu'ils contiennent).

Il y a quelques cas particuliers où il est dû un droit proportionnel sur certaines décisions prises par le conseil de famille; sont, dans ce cas, les cessions à bail des biens du mineur et de l'interdit.

Actes sujets à un droit fixe de 15 fr., + 2 décimes 1/2, 3 fr. 75 c. = 18 fr. 75 c.

839. Les actes d'émancipation : *Le droit est dû par chaque émancipé.*

(L. 22 frimaire an VII, art. 68, § IV, n° 2.)

Lorsque l'émancipation est faite par le père ou la mère, et qu'il est nommé par le conseil de famile, à la suite du même acte, un curateur à l'émancipé, il est dû deux droits : 1° droit d'émancipation par chaque mineur, 15 fr., + 2 décimes 1\|2, 3 fr. 75, = 18 fr. 75 ; 2° 7 fr. 50, décimes compris, pour la nomination du curateur, et autres dispositions, s'il y en a; Total pour un mineur, 26 fr. 25.

Losqu'au contraire c'est le conseil de famille qui procède par le même acte à l'émancipation et à la nomination du curateur, il n'est dû qu'un seul droit : celui relatif à l'émancipation, 18 fr. 75.

Actes sujets à un droit fixe de 22 fr. 50, + 2 décimes 1\|2, 5 fr. 63, = 28 fr. 13.

840. Les prestations de serment des employés salariés par l'État, lorsque le traitement et les accessoires sont supérieurs à 1,500 francs.

(L. 28 fevrier 1872, art. 4, § 1er.)

841. *Actes sujets au droit fixe de 75 fr., + 2 décimes 1/2, 18 fr. 75 = 93 fr. 75.*

842. Les actes de tutelle officieuse.

Droits proportionnels.

843. Les actes compris sous cet article seront enregistrés et les droits payés suivant les quotités ci-après savoir :

§ Ier. — Vingt centimes par cent francs pour droit de titre, sur :

1° Les baux à loyer et à ferme ;

2° Les baux de pâturages et nourriture d'animaux. — Le droit est perçu sur le prix cumulé des années du bail ;

(L. 22 frimaire an VII, art. 69, § 1er, n° 1 ; L. 16 juin 1824, art. 1er.)

3° Les baux à cheptel et reconnaissance des bestiaux. — Le droit est perçu sur le prix exprimé dans l'acte, ou, à défaut, d'après l'évaluation qui sera faite du bétail (à ajouter le droit de condamnation spécifié au § 2 ci-après et les 2 décimes 1/2 sur le tout).

§ II. — Cinquante centimes par cent francs, pour droit de condamnation, sur :

1° Les jugements portant condamnation, collocation ou liquidation de sommes et valeurs mobilières, intérêts et dépens entre particuliers, excepté les dommages-intérêts, dont le droit proportionnel est fixé à 2 pour 0/0 ;

(L. 22 frimaire an VII, art. 69, § 9.)

Explication : — L'article ci-dessus signifie que le droit de condamnation, dont le minimum est aujourd'hui de un franc cinquante centimes ou de trois francs, suivant le cas ci-après exprimé, est perçu, à raison de 50 centimes par 100 francs, sur la somme énoncée dans le jugement, augmentée des dépens liquidés, — exemple : si le jugement porte condamnation à 200 fr. pour loyer et à 6 fr. 25 c. de dépens, — soit en tout

206 fr. 25 c., ou 220 fr. (les perceptions ayant lieu de 20 fr. en 20 fr.), à 50 cent. pour 0[0 = 1 fr. 10 cent.

Le total de la perception de ce jugement est la suivante :

1° Droit de titre sur 200 fr. de loyer à 20 cent. pour 0[0 . . . . . F.	» 40
2° Condamnation sur 200 fr., plus les dépens, 206 fr. 25 c. ou 220 fr., à 50 cent. pour 0[0	1 10
	1 50
3° 2 décimes et demi ou 1[4	» 38
TOTAL. . . . . F.	1 88

4° Les jugements portant condamnation à une pension alimentaire ; — Ce chiffre est déterminé à raison du capital formé de dix fois la pension alimentaire, auquel on ajoute les dépens ; — ainsi, une pension de 150 fr. produit 1,500 fr. — dépens 5.60, =1,505 fr. 60, ou pour la perception 1,520 fr., à 50 c. p. 0[0 = 7 fr. 60 c. — à ajouter les 2 décimes 1[2. (Il n'y a pas de droit de titre.)

§ III. — Un franc par cent francs, pour droit de titre sur les actes et jugements contenant obligation ou condamnation à des sommes pour :

1° Prêts d'argent et avances ;
2° Sommes dues pour travaux ;
3° Sommes dues pour toutes sortes d'honoraires.

(A ajouter le droit de condamnation d'un franc cinquante centimes et les deux décimes et demi).

§ IV. Deux francs par cent francs pour droit de titre, sur :

Les condamnations pour fournitures et prix de marchandises.

Pour les condamnations à des dommages-intérêts, *il n'y a pas de droit de titre*; seulement le droit proportionnel de condamnation, dont le minimun est aujourd'hui de trois francs, est de deux pour cent sur la somme énoncée dans le jugement, et cinquante centimes pour cent sur les dépens.

Supposons, par exemple, une condamnation à 200 fr., à titre de dommages-intérêts, pour réparation d'injures, et à 6 fr. 07 de dépens liquidés ; le droit unique est le suivant :

Pas de droit de titre..	»	»
1° Droit de condamnation à 2 p. 0/0, sur 200 fr.......	4	»
2° A 50 c. pour 0/0 sur les dépens..............................	»	10
	4	10
3° 2 décimes et demi..	1	03
TOTAL....	5	13

Actes qui sont enregistrés en débet :

844. 1° Les actes et procès-verbaux des Juges de paix pour faits de police ;

2° Les actes faits, à la requête des Procureurs de la République, à l'exception toutefois de ceux mentionnés au paragraphe suivant, qui sont enregistrés gratis ;

(L. 25 mars 1817, art. 75.)

3° Les actes des commissaires de police ;

4° Ceux des gardes établis par l'autorité publique, pour délits ruraux et forestiers ;

5° Les actes et jugements qui interviennent sur ces actes et procès-verbaux ;

(L. 22 frimaire an VII, art. 70, n° 1 à 5.)

6° Les procès-verbaux dressés à l'occasion de la remise d'objets saisis et dont la vente doit avoir lieu par les soins de l'administration ;

(Ordonnances des 22 février 1829 et 9 juin 1831.)

7° Les actes faits en matière d'interdiction poursuivie à la requête du Procureur de la République ;

(L. du 18 juin 1811, art. 118, 121 et 122.)

8° Les actes faits en matière d'assistance judiciaire ;

(L. du 22 janvier 1851.)

9° Les actes faits d'office par le Juge de paix en matière de conseils de famille et d'appositions de scellés ;

10° Les actes et jugements entre patrons, ouvriers ou apprentis ;

(L. 22 janvier 1851, art. 27.)

11° Les actes et jugements relatifs aux paiements des nourrices.

(L. 22 janvier 1851, art. 27.)

Actes qui sont enregistrés gratis :

845. 1° Les acquisitions et échanges faits par l'État ; les partage des biens entre lui et des particuliers, et tous autres actes faits à ce sujet ;

2° Les actes faits pour le recouvrement des contributions et de toutes sommes dues à l'État, lorsqu'il s'agit de cotes, droits et créances n'excédant pas la somme de 100 francs ;

(L. 16 juin 1824, art. 6.)

3° Les actes faits pour le paiement des nourrices, lorsque la somme due n'excède pas 100 francs ;

4° Les reconnaissances d'enfants naturels ;

(L. 15 mai 1818, art 77.)

5° Les actes destinés à être produits à la Caisse des retraites pour la vieillesse ;

(L. 18 juin 1850, art. 4.)

6° Les actes relatifs aux mariages des indigents ;

(L. du 10 décembre 1850.)

7° Tous les actes intéressant les sociétés de secours mutuels approuvées ;

(L. 26 mars 1852, art 115.)

8° Les polices d'assurances ;

(L. 23 août 1871, art. 6.)

9° Les actes de procédure et les jugements, à la requête du ministère public, ayant pour objet : 1° de réparer les omissions et faire les rectifications sur les registres de l'état-civil d'actes qui intéressent les individus notoirement indigents ; de remplacer les registres de l'état-civil perdus ou incendiés par les événements de la guerre, et de suppléer aux registres qui n'auraient pas été tenus ;

(L. 25 mars 1817, art. 75.)

10° Les actes judiciaires en matière électorale.

(Décret du 2 février 1852, art 24.)

(Les divers actes ci-dessus sont écrits sur papier visé pour timbre gratis.)

Actes qui ne sont pas soumis à la formalité de l'enregistrement :

846. 1° Les avis de parents et autres actes destinés à l'enrôlement volontaire du mineur ;

(L. 22 frim. an VII, art. 70, § 3, n° 13 ; — Déc. min. fin., 9 nov. 1852.)

2° Les cédules pour appeler au bureau de conciliation, sauf le droit de la signification ;

3° Les mentions de non-comparution en conciliation ;

4° Les actes de l'état-civil et les extraits qui en sont délivrés ;

5° Les légalisations de signatures d'officiers publics ;

6° Les affirmations de procès-verbaux des employés, gardes et agents salariés par l'État, faits dans l'exercice de leurs fonctions.

(Ces divers actes sont écrits sur papier libre.)

Sont aussi exempts d'enregistrement les certificats de propriété : 1° Lorsqu'il s'agit de toucher des pensions et secours par des veuves et orphelins de militaires ;

2° Lorsqu'il s'agit d'arrérages de pension dus par le Trésor, et à toucher par les héritiers de pensionnaires ;

3° Et généralement lorsqu'il s'agit de certificats de toute nature relatifs à des sommes dues par l'État, à titre de *pension*, de *rémunération* et de *secours* ; mais s'il était fait usage de ces certificats en justice, ils deviendraient sujets à l'enregistrement.

(I. g. n° 1679.)

(Ces diverses dispenses d'enregistrement sont accordées par des décisions émanant du Ministère des finances.)

Ces certificats de propriété sont écrits sur timbre.

847. *Opposition, Jugement.* — Il y a contravention de la part de l'Huissier qui signifie une opposition à un jugement non enregistré.

(Seine, 16 décembre 1871, I. g. 3103.)

848. *Inventaires, scellés.* — Le Notaire contrevient à l'article 41 de la loi du 22 frimaire an VII, lorsqu'il rédige un inventaire, en vertu d'un procès-verbal d'apposition de scellés non enregistré.

(Bagnères, 4 juillet 1871, I. g. 3352)

§ II. — Timbre.

(*Lois, instructions et indications diverses.*)

DE L'ÉTABLISSEMENT ET DE LA FIXATION DES DROITS.

849. La contribution du timbre est établie sur tous les papiers destinés aux actes civils et judiciaires, et aux écritures qui peuvent être produites en justice et y faire foi. Il y a quelques exceptions que nous exprimerons ci-après.

850. Cette contribution est de deux sortes : — la première est le droit de timbre imposé et tarifé en raison de la dimension du papier dont il est fait usage ; — la seconde, est le droit de timbre créé pour les effets négociables ou de commerce, et gradué en raison des sommes à y exprimer, sans égard à la dimension de papier.

(L. 13 brumaire an VII.)

851. Il y a, en outre, des timbres spéciaux créés par des lois postérieures, savoir : — à 10 centimes, pour les quittances, reçus et décharges, chèques (L. 23 août 1871, art. 18) ; — à 25 centimes, pour les reconnaissances et quittances de l'administration des Postes, quittances de deniers publics (L. 8 juin 1864, art. 6 et 8 ; juillet 1865, art. 4) ; — à 35 et 70 centimes, pour les récépissés des chemins de fer et lettres de voiture (LL. 13 mai 1863, art. 10 ; 28 février 1872, art. 11, et 30 mars 1872, art. 1er) ; à 50 centimes, 1 franc et 2 francs, non compris les deux décimes, pour les connaissements. (L. 30 mars 1872, art. 3, 4 et 5) ; à 50 centimes et 1 franc 50, non compris également les 2 décimes, pour les bordereaux des agents de change et courtiers. (LL. 5 juin 1850, art. 13, et 24 juillet 1872, art. 19.)

852. Les prix des papiers timbrés fournis par la Régie sont aujourd'hui, y compris les 2 décimes, fixés ainsi qu'il suit, savoir :

1° *Droit de timbre, en raison de la dimension du papier :*

La feuille de *grande dimension*...............F.	3	60
Celle de *dimension inférieure*.....................	2	40
Celle de *moyen papier*............................	1	80
Celle de petit papier................................	1	20
Et la demi-feuille de ce petit papier..........	»	60

(LL. 2 juillet 1862, art. 17 ; — 23 août 1871, art. 2.)

2° *Droit de timbre gradué en raison des sommes*

Le tarif actuel est déterminé par les articles 1er de la loi du 5 juin 1850, et 2, n° 1, de la loi du 23 août 1871. — Droit proportionnel sur les actions et obligations, V° LL. 5 juin 1850, articles 14 et 27; 23 juin 1857, article 9; Décr. 17 juillet 1857, article 11; L. 30 mars 1872, articles 1er et 2; — sur les effets publics des gouvernements étrangers, L. 25 mai 1872, article 1er; — effets tirés de l'étranger sur l'étranger, L. 20 décembre 1872, art. 3.

DE L'APPLICATION DES DROITS.

853. Sont assujettis au droit du timbre établi en raison de la dimension, tous les papiers à employer pour les actes et écritures, soit publics, soit privés, savoir :

Les actes et jugements de la Justice de paix, et les extraits, copies et expéditions qui en sont délivrés ;

Les répertoires des Greffiers sur lesquels sont écrits les actes sujets à l'enregistrement ;

Les registres sur lesquels sont mentionnées les non-comparutions en conciliation ;

Les livres, registres et minutes de lettres qui sont de nature à être produits en Justice et dans le cas d'y faire foi, ainsi que les extraits, copies et expéditions qui sont délivrés desdits livres et registres.

854. Tout acte fait ou passé en pays étranger, ou dans les îles et colonies françaises où le timbre n'aurait pas encore été établi, ou dont le prix du timbre serait inférieur au prix de celui employé en France, sera soumis au timbre avant qu'il puisse en être fait aucun usage en France, devant l'autorité judiciaire, soit pour être timbré entièrement, soit pour recevoir le supplément de timbre.

855. Sont également soumis au timbre : les pétitions et mémoires, même en forme de lettres, adresses à l'autorité, les actes entre particuliers sous-signature privée, et généralement tous actes et écritures, extraits, copies et expéditions, soit publics, soit privés, devant ou pouvant faire titre, ou être produits pour obligation, décharge, justification, demande ou défense.

Papiers visés pour timbre en débet ou gratis.

856. Sont visés pour timbre en débet ou gratis, les papiers sur lesquels sont écrits les actes et jugements enregistrés en débet ou gratis, mentionnés aux n°s 844 et 845.

Papiers non soumis à la formalité du timbre.

857. 1° Les avis de parents et autres actes destinés à l'enrôlement volontaire du mineur ;

2° Les expéditions ou extraits d'actes délivrés aux chefs des parquets ;

3° Les états de situation de tutelle ;

(Art. 470 C. c.)

4° Les certificats de contrat de mariage;

(Art 1391 C. c., *nouveau.*)

5° Les mémoires de frais de justice n'excédant pas 10 fancs.

(L. 18 juin 1811, art. 116.)

858. Les Greffiers ne peuvent employer, pour les actes qu'ils rédigent et les expéditions, d'autre papier que celui fourni par la Régie.

La faculté accordée par l'article 7 de la loi du 13 brumaire an VII, aux personnes qui veulent employer d'autre papier que celui fourni par la Régie, en le faisant timbrer avant d'en faire usage, est interdite aux Greffiers et autres officiers ministériels ou fonctionnaires publics.

(L. 13 brumaire an VII, art. 18.)

859. Les Greffiers ne peuvent, sous peine d'amende de dix francs, employer, pour les expéditions, de papier timbré d'un format autre que celui appelé *moyen papier*, et dont le prix est aujourd'hui fixé à 1 franc 80 centimes la feuille.

(Vo LL. 13 brumaire an VII, art. 19; — 28 avril 1816, art. 63; — 2 juillet 1862, art. 17; — 23 avril 1871, art. 2.)

860. Les expéditions doivent contenir vingt lignes à la page et dix syllabes à la ligne.

(L. 21 ventôse an VII, art. 6; — Déc. 16 février 1807, art. 9.)

861. Le Greffier ne peut délivrer aucune expédition que les droits n'aient été acquittés, sous peine de restitution du droit et de 20 francs d'amende, sauf, en cas de fraude et de malversation évidente, à être poursuivi devant les Tribunaux, conformément aux lois.

Ne sont pas compris dans les droits ci-dessus fixés, le papier timbré et l'enregistrement, qui continueront d'être perçus conformément aux lois existantes.

862. Le Greffier peut, pour les minutes, se servir du papier timbré de toutes dimensions; mais il ne doit pas écrire sur les feuilles d'audience et les registres timbrés plus de trente lignes à la page et de vingt syllabes à la ligne, sur une feuille au timbre de un franc vingt centimes; de quarante lignes à la page et de vingt-cinq syllabes à la ligne, lorsque la feuille est au timbre de un franc quatre-vingts centimes ; et plus de cinquante lignes à la page et de trente syllabes à la ligne, lorsque la feuille est au timbre de deux francs quarante centimes. Toute contravention est punie d'une amende de cinq francs.

(Décret du 8 déc 1862.)

La disposition de ce décret, qui défend d'écrire au-delà d'un maximum de lignes par page et de syllabes par ligne sur les minutes ou feuilles d'audience, ne s'applique pas aux minutes des procès-verbaux d'apposition ou de levée de scellés, d'avis de parents, de déclarations d'incendie ou d'autres actes inscrits sur des feuilles séparées.

Trib. de Gien du 4 mars 1873 (Garnier, *Répertoire de l'Enregistrement*, art. 3810, numéro d'avril 1874.)

L'administration de l'Enregistrement s'était pourvu en cassation contre le jugement du Tribunal de Gien; mais elle n'a pas cru devoir donner suite à son pourvoi, et le jugement du 4 mars 1873 a été exécuté.

Il en résulte que, jusqu'à décision contraire, le jugement du Tribunal de Gien doit nécessairement servir de règle.

(Vo notre *Journal des Greffiers*, année 1875, no 8, les motifs de ce jugement.

Je termine ici ma tâche; j'espère en avoir dit assez pour être de quelque utilité à ceux de mes collègues qui ignorent et qui sont obligés de savoir les choses dont je me suis occupé.

Au peu que j'ai tiré de mon fonds et de ma longue pratique des affaires, j'ai fait servir, de large complément, les bons enseignements des maîtres qui m'ont aidé dans la voie pleine de difficultés, que j'ai parcourue, et où je crains de m'être engagé avec beaucoup plus de témérité que de succès. Aussi est-ce en réclamant la plus grande indulgence de la part de ceux qui me feront l'honneur de me lire, que je livre mon ouvrage à la publicité.

ALPHONSE SÉGÉRAL.

TABLES DES MATIÈRES.

Nous avons établi deux tables : l'*une*, en suivant l'ordre dans lequel sont placées les matières dans l'ouvrage, et l'*autre*, alphabétique, analytique et raisonnée.

—

Le premier livre et les quatre chapitres du Livre second ont leurs tables séparées.

—

N.-B. — *Les chiffres renvoient aux numéros de l'ouvrage dont les deux livres n'ont qu'un seul numérotage.*

TABLE GÉNÉRALE

EN SUIVANT L'ORDRE DANS LEQUEL SONT PLACÉES LES MATIÈRES.

—

LIVRE PREMIER.

JURIDICTION CONTENTIEUSE.

DIVISION EN SEPT SECTIONS.

Section première.

Lois sur les Justices de paix et leurs attributions :

Section II.

Attributions du juge de paix en matière contentieuse.

ARTICLE PREMIER

ART. 2.

ART. 3.

ART. 4.

ART. 5.

ART. 6.

ART. 7.

Section III.

Procédure. — Généralités. — Observations — Formules.

Section IV.

Jugements préparatoires et interlocutoires.

Formules.

Section V.

Jugements par défaut.

Formules.

Section VI.

Jugements sur opposition.

Formules

Section VII.

Jugements contradictoires.

Formules

LIVRE DEUXIÈME.

JURIDICTION GRACIEUSE OU EXTRA-JUDICIAIRE

DIVISION :

CHAPITRE PREMIER

DES CONSEILS DE FAMILLE.

Chapitre II.

DES SCELLÉS.

TITRE PREMIER.

De l'apposition des scellés.

DIVISION EN QUATRE SECTIONS :

Section première.

—

De l'apposition des scellés après décès.

—

Section deuxième.

—

De l'apposition des scellés après faillite.

—

Section troisième.

—

Cas particuliers d'apposition de scellés.

—

TITRE DEUXIÈME.

De la Levée des scellés.

Section première.

De la levée des scellés après décès.

Section deuxième.

—

De la levée des scellés après faillite.

Section troisième.

—

Cas particuliers de levée de scellés.

—

1° En cas de séparation de biens.

2° En cas de séparation de corps.

3° En cas de demande en interdiction

4° En cas de saisie-exécution.

5° En cas d'absence.

6° En cas d'absence d'un militaire.

Section quatrième.

—

PARTICULARITÉS.

—

§ 1er. Levée partielle des scellés :

§ 2. Cas où les scellés ont été transportés dans un autre canton.

§ 3. Des successions vacantes :

CHAPITRE III.

ACTES DIVERS.

CHAPITRE IV.

FIN DE LA TABLE PAR ORDRE DES MATIÈRES.

TABLE ALPHABÉTIQUE & RAISONNÉE

PAR LIVRES ET CHAPITRES

De toutes les matières contenues dans le CODE-PRATIQUE.

LIVRE PREMIER

JURIDICTION CONTENTIEUSE

—

A

Actions civiles pour diffamation verbale, injures et voies de fait : Les juges de paix en connaissent à quelque valeur que la demande puisse s'élever, n° 90 ; — cas où il y a diffamation, n° 91. — Diffamation écrite : le juge de paix n'en connait que jusqu'à concurrence de 200 fr., n° 92.

Actions personnelles et mobilières : définition des actions personnelles, n° 19, — mobilières, n° 20. — Le juge de paix en connait jusqu'à concurrence de 200 fr., n° 18.

Actions possessoires : Le juge de paix n'en connait qu'en premier ressort, n° 100 ; — Réserve en faveur des attributions administratives, n° 101 ; — elles sont réelles, n° 102 ; — but des actions possessoires, n° 107 ; — différentes espèces d'actions possessoires, n°s 108 et suivants : *complainte*, n° 109 ; — *réintégrande*, n° 110 ; — *dénonciation de nouvel œuvre*, n° 116 ; — *récréance*, n°s 117-118 ; — nature des actions possessoires, n° 120 ; — choses qui peuvent être l'objet des actions possessoires, n°s 121 à 136 ; — conditions requises pour l'exercice des actions possessoires, n° 137 ; — des personnes qui peuvent intenter les actions possessoires ou y défendre : le propriétaire, le co-propriétaire, le co-héritier, l'usufruitier, l'usager, l'antichrésiste et l'amphytéote, n° 139 ; — l'action possessoire ne peut se cumuler avec le pétitoire, nos 140-141 ; — exécution des jugements sur actions possessoires, no 142.

Formules de : citation en complainte, no 143 ; — en réintégrande, no 144 ; — en dénonciation de nouvel œuvre, no 145 ; — de jugement interlocutoire sur ces diverses actions, no 146 ; — de jugement définitif sur complainte, no 147 ; — sur réintégrande, no 148 ; — sur dénonciation de nouvel œuvre, no 149.

Actions réelles : Les actions réelles sont relatives à la propriété, on les appelle *pétitoires*, no 108.

Assesseurs : Ils ont été supprimés par la loi du 29 vent., an IX ; no 2.

Antichrésiste : Il peut intenter l'action possessoire, no 139.

Appel en matière civile : L'appel des jugements des justices de paix n'est recevable ni avant les trois jours qui suivent celui de la prononciation, à moins qu'il y ait lieu à exécution provisoire, ni après les trente jours de la signification, no 251 ; — l'appel des jugements préparatoires ne peut être interjeté qu'après le jugement définitif, no 294 ; — l'appel des jugements interlocutoires peut être interjeté avant le jugement définitif, no 296.

Appel en matière électorale : Tout électeur, dont l'inscription aura été refusée sur les listes électorales, peut interjeter appel devant le Juge de paix, dans les cinq jours de la notification de la décision, no 195 ; — *formule* de déclaration d'appel, no 211.

Apprentissage : Loi sur les contrats d'apprentissage, nos 79-80.

Apprentis : Définition, no 74 ; — les Juges de paix connaissent, dans les lieux où il n'y a pas de Conseils de prud'hommes, des actions relatives aux apprentis, à quelque chiffre que s'élève la demande, no 71.

Arbres : plantations, distance du fond voisin, no 167 ; — qu'entend-on par arbres à haute tige ? no 168 ; — ces actions ne sont pas des actions possessoires, no 169 ; — prescription trentenaire, no 171 ; — prescription acquise, destination du père de famille, no 174 ; — distance des fonds communaux, no 172 ; point de départ pour le mesurage des distances des arbres, no 173 ; — d'un cours d'eau, no 176 ; — arbres provenant de vieilles souches no 175 ; — haies sèches : distance, no 177.

Attributions des juges de paix en matière contentieuse, no 17.

Aubergistes : Compétence des juges de paix, no 25 § 1er ; — leur responsabilité pour les effets des voyageurs, no 27.

Avertissement en matière civile : Définition, no 217 ; la cita-

B

C

D

E

F

G

H

I

J

N

O

P

R

S

T

U

V

LIVRE DEUXIÈME

JURIDICTION GRACIEUSE ou EXTRA-JUDICIAIRE

CHAPITRE PREMIER

Des conseils de famille.

A

C

D

E

F

G

H

I

L

M

V

CHAPITRE DEUXIÈME

Des scellés.

A

B

C

D

E

F

L

M

O

P

R

S

T

CHAPITRE TROISIÈME

Des actes divers.

A

*

P

Pièces : Le greffier peut recevoir en dépôt diverses pièces et actes n° 659 ; — *formule*, 660.

S

Serments des fonctionnaires publics : — Définition, n° 754 ; — le serment politique est supprimé, n° 755 ; — nécessité du serment professionnel, n° 754 ; — les Greffiers des Justices de paix et des tribunaux de simple police prêtent serment devant les Juges de paix de leurs cantons, n° 756 ; — il en est de même des commis-greffiers, n° 757 ; — les autres fonctionnaires prêtent serment devant le tribunal de première instance, n° 758 ; — à moins de dispense, n°s 759-760 ; — mention du serment est faite sur la commission de l'employé, n° 761 ; — Il n'est dû aucun honoraire au greffier, n° 762 ; — avant le serment, le greffier doit verser son cautionnement, n° 763 ; — *formules* de serment d'un greffier, n° 764, — d'un commis greffier, n°s 765-766, et d'un débitant de tabacs, n° 767.

T

Tiers-saisi : Le tiers-saisi, qui ne demeure pas sur les lieux où siège le tribunal, devant lequel il est assigné peut faire sa déclaration de sommes devant le juge de paix de son domicile, n° 741 ; — *formule*, n° 742.

V

Vente publique de meubles : Différents cas où il y a lieu de vendre aux enchères, n° 768 ; — les commissaires-priseurs, greffiers, huissiers et notaires ont seuls qualité, sauf les exceptions ci-après indiquées : pour faire des ventes publiques de meubles volontaires ou forcées, n° 769 ; — les commissaires-priseurs ont le monopole dans le lieu de leur résidence, n°s 770-773 ; — il y a concurrence *ailleurs*, n° 770 ; — il y a également concurrence *partout* pour les ventes de fruits et de récoltes pendants par racines et des coupes de bois taillis, n° 771 ; — les notaires ont le droit exclusif pour la vente des matériaux à démolir et des objets incorporels, n° 772 ; — l'officier public qui procède à la vente de marchandises neuves est soumis au tarif des courtiers, n° 734 ; — *les maires* procèdent à la vente du mobilier des communes, des hospices et des fabriques, n° 775 ; — *les régisseurs*

des octrois municipaux procèdent eux-mêmes aux ventes d'objets saisis par leurs préposés pourvu que ces ventes n'excèdent pas 200 fr., n° 776.
Les préposés de la régie ont le droit de vendre le mobilier de l'État, n° 777.
Formalités préliminaires pour arriver à la vente n° 778 ;— le droit de rédaction des placards appartient à l'officier vendeur, n° 782 ; — la question de l'apposition des placards est controversée, n° 783 ; — personnes qui doivent être appelées à la vente, nos 785, 786, 787 ; — la vente judiciaire doit avoir lieu sur les lieux où sont les objets, à moins qu'il en soit autrement ordonné, n° 788 ; — s'il y a des difficultés et obstacles avant et pendant la vente, il en est référé au Président du Tribunal, n° 789 ; — témoins instrumentaires, n° 790 ; — objets revendus sur folle-enchère, n° 792 ; — matières d'or et d'argent, n° 793 ; — l'officier public ne peut se rendre adjudicataire, n° 795 ; — opposition à la délivrance des deniers de la vente, n° 797 ; — signature du procès-verbal, n° 794 ; — police de la salle, n° 798 ; — honoraires du Greffier, n° 801 ; — consignation, n° 799 ; — durée de la responsabilité de l'officier vendeur pour le prix de vente, n° 800 ; — enregistrement, nos 802-804 ; —*formules* : procès-verbal de vente volontaire, n° 806 ; — judiciaire, n° 808 ; — décharge, n° 807 ; — consignation, n° 809.

CHAPITRE QUATRIÈME.

Lois et instructions sur l'enregistrement et le timbre.

A

Absents : Déclaration de succession : délai, n° 817.
Actes de la Justice de paix : Ils sont enregistrés sur les minutes, n° 815.
Acte non enregistré : Mention dans les actes, responsabilité du Greffier, n° 823 ; — du Juge, n° 828.
Acte produit en cours d'instance : n° 830 ; — dépôt au Greffe, n° 831.
Actes passés en pays étranger ou dans les colonies : n° 823.

Q

R

S

T

ERRATA

Page 79 — *Sommaire* : excès de pouvoir : au lieu du nº 257, *lisez* 256-257.

— 79 — — jours fériés : — 252, — 253.

— 79 — Même *Sommaire* : non-recevabilité : au lieu du nº 253, *lisez* nº 254.

— 141 — *Sommaire* : Bornage : au lieu du nº 168, *lisez* 166.

— 170 — Nº 7 : au lieu des nºs 387-388, *lisez* 387-389.

— 170 — Nº 8 : au lieu des nºs 389-390, *lisez* 390-394.

— 460 — Avant les mots : *Vices rédhibitoires*, *lisez* § 1er.

— 468 — *En tête de la page* : au lieu de JURIDICTION GRACIEUSE, LIV. III, CHAP. IV, nºs 820-822, *lisez seulement* LIV. II, CHAP. IV, nºs 820-822.

Bordeaux. — Imp. Bordelaise J. Lamarque, rue Porte-Dijeaux, 43.

IMPRIMERIE J. LAMARQUE, RUE PORTE-DIJEAUX 43